D1721824

L'AMÉRIQUE LATINE ET L'EUROPE
A L'HEURE DE LA MONDIALISATION

KARTHALA sur Internet : http://www.karthala.com
Paiement sécurisé

Ouvrage publié avec le concours
du Centre national du Livre

Avec le soutien de

**VIVENDI
UNIVERSAL**

Couverture :   Augusto Torres (Uruguay / Espagne) Sur Puerto, 1991
H / T, 100 x 100 (détail). D.R.

SOUS LA DIRECTION DE
Daniel van Eeuwen

L'Amérique latine et l'Europe à l'heure de la mondialisation

Dimension des relations internationales

KARTHALA
22-24, boulevard Arago
75013 Paris

CREALC / IEP
25, rue Gaston de Saporta
13625 Aix-en-Provence

CREALC : Centre de Recherches sur l'Amérique latine
et les Caraïbes
Institut d'Études Politiques
25, rue Gaston de Saporta
13625 Aix-en-Provence Cedex 1

Remerciements

Le colloque dont est issu cette publication a bénéficié de l'aide financière du Conseil général des Bouches-du-Rhône, du Conseil régional Provence – Alpes – Côte d'Azur, de l'Institut d'études politiques et de la mairie d'Aix-en-Provence.

La sélection des textes a été effectuée par :

- M. Pablo Berchenko, président de l'atelier « Éducation »
- M. Fred Constant, président de l'atelier « Caraïbes »
- M. Georges Couffignal, professeur à l'Institut des hautes études de l'Amérique latine, Université de Paris III – Sorbonne Nouvelle, président de l'atelier « Politique »
- Mme Bérengère Marques-Pereira, directrice du Centre de sociologie politique et du Groupe d'études latino-américaines de l'Institut de sociologie de l'Université libre de Bruxelles, présidente de l'Association belge de science politique, présidente de l'atelier « Culture »
- M. Carlos Quenan, président de l'atelier « Economie »

La publication a été mise en forme grâce aux conseils de Mme Yolande Pizetty-van Eeuwen, de M. Gérard Teulière pour l'iconographie et de Mlle Isabel Peris-Gimeno pour la réalisation technique.

Les auteurs

BAREIRO SAGUIER Ruben, ambassadeur du Paraguay en France, écrivain.

BERCHENKO Pablo, professeur des universités, directeur du département d'études latino-américaines à l'Université de Provence, chercheur au CREALC.

BIRLE Peter, chercheur à l'Institut ibéro-américain de Berlin (Allemagne).

BRICEÑO RUIZ José, chercheur au Groupe de recherches sur l'intégration régionale (GRUDIR) de l'université des Andes à Mérida (Venezuela) et au CREALC.

CHABOT Laurent, ancien élève de l'École nationale d'administration. Chef du bureau Amériques de la Direction des relations économiques extérieures (DREE) du ministère de l'Économie, des finances et de l'industrie.

CONSTANT Fred, professeur des universités à l'université Antilles-Guyane, chercheur au CREALC, recteur de l'université internationale Senghor d'Alexandrie (Egypte).

van EEUWEN Daniel, professeur des universités et directeur du CREALC à l'Institut d'études politiques d'Aix-en-Provence.

HABEL Janette, maître de conférences à l'université de Marne-la-Vallée, chercheur au CREALC.

HÉLIÈS Claude, maître de conférences au département d'espagnol de l'université de Provence (traduction de l'espagnol).

HUTCHINSON Patrick, docteur-ès-lettres, professeur d'anglais à l'IEP d'Aix-en-Provence (traduction de l'anglais).

JOLY Christian, maître de conférences à l'université d'Aix-Marseille 3, directeur du département des Relations internationales à l'Institut d'études politiques d'Aix-en-Provence, chercheur au CREALC.

KOURLIANDSKY Jean-Jacques, chercheur à l'Institut de relations internationales et Stratégiques (IRIS), Paris, chargé de l'Amérique latine.

LAPLANTINE François, professeur à la faculté d'anthropologie et de sociologie de l'université Lumière-Lyon 2.

MARMORA Lelio, représentant régional (cône sud de l'Amérique latine) de l'Organisation internationale des migrations (OIM), Buenos Aires (Argentine).

NIZERY François, chef de la Division « Questions horizontales Amérique latine » à la Direction générale des relations extérieures de la Commission européenne (Bruxelles).

QUENAN Carlos, maître de conférences, directeur du DESS « Europe-Amérique latine » à l'Institut des hautes études de l'Amérique latine (IHEAL), Université de Paris 3 – Sorbonne Nouvelle, chercheur au CREDAL et au CREALC.

ROLLAND Denis, professeur à l'université Robert Schuman (Institut d'études politiques) de Strasbourg, membre de l'Institut universitaire de France.

ROMERO Carlos, directeur-adjoint de l'Instituto de estudios políticos (université centrale du Venezuela), Caracas (Venezuela).

SABBAGH Daniel, chargé de recherches au Centre d'études et de recherches internationales (CERI) de la Fondation nationale des sciences politiques, Paris.

SANTISO Javier, chargé de recherches au Centre d'études et de recherches internationales (CERI-Sciences Po).

TAGLIONI François, maître de conférences à l'université de la Réunion, chercheur au CREALC, associé au laboratoire Espace et culture (Paris IV).

TEULIÈRE Gérard, maître de conférences à l'université de Toulouse-Le Mirail, chercheur au CREALC et au GRAL.

WHITEHEAD Laurence, professeur au Nuffield College, université d'Oxford (Royaume-Uni).

Avant-propos

Cet ouvrage fait suite à un colloque international organisé les 29 et 30 septembre 2000 à l'Institut d'études politiques (IEP) d'Aix-en-Provence à l'occasion du 20ᵉ anniversaire de la création du Centre de recherches sur l'Amérique latine et les Caraïbes (CREALC) dont on peut rapidement évoquer la genèse.

Au début des années 1970 existaient à l'IEP des enseignements sur les mondes ibérique et ibéro-américain, assurés par Lucien Castela, enseignant à la faculté des Lettres. Puis, en janvier 1974, un colloque permit d'aborder la réalité latino-américaine sous un angle socio-économique et sociopolitique, au regard des liens entre développement et dépendance.

Peu à peu, avec le soutien du doyen Charles Cadoux, alors directeur de l'IEP, Daniel van Eeuwen et Yolande Pizetty, directrice scientifique, constituèrent un Centre de recherches et d'études sur l'Amérique centrale et les Caraïbes, auquel le CNRS attribua le label de « Jeune Équipe » en 1979-1980. Devenu plus tard Centre de recherches sur l'Amérique latine et les Caraïbes et doté d'une publication, les *Annales d'Amérique latine et des Caraïbes*, le CREALC a désormais le statut d'« Équipe d'accueil » de doctorants, reconnue et confirmée par le ministère de l'Éducation Nationale.

Ces vingt ans ne furent pas un long fleuve tranquille et, à plusieurs reprises, la survie ne tint qu'au réseau de soutiens internationaux et à l'appui de personnalités, comme le politologue Jacques Lagroye. Désormais, le CREALC compte 35 membres et apparaît comme l'une des principales institutions françaises de recherche latino-américaniste, notamment dans le domaine politique. L'équipe regroupe en effet des spécialistes de plusieurs disciplines (science politique, sociologie, droit, économie, anthropologie, géopolitique, civilisation latino-américaine) ayant des liens avec d'autres institutions – y compris à l'étranger – mais travaillant ensemble sur un programme : « Les configurations du politique en Amérique latine et dans les Caraïbes ». Ce dernier est subdivisé en trois axes de recherches prioritaires :

- Relations internationales
- Intégrations
- Changement politique et processus électoraux

et en thèmes complémentaires : sociétés civiles et mouvements sociaux, construction de la nouvelle citoyenneté, identités et souverainetés, violences et corruption, économie politique internationale.

Après une journée d'études en 1992, suivie d'un ouvrage consacré à la transformation de l'État (Karthala, 1994), puis une publication sur la vague d'élections de 1993-1994, le CREALC s'était attaché, en 1997, à analyser la nature des nouvelles intégrations régionales.

En organisant, au moment où la France assurait la présidence de l'Union européenne, une rencontre consacrée aux « Relations Europe – Amérique latine », il a souhaité prolonger et élargir sa réflexion.

La mondialisation s'accompagne, en effet, de la constitution d'ensembles régionaux intégrés et « ouverts » (ALENA, MERCOSUR, UE) et du renforcement de relations bilatérales parfois remontées de l'histoire, comme celles des pays ibériques avec leurs anciennes colonies latino-américaines. L'Europe innove en concluant des accords bi-régionaux : politiques avec l'Amérique centrale (San José), économiques et politiques avec le Mercosur (décembre 1995).

Par ailleurs, les Sommets ibéro-américains disposent désormais d'un secrétariat européen permanent. Quant à la prégnance de l'économie, elle se traduit par l'importance de l'investissement des entreprises du vieux continent, l'aide au développement et la coopération.

Mais le métissage culturel et l'importation de modèles – réappropriés et adaptés – par l'Amérique latine entraînent des relations multisectorielles. La participation de l'Europe à la formation en matière d'intégration régionale latino-américaine (CEFIR de Maastricht) ou encore la création de cursus universitaires français tournés vers le sous-continent américain en sont les exemples concrets.

Enfin, les Caraïbes, marquées par l'exceptionnelle présence historique des métropoles européennes et situées sur le pourtour de la Méditerranée américaine, constituent un laboratoire d'étude de la relation triangulaire avec les États-Unis et l'Europe.

Le colloque a moins mis l'accent sur une approche comparative, prise en compte toutefois par l'évaluation des limites du mimétisme institutionnel Europe-Mercosur ou l'analyse du rôle des sociétés civiles, que sur les dimensions bilatérales et bi-régionales des relations internationales.

Le projet visait aussi à confronter des acteurs divers : décideurs politiques nationaux et européens, chefs d'entreprise, ONG, experts, universitaires et formateurs.

Au cours de deux sessions communes, une centaine de participants du monde entier (Canada, États-Unis, Europe occidentale, centrale et orientale, Amérique latine évidemment, mais aussi Taïwan) ont abordé, en premier lieu, l'environnement et les institutions des relations Europe-Amérique latine (métissage culturel, politiques nationales, Union européenne, entreprises), puis la place et la nature de ces relations dans la mondialisation (interaction des modèles politiques, Triangle Atlantique, relations économiques et coopération).

Des ateliers thématiques ont permis de véritables échanges scientifiques grâce à une cinquantaine de communications (dont une dizaine émanant de jeunes chercheurs) sur les thèmes suivants : politique, économie, culture et éducation, Europe-Caraïbes.

Une partie des travaux fera l'objet de publications spécifiques dans la collection «Recherches en cours» du CREALC et vingt textes, que nous allons présenter brièvement, ont été retenus pour l'actuelle publication.

Présentation de l'ouvrage

♦ Laurence Whitehead (*Europe/Amérique latine : la longue durée*) propose de réfléchir sur les interactions entre l'Europe et le « Nouveau Monde » dans une perspective de *longue durée*, en prenant pour point de départ de cette remise à jour historique la nouvelle et surprenante convergence des deux aires autour de thèmes tels que la démocratie de marché, le libéralisme ou le régionalisme ouvert.

Il aborde l'arrière-plan de cette relation à long terme à partir de six éléments majeurs : la démographie (forte européanisation de la population), l'importance des échanges de ressources, la modification de l'environnement et les conséquences sociales de l'interdépendance écologique, l'imbrication culturelle (dont attestent les influences en matière d'architecture et d'urbanisme), le partage d'un répertoire d'idées, d'une imagination collective et de présupposés, et enfin un ensemble de pratiques politiques.

Selon lui, ces facteurs de convergence euro-latine, fruits d'anciens flux de compréhension et d'expériences communes, doivent conduire à une attention réciproque accrue et à l'approfondissement du dialogue politique et de la coopération.

♦ François Laplantine (*Réflexions sur la notion de métissage dans les sociétés d'Amérique latine*) poursuit en abordant la dimension anthropologique des liens entre l'Amérique latine et l'Europe. Il estime que le métissage (processus complexe qu'il distingue de l'accumulation syncrétique) n'est pas ce qui comble mais ce qui creuse, ou plutôt ce qui est creusé par la présence de l'autre en nous. Il se profile lorsque la culture vers laquelle on va l'emporte sur la culture dont on vient. L'auteur montre que les sociétés « indo-afro-ibériques » d'Amérique latine ont réussi à créer des identités plurielles et des formes pleinement originales d'américanité à partir d'un « passé compliqué », marqué par la tutelle d'un Occident qui entendait réduire à l'unité les diversités de « cultures composites ». Il souligne qu'elles produisent, valorisent mais aussi répriment le métissage moins simultanément qu'alternativement selon les circonstances auxquelles les individus et les groupes sociaux sont confrontés.

Le processus du devenir métis peut être observé dans la culture (et en particulier dans la littérature) ; il se traduit par l'expression particulièrement créatrice d'« une hétérogénéité fondamentale plus vivante que jamais ». Mais il est loin d'impliquer pour autant un métissage proprement ethnique au sein de ces sociétés latino-américaines.

◆ Selon François Nizery (*Les relations Europe – Amérique latine ou l'histoire d'une formidable ambiguïté*), les relations entre l'Europe et l'Amérique latine se caractérisent par une « formidable ambiguïté ». Historique et culturelle, tout d'abord, car la mise en avant de l'héritage culturel commun des deux régions et le besoin d'Europe en Amérique latine conduisent les Européens à se dispenser de l'effort de reconnaissance de la réalité et de la diversité latino-américaines. Politique ensuite : la concurrence avec les États-Unis entraîne le soupçon d'une volonté de reconquête et de relation exclusive entre nations latines, alors même que l'Europe est plurielle et que l'incertitude est grande sur sa capacité à s'ériger en véritable concurrent politique. Institutionnelle aussi : la crise d'identité de l'Europe politique et les dérives institutionnelles du processus de décision communautaire entraînent une crise des relations entre l'Europe et l'Amérique latine, laquelle, pour sa part, ne parvient pas à parler d'une seule voix. Ambiguïté enfin quant au rôle de la Commission en matière de coopération. Sa politique est insuffisamment volontariste et active, mais selon l'auteur – qui exerce d'importantes responsabilités en son sein –, elle va s'employer à renforcer ses actions dans les domaines des Droits de l'homme, de la lutte contre la pauvreté et du développement des nouvelles technologies, en privilégiant l'éducation, la formation permanente, la culture et en encourageant les synergies entre sociétés civiles des deux rives de l'Atlantique.

◆ Jean-Jacques Kourliandsky (*Union européenne et Amérique latine. Mécanismes d'élaboration d'une politique*) rappelle que l'Amérique latine entre dans le champ de la Politique étrangère et de sécurité commune (PESC), deuxième pilier de l'Union européenne depuis le traité de Maastricht.

Si elle n'est pas, politiquement et budgétairement, au cœur des priorités européennes – malgré sa place centrale dans la politique de coopération espagnole –, l'Amérique latine s'inscrit toutefois aujourd'hui sur l'agenda de la PESC. Cet intérêt croissant lié à la mondialisation des échanges et des enjeux s'accompagne d'instruments d'intervention de plus en plus diversifiés. Depuis les premiers engagements latino-américains de la Communauté européenne en 1976, le « logiciel » et le « matériel » PESC se sont élargis en permanence. Après avoir privilégié la mise en œuvre de projets de coopération, de plus vastes ambitions – diplomatiques, économiques et commerciales – sont récemment apparues ainsi que la définition de politiques concertées entre les deux régions. Et la création de nouveaux mécanismes décisionnels, à la fois ouverts et complexes, conduit à une gestion plus transparente et moins contestée de la PESC Amérique latine.

• En analysant les relations entre le gouvernement espagnol et ses homologues latino-américains, Daniel Sabbagh (*Les facteurs externes de la démocratisation : le cas des relations entre l'Espagne et les pays d'Amérique latine. 1975-2000*) examine les répercussions d'une situation de transition – puis de consolidation – démocratique sur la politique de l'Espagne dans une zone où celle-ci n'était pas initialement contrainte par des intérêts économiques et stratégiques majeurs, et notamment en Amérique centrale. Il souligne une synchronisation des temporalités démocratiques imposée par une certaine mondialisation du droit, l'existence commune de zones d'ombre de la démocratisation, et la logique de légitimation mutuelle, l'Espagne comme l'Amérique latine cautionnant l'authenticité du processus de démocratisation engagé par l'autre. Relevant que la politique étrangère du gouvernement socialiste espagnol s'est « désidéologisée », abandonnant la rhétorique anti-impérialiste pour s'orienter progressivement, à partir de la deuxième moitié des années 80, vers un objectif de promotion de la démocratie, il soutient que cette politique de l'Espagne vis-à-vis de l'Amérique latine a longtemps reflété la priorité accordée à un impératif d'ordre interne : assurer la stabilité du régime démocratique en Espagne même.

• Peter Birle (*De Bonn à Berlin. Les relations de l'Allemagne unifiée avec l'Amérique latine. Partenaires stratégiques ou éloignement progressif ?*) aborde la continuité et les changements dans les relations entre l'Allemagne unifiée et l'Amérique latine depuis le début des années 1990 en s'attachant à l'économie, à l'action des sociétés civiles puis au domaine politique et diplomatique.

La présence économique a « vieilli » au cours des dernières années. L'Amérique latine a perdu de son poids relatif comme partenaire commercial, et les investisseurs comme les entreprises allemandes manifestent une baisse d'intérêt. En revanche, les fondations politiques internationales sont les instruments d'une politique extérieure parallèle et contribuent au processus de démocratisation ainsi qu'au renforcement de la société civile en Amérique latine.

Sur le plan diplomatique, l'Amérique latine n'a jamais occupé une place primordiale, même si l'Allemagne a joué un rôle actif en Amérique centrale au cours des années 1980. Depuis 1993, ont été définis les axes d'une vraie politique latino-américaine en même temps que six secteurs de « coopération stratégique » : Mercosur – essentiellement Brésil et Argentine – et Chili, Mexique, Communauté andine, Amérique centrale, Caraïbes – dont Cuba –, institutions multilatérales. Mais l'importance relative de la dimension bilatérale s'est réduite en raison d'une européanisation de la politique latino-américaine de l'Allemagne, dans le cadre des relations bi-régionales entre l'Union européenne et l'Amérique latine.

♦ Carlos Romero (*La politique extérieure de Chávez et l'Union européenne*) retrace l'histoire de la politique extérieure du Venezuela qui, à l'instar des autres pays latino-américains, s'est efforcé de diversifier ses relations internationales et, notamment, de nouer des relations avec l'Europe pour éviter de dépendre exclusivement des États-Unis.

Depuis 1999, la présence intense du nouveau président Hugo Chavez semble se caractériser par des positions « à contre-courant ». Mais, selon l'auteur, il s'agit plutôt d'activisme alors que la politique étrangère est marquée, tout à la fois, par un déficit des objectifs et des structures, une absence de débat national sur les questions essentielles et des résultats contradictoires.

Le Venezuela est, certes, devenu le sixième partenaire commercial de l'Union européenne en Amérique latine. Il bénéficie de l'accord de coopération entré en vigueur en 1998 et, comme les autres pays andins, du système de préférences douanières généralisées qui permet à 86 % de ses exportations vers l'UE d'échapper à la taxation. Mais la « carte Europe » apparaît, en définitive, plutôt symbolique alors que les liens continentaux et la fourniture de pétrole à Washington ont davantage américanisé le Venezuela que ses voisins latino-américains.

♦ Lelio Marmora (*Les politiques migratoires en Amérique latine et leur relation avec les politiques européennes*), après avoir évoqué les caractéristiques des migrations entre les deux rives de l'Atlantique au XIXe siècle, s'attache à l'étude comparée des politiques migratoires en Europe et en Amérique latine.

Les dispositifs restrictifs, généralisés depuis les années 1970, ont connu dans les années 1990 une « crise de régulation ». Les États européens ou latino-américains – ces derniers prenant comme exemple les accords de Schengen – ont alors adopté des « solutions » analogues.

Ils ont cherché à résoudre, par des mesures d'exception, les problèmes liés à l'augmentation d'immigrants irréguliers et à en flexibiliser les flux.

Selon l'auteur, de nouveaux lieux de réflexion et de débats sont apparus, tout comme de nouvelles scènes de négociation. Et, malgré des législations nationales souvent limitatives, la construction d'espaces consensuels a sensiblement progressé au cours des cinq dernières années, tant au travers d'accords bilatéraux et multilatéraux *ad hoc* que grâce à la prise en compte de la variable migratoire dans les processus d'intégration régionale.

⬧ Abordant ensuite le volet économique, Javier Santiso (*Les investisseurs européens en Amérique latine*) analyse l'engouement de ces investisseurs pour l'Amérique latine et l'importance de leur présence dans des pays comme le Brésil, le Mexique, l'Argentine et le Chili.

Au-delà des volumes concernés, ce qui retient son attention est l'extrême rapidité de la ruée vers l'Amérique latine des opérateurs européens, tardivement engagés et désireux de rattraper le temps perdu, notamment à la faveur des privatisations, ou désireux – comme Carrefour – d'accélérer leur rythme d'implantation.

Les firmes européennes – notamment espagnoles – ont engagé un pari latino-américain qui s'inscrit dans une stratégie internationale durable d'implantation dans les pays émergents à potentiel de croissance rapide et qui renforce dès à présent les interdépendances économiques entre les deux régions.

⬧ L'étude de Laurent Chabot (*Les relations économiques de la France avec l'Amérique latine et la concurrence Europe/États-Unis*) porte, à la fois, sur l'évolution des flux commerciaux entre l'Europe et l'Amérique latine et sur la concurrence entre les États-Unis et l'Europe dans cette région. Il souligne, à son tour, que même si, pour les entreprises européennes, le marché latino-américain est davantage ouvert aux investissements qu'aux exportations, cette zone a constitué depuis dix ans un débouché dynamique et porteur pour les exportations européennes. On constate sur l'ensemble de l'Amérique latine une nette prédominance américaine (45 % de part de marché), loin devant l'Union européenne (de l'ordre de 20 %). Mais ce chiffre recouvre deux réalités bien distinctes : au Mexique, surtout depuis l'instauration de l'ALENA, la place des États-Unis est écrasante et la part de marché de l'UE recule (de 13 à 9 % depuis le début de la décennie) ; dans le Mercosur, la part de marché européenne avoisine les 30 % tandis que celle des États-Unis est plus proche de 20 %. La zone du Mercosur est stratégique pour la France et l'Europe, ce qui explique l'importance des négociations commerciales UE-Mercosur en cours, concurrentes de la négociation de la Zone de libre-échange des Amériques, lancée par les États-Unis mais encore peu avancée à ce jour.

• Carlos Quenan (*La coordination des politiques macro-économiques dans le Mercosur et l'expérience européenne*) estime que la trajectoire européenne vers l'union monétaire est une source de réflexion et d'inspiration pour l'Amérique latine, et en particulier pour le Mercosur. Il examine les progrès accomplis, depuis la crise ouverte en 1999 au sein du Mercosur, dans l'instauration de mécanismes de coordination macroéconomique, et leurs rapports avec la riche expérience européenne en ce domaine.

D'une part, la voie empruntée par le Mercosur s'inspire en partie du « modèle » européen car elle devrait impliquer une convergence de certaines variables macroéconomiques décisives. Elle pourrait également tirer profit de la démarche européenne en générant, le moment venu, des instances institutionnelles adéquates pour rendre opérationnel ce processus de convergence.

Mais, d'autre part, les choix du Mercosur s'éloignent du précédent européen dans la mesure où ils ne privilégient pas, pendant la période initiale, la mise en place d'un accord régional sur la monnaie et les changes.

• À la croisée du champ politique et du champ culturel, Denis Rolland (*La crise exemplaire d'un modèle européen en Amérique latine : les racines anciennes du retrait du modèle politique français*) se demande ensuite si l'Amérique latine est en train de s'éloigner de l'Europe et si les modèles transmis par celle-ci au XIXe siècle sont définitivement en train de s'estomper.

L'analyse du modèle politique et culturel français – des modalités de sa construction aux mécanismes de son effritement – permet de comprendre que la crise qui l'affecte, tout comme les autres modèles européens, a des racines anciennes. Ce n'est pas un phénomène seulement postérieur, comme on le croit souvent, aux lendemains de la deuxième guerre mondiale, pas plus qu'il ne dépend de la seule concurrence nord-américaine.

Après un bref examen de certaines apparences constructrices de réalité sur les deux rives de l'Atlantique à la fin du XIXe siècle, l'auteur expose en cinq points les logiques et les mécanismes de l'éloignement au XXe siècle entre France et Amérique latine : logique interne à l'Amérique latine, signes du déclin autour de la première guerre mondiale, mécanismes liés à la perception de la France, facteurs externes aux relations France-Amérique latine, enfin, faible mise en œuvre de la « propagande » française.

• Gérard Teulière, pour sa part (*Esthétique et modernité en Amérique latine : l'art extrême de l'Occident*), aborde les convergences et influences croisées dans le champ esthétique entre l'Europe et l'Amérique latine, où les arts visuels sont au XXe siècle le théâtre d'une bataille permanente entre la tradition (ou l'endogénisme) et la modernité internationale (avant-gardes européennes puis nord-américaines). La très grande influence de l'Europe est facilitée par la présence massive de créateurs latino-américains sur l'ancien continent et par celle de nombreux artistes européens émigrés outre-Atlantique. Elle se fait sentir dans l'adoption du cubisme, du surréalisme, du néo-impressionnisme, de l'expressionnisme. En sens inverse, diverses conceptions élaborées en Amérique latine (art *madí*, universalisme constructif, art optique et cinétique) acquièrent une renommée internationale. Cependant, l'art latino-américain possède une identité propre, à la fois par l'assimilation et le recyclage des tendances européennes et par la résistance identitaire, qui s'exprime par des thèmes et des styles autochtones (indigénisme, ancestralisme, etc.).

Ainsi, selon l'auteur, l'Amérique latine, « forte de ses racines européennes et de ses métissages turbulents, continue à développer l'art extrême de l'Occident ».

• Ruben Bareiro Saguier (*Le Paraguay métis : langue et culture*) s'attache au métissage linguistique et culturel du Paraguay. Le *gua-rani paraguayen* est né de la fusion entre une langue amérindienne, qui a conservé sa structure malgré sa « normalisation » par les jé-suites, et l'espagnol, qui se traduit par une forte imprégnation lexicale.

Pratiqué par la communauté métisse – soit 87 % de la population – il est pourtant absent de l'enseignement jusqu'à la deuxième guerre mondiale et, marqué par l'oralité, s'exprime surtout dans la poésie et la chanson. Incorporé aux programmes scolaires par la dictature dans les années 1960, il bénéficie en 1992, lors de la transition démocratique, d'un statut constitutionnel unique en Amérique latine, qui consacre le bilinguisme. En intégrant dans le système scolaire l'enseignement progressif de la langue et de la culture *guarani*, la réforme éducative permet désormais l'expression linguistique d'un pays pluriculturel.

• Pablo Berchenko (*L'Espagne et la coopération éducative entre l'Europe et l'Amérique latine*) analyse la politique espagnole en matière de coopération éducative avec l'Amérique latine, phénomène complexe dans lequel les instances supranationales, les organismes publics nationaux, les universités, les ONG, l'Église catholique, les fondations et les entreprises privées ciblent leurs propres terrains d'action mais aussi s'entremêlent et parfois se superposent dans les mêmes programmes et les mêmes aires géographiques.

Marquée par ses liens avec la politique, le négoce, la catéchèse et la solidarité, la coopération éducative est devenue un instrument essentiel au service d'une « deuxième conquête » du monde latino-américain.

⋆ François Taglioni aborde la dimension caraïbe et plus précisément *les dynamiques de coopération entre l'Europe et la Caraïbe dans un contexte de mondialisation*.

Espace géographique et économique hétérogène, la région caraïbe est inégalement intégrée à l'économie régionale et dépendante de son voisin géographique, les États-Unis, comme de son associé historique, l'Union européenne. Même s'ils ne disposent guère d'un pouvoir de négociation avec Washington et ne constituent pas une priorité pour l'Europe, les pays de la Caraïbe, confrontés aux impératifs économiques de la mondialisation et aux nouvelles données de la politique internationale, tentent de former un bloc économique cohérent. Ils dynamisent la CARICOM et mettent en oeuvre un partenariat avec l'Amérique centrale et avec l'ensemble des membres de l'Association des états de la Caraïbe.

La dimension politique du partenariat avec l'Union européenne est confirmée par le nouvel accord de Cotonou, qui vise notamment à développer une coopération décentralisée avec les sociétés civiles. Mais les lourdeurs administratives européennes freinent l'utilisation des fonds d'aide au développement et à la lutte contre la pauvreté, tandis que le système de préférences commerciales doit être rénové.

Et surtout, la politique de coopération de l'UE évolue vers un fonctionnement de plus en plus régionalisé et hiérarchisé, lourd de conséquences pour la Caraïbe.

⋆ José Briceño Ruiz (*L'Union européenne et la construction du nouveau régionalisme caribéen*) étudie le processus de création d'un nouveau régionalisme caraïbe – dont atteste l'Association des états de la Caraïbe, fondée en 1994 – et le rôle que peut jouer à cet égard l'acteur extérieur qu'est l'Union européenne. Il examine l'impact, positif ou négatif, des politiques communautaires sur la construction de ce concept de région.

Ainsi l'accord de Cotonou, la révision de la politique européenne envers l'Amérique centrale et la mise en oeuvre du programme POSEIDOM pourraient-elles générer des conditions favorables à l'intégration économique et à la coopération politique entre les pays du Bassin caraïbe. En revanche, la réglementation communautaire instaurée en 1993 sur le commerce de la banane apparaît comme un obstacle.

⋆ Pour Christian Joly (*L'action humanitaire de l'Union européenne dans la région Caraïbe*), l'action humanitaire de l'Union européenne est devenue au cours de la décennie 90 un élément à forte visibilité des relations extérieures des Communautés européennes. La zone caraïbe n'est pas, quantitativement, un récipiendaire important de cette forme d'aide ; mais, en raison de la complexité des situations de catastrophe humanitaire dans cette région, la Communauté y a mis en place des programmes qui visent à aller au-delà de la seule réponse à l'urgence, liant cette dernière à la préoccupation de développement à long terme. En ce sens, cette action vise aussi, selon l'auteur, à favoriser l'émergence d'une approche régionale dans une aire géographique où s'opposent similitude des grands défis humanitaires et diversité politique et administrative.

♦ Fred Constant (*La France dans les Caraïbes : changement de paradigme politique et nouveaux référentiels de l'action publique*) souligne que la politique de la France dans les Caraïbes est aujourd'hui en pleine redéfinition et que des discussions souvent inédites et des initiatives sans précédent tracent la voie d'orientations nouvelles. Sans doute encore trop récentes et dispersées, celles-ci doivent être appréhendées avec nuance d'autant que, considérées isolément, elles ne semblent pas préfigurer des bouleversements radicaux. En les rapportant les unes aux autres, on voit qu'elles dessinent pourtant ensemble les contours d'un nouveau paradigme politique, gouvernant, au triple plan de l'orientation normative, des procédures d'élaboration et des mécanismes de mise en œuvre, tant les relations verticales entre les « départements français d'Amérique » et la « métropole » que les relations horizontales avec les autres pays des Caraïbes.
L'auteur analyse le regain du débat statutaire, « politiquement déverrouillé », et les perspectives d'une évolution institutionnelle à la carte, assortie de la promotion d'un développement local durable et solidaire. L'accroissement des responsabilités autonomise, selon lui, les marchés politiques locaux à l'aide des ressources nouvelles offertes aux élus et renforce la capacité internationale des collectivités « périphériques ». Un nouvel espace public semble ainsi en formation à l'intersection de la République française, de l'Union européenne et des Caraïbes.

♦ Selon Janette Habel (*Cuba entre Europe et Amériques : une transition sous influences*), depuis l'effondrement de l'Union soviétique, le régime castriste est à la recherche d'une voie lui permettant de concilier sa réinsertion internationale dans une économie de marché mondialisée et la préservation de son système politique et de sa souveraineté nationale. Consciente que l'île ne peut survivre par ses propres forces, confrontée à l'embargo américain et aux pressions exercées par la puissante communauté cubaine exilée, La Havane s'est tournée vers l'Union européenne et l'Amérique latine. Le problème de l'après-castrisme est d'ores et déjà posé mais l'exceptionnalité de la transition cubaine est ignorée par les États-Unis comme par l'Europe, les premiers faisant fi de la forte légitimité nationale que conserve le système autoritaire et la seconde cherchant à imposer une conditionnalité politique.

Les textes rassemblés ici s'efforcent de refléter la diversité des approches, la multiplicité des perspectives, l'infinie complexité et la richesse des liens qui unissent les pays de l'Union européenne et les Amériques, du sud du Rio Grande et du Bassin caraïbe à la Terre de Feu.

Pour user d'un terme aujourd'hui quelque peu galvaudé mais adéquat dans son sens initial, l'équipe du CREALC s'est efforcée d'agir en « passeur », d'une rive à l'autre d'un océan devenu à maints égards, au temps de la mondialisation, un lac commun à l'Occident et à cet « Extrême-Occident » cher à Alain Rouquié.

Il existe bien en Amérique latine, d'après Jacques Delors, une « demande d'Europe ». Mais l'offre européenne est-elle en mesure d'y répondre, au-delà des importants investissements de l'Europe « latine » ? Selon le président brésilien F. H. Cardoso (*Le Monde*, octobre 2001), il semble que les Européens auraient tout intérêt à conclure rapidement un accord de coopération – notamment avec le Mercosur – « avant que les négociations en cours sur l'hémisphère américain ne produisent des intégrations qui [les] écarteraient ».

Daniel van EEUWEN
directeur du CREALC

Europe/Amérique latine : la longue durée

Laurence WHITEHEAD*

Le vingtième anniversaire du CREALC** nous offre une excellente occasion pour réfléchir, une nouvelle fois, sur l'histoire longue, entremêlée, intense et si souvent dramatique des interactions entre l'Europe et ce « Nouveau Monde » ouvert aux navigateurs dès que l'Amiral eut hissé l'étendard royal (avec son blason en lettres *F* et *I* tressées) sur la petite île de Guanahani, alias Lucayos, ou Ile Watling, aux Bahamas, un vendredi 12 octobre 1492. Cette histoire a été si souvent racontée, à partir de tant d'angles d'approche différents, avec des accents et des objectifs tellement variés, que l'on serait tenté de supposer qu'il ne reste guère de nouveau à en dire. Mais ce serait oublier l'observation de Collingwood à propos de « ce fait familier qui veut que chaque génération trouve un intérêt, donc une motivation, pour étudier du point de vue de l'Histoire, des territoires et des aspects du passé qui pour leurs aînés n'étaient que dessèchement et poussière, ne signifiant rien[1] ».

Certes, l'Europe qui se projette à l'heure actuelle vers l'Amérique latine est bien différente de celle qui existait lorsque le CREALC est né (sans évoquer cette Europe barbare que Collingwood étudiait dans les années 1940), et à l'intérieur du « Nouveau Monde » il existe désormais une nouvelle « Amérique latine », orientée bien différemment vers le monde extérieur en général, et vers l'Europe en particulier. Qui plus est, il n'y a aucune raison de croire que l'un ou l'autre des protagonistes de cette relation soit sur le point de se figer dans l'inertie. Ainsi nous est-il permis, et on peut même dire qu'il nous incombe, à la fois de soulever de nouvelles questions et de passer en revue de vieux débats concernant les relations Europe/Amérique latine dès lors que de nouvelles potentialités imposent d'interroger à nouveau les arcanes du passé. À l'heure qu'il est,

*   Traduit de l'anglais par Patrick Hutchinson, docteur-ès-lettres, professeur d'anglais à l'IEP

**   Ce texte reprend les éléments du discours de clôture du colloque, prononcé le 30 novembre 2000.

1.   R.G. Collingwood, *The Idea of History*, Oxford University Press, 1961, p. 305.

des thèmes tels que le constitutionalisme, la démocratie libérale, l'économie de marché, le régionalisme ouvert et le partage de souveraineté semblent relier ces deux régions qui se sont effectivement rapprochées lors du sommet de Rio de juin 1999. Nous serons peut-être assez nombreux (notamment ceux d'entre nous qui avions initialement abordé ce sujet en pleine Guerre Froide) à trouver inédite une telle base pour la convergence bi-régionale, et à l'envisager même avec un certain scepticisme, tout en admettant son bien-fondé comme point de départ pour une remise à jour historique.

Ce n'est pas non plus sans une bonne raison que, depuis Michel Chevalier sous le Second Empire, nous affectons au sous-continent la dénomination d'« Amérique latine ». En effet, cette région jouit surtout de liens anciens et privilégiés avec les pays catholiques de langue romane de l'Europe du sud-ouest. Les attaches avec le Danemark, la Grèce ou la Finlande ne sont pas spécialement étroites. En revanche, les affinités culturelles avec l'Espagne et le Portugal, sans oublier la France et l'Italie, sont fortes et pérennes. Par exemple, en exportant divers instruments à corde, principalement la guitare, les Ibériques ont étendu leur répertoire musical jusqu'à ce qu'il intègre tout un nouvel univers de rythmes et de danses comme le mambo, le tango, le charango.

Outre les considérations de langue, de religion et de liens familiaux, relevons les origines historiques d'institutions régionales aussi caractérisées que le *latifundio*, la *plaza pública* et la constitution républicaine – sans parler des traditions juridiques. De même, dans le domaine politique, les pays d'Amérique latine ont en commun, de façon plutôt directe, le fait d'être tous « des enfants de la Révolution française », partageant les conceptions de la souveraineté populaire, des Droits de l'homme, du rôle napoléonien de l'État-nation, du spectre idéologique gauche-droite. Ainsi, lorsque les Internationales chrétienne-démocrate et socialiste ont voulu développer leurs activités en Amérique latine, elles ont trouvé de nombreux repères qui leur étaient familiers, tout comme ce fut le cas pour la gauche jacobine européenne. Enfin, dans le domaine économique, l'Amérique latine s'est développée selon une orientation résolument tournée vers l'extérieur (au sens du littoral et, qui plus est, centrifuge) qui s'est maintenue depuis la *Conquista* jusqu'aux environs de 1930.

Durant cette période de plus de quatre siècles, l'orientation des flux économiques n'était pas tant vers l'extérieur qu'européo-centrée. Tout d'abord en direction de la péninsule ibérique, ensuite vers les îles Britanniques, à un moindre degré vers la France, l'Allemagne et l'Italie. Ce ne fut que lorsque les Européens eurent eux-mêmes détruit les bases de leur présence par des conflits internes que l'Amérique latine est tombée aussi complètement sous l'influence des États-Unis vers le milieu du vingtième siècle. C'est dans la mesure où cette dernière suprématie, longtemps sans rivale, a amorcé un déclin graduel (aussi bien à l'échelle de la planète qu'au niveau régional) à partir des années cinquante que l'orientation historique de l'Amérique latine revient lentement vers l'Europe.

Il existe un contraste marqué entre l'Amérique latine et les autres parties de ce qu'on appelle encore le « Tiers-monde ». Le reflux de l'influence occidentale au Moyen-Orient a restitué une visibilité à des orientations historiques tout à fait hétérogènes, demeurées souterraines durant le bref intermède de la domination chrétienne. La décolonisation de l'Asie et de l'Afrique a, de son côté, favorisé l'émergence d'une vaste gamme de traditions locales, lesquelles constituaient au moins partiellement une sorte de répudiation des modèles européens. Ce n'est qu'en Amérique latine que les aspirations contemporaines à l'autonomie nationale (ou, dans le cas présent, la résistance à l'hégémonie de grandes puissances) impliquent réellement de tendre les bras vers cette nouvelle Europe qui se construit sur les décombres de deux grandes guerres.

Ce bref article tente de se placer à distance de préoccupations aussi contemporaines, en reconnaissant que, dans une génération sans doute, le point focal d'un tel recensement historique se sera très probablement à nouveau déplacé. Il abordera cependant quelques considérations sur *la longue durée*[2], qu'il convient de bien garder à l'esprit lorsqu'on étudie les relations Europe/Amérique latine dans l'optique de la guerre froide, ou bien le sommet de Rio, ou même lorsqu'on envisage un avenir encore hypothétique, probablement beaucoup plus mondialisé. Nous passerons en revue six composantes de cette relation à long terme, dont chacune fait bien entendu aujourd'hui l'objet de recherches approfondies : la démographie, les ressources nationales, l'environnement urbain, l'échange écologique, l'imagination collective et les pratiques politiques. Il n'est bien sûr pas possible de développer ici dans le détail des questions aussi vastes et complexes. L'objet est plutôt de rappeler au lecteur leur nature inextricablement mêlée, les façons presque élémentaires, très fondamentales, qu'elles ont de relier ensemble ces deux grandes régions mondiales, tout en les différenciant fortement à certains égards du reste du monde. Ces composantes fournissent l'arrière-plan de la *longue durée*[3], base des recherches historiques plus focalisées actuellement entreprises par la nouvelle génération, habitée de nouvelles interrogations au sujet d'une histoire presque usée à force d'être examinée à la loupe.

Si nous commençons par la *démographie*, nous pouvons nous arrêter un instant sur un petit événement récent qui ouvre un vaste champ de réflexion. Les cultivateurs de brocoli de Murcia font actuellement pression sur le gouvernement de Madrid afin d'obtenir une révision de la récente législation plus draconienne sur la nationalité, dont un des effets

---

2.   En français dans l'original, NDTR.
3.   En français dans l'original, NDTR.

est l'expulsion vers leur pays des travailleurs agricoles manuels en provenance de l'Équateur. Comme la récolte du brocoli nécessite une main d'œuvre abondante et bon marché, si les Équatoriens ne sont plus disponibles, l'un des piliers de l'économie de la région risque de s'effondrer. Les Équatoriens sont de bons catholiques, travailleurs, et ils n'ont guère de problèmes pour s'assimiler culturellement à cette partie de l'Espagne rurale. Si on les expulse, ils risquent de se retrouver réduits à l'extrême misère une fois de retour dans leur pays d'origine. La rareté de la main d'œuvre n'a jamais été l'une des caractéristiques de l'Espagne rurale (dans le cas contraire, il se peut que la colonisation de l'Amérique hispanique n'ait jamais eu lieu). Les flux migratoires positifs de la sierra équatorienne vers les rives de la Méditerranée ne figurent pas parmi les traits durables des relations entre la région andine et l'Europe. Mais lorsque l'histoire démographique prend un tour aussi inattendu, cela met à jour des relations structurelles et des potentialités profondes, dont les fondements sont transcontinentaux et fixés depuis des siècles.

Au niveau macroscopique de la réalité démographique, il demeure que, depuis des siècles, l'Amérique latine a subi une européanisation intense. Il est inutile d'ajouter que c'est là une observation qui doit être formulée avec précaution. On observe actuellement une remontée de mouvements indigénistes dans de nombreux pays (y compris l'Équateur), et les Européens ont, bien entendu, le trafic des esclaves sur la conscience. Les origines démographiques de l'actuelle population du Nouveau Monde sont, par conséquent, d'une grande hétérogénéité. Néanmoins, si nous prenons en considération les traits dominants des langues, des religions, des influences dans l'éducation, ou les marqueurs de l'appartenance élitaire, le poids des influences européennes (directes ou passées par le filtre nord-américain) devient frappant. Il s'agit là d'une population bien plus sujette à l'européanisation que, par exemple, les peuples de l'Afrique, de l'Asie ou du Moyen-Orient. Les flux transatlantiques sont également variés et complexes, allant des « golondrinas » aux jésuites, des poètes aux magnats de la finance et – comme le démontre l'exemple de Murcia – il peut très bien s'agir de flux à double sens. Le terme même d'« Amérique latine » est à lui seul un témoignage éloquent de cette relation aux racines profondes, signant à la fois la prééminence des langues romanes et la force de la revendication du titre de fondateur de l'homme d'affaires florentin, Amerigo Vespucci, père de l'expression « Nouveau Monde ». Si, à l'heure actuelle, ces deux régions sont en train de converger autour des valeurs du libéralisme et de sa mise en pratique, il se peut que cette réalité démographique aide au renforcement de leur sentiment de compréhension mutuelle.

Il a toujours existé une puissante *base de ressources* sous-jacente à de tels flux démographiques, ce qui vient aussi donner consistance aux épisodes récurrents, bien qu'intermittents, de convergence transatlantique. Les métaux précieux de la période coloniale ont financé l'expansion européenne, et les exportations de matières premières des XIXe et début du XXe ont fourni des apports essentiels à l'industrialisation de l'Europe. Dès la deuxième guerre mondiale, l'Amérique latine a fourni les Alliés occidentaux en produits stratégiques à partir d'un hinterland sécurisé. Là aussi, les relations consistaient toujours en un échange à double sens, bien qu'asymétrique. Ce sont les Européens qui ont fourni les navires, les ports, le crédit bancaire, et au XIXe siècle déjà, les chemins de fer. Après 1914, l'Europe avait beaucoup moins à offrir à l'Amérique latine (ce qui n'est pas sans fournir une explication plausible à l'orientation du sous-continent vers le développement autocentré). Mais depuis la fin de la guerre froide, les flux de ressources à partir de l'Europe ont repris, notamment dans des domaines tels que les télécommunications et les activités bancaires, et désormais tous les principaux constructeurs automobiles européens intègrent l'Amérique latine dans leurs stratégies globales. Quels que soient les transferts de technologie et quels que puissent être à l'avenir les hauts et les bas des différents secteurs des économies européennes et latino-américaines, l'habitude prise d'un intense échange de ressources structure sur le long terme l'imbrication sociale des deux régions.

L'*environnement urbain* fournit à lui seul une démonstration éloquente de cette imbrication sociale. Bien entendu, les villes de la fin du moyen âge européen n'étaient que rarement des fondations entièrement nouvelles, conçues sur le papier avant de s'inscrire dans le paysage. En revanche, de nombreuses villes latino-américaines doivent leur origine à un concept ou à une invention, de la même façon que le « Nouveau Monde » fut « inventé » avant qu'on n'en vienne à l'occuper. Ainsi, en 1496, lorsque Bartolomé Colomb dressa les plans pour l'urbanisme de la *Calle las Damas*, il n'y avait rien d'archaïque dans l'architecture du palais du gouverneur de Santo Domingo, ni dans celle de la capitainerie, ni dans la première rue pavée des Amériques. Ses plans exprimaient les idées espagnoles les plus avancées d'alors sur l'architecture, l'urbanisme, l'implantation des villes et les établissements d'éducation (le couvent est devenu en 1538 l'université Saint Thomas d'Aquin, la première du Nouveau Monde). Il a également édifié la première église, puis la première cathédrale construites aux Amériques. Ses plans préfiguraient en miniature les centaines, voire les milliers de *plazas públicas* et d'établissements urbains que les colons ibériques allaient disséminer à travers un sous-continent tout entier. Ainsi en 1573, Philippe II promulgua les ordonnances qui stipulaient la dimension que devaient avoir toutes les plazas – entre 200 et 300 pieds de large, entre 300 et 800 pieds de long – ainsi que la configuration des bâtiments publics qui devaient y être édifiés, le plan rectangulaire des rues qui devait s'appliquer dans toutes les villes espagnoles du Nouveau Monde. Dans les siècles ultérieurs, les influences architecturales européennes ont continué à laisser leur marque sur l'urbanisme des villes latino-américaines, depuis l'influence du Paris du baron Haussman sur la construction des *avenidas* de Buenos Aires et Mexico jusqu'à la transcription des théories de Le Corbusier dans les formes géométriques de Brasilia. Bien que dans ce cas le flux des influences se soit surtout exercé d'est en ouest, ici aussi il y a toujours eu un processus d'échange réciproque, certaines constructions latino-américaines ayant été des sources d'inspiration pour des constructeurs européens, aussi bien que l'inverse.

Mais au-delà des villes, des historiens récents ont entrepris d'examiner de plus près l'impact de l'occupation européenne sur le paysage de l'Amérique latine. Ce que nos modernes *historiens de l'écologie* ont mis à jour est un processus d'échange transatlantique et d'influences réciproques, aux ramifications beaucoup plus étendues que l'on ne se l'était imaginé jusqu'alors. Elinor Melville, par exemple, a montré comment l'introduction d'espèces herbivores originaires de l'Ancien Monde sur les hauts plateaux semi-arides du centre du Mexique a transformé l'environnement physique, marginalisé une population indigène numériquement majoritaire, et donné naissance à ces *latifundios* qui ont tant intrigué des générations successives d'historiens agraires. Mais l'histoire écologique dépeint une large palette d'influences réciproques. La pomme de terre importée des Andes a permis une montée en puissance en Irlande de l'agriculture paysanne de subsistance qui allait prendre des proportions tragiques lors de la Grande Famine du milieu du XIXᵉ siècle, après que cette monoculture eut été dévastée par la maladie. Le cheptel européen qui a colonisé la *pampa* argentine a fourni une part importante des protéines qui avaient manqué aux travailleurs britanniques aux débuts de la révolution industrielle. La monoculture sucrière des Caraïbes a créé accumulation de richesse et dépendance internationale à une échelle insoupçonnée jusqu'alors, ce qui n'a pas été pour rien dans l'intensification de la traite des esclaves. Cette discipline, en plein essor, de l'histoire environnementale est en train de dévoiler des chaînes de causalité et d'interdépendance qui se révéleront sans doute fécondes pour le développement des relations Europe/Amérique latine au siècle de l'économie mondialisée.

Avec une population fortement européanisée, de puissants flux de ressources qui circulent entre Europe et Amérique latine, l'imbrication culturelle et l'interdépendance écologique, il n'est guère surprenant que les deux peuples puissent partager un important répertoire *d'idées et de présupposés communs*. Dès le tout début de la période de l'exploration européenne, le « Nouveau Monde » a enflammé l'imaginaire de L'Ancien. « L'Utopie » de Thomas More doit son existence à la réaction de son auteur devant les premiers compte-rendus de marins de retour au pays. Pendant plusieurs siècles, les élites de l'Amérique latine ont aspiré à être éduquées suivant les critères les plus exigeants de la culture européenne. Si elles ne pouvaient aller étudier en Europe, elles tentaient de reproduire les institutions européennes d'enseignement sur leur propre continent. Non seulement les humanistes mais aussi les scientifiques quittèrent l'Europe pour tenter de comprendre l'ensemble du monde à partir de l'observation du « nouveau » (pensons à Darwin ou à Humboldt). Les écrivains et les artistes latino-américains ont captivé l'imagination des lecteurs européens, sans doute en partie parce qu'ils étaient fortement imprégnés de culture européenne. L'échange des idées et des expériences s'est encore intensifié grâce au récent développement des moyens de communication de masse. Le Sous-commandant Marcos semble parfois disposer d'une audience plus étendue à Paris ou Barcelone que dans le Chiapas ou à Oaxaca. Des latino-américains de tous horizons aspirent non seulement à user les bancs des universités de l'Europe pour apprendre, mais aussi à y enseigner. Osvaldo Brand prétend même que ce furent eux qui inventèrent la théorie quantitative de la monnaie.

En fin de compte, ces cinq composantes de la convergence euro-latine s'additionnent pour en alimenter une sixième – le dialogue *politique* et la coopération. L'histoire politique a relié ces deux régions autour d'une généalogie commune qui, à bien des égards, était loin d'être de nature libérale. Elle incluait, en effet, le colonialisme, l'absolutisme, le mercantilisme et, au XXe siècle, des rivalités entre superpuissances qui conduisirent à l'espionnage et à la subversion. Mais la filiation libérale ne doit pas pour autant être négligée et il semble plutôt qu'elle soit appelée à redorer son blason. Après tout, les républiques d'Amérique latine étaient pour l'essentiel des rejetons de la Révolution Française, ses légataires constitutionnels. Aguilar Rivera vient juste de publier une réévaluation des expérimentations constitutionnelles de l'Amérique latine du début du XIXe siècle, considérées non plus comme des exceptions malheureuses à la doctrine libérale, mais comme composantes à part entière d'une tradition politique qui enjambe les deux côtés de l'Atlantique et n'arrive qu'aujourd'hui à sa pleine maturité. Ce n'est là qu'une des lectures possibles de l'histoire politique, mais ces vieux débats sur la souveraineté populaire, la séparation des pouvoirs, le fédéralisme versus le centralisme dans les attributions du gouvernement, la responsabilité des tribunaux envers la Constitution, et le caractère juridiquement contraignant des traités internationaux ont acquis une nouvelle jeunesse. Aussi bien en Europe qu'en Amérique latine ils ont retrouvé la vigueur et l'intensité vibrante de leurs débuts. Du point de vue de la *longue durée*, seulement esquissée ici, une telle théorie libérale prend sa source dans les mouvements en profondeur de très anciens flux de compréhension et d'expérience communes. C'est pour cette raison que l'on doit attendre désormais des Européens et des Latino-américains qu'ils s'écoutent les uns les autres avec une attention accrue. Chacun a beaucoup à apprendre de l'autre, qu'il s'agisse de partis libéraux et démocrates ou, plus généralement, de la réalisation de soi.

Bibliographie

Aguilar Rivera, Jose Antonio, *En Pos de la Quimera*, *Reflexiones sobre el Experimento Constitucional Atlántico*, Mexico City, Fondo de Cultura Economíca, 2000.

Collingwood, R. G., *The Idea of History*, Oxford University Press, 1961 edition.

Joseph Gilbert M. and Szuchman Mark D. (eds.), *I Saw A City Invincible: Urban Portraits of Latin America*, Wilmington DE, Scholarly Resources, 1996.

Melville Elinor G.K., *A Plague of Sheep: Environmental Consequences of the Conquest of Mexico*, Cambridge, CUP, 1994.

O'Gorman Edmundo, *La Invención de América*, Mexico City, Fondo de Cultura Economíca, 1958.

Osvaldo Brand Salvador, *El Origen Latinoamericano de Las Teorías de la Moneda y de la Inflación*, Bogotá, Plaza y Janes, 1987.

Stein Stanley J. and Stein Barbara H., *The Colonial Heritage of Latin America: Essays on Economic Dependence in Perspective*, New York, Oxford University Press, 1970.

Whitehead Laurence, « Latin America as a Mausoleum of Modernities », *in* Luis Roniger and Carlos Waisman (eds.) *Globality and multiple modernities. Comparative perspectives on the Americas*, Brighton, Sussex, Academic Press, 2002.

Réflexions sur la notion de métissage dans les sociétés d'Amérique latine *

François LAPLANTINE

Dans la reconstitution de la genèse des États-Unis d'Amérique, l'océan Atlantique est souvent comparé à la Mer Rouge qui laisse passer le peuple élu avant de se refermer. Or, c'est rigoureusement l'inverse qui s'est produit au Sud. Les sociétés d'Amérique latine, loin d'être animées par une logique de rupture et de pureté hostile au mélange, se constituent comme des prolongements de l'Ancien Monde et vont créer des espèces de sociétés de transition, ce que l'on pourrait appeler des espaces intermédiaires entre les Indiens, les Noirs et les Européens. Commençant à s'installer au plus près des tropiques, les Conquistadors vont s'adapter à l'écologie tropicale. De plus et surtout, n'arrivant pas en famille, mais en hommes célibataires, ils vont avoir des relations sexuelles avec les indigènes, puis avec les africaines. Certes, une politique de ségrégation entre les Espagnols et les Indiens sera inscrite dans la loi, mais elle ne sera jamais respectée. En prenant pour maîtresse une indigène, doña Maria, Cortés donne l'exemple. Il ouvre la voie au métissage.

En Amérique latine, le refus total de la société ibérique est depuis le début une impossibilité, car les noms et les prénoms que l'on porte dans ce presque Nouveau Monde ont été apportés du Vieux Continent. Ce sont des noms espagnols ou portugais et des prénoms de saints catholiques. Le poids des ancêtres venus de l'autre côté demeure omniprésent et leurs noms sont accumulés, attachés à la queue leuleu les uns aux autres, et souvent mélangés à d'autres. Juan Rulfo écrit ainsi : « On m'a empilé tous les noms de mes ancêtres paternels et maternels comme si j'étais un régime de bananes ».

On est donc rarement seulement Indien ou seulement Espagnol, mais souvent les deux à la fois, et presque toujours et partout la société est faite de croisements culturels.

Ce texte constitue l'une des entrées du *Dictionnaire des métissages*, écrit en collaboration avec Alexis Nouss (Paris, Editions Pauvert, 2001).

Ainsi, Alejo Carpentier est né à la Havane d'un père breton et d'une mère russe ; Julio Cortazar à Bruxelles de parents argentins descendants de Basques, de Français et d'Allemands. Quant à Miguel Angel Asturias, il était Indien par sa mère et Espagnol par son père, descendant d'un conquistador des Asturies.

Dans ces nations encore très jeunes, formées par la rencontre de sociétés disparates à l'extrême, l'Espagne et le Portugal peuvent être considérés comme le creuset, mais non le modèle, qui lui aussi vient d'ailleurs : non seulement les *Conquistadores*, mais les *Libertadores* imprégnés des idées anglaises et françaises du XVIIIe siècle. Le rapport à l'Espagne pour un Mexicain ou un Péruvien, de même que le rapport au Portugal pour un Brésilien, ne sont pas perçus de la même manière que le rapport à l'Angleterre, à l'Irlande ou à l'Allemagne pour un habitant des États-Unis. Ici, l'ibéricité n'est pas purement et simplement l'altérité, encore moins l'étranger, mais une *composante* de sa propre origine. Une composante qui, avec l'indienne et l'africaine repensées en terre américaine, et toutes les autres européanités arrivées à partir du XIXe siècle – les Italiens, les Allemands, mais aussi les Polonais, les Tchèques, les Russes –, sans compter les vagues migratoires arabes et, plus récemment, asiatiques va constituer des formes de sociétés inédites dont le profil est loin d'être achevé.

Le métissage – qui consiste alors dans la différenciation extrême de soi-même, pouvant aller jusqu'à la présence de l'autre en soi comme dans les cas des cultes de possession – est souvent plus culturel que proprement ethnique, l'originalité majeure de ces sociétés étant d'avoir réussi à créer des *identités plurielles* relativement indépendantes de la couleur de la peau. De même qu'au Brésil des petits-fils d'immigrés allemands ou italiens revendiquent aujourd'hui le passé yoruba des esclaves noirs et ne sont pas loin de penser que les Européens sont des intrus, tel Mexicain de sang totalement espagnol se considérera volontiers comme un descendant des Aztèques.

Cette aptitude à la différentiation de soi-même doit, à notre avis, être mise en relation avec le fait qu'en Amérique latine, les gens exercent très souvent de multiples activités. Pour des raisons économiques, bien sûr, comme ces psychanalystes de Buenos Aires rompus aux subtilités de la cure lacanienne le jour et qui, la nuit, sont chauffeurs de taxi. Ce sont des sociétés où l'on peut être à la fois sociologue, écrivain, homme politique, ministre (Darcy Ribeiro), romancier, ambassadeur, médecin, philosophe (Guimarães Rosa), critique littéraire, cinéaste, homme de théâtre, poète, consul (Octavio Paz), écrivain, directeur d'agence de presse, responsable de campagnes contre l'analphabétisme (Alejo Carpentier, qui a écrit par ailleurs des partitions et des livrets pour cantates et opéras-comiques et même, avec Varèse, le père de la musique électronique, un opéra).

Les diplomates sont des écrivains, les écrivains peuvent être musiciens et les prêtres devenir des guérilleros dans ces pays où la religion, l'art, la politique sont difficilement perçus comme des activités séparées. C'est certainement dans le domaine de ce que l'on hésitera à qualifier de strictement religieux (parce qu'il relève aussi de l'art et notamment du théâtre) que ce processus de confrontation et, plus encore, de démultiplication des personnalités (comme dans le Candomblé) et des cultures (comme dans l'Umbanda) apparaît sous son plus fort grossissement. Rappelons d'abord qu'à l'exception des politiques de conversion par les missionnaires, catholiques mais aussi protestants (depuis une vingtaine d'années, on assiste à l'entrée en force spectaculaire des mouvements évangéliques et pentecôtistes), le continent latino-américain peut être considéré comme étant d'une très grande tolérance religieuse. On assiste notamment à des phénomènes de double, de triple, parfois même de quadruple appartenance religieuse. Il est possible, par exemple, de participer à un culte afro-américain tout en étant catholique car, comme le dit le père Aristide, « dans les veines du vaudou coule un sang chrétien ». L'immense pèlerinage de la Vierge de Guadalupe au Mexique est bien une cérémonie chrétienne, mais c'est aussi un hommage rendu à des divinités précoloniales. Christianisme certes, mais christianisme indianisé ou, si l'on préfère, religion pagano-chrétienne. Cela peut apparaître comme une contradiction, mais certainement pas aux fidèles mexicains qui, n'ayant pas été formés dans le dualisme des Occidentaux, ne peuvent évidemment pas distinguer une « composante » aztèque et une « composante » chrétienne de leur dévotion, laquelle « composante » chrétienne ne pourrait pas être celle de l'Europe latine, mais du catholicisme mexicain. Cette rencontre entre des influences disparates apparaît jusque dans la « théologie de la libération », caractérisée par ce que Léonardo Boff lui-même appelle le « bilinguisme » : ni théologisme, ni sociologisme, mais théologie et socio-analyse marxiste.

Cette rencontre des idées mais aussi des couleurs, des saveurs, des sonorités, des rites et des règles de conduite, ainsi que cet accouplement, qui peut être tenu pour contre-nature, de temporalités discordantes, a donné naissance à des formes de culture très souvent déconcertantes tant pour les Européens que pour les Nord-Américains. Pour les Latino-Américains aussi. Non la juxtaposition de morceaux d'Europe, d'effluves africaines et de pièces originelles appartenant aux Amériques indiennes, mais tout autre chose. Des formes profondément originales d'américanité, constituées de la rencontre insolite du plus archaïque et du plus futuriste, de la préhistoire et du monde moderne, de constructions en hauteur en plein cœur des jungles, du fascisme et du travaillisme (Perón), de l'« Ordre » et du « Progrès » (devise d'Auguste Comte inscrite sur le drapeau brésilien), du dénuement total et de l'extrême richesse, de gratte-ciel aseptisés et de marchés traditionnels sentant bien fort les épices, de l'ordinateur et du tambour, bref du parapluie et de la machine à coudre dans une salle d'opération (Lautréamont, double d'Isidore Ducasse, qui, à la fin d'un de ses chants, s'appelle lui-même « le Montévidéen »).

L'une des difficultés majeures pour comprendre les métissages[1] latino-américains est sans doute la question de la concordance des temps. On se trouve toujours entre différents fuseaux horaires : l'un où le temps paraît s'être arrêté (comme dans le sertaõ brésilien), l'autre où l'on est poussé à courir toujours plus vite (comme à São Paulo, Mexico ou Bogota) pour rattraper le temps perdu, où l'on cherche à toute vitesse à intégrer l'histoire du monde entier.

Ce continent est à la fois très jeune et très vieux. C'est même le seul continent – avec l'Australie – où un homme du XXIe siècle rompu aux techniques de la micro-informatique peut rencontrer quelqu'un qui continue, comme il y a des millénaires, à vivre de chasse, de pêche et de cueillette. Non l'âge de la pierre et le monde moderne, mais l'âge de la pierre en pleine modernité. Et si les signes et les discours sont résolument modernes et planétaires, il n'en demeure pas moins des permanences tribales et une actualité du passé – en particulier de l'héritage colonial. Mais, en même temps et contradictoirement, les choses évoluent rapidement, les mutations sont constantes, on vit un climat d'imminence prophétique, qui est peut-être une réminiscence du temps où les Indiens Guaranis annonçaient la Rédemption du temps et l'avènement de la « Terre sans Mal ». On ne peut donc pas parler de rejet systématique du passé, mais encore moins d'adhésion au présent, sans faire pour autant confiance à l'avenir. Les Amériques indo-afro-ibériques avancent non par abolition mais par pluralisation de formes de temporalité qui coexistent entre elles. Les Mexicains sont passés en quelques années « de Quetzalcóatl à Pepsicóatl » (Carlos Fuentes). Superman est arrivé chez les Aztèques, et avec lui s'impose le conditionnel présent dans ces sociétés où le passé n'est jamais le passé simple mais le passé compliqué, et qui ont inventé aussi le présent antérieur, le futur incertain, le prétérit immédiat, l'optatif oblique (formulé pour la première fois en Grèce), le « présent continu » (dont Gertrude Stein a eu l'intuition), le conditionnel composé de l'indicatif passé, le présent du subjonctif dépassé, le plus qu'imparfait.

Borges imagine une cause postérieure à son effet, une source qui serait en aval. Mais cette confluence du passé, du présent et du futur qui se mélangent, s'imbriquent, s'inversent dans des harmonies ou des cacophonies étranges, c'est aussi la réalité de ces Amériques. Les écrivains n'ont fait, somme toute, qu'exprimer ces différentes combinaisons paradoxales de temporalités.

Bien sûr, le temps narratif du roman ou de la nouvelle n'est jamais le temps historique. Mais il y a un traitement proprement latino-américain

---

1.   Pour une réflexion critique sur la notion de métissage, qui est le plus souvent confondue avec le syncrétisme, je me permets de renvoyer à François Laplantine et Alexis Nouss, *Le métissage*, Paris, Flammarion, Coll. « Dominos », 1997.

de la temporalité, une réflexion sur le temps cyclique et récurrent qui est par ailleurs indissociable d'un véritable jeu avec le temps. Ce traitement, cette réflexion et ce jeu sont au centre de toutes les littératures d'Amérique latine. Ainsi Alejo Carpentier, dans l'une de ses nouvelles, intitulée *Guerre du temps*, et plus encore dans *Le partage des eaux*. Le thème de ce roman est celui de la recherche du temps perdu. Mais, comme toujours sur ce continent, on ne le retrouve pas. Le retour aux sources – de l'Orénoque, de la vie, de la civilisation, de l'enfance – s'avère impossible. Lorsqu'il arrive à l'orée de la forêt, le narrateur découvre une taverne qui a pour nom « Les Souvenirs de l'Avenir ». Le temps paraît, comme dans les utopies, un temps arrêté. Mais le passé, le présent et le futur, en fait, se mélangent. *Le Partage des eaux*, c'est le partage impossible du temps dont nous venons et du temps vers lequel nous allons, qui entraîne Carpentier dans une expérience de la dérision teintée néanmoins d'humour.

Toute une partie de la littérature latino-américaine est constituée de romans extrêmement touffus, puisant leurs sources d'inspiration dans un océan végétal. Elle est composée à partir d'un foisonnement de thèmes et de personnages pouvant se situer, pour ne prendre qu'un exemple, aux confins des littératures orales amérindiennes, de la mémoire des esclaves noirs débordant d'imagination, de la fantaisie des Andalous et du sens du sacré des Galiciens. Ce que l'on appelle le « réalisme magique » crée une atmosphère exubérante, un univers multiple, disparate, tumultueux, désarticulé, flamboyant, qui s'exprime à travers un éclat d'images. C'est la prolifération baroque, la luxuriance tropicale, qui trouve sa correspondance dans la luxuriance du texte lui-même, construit à partir de la multiplication de lignes, dont aucune n'est véritablement axiale. L'équivalent, en somme, des volutes dans l'écriture.

Mais ce n'est pas, tant s'en faut, toute la littérature latino-américaine, dont les Européens retiennent généralement le caractère expressionniste, alors que l'on rencontre aussi des formes d'écriture d'une très grande retenue, qui se situent à l'opposé du foisonnement tropical et n'en sont pas moins métisses pour autant. On évoquera la prose sobre et recueillie, à la fois d'un très grand raffinement et d'une extrême précision, de Carlos Drummond de Andrade ou encore *Pedro Páramo* de Juan Rulfo, cette espèce de dialogue des morts dans lequel le son des mots paraît amorti, que l'auteur avait songé à intituler *Les Murmures*. Pour exprimer la nausée australe liée à la désintégration sociale, psychologique et linguistique, il conviendrait de citer Ernesto Sabato mais également Roberto Arlt, qui dépeint des êtres répugnants prêts à la pire bassesse, des ratés littéralement vidés d'eux-mêmes, réduits à « un centimètre carré d'existence », traînant leur misère dans les bordels et évoluant dans des milieux féroces et corrompus. On ne peut pas enfin passer sous silence l'univers de Carlos Onetti, dans lequel rien n'aboutit jamais car il n'y a que des désirs vagues, confus, fugitifs, des demi-pensées qui s'interrompent, se contredisent. Nombreux sont les auteurs, tel Onetti, écrivain de la déprime, qui nous disent que les sociétés latino-américaines provoquent du dégoût, du vague à l'âme et de la mélancolie.

Ce que nous comprenons au contact de ces textes, c'est qu'avec des idées simples, on a toutes les chances de passer à côté d'une réalité non pas complexe, comme en Europe ou en Amérique du Nord, mais hypercomplexe. C'est le plus souvent l'horreur et l'humour (Cortazar), le désenchantement et la jubilation (Borges), le plaisir et la souffrance amoureusement entrelacés (Clarice Lispector).

Le métissage dans la littérature et plus largement dans la culture est loin d'impliquer pour autant un métissage dans la société. Il n'est pas toujours et partout valorisé, mais est souvent refusé, même lorsque l'on se trouve en présence non plus de *cultures ataviques*, mais de *cultures composites*, pour reprendre la distinction d'Edouard Glissant, comme c'est le cas dans les Caraïbes[2], les Guyanes, au Venezuela, en Colombie, ainsi que dans la majeure partie du Brésil, du Mexique et de l'Amérique centrale.

L'exaltation de la « créolité » ou de la « démocratie raciale » (terme souvent utilisé pour désigner le Brésil) ne saurait minimiser le fait que même dans ces Amériques qualifiées de métisses, c'est-à-dire formées dans le système raciste et paternaliste à partir de la rencontre des maîtres européens et des esclaves africains, les Blancs ont massivement refusé au cours de l'histoire la composante noire de la société. Ils ont entretenu une obsession chromatique, une véritable phobie de la couleur noire, qui a donné lieu à la construction de nombreuses échelles de couleur dont plusieurs comportent plusieurs dizaines de graduations allant du blanc le plus clair au noir le plus foncé[3].

L'Amérique latine produit, réprime et valorise le métissage moins simultanément qu'alternativement selon les circonstances auxquelles les individus et les groupes sociaux sont confrontés. On comprend alors pourquoi la condition métisse est souvent difficile à assumer. Une partie de soi participe de la couleur et de la culture des descendants des esclaves, et une autre de celle des descendants des maîtres. Une partie de soi, marquée chromatiquement par une trace d'infamie, est susceptible de réactualiser de la révolte ou de la honte, et une autre, par une trace de domination, de faire resurgir de la culpabilité. C'est dire que le métissage n'est pas toujours festif et joyeux. Il peut aussi être conflictuel et douloureux, y compris dans ces pays qui, comme le Mexique ou le Guatemala, célèbrent la composante indienne de la nation, rappel

---

2.   Sur les métissages de la créolité dans les Caraïbes, cf. notamment Jean Benoist, *Les Martiniquais. Anthropologie d'une population métissée*, Paris, Masson, 1963 et Jean-Luc Bonniol, *La Couleur comme maléfice : une illustration créole de la généalogie des Blancs et des Noirs*, Paris, Albin Michel, 1992.

3.   Cf. sur ce point Jean-Luc Bonniol, *op. cit.*, 1992.

permanent d'une équivoque qui renvoie à la séduction voire au viol de la femme indienne par le mâle espagnol.

Il n'est pas facile d'être latino-américain. Si l'on considère la partie hispanique de l'individu, l'Espagne est, comme le dit Alejo Carpentier, l'« objet de notre amour et de notre souffrance », et lorsque souffrance il y a, celle-ci nous fait refluer du côté de notre origine indienne. Mais, là encore, ce n'est pas simple du tout. Car la Malinche, la mère indigène du ventre de laquelle sont sortis tous les Mexicains, c'est aussi, selon le mythe, la traîtresse qui s'est donnée toute entière à l'ennemi, la *chingada*. D'où une tension ininterrompue entre plusieurs parties de soi-même qui n'arrêtent pas de se chamailler. Selon Octavio Paz, tantôt c'est « le Mexique qui porte un masque aztèque et qui refuse sa moitié indigène », tantôt on assiste au contraire à l'« humiliation du côté indigène par le côté espagnol ».

Héritière des grandes civilisations méso-américaines formées par les valeurs de l'Espagne et de la Contre-Réforme, la nation mexicaine est littérairement irriguée par les idées des Lumières européennes, tandis qu'elle reçoit de plein fouet ce qui arrive de la frontière nord et est intéressée au premier chef par tout ce qui la franchit. Il n'est pas facile d'être le voisin de la première puissance mondiale et, dans ces conditions, la tension à l'intérieur de soi se double d'une tension bien particulière entre soi et les autres. Manuel, l'un des personnages de *La Plus Limpide Région* de Carlos Fuentes, déclare : « Tout ce qui est mexicain est sentimentalement excellent, quoique pratiquement inutile. Et tout ce qui est étranger, même pratiquement bon, est sentimentalement mauvais ». L'une des caractéristiques de toutes ces Amériques, plus excessives tant dans la fantaisie que dans la misère, c'est à la fois le sentiment de doute, d'incertitude, d'insécurité, d'inquiétude et d'abandon, ce qu'Octavio Paz appelle « notre condition déchirée ».

Nous nous trouvons confrontés à des processus d'une extrême complexité, car ce n'est jamais seulement l'Europe qui se serait purement et simplement substituée aux sociétés précolombiennes et aurait soumis les Africains et leurs descendants. Nous sommes en présence d'un mouvement générateur de cultures qui doivent être qualifiées d'américaines, absolument irréductibles à la somme de leurs « composantes ». La question du métissage surgit en particulier au Brésil et dans les Caraïbes, lorsque le flux des imbrications est tel qu'il devient vain de se demander à quel fleuve principal appartiennent les différents affluents, car *la culture vers laquelle on va l'emporte sur la culture dont on vient*. Or c'est précisément le cas aujourd'hui du continent latino-américain, continent en voie de délatinisation, sur lequel les transformations par le *divers* sont au moins aussi significatives que la reproduction du même.

Voici des sociétés qui se sont reconstituées à partir d'une langue unique dans ses deux modalités, espagnole et portugaise, d'une religion unique dont le centre est toujours en Italie, de valeurs uniques importées de Madrid et de Lisbonne, puis de Londres et de Paris, enfin de New York. Elles se trouvent depuis cinq siècles résolument excentrées par rapport à l'Occident, expropriées, spoliées et pillées économiquement. Leur américanité propre a été niée tant par les Européens que par les autres Américains alliés aux oligarchies locales. Tout a été mis en oeuvre pour que les diversités de ces pays élaborés au confluent de plusieurs cultures soient réduites à l'unité. Bref, on a cherché à produire et à reproduire, sous tutelle, des répliques de l'identique. Or, cette hétérogénéité fondamentale des Amériques équatoriales, tropicales et australes, en permanence menacée d'être confisquée par les modèles homogénéisants venus de New York, Londres et Paris, est plus vivante que jamais. Ce que ces Amériques – qui ne sont donc pas seulement « latines » – ont inventé, ce sont des formes de civilisation (en particulier la civilisation mexicaine et la civilisation brésilienne) pleinement originales. Ce sont des styles de vie, des manières d'être, des façons de voir le monde, de rencontrer les autres, de parler, d'aimer, de haïr, dans lesquels *la pluralité est affirmée non comme fragilité provisoire, mais comme valeur constituante.* Bien entendu les métissages qui relient, qui peuvent être considérés comme culturels plutôt que structurels, ne sauraient dissimuler les spécificités qui excluent. Il n'empêche qu'il est illusoire de rechercher dans ces sociétés le type de cohérence qui organise les sociétés de la « tradition » ou les sociétés de la « raison». Tout se passe comme si, dans ces dernières, on avait besoin, pour penser, de distinguer et d'opposer le blanc et le noir, la tradition et la modernité, la civilisation et la barbarie, le passé et le futur, le profane et le sacré, le public et le privé... Les sociétés qui se sont qualifiées de « rationnelles » supportent avec difficulté l'ambiguïté et l'ambivalence du devenir métis. Elles se défient de la pluralité et cherchent à imposer des conduites dominantes exclusives, une vision unique du monde, orientant toutes les sphères de la vie sociale.

Certains éprouvent de la fascination pour un élément unique de ces Amériques indo-afro-européennes. Or, leur apport totalement original vient de ce qu'elles ont façonné des formes plurielles de relation au monde, qui s'expriment d'une manière particulièrement créatrice non seulement dans la cuisine, la musique, la chanson, la peinture, le théâtre, la danse, l'architecture, mais aussi dans les religions, la langue, la politique, les sciences sociales et jusque dans les minuscules activités de la vie quotidienne qui ne se présentent jamais avec les frontières tranchées que les Européens et les Nord-américains ont à leur insu intégrées.

Les relations Europe /Amérique latine ou l'histoire d'une formidable ambiguïté

*François-Pierre NIZERY**

L'histoire des relations Europe/Amérique latine est celle d'une formidable ambiguïté (le mot devant être pris dans sa signification commune de confusion plutôt que dans celle, plus philosophique, d'ambivalence ou de sens opposés successifs).

Cette ambiguïté se décline en quatre temps.

L'ambiguïté historique et culturelle

La relation Europe/Amérique latine est une relation privilégiée depuis l'entrée de l'Espagne et du Portugal dans l'Union européenne. Mais quel est le fondement de cette relation privilégiée ?

À force de mettre en avant, au nom du vieux réflexe de simplification du discours politique, l'héritage culturel commun des deux régions, on en est arrivé à confondre la relation euro-latinoaméricaine avec la relation ibéro-latino-américaine voire avec la relation Europe latine/Amérique latine car les autres pays latins européens, notamment la France, ne sont pas exempts de toute ambiguïté dans leur propre relation avec l'Amérique latine, au nom d'une présence très ancienne et très active au sein des élites latino-américaines.

Cette ambiguïté est redoutable car elle repose sur une idée fausse des relations entre l'Europe et le reste du monde en général. L'objectif de la politique communautaire en la matière est avant tout d'approfondir la relation par la connaissance de l'autre et la reconnaissance des différences beaucoup plus que par la recherche de valeurs communes, qui

* Ces propos ont été tenus à l'occasion d'un colloque de caractère académique. Ils n'engagent que leur auteur et en aucun cas la Commission européenne.

n'a de sens que si elle s'appuie sur l'acceptation de la diversité. C'est le fondement même de la construction européenne. Le besoin d'Europe en Amérique latine, qui est réel, est l'expression d'un besoin ancien de réappropriation des modèles européens (selon la formule du professeur Laplantine). La perception en Europe de ce besoin entraîne de la part des Européens un réflexe de paresse intellectuelle, car ils se croient ainsi dispensés de faire l'effort d'une reconnaissance de la réalité profonde et métissée de l'Amérique latine.

L'ambiguïté politique

L'ambiguïté historique et intellectuelle ne pouvait que déboucher sur une ambiguïté politique majeure. Cette ambiguïté est celle d'une relation avec l'Amérique latine perçue comme une relation concurrente par rapport à celle qu'entretiennent les États-Unis avec le sous-continent. Certes, les prémisses de cette approche ne sont pas fausses dans les faits. Nous sommes effectivement en concurrence sur bien des plans, et l'on peut comprendre ce besoin de rééquilibrage de la part des Européens.

Toutefois, se poser en concurrent implique de prendre le risque de faire peser sur les relations Europe/Amérique latine la suspicion d'une volonté de « reconquête » culturelle, d'une relation privilégiée donc *exclusive*, dans laquelle certains pourraient voir l'émergence d'un modèle latin dirigé contre un modèle de pensée anglo-saxonne. Or, l'Europe est aussi anglo-saxonne. Elle est latine *et* anglo-saxonne. Elle est plurielle, et sa relation avec l'Amérique latine ne peut se fonder que sur l'approfondissement de sa diversité et l'affirmation tranquille de l'originalité de sa démarche comme modèle d'intégration et de reconnaissance de l'autre et non comme modèle culturel concurrent d'un autre.

En tout état de cause, se poser en concurrent implique également qu'on en ait les moyens. Ce peut être le cas dans des matières où la capacité d'agir de la Communauté s'exerce de façon pleine et entière, notamment dans le domaine économique et commercial. C'est plus incertain dans le domaine purement politique, où la puissance européenne n'est qu'une réalité inachevée.

L'ambiguïté institutionnelle

C'est une ambiguïté fondamentale, liée à la précédente. Le dialogue institutionnel Union européenne/Amérique latine est marqué par une difficulté énorme du côté latino-américain pour parler d'une seule voix, compte tenu de sa diversité de cultures et de ses disparités de développement (le Groupe de Rio est loin d'être la voix de l'Amérique latine). À cette difficulté répond une circonstance aggravante du côté européen : la difficulté institutionnelle récurrente de l'Europe de construire une vraie politique extérieure commune. La crise des relations Europe/Amérique latine, si crise il y a comme semblent le penser certains observateurs plus ou moins bien informés, est probablement davantage, me semble-t-il, le reflet d'une crise d'identité de l'Europe politique que celui d'une volonté délibérée de négliger le sous-continent latino-américain pour cause de transfert de priorité vers d'autres zones géographiques, notamment les Balkans. La crise d'identité de l'Europe politique est une réalité palpable lorsqu'on observe certaines dérives institutionnelles du processus de décision communautaire en la matière. Ce sont des dérives marquées notamment par une confusion de plus en plus grande entre les initiatives des États membres et celles de la Commission, entre les matières du premier et du deuxième pilier du Traité de Maastricht. Cette confusion se traduit par une dilution de plus en plus fréquente du droit d'initiative de la Commission, pièce maîtresse du dispositif communautaire, dans un processus intergouvernemental qui tend à se généraliser.

L'ambiguïté sur le rôle de la Commission en matière de coopération

Il s'agit, là aussi, d'une suite logique du problème de base précédemment évoqué.

Dans une matière de compétence clairement communautaire, s'exerçant en « concurrence » avec celle des États membres en vertu d'un principe de subsidiarité bien compris, la Commission a vu ces dernières années son rôle progressivement réduit à mesure que les problèmes internes auxquels elle devait faire face dans l'organisation de sa gestion réduisaient ses moyens et la paralysaient. Elle s'est alors cantonnée dans une position d'acteur passif, de « vache à lait », de caisse enregistreuse de demandes de subvention, faute « d'oser » exercer son autorité, son droit donc son devoir d'initiative, son pouvoir d'inspiratrice de la politique de coopération.

Il est impératif que la Commission, grâce à sa réforme interne, retrouve le goût et la volonté d'agir, de peser sur les choix, de tracer des priorités. Elle a réussi, à travers les programmes décentralisés, à écouter la société civile d'Europe et d'Amérique latine et à encourager les relations entre les acteurs des deux côtés de l'Atlantique. Il faut qu'elle s'implique encore davantage dans ce dialogue, y participe directement et définisse sur cette base une politique volontariste et active dans le plein respect des compétences qu'elle tire des Traités.

La Commission s'y emploiera, croyez-moi, avec l'esprit créatif et la volonté d'avancer sur les terrains neufs que constitue par exemple la Société de l'information, avec la volonté aussi de consolider les acquis des programmes de coopération, de renforcer son action dans les trois priorités qu'elle s'est fixée (Droits de l'homme, lutte contre la pauvreté, développement des nouvelles technologies) et, à cet effet, de placer l'éducation (notamment la formation permanente) et la culture au cœur de notre relation avec l'Amérique latine, en encourageant toute forme possible de synergie entre les acteurs de la société civile.

Le chantier est immense. J'ai confiance. Mais il nous faut agir dans la clarté et chasser une fois pour toutes les ambiguïtés corruptrices de notre champ de vision et d'action.

Union européenne et Amérique latine : mécanismes d'élaboration d'une politique

Jean-Jacques KOURLIANDSKY*

L'Amérique latine est l'un des éléments constitutifs de la PESC (Politique étrangère et de sécurité commune) de l'Union européenne. Cependant la PESC/Amérique latine n'est pas l'un des éléments fondamentaux de cette politique. Elle en constitue un volet tout à la fois périphérique et nécessaire dans un monde de plus en plus globalisé et concurrentiel.

L'Union européenne d'aujourd'hui a hérité d'un ensemble complexe de liens économiques, mais aussi culturels et politiques tissés depuis 1976 entre les deux espaces géopolitiques. Il convient en particulier de rappeler que l'Amérique latine a donné lieu dans les années quatre-vingts à un exercice particulièrement réussi de PESC, avec les dialogues dits CE-San José, et CE-Groupe de Rio, alors que la PESC n'existait pas encore dans les faits, ni même conceptuellement.

Les processus de décision nécessaires à la mise en œuvre d'une politique européenne en Amérique latine, d'un « logiciel » latino-américain, pour reprendre un vocabulaire informatique, et à sa poursuite par des actions matérielles, une coopération concrète sur le terrain, ont acquis une complexité croissante, parallèle à la montée en puissance d'instruments et d'actions de plus en plus diversifiés. Le Sommet des chefs d'État et de gouvernement européens et latino-américains qui s'est tenu à Rio les 28 et 29 juin 1999 est venu, tardivement, apporter une cohérence à une politique construite de façon aléatoire, les actions de coopération ayant précédé la définition d'un cadre relationnel.

La régulation générale, la sélection des passations d'ordres s'opèrent sur un marché paradoxal, tout à la fois de plus en plus opaque, en raison de sa complexité, et ouvert du fait de sa liberté d'accès pour qui veut bien se donner la peine d'y être présent. Un État membre de l'Union,

*.   Cet article a été rédigé sur la base de deux études inédites réalisées par l'auteur dans le cadre de la convention liant l'IRIS à la DAS.

l'Espagne, et ses opérateurs publics comme privés, occupent pourtant une place majeure dans la définition des politiques communes en direction de l'Amérique latine ainsi que dans la captation des programmes de coopération. Une rumeur récurrente, sans doute liée à la longue présence d'un Commissaire européen espagnol notamment chargé des relations extérieures de la CE avec l'Amérique latine, attribue à cette réalité institutionnelle les difficultés rencontrées par les autres pays membres pour arriver à faire entendre leur voix et participer aux programmes de coopération.

La France, en particulier, peine à occuper, dans la politique latino-américaine de l'Union, la place à laquelle elle pourrait prétendre, compte tenu de ses responsabilités décisionnelles générales et du montant de sa contribution financière au budget des Communautés. Pourtant il est difficile d'imputer la part modeste qui est la sienne – en ce qui concerne tant les politiques de coopération que la PESC/Amérique latine – à un quelconque ostracisme de l'appareil administratif bruxellois, ou de l'un ou l'autre des États membres.

La participation plus active de la France à la définition de la PESC/ Amérique latine comme la pugnacité et la compétitivité nouvelle de ses opérateurs, en ce qui concerne la captation de marchés communautaires, largement due à un volontarisme public nouveau, tendent au contraire à démontrer que les règles du jeu sont les mêmes pour tous, mais que certains (l'Espagne notamment) en usent de façon plus efficiente que d'autres. La remise à plat récente des services de la Commission, la présence moins importante de fonctionnaires espagnols aux postes de décision concernant l'Amérique latine, devraient permettre de remettre les choses à leur juste place.

Si l'on examine plus en détail les éléments constitutifs articulant l'influence, réelle, acquise par l'Espagne pour tout ce qui touche l'Europe et l'Amérique latine, une évidence s'impose : les autorités péninsulaires et leurs représentants sont très présents, à un niveau élevé, dans tous les lieux de décision intéressant l'Europe et l'Amérique latine. Leurs opérateurs sont également les plus nombreux à répondre aux appels d'offre sur les programmes européens de coopération avec l'Amérique latine. Cet effet de masse, saturant les canaux de décision communautaires, répond à un volontarisme national partagé par l'ensemble des acteurs politiques, économiques et associatifs. L'Amérique latine occupe dans la politique espagnole de coopération une place tout aussi centrale que celle occupée en France par l'Afrique.

L'espace nouveau acquis par la France ces derniers temps pourrait être plus important en ce qui concerne les coopérations concrètes comme la PESC. Tout dépendra de la capacité française à démontrer que le volontarisme manifesté à l'occasion de la préparation du sommet euro-latino-américain de Rio peut s'inscrire dans la durée.

L'Amérique latine, un enjeu pour la France et pour l'Europe

La caractéristique particulière prise par la nouvelle organisation du monde est celle d'une atomisation du concert international. Il n'y a plus de zone protégée. La mondialisation/globalisation a consacré les États-Unis comme unique superpuissance et le libre-échange comme mode de régulation des relations marchandes inter-étatiques.

Ce changement a paradoxalement libéré la société internationale, contrainte jusque-là par des enjeux sans retour, gains et pertes étant acquis au prix de crises et de conflits majeurs, compte tenu de l'incompatibilité des systèmes soviétique et occidental. Hier, la bipolarité exigeait, sous l'autorité de l'une ou l'autre des grandes puissances, coordination des politiques et répartition des tâches. Cuba, dans le « camp » soviétique, avait une responsabilité spéciale en Afrique, rôle assumé par la France dans le camp occidental.

Les enjeux sont aujourd'hui régis par un ordre universel paradoxalement mouvant. Les États-Unis ont réussi à imposer une règle commune à l'ensemble de la planète politique. Mais les concurrences d'aujourd'hui n'ont plus le caractère radical du bras de fer bipolaire d'hier. Elles ne peuvent être aménagées au profit des seuls États-Unis et encore moins prendre une forme systématiquement militarisée. Le jeu est ouvert comme il ne l'a jamais été. L'Europe et l'Amérique latine peuvent y trouver des marges d'autonomie et des raisons de coopérer.

Les grands acteurs de la vie économique, facteur désormais prioritaire, ont depuis quelques années défini les stratégies leur permettant de valoriser leurs atouts et de les maximiser en passant des alliances régies par la préférence commerciale.

Les *États-Unis*, en raison de l'héritage géopolitique accumulé par leur passé de grande puissance, ont les premiers converti leurs modes d'action et leur politique internationale pour les adapter aux temps nouveaux. Ils ont en Europe assuré la perpétuation de l'OTAN, créé les conditions de son élargissement sans lui avoir pour autant donné une identité nouvelle. Ils ont, de la même façon, anticipé sur les réactions des pays membres de l'Union européenne, en encourageant son extension vers l'Est. Ils ont participé activement à la constitution d'un forum américano-asiatique, qui a pris la forme d'une institution nouvelle, l'APEC, ayant vocation à rassembler les États riverains du Pacifique. L'Afrique, en particulier l'Afrique économiquement « utile », longtemps protégée des ingérences soviétiques par les Européens et plus spécialement la France, a fait l'objet d'attentions, de visites présidentielles, de réflexions et d'initiatives inédites. Selon une logique parallèle, l'Amérique latine a fait l'objet de redéfinitions correspondant aux temps nouveaux. Le président George Bush les a très explicitement exposées aux Latino-américains au cours d'une visite officielle en 1991. Le monde, a-t-il expliqué en substance à ses auditoires hémisphériques, s'organise autour des libertés politiques et économiques. Asiatiques et Européens ont tissé des liens régionaux visant à maximiser leur pénétration des marchés extérieurs. Nord- et Sud-américains devant, selon lui, unir leurs forces pour faire face à une menace commune, il a proposé au Canada et au Mexique la négociation d'un traité constitutif d'une zone de libre-échange. Et il a offert à l'ensemble des Amériques la mise en chantier d'un espace commercial. Ces projets ont été assumés par son successeur, William Clinton. L'ALENA (Accord de libre-échange nord-américain) est entré en vigueur le 1er janvier 1994. La ZLEA (Zone de libre-échange des Amériques) a quant à elle été inventée les 9-11 décembre 1994 à Miami. La deuxième rencontre continentale, les 18 et 19 avril 1998 à Santiago du Chili, a concrétisé le projet, en officialisant une date butoir, 2005, et en mettant en place des groupes de travail.

Les *Asiatiques* étaient au début des années 1990 pratiquement absents de l'Amérique latine. Les ruptures du système international ont conduit Chinois, Coréens et Japonais à mondialiser leur approche des rapports internationaux et donc à découvrir l'Amérique latine. Les visites officielles se sont multipliées. Les Chinois de toutes obédiences ont saisi l'aubaine offerte par la panaméisation du canal. Chine et Brésil ont engagé une coopération stratégique de grandes puissances émergentes. Le Japon s'intéresse au Mexique, qui lui conteste la place de deuxième partenaire commercial des États-Unis. Il a saisi l'opportunité offerte par l'accession d'un président d'origine nippone au Pérou pour ouvrir une coopération nouvelle avec ce pays riche de matières premières minérales. Il a créé en 1995 une structure de coopération permanente avec les pays d'Amérique centrale et accueilli une réunion de la Banque interaméricaine de développement.

L'*Union européenne* a depuis les années 1990 consolidé ses acquis et renforcé la qualité des liens unissant ses membres. Elle a, dans le même esprit que les États-Unis, lancé de vastes projets de coopération commerciale avec les grandes régions du monde. Avec l'Afrique, ainsi que certains pays de la Caraïbe et du Pacifique, elle a confirmé les ententes déjà signées sous le nom d'Accords de Lomé. Une structure de contact de très haut niveau a été mise en place avec les Asiatiques en 1995. Un processus d'arrimage des anciens satellites de l'Union soviétique, rebaptisés pour la circonstance PECO, a également été inventé.

Les canaux de coopération avec l'Amérique latine ont été diversifiés. La CE et l'Union négocient des accords commerciaux avec le Mexique, le Chili, le MERCOSUR et Cuba. Haïti et la République Dominicaine ont été intégrés dans le processus de Lomé ; Cuba y a été associé. À Rio de Janeiro, enfin, chefs d'État et de gouvernement d'Europe et d'Amérique latine ont en 1999 ouvert la voie d'une coopération pérennisée.

La *mondialisation* a modifié la qualité des enjeux, les marchés ont pris une dimension planétaire caractérisée par une exacerbation de la concurrence. Ces deux marqueurs de la mondialisation contraignent les grands acteurs étatiques et privés à être à l'affût, compétiteurs et compétitifs partout, en vue d'éviter une marginalisation centrifuge. L'Amérique latine est l'un des champs de bataille de ces affrontements. En dépit de brutales variations de conjoncture, l'attraction d'un espace aux potentialités à long terme sans commune mesure avec celles de l'Europe impose présence et suivi. De 1990 à 1996, la croissance des exportations latino-américaines a été de 9 % et celle des importations de 14 %. Ces chiffres avaient été pour l'Europe de 5 % et 6 %, et pour l'Amérique du Nord de 8 %.

Dans une phase de restriction des budgets militaires, aucun marché, aucun pays, ne peut être négligé, même si la place de l'Amérique latine sur le marché des armements est des plus modestes. Ces pays dans leur majorité ont, comme ceux des autres régions du monde, réduit leurs dépenses militaires. Pourtant la concurrence n'a jamais été aussi vive. Les armements étaient considérés en Amérique latine par les États-Unis à l'époque de la guerre froide comme un facteur potentiel de déstabilisation. L'éloignement du sentiment de menace, externe comme intérieure, avec la chute du monde soviétique, a bouleversé la donne. Le président Clinton a annoncé au mois d'août 1997 la levée de l'embargo institué par l'un de ses prédécesseurs Jimmy Carter pour contrer les vendeurs européens, israéliens et russes.

Les grands défis technologiques, souvent soutenus de façon indirecte par le budget des États, nécessitent pour s'imposer et assurer leur rentabilité une pénétration géographique maximale. La prospection commerciale des inventeurs de trains à grande vitesse, avions de ligne ou satellites ne peut oublier aucune région du monde. C'est la raison pour laquelle l'Amérique latine est, pour les satellites et lanceurs, sollicitée par les États-Unis, la Russie, la Chine, le Japon et l'Europe, et, en ce qui concerne l'aviation civile, essentiellement par les sociétés nord-américaines et européennes Airbus et Boeing.

Les stratégies d'investissement répondent davantage qu'hier à la capacité de saisir une offre, avant le concurrent potentiel, quelle qu'en soit la localisation. Il est aujourd'hui difficile d'être absent d'Amérique latine. Celle-ci a effectué 694 privatisations, soit la moitié de celles réalisées dans le monde entre 1993 et 1996. Les entreprises nord-américaines, asiatiques, européennes qui en ont la capacité, sont contraintes, si elles veulent rester compétitives, d'être présentes aussi en Amérique latine, avec l'appui des gouvernements de leurs pays d'origine, qui ont pour vocation de faciliter leur projection extérieure.

Les marchés étant mondialisés, les produits doivent bénéficier d'une diffusion universelle. La communication, ses matériels, mais aussi ses programmes porteurs de normes, de modèles de société et de consommation, la formation, constituent un enjeu majeur qui doit être géré à l'échelle du monde. Les Asiatiques en ce qui concerne les matériels, les Nord-Américains pour les industries de programme occupent une position dominante. Les États-Unis disposent d'une plate-forme à entrées multiples et hautement performante pour investir les marchés latino-américains. Miami est devenue en quelques années le centre régulateur de la création en espagnol et portugais en direction de l'Amérique latine. Il y a là un défi d'autant plus redoutable pour l'Europe qu'elle est sur ce terrain en position de faiblesse.

L'organisation du monde, la définition de règles communes font l'objet d'ajustements permanents. Les États-Unis occupent une place prééminente, mais leur rôle n'a plus le caractère directif et parfois impératif de l'époque de la guerre froide et des régulations diplomatico-militaires. Ils doivent, à l'âge des concurrences économico-commerciales, avoir recours à la négociation et aux pressions argumentées. Asiatiques et Européens ont, quand ils agissent de concert, une capacité de contre-mesure réelle. On a pu le constater quand les États-Unis ont tenté d'imposer à la communauté internationale des sanctions commerciales unilatérales à l'égard de Cuba et de l'Iran. Ce jeu d'influence entre puissances est arbitré au sein des organisations internationales, Assemblée générale des Nations Unies, OMC, par l'ensemble des pays membres de ces organisations. Il est donc plus que jamais nécessaire pour les grands États de dialoguer avec tous et d'entretenir un réseau de relations qui permettent de trouver les consensus recherchés dans les enceintes de régulation commerciale et diplomatique. Sur un certain nombre de contentieux agricoles (banane, céréales) les États-Unis ont su, eux aussi, organiser des ententes avec divers pays d'Amérique latine, plaçant ainsi les Européens en difficulté.

La recherche permanente d'équilibres de nature à faire bouger les rapports de force est l'une des caractéristiques de l'époque. Elle ouvre le jeu et offre aux Latino-américains un champ d'action leur permettant de corriger une relation historiquement inégale avec les grandes puissances, et plus spécialement avec les États-Unis. L'aspiration à un meilleur équilibre passe par une demande de diversification concurrente des partenariats adressée aux États-Unis, aux Asiatiques et aux Européens. Elle rejoint des préoccupations similaires en Asie et en Europe. Ce défi est en grande partie à l'origine des propositions concurrentielles faites à l'Amérique latine en provenance du nord, de l'est et de l'ouest.

Il permet de comprendre la montée en puissance de l'instrument de coopération mis en place par les Européens en direction de l'Amérique latine.

Union Européenne – Amérique latine : un univers décisionnel en expansion permanente

Le cadre de la politique latino-américaine de l'Union européenne – le « logiciel » PESC – comme le « matériel » (coopération au développement) s'élargit en permanence. Ce cadre a privilégié pendant plusieurs années la mise en œuvre de projets de coopération. Des ambitions plus vastes, diplomatiques, économiques et commerciales, sont apparues plus récemment, parallèlement à l'émergence de la PESC.

Élargissement des politiques de coopération

L'élargissement porte en premier lieu sur la relation de l'Europe avec l'Amérique latine qui a, en un peu plus de vingt ans, changé de contenu et de perspectives. La CEE a initialement mis en place une coopération visant, après la signature des accords de Lomé avec plusieurs pays d'Afrique, de la Caraïbe et du Pacifique en 1975, à apaiser les craintes du tiers-monde « hors champ ». Divers traités ont été signés en 1976 par la CEE avec les nations latino-américaines. Ces instruments strictement commerciaux, dits de première génération, n'ont pas été renouvelés en l'état. Les nouvelles conventions, de troisième génération, sont tout à la fois plus larges par les domaines affectés et par leur couverture géographique. Prenant acte de la régionalisation du sous-continent, l'Union européenne a en effet privilégié les conventions avec les nouveaux ensembles constitués par les latino-américains, CAN (Communauté andine des nations), Mercosur et Chili. Un accord-cadre a été signé avec les pays membres de l'Accord de Carthagène (la Communauté andine), le 23 avril 1993, avec le Mercosur le 15 décembre 1995 et avec le Chili le 21 juin 1996. Ils ont donné lieu à la création de Conseils de coopération, qui ont tenu leurs premières réunions à Bruxelles le 24 novembre 1999. L'UE a négocié dans le même temps avec le Mexique, membre de l'ALENA, un accord signé sous la présidence portugaise de l'Union, au premier semestre 2000. Elle s'efforce depuis plusieurs années de faire aboutir une tentative similaire avec Cuba, suspendue depuis 1996 en raison d'un désaccord sur les droits de l'homme.

La démarche a pris une dimension plus ambitieuse en 1992, avec l'adoption d'un règlement dit PVD-ALA (pour Pays en développement – Amérique latine – Asie), d'un budget spécifique. Ce programme a été réactualisé le 23 octobre 1995 et le 9 mars 1999. Le plan adopté pour la période 1996-2000 s'intitulait « UE-Amérique latine : actualité et perspectives du renforcement de l'association ». Un nouveau plan a été présenté par la Commission en mars 1999 dont l'ambition est de mettre en place un « nouveau partenariat Union européenne – Amérique latine à l'aube du XXIᵉ siècle ». Il permet le financement et la gestion de trois types d'actions : les actions financières et techniques destinées aux pays les plus pauvres, les actions de coopération économique ciblant les pays à revenu intermédiaire, les actions sectorielles ou spécifiques qui ont acquis une vitalité remarquable. Cette vitalité s'est concrétisée par quatre programmes dits horizontaux : AL-INVEST, URB-AL, ALURE et ALFA. Mais d'autres instruments, généralistes, inscrits sur d'autres lignes budgétaires, ont été progressivement ouverts à des projets intéressant l'Amérique latine : BC-Net, BRE, ECHO, ECIP, TIPS. Enfin face aux situations d'urgence d'une ampleur particulière, des programmes conjoncturels ont pu être mis en œuvre, comme le PRRAC après le cyclone Mitch en Amérique centrale.

Emergence et élargissement d'une PESC/Amérique latine

Du traité de Rome au traité d'Amsterdam, les pays membres ont progressivement développé leur coopération politique. En 1969, en instituant la CPE (Coopération politique européenne), ils ont renforcé les échanges d'information et la concertation entre ministres des affaires étrangères. L'Acte unique de 1986 a intégré la CPE dans les institutions européennes avec la création d'un secrétariat de la CPE. Depuis le 1ᵉʳ novembre 1993, date d'entrée en vigueur du traité de Maastricht, cette convergence politique porte un nom, la PESC (Politique étrangère et sécurité commune). La PESC constitue le deuxième pilier du traité d'Union et permet l'adoption de stratégies, de positions, de déclarations, d'actions communes, de contacts et de démarches auprès de pays tiers. En 1998, six déclarations concernant l'Amérique latine ont été adoptées par la Présidence au nom de l'Union européenne et quatre démarches ont été effectuées. Les articles 11 à 28 du traité d'Amsterdam sont consacrés à ces instruments. Un nouveau Secrétaire général du Conseil, désormais Haut Représentant pour la PESC, est entré en fonction au mois d'octobre 1999.

Dans ce cadre, de nouveaux instruments de coopération politique ont été mis en place entre la CE/UE et l'Amérique latine. Le pacte de San José (Costa-Rica) réunit tous les ans, alternativement d'un côté et de l'autre de l'Atlantique, les Européens et les Centraméricains. Ce pacte qui avait pour objectif d'éviter une régionalisation du conflit Est-Ouest a perduré en dépit de la disparition du bloc soviétique. La démarche a croisé le cheminement parallèle d'États latino-américains qui, à Rio en 1986, avaient créé un groupe de soutien au compromis négocié en Amérique centrale. Les deux ensembles ont pris la décision, le 20 décembre 1990, d'organiser un échange annuel au niveau des ministres des Affaires Étrangères. En 1999 enfin, couronnant cette évolution, les chefs d'État et de gouvernement des deux continents ont tenu un sommet à Rio de Janeiro. L'expérience a été jugée suffisamment concluante pour permettre l'institutionnalisation d'un exercice appelé à se répéter tous les deux ans.

Tableau 1 : Rencontres CE/UE-Amérique latine
(Amérique centrale ; Groupe de Rio ; Amérique latine)

Date	Rencontres CE – Amérique centrale.	Rencontres C – Groupe de Rio	Sommets UE / AL
1984	San-José I (Costa-Rica)		
1985	San-José II (Luxembourg)		
1987	San-José III (Guatemala)	New York (informel)	
1988	San-José IV (Hambourg)	Hambourg (id)	
1989	San-José V (Honduras)	Grenade (id)	
1990	San-José VI (Irlande)	Rome (1ère rencontre)	
1991	San-José VII (Nicaragua)	Luxembourg (II)	
1992	San-José VIII (Portugal)	Santiago du Chili (III)	
1993	San-José IX (El Salvador)	Copenhague (IV)	
1994	San-José X (Grèce)	Sao Paulo (V)	
1995	San-José XI (Panama)	Paris (VI)	
1996	San-José XII (Italie)	Cochabamba (VII)	
1997	San-José XIII (Pays-Bas)	Noordwick (VIII)	
1998	San-José XIV (Costa – Rica)	Panama (IX)	
1999	San-José XV (RFA)	New York (X)	Brésil (Rio)
2000	San-José XVI (Portugal)		
2002		Espagne	

Processus de décision d'une politique

La mise en œuvre d'une coopération de l'Europe avec l'Amérique latine puis d'une politique concertée entre les deux continents a été accompagnée de la création de nouveaux mécanismes décisionnels. Les procédures mises en place sont tout à la fois ouvertes et complexes, tant en ce qui concerne les programmes de coopération que la construction de politiques communes.

Projets de coopération et processus de décision

La concrétisation des différents programmes de coopération se réalise par des dynamiques décisionnelles verticales, gérées par la Commission européenne et ses services, et horizontales, faisant appel à la collaboration des représentants des États membres. Ces derniers interviennent par le mécanisme de la « comitologie ». Des Comités ayant chacun un objet particulier réunissent des représentants de la Commission et des États membres. Ils constituent le creuset permettant la confrontation des points de vue et la préparation des décisions.

Les différentes étapes nécessaires à la réalisation de l'ensemble des projets de coopération sont tout à la fois complexes et bien connues. La Commission européenne en communique, par tous les moyens techniques disponibles, le schéma théorique et les modalités concrètes. De façon très synthétique, on peut décomposer cette procédure en sept phases :

1. Identification et préparation des projets
2. Formulation du projet par la Commission
3. Prise de décision par le Comité de gestion PVD-ALA
4. Validation du projet par une mission d'identification communautaire sur le terrain
5. Signature d'une convention de financement entre la Commission et l'État bénéficiaire
6. Mise en œuvre sous la responsabilité d'une Unité mixte de gestion du projet (UMP)
7. Appels à concurrence pour les contrats de fourniture publiés au JOCE (Journal officiel des Communautés européennes)

PESC et procédures de décision

Les convergences d'ordre plus général, relevant de ce qu'on qualifie aujourd'hui de PESC, font l'objet de mécanismes décisionnels complexes associant Commission et États membres. Ici, l'impulsion est partagée entre le Commissaire compétent, aujourd'hui responsable de la totalité des relations avec les pays tiers, et les représentants des États membres. Comme on se trouve dans un cadre intergouvernemental où les décisions à tous les niveaux supposent la recherche d'un consensus, le rôle central est tenu par le représentant de l'État membre occupant la présidence de l'Union pour la France (selon l'échelon de décision : le chef de l'État ou du gouvernement, le ministre des Affaires Étrangères, le Directeur Amérique du ministère des affaires étrangères, l'un des sous-directeurs ou chargés de pays de la Direction Amérique). Le dispositif est plus complexe en ce qui concerne les négociations avec les pays tiers, comme, par exemple, pour l'établissement de l'ordre du jour du premier sommet des chefs d'État et de gouvernement de l'Amérique latine, de la Caraïbe et de l'Union européenne. Dans ce cas de figure, la présidence en exercice a en effet été assistée au sein d'une *troïka* par la présidence antérieure et la suivante. Du 1er janvier au 30 juin 1999, les représentants de l'État fédéral allemand ont ainsi assumé cette fonction avec l'Autriche, qui présidait jusqu'au dernier semestre 1998, et la Finlande qui a pris le relais le 1er juillet 1999.

Tableau 2 : Les présidences de l'Union et les « *troïkas* »

Date	Semestre	Présidence	*Troïka*
1999	Premier	RFA	Autriche – *RFA* – Finlande
	Deuxième	Finlande	RFA – *Finlande* – Portugal
2000	Premier	Portugal	Finlande – *Portugal* – France
	Deuxième	France	Portugal – *France* – Suède
2001	Premier	Suède	France – *Suède* – Belgique
	Deuxième	Belgique	Suède – *Belgique* – Espagne
2002	Premier	Espagne	Belgique – *Espagne* – Danemark
	Deuxième	Danemark	Espagne – *Danemark* – Grèce

Le traitement initial des dossiers relève de 250 comités spécialisés, tous animés et organisés en liaison avec la Commission par le représentant du pays assurant la présidence semestrielle de l'Union. Concernant l'Amérique latine, jusqu'à ces derniers mois, deux comités réunissaient mensuellement les représentants de la Commission et des États membres : les comités LAT et AMLAT. Le COLAT (Comité Amérique latine) avait une vocation plutôt économique et commerciale et réunissait mensuellement les représentants de la Commission et des États membres. Le Groupe Amérique latine avait une orientation politique. Ces deux comités ont fusionné de fait à l'occasion de la préparation de la Conférence de Rio. Au COLAT, les délégations des États membres rassemblent des fonctionnaires des Représentations permanentes à Bruxelles et des fonctionnaires envoyés par les différents ministères, au premier rang desquels figure le ministère des Affaires Étrangères.

De la commission Santer à la commission Prodi, une nouvelle donne

La crise de la Commission Santer a provoqué un brassage des services et des hommes. Même si la particulière densité de ressortissants espagnols au sein de l'appareil administratif bruxellois chargé de l'Amérique latine n'est pas considérée comme l'élément central permettant de comprendre les raisons pour lesquelles la France a du mal à articuler ses moyens avec ceux de la Communauté et de l'Union en direction de cette région du monde, la création du nouveau Service des Relations extérieures, qui hérite de la DG IB, a permis une diversification de l'origine des fonctionnaires.

Le Commissaire titulaire n'est plus espagnol, mais anglais. Il n'y a plus d'Espagnols dans l'équipe du nouveau Directeur général allemand. La nouvelle Direction G, anciennement Direction B, toujours rattachée à un Directeur général adjoint espagnol, n'est plus placée sous l'autorité d'un agent espagnol. Deux des cinq unités de l'ex-DB étaient également gérées par des Espagnols. Ce n'est plus aujourd'hui le cas que de l'une d'entre elles. D'autre part, en séparant les phases d'identification des projets, toujours placées sous la responsabilité de la DG du SRE (ex-DG IB), de celles concernant les appels d'offre, désormais confiés au Service Commun Relex (SCR), le risque d'une éventuelle manipulation de l'information disponible a été fortement réduit. Tous les observateurs s'accordent à signaler la lourdeur de la nouvelle procédure, rançon d'une volonté de transparence renforcée. Soucieux de conforter cette image, le SCR, service particulièrement exposé à la critique, a engagé une campagne d'information destiné à faire connaître son existence, ses compétences et sa disponibilité. Il diffuse, à l'occasion de rencontres avec des opérateurs potentiels, une information ponctuelle, l'adresse de son site Internet et, depuis le 1er septembre 1999, les appels d'offre ouverts ainsi que le résultat d'appels d'offre antérieurs.

L'outil a été profondément remanié. Les procédures d'attribution des contrats de coopération sont désormais plus sûres à défaut d'être plus souples. Pourtant, en dépit de la rencontre spectaculaire organisée à Rio en juin 1999, il n'est pas sûr que cette clarté permette de renforcer les liens intercontinentaux entre l'Europe et l'Amérique latine. Sa finalité répondait à une autre logique politique, d'ordre interne, visant à mieux gérer les moyens disponibles, quelle que soit leur affectation thématique ou géographique.

Les décisions budgétaires annoncées en 2000 ne placent d'ailleurs pas l'Amérique latine au cœur des priorités communautaires. L'évolution de la société internationale impose, certes, aux Quinze d'être, autant que faire se peut, universellement présents. Mais cette conscience collective n'a pas, concernant l'Amérique latine, le même caractère d'urgence selon que l'on se trouve à Copenhague ou à Madrid. D'autre part, les Européens peinent de façon durable à gérer l'effondrement de la présence soviétique en Europe centrale et en Méditerranée. Cette incapacité à retrouver un point d'équilibre altère la présence dans l'étranger-proche, en Afrique par exemple, et obère tout éventuel rayonnement plus lointain.

Sources

Les sources orales consultées, à Bruxelles (Commission), à Paris (ministère des Affaires Étrangères) comme auprès de plusieurs ministères latino-américains des affaires étrangères sont trop nombreuses pour être citées ici dans leur intégralité.

Banques de données

Conseil européen : http ://www.ue.eu.int
Commission européenne : http ://www.europa.eu.int
Ministère français des Affaires Étrangères : http ://www.diplomatie.fr
Secrétariat mexicain aux Affaires Étrangères : http ://www.sre.gob.mx/
Sources d'Europe : http ://www.info-europe.fr/
Représentation française à Bruxelles : http ://www.rpfrance.org

Sources écrites (liste partielle)

Alain Barrau, *Union européenne et Mercosur, mariage ou union libre ?*, Paris, Délégation à l'Union européenne de l'Assemblée nationale, Rapport d'information n° 1721, 17 juin 1999.

Francisco da Câmara Gomes, *Activités de la Direction Amérique latine, Rapport annuel 1998*, Bruxelles, Commission européenne, DG IB, mars 1999.

Collectif, *La cooperación al desarollo bilateral de la Unión europea con América latina*, Madrid, AIETI, 1997.

Commission des Communautés européennes, *Communication de la Commission au Conseil, au Parlement européen et au Comité économique et social sur un nouveau partenariat Union européenne/Amérique latine à l'aube du XXIe siècle*, Bruxelles, Commission, COM (1999) 105 final, 9 mars 1999.

Christian Freres, coordinateur, *La cooperación de las sociedades civiles de la Unión europea con América latina*, Madrid, AIETI, 1998.

General Secretariat of the Council-DGE-External, *EU-LAC Summit, Priorities for joint actions*, Bruxelles, 5 mai 1999.

IRELA, *Annual report 1998*, Madrid, 1999.

IRELA, *La Unión europea y el Grupo de Rio, la agenda biregional*, Madrid, 1998.

Jean-Jacques Kourliandsky (sous la direction de), « Amérique latine. Les défis de la mondialisation », Paris, *La Revue internationale et stratégique*, n° 31, automne 1998.

Daniel Solano, « L'Amérique latine échappe à la récession », *MOCI*, n° 1327, 5 mars 1998.

Les facteurs externes de la démocratisation : le cas des relations entre l'Espagne et les pays d'Amérique latine (1975-2000)

Daniel SABBAGH

Au cours des deux dernières décennies, l'Espagne a fait des efforts importants pour renouer ses liens historiques et culturels avec les pays du continent latino-américain : son activité diplomatique pour le règlement des conflits en Amérique centrale, le sommet ibéro-américain de Guadalajara de juillet 1991 et les suivants, ou encore la place faite à l'Amérique latine à l'Exposition Universelle de Séville en 1992 sont des signes parmi d'autres de cette évolution. Or celle-ci présente bien un caractère relativement nouveau. Si l'idée d'une relation spéciale, d'une « communauté ibéro-américaine », est apparue en Espagne dès les premières années du vingtième siècle, ce n'est qu'à partir de la fin des années 1970 que l'on peut observer l'ébauche d'une traduction politique de ce sentiment de proximité historique et culturelle. La nostalgie de l'empire perdu a fait place à des réalisations concrètes, encore limitées mais indéniables.

À cet égard, le fait qu'une telle intensification des contacts avec l'Amérique latine coïncide *grosso modo* avec l'avènement de la démocratie en Espagne n'a peut-être pas été suffisamment remarqué[1]. L'analyse des relations entre le gouvernement espagnol et ses homologues latino-américains devrait pourtant permettre de mieux cerner les répercussions d'une situation de transition à la démocratie – puis de consolidation démocratique[2] – sur la politique extérieure de l'Espagne, dans une zone où celle-ci, à l'origine, n'était pas contrainte par des

---

1. Pour une exception, voir Robin L. Rosenberg, *Spain and Central America*, Westport, Greenwood Press, 1992.

2. Sur ces deux notions – « transition » et « consolidation » démocratique –, voir l'excellent article de Nicolas Guilhot et Philippe Schmitter, « De la transition à la consolidation. Une lecture rétrospective des *democratization studies* », *Revue française de science politique*, 50 (4-5), août-octobre 2000, p. 615-631.

intérêts économiques ou stratégiques majeurs. Comme on va le voir, la politique en question, qui s'est progressivement orientée vers un objectif de promotion de la démocratie en Amérique latine, reflète avant tout la priorité accordée à une nécessité d'ordre interne : assurer la stabilité, encore incertaine, du régime démocratique en Espagne même.

Vers une politique étrangère désidéologisée : le gouvernement socialiste espagnol et l'Amérique centrale ou l'intériorisation des contraintes de la consolidation démocratique

L'évolution de la position du gouvernement de Felipe González sur les problèmes centre-américains, dans l'ensemble, dénote avant tout le souci de ne rien faire qui soit de nature à compromettre la survie du nouveau régime. Certes, dans un premier temps, alors qu'il était contraint d'adopter une attitude modérée sur la scène politique intérieure, le Parti socialiste ouvrier espagnol avait pu donner libre cours à une rhétorique maximaliste dans le domaine des relations avec l'Amérique latine – et en particulier avec l'Amérique centrale –, et ce dans la mesure où l'Espagne n'avait pas d'intérêts vitaux dans la région. Ainsi, dans la période antérieure à son arrivée au pouvoir en 1982, Felipe González n'hésitait pas à se faire le champion de la lutte des pays latino-américains contre l'« impérialisme » des États-Unis, ce qui lui permettait de manifester à peu de frais son adhésion au socialisme révolutionnaire et, par là même, de conforter quelque peu sa position auprès de sa base électorale et vis-à-vis de la gauche du parti, incarnée par Alfonso Guerra – toujours prompte à dénoncer une dérive social-démocrate. En novembre 1978, par exemple, le leader du PSOE désigne Porto Rico comme une « colonie des États-Unis ». En 1980, il est l'un des rédacteurs d'une déclaration du Bureau de l'Internationale socialiste sur la guerre civile au Salvador, d'après laquelle la guérilla du FMLN devrait être considérée comme une « force politique représentative ». Par la suite, lorsque le Mexique et la France reprendront officiellement à leur compte ce point de vue en 1981 et se prononceront en faveur de l'ouverture de négociations entre les autorités salvadoriennes et les insurgés, le PSOE invitera le gouvernement de Calvo Sotelo à se joindre à cette démarche – mais sans succès[3].

Cependant, l'évolution de la position des socialistes espagnols au cours des années 1980 témoigne bien d'un effacement progressif de ce radicalisme anti-américain au profit d'une attitude beaucoup plus

---

3 .   Cf. Instituto de Cooperación Iberoamericana, *Realidades y posibilidades de la relaciones entre España y América en los ochenta*, Madrid, Ediciones Cultura Hispánica, ICI, 1986, p. 142.

pragmatique, centrée avant tout sur un objectif de démocratisation. Ainsi, au Nicaragua, lors de l'élection présidentielle de 1984 – qui se déroule dans un contexte de guerre civile –, le gouvernement de Felipe González décide finalement de ne pas envoyer d'observateurs, après le refus du gouvernement sandiniste d'accéder à la demande de report du scrutin qui lui avait été adressée par la Communauté européenne – lequel report aurait permis de poursuivre les négociations en vue d'obtenir la participation de toutes les composantes de l'opposition au processus électoral. Par la suite, lors de la cérémonie marquant l'entrée en fonctions du président Daniel Ortega, l'Espagne ne sera représentée que par le ministre de la culture, Javier Solana, et le directeur de l'*Instituto de Cooperación Iberoamericana*, Luis Yáñez. De même, en février 1989, Felipe González fera savoir au président nicaraguayen que la Communauté européenne ne fournirait d'aide économique à son pays que lorsque le régime sandiniste se serait engagé sur la voie de la démocratisation. De manière générale, le soutien du gouvernement espagnol au Front sandiniste de libération nationale, inspiré par une solidarité ibéro-américaine teintée de tiers-mondisme et une hostilité diffuse à l'égard de Washington, fait place à un discours beaucoup plus mesuré, dans lequel la démocratie apparaît comme la principale valeur de référence.

Il y a à cela plusieurs raisons. Tout d'abord, l'élection, en novembre 1980, de Ronald Reagan, dont les conseillers les plus proches considèrent les conflits centre-américains comme l'une des composantes de l'affrontement Est-Ouest, entraîne un durcissement de la politique des États-Unis dans la région, ce qui réduit évidemment la marge de manœuvre de Madrid. Dans un contexte où les négociations pour l'entrée du pays dans l'OTAN sont en cours, il devient alors difficile pour le gouvernement espagnol de persévérer dans une attitude favorable aux sandinistes sans être du même coup suspect de sympathies pour le bloc soviétique aux yeux de Washington.

Or l'enjeu nicaraguayen est beaucoup trop secondaire pour que l'Espagne prenne le risque de provoquer une détérioration de ses relations avec les États-Unis, alors même que la situation politique interne du pays est encore perçue comme relativement instable. En effet, la tentative de coup d'état du 23 février 1981 a mis en évidence la permanence d'un rejet de la démocratie dans certains secteurs de l'armée. Dans ces conditions, l'adoption par un gouvernement socialiste d'un discours de politique étrangère reflétant un écart significatif par rapport à la norme de comportement d'un pays appartenant au camp occidental, une telle adoption, qui viendrait justifier les appréhensions de la droite espagnole, apparaît particulièrement périlleuse pour la survie du nouveau régime. À cet égard, l'abandon de la rhétorique anti-impérialiste au profit d'un discours centré sur la promotion de la démocratie dans l'espace latino-américain présente l'avantage de mettre les dirigeants espagnols à l'abri du mécontentement des États-Unis, en assignant officiellement à leur politique extérieure un objectif identique à celui théoriquement poursuivi par le gouvernement de Ronald Reagan[4].

D'autre part, la présence sur le territoire du Nicaragua de membres de l'ETA, dont les actions terroristes constituent l'une des menaces les plus dangereuses auxquelles soit confrontée la jeune démocratie espagnole, a aussi fortement contribué à la détérioration des relations entre les deux pays. Ainsi, en octobre 1983, à la veille d'une visite à Madrid du ministre de l'Intérieur nicaraguayen Tomas Borge, un membre de l'organisation séparatiste basque est arrêté à San José (Costa Rica), et accusé d'avoir participé à la préparation d'un attentat contre Edén Pastora, ancien commandant sandiniste, devenu l'un des chefs de l'opposition armée au régime. À la même période, un rapport des services de renseignement nord-américains révèle l'existence de deux camps d'entraînement de l'ETA aux environs de Managua – révélation confirmée par le témoignage de l'ambassadeur espagnol au Nicaragua[5]. Or, étant donné qu'en Espagne une tentative de coup d'État a été fomentée trois ans plus tôt par certains secteurs d'une armée qui demeure attachée avant tout à l'unité nationale, toute complaisance du gouvernement espagnol envers un État soupçonné d'aider l'organisation séparatiste basque de quelque manière que ce soit est politiquement suicidaire. Par conséquent, c'est précisément à partir de 1984, soit dans les mois qui suivent les événements en question, que l'Espagne va commencer à modifier son attitude à l'égard du Nicaragua, en réduisant le volume de l'aide au développement allouée à ce pays, tout en multipliant les exhortations à la démocratisation du régime. La politique du gouvernement socialiste espagnol en Amérique centrale semble donc bien être modulée en fonction d'un impératif de stabilisation de la démocratie en Espagne même.

Le véritable point commun entre l'Espagne et l'Amérique latine : les zones d'ombre de la démocratisation

L'accent mis par le gouvernement de Madrid sur la promotion de la démocratie à partir de la seconde moitié des années quatre-vingts

---

4. Sur ce dernier point, cf. Alain Rouquié, *Guerres et paix en Amérique centrale*, Paris, Seuil, 1992, p. 297-301.
5. Cf. Lucian Baselga, « Informe Ante la Comisión de Asuntos Exteriores del Congreso », *Boletín Oficial del Estado*, 14 mars 1984, p. 78. Dans la seconde moitié des années 1990, le gouvernement espagnol s'efforcera de résoudre le problème en question en signant une série de traités d'extradition avec le Mexique, l'Uruguay, le Venezuela, la Colombie et le Costa Rica.

s'accompagne aussi de la tentation de présenter la transition démocratique espagnole comme un exemple à suivre pour l'ensemble des pays latino-américains. Ainsi, à partir d'avril 1983, l'*Instituto de Cooperación Iberoamericana* organise une série de tables rondes réunissant des universitaires et des responsables politiques, espagnols et latino-américains, pour réfléchir aux conditions de possibilité d'une transposition de ce « modèle » espagnol en Amérique latine. La même année, l'ancien ministre de la Défense du gouvernement d'Adolfo Suárez, le général Guttierez Mellado, va jouer un rôle de consultant auprès des militaires uruguayens, qui accepteront finalement d'abandonner le pouvoir sans résistance, après avoir organisé des élections libres en novembre 1984. Enfin – et de manière plus indirecte –, le fait que l'Espagne, lors du premier sommet ibéro-américain de Guadalajara en juillet 1991, soit représentée conjointement par un chef d'État initialement désigné par le pouvoir franquiste, le roi Juan Carlos, et par un Premier ministre socialiste – dans un climat de concorde manifeste – contribue sans doute à transmettre à ses partenaires l'image valorisante d'un pays qui aurait pleinement réussi sa transition démocratique.

Il n'en demeure pas moins que, paradoxalement, les principales caractéristiques communes à la transition espagnole et à la plupart des transitions latino-américaines ne pouvaient guère être intégrées à un quelconque discours officiel, dans la mesure où elles avaient trait précisément à l'*inachèvement* du processus de démocratisation et à la permanence de lacunes dans la mise en oeuvre des principes de l'État de droit. On le constate d'une part à travers l'absence d'épuration approfondie de l'armée, qui a souvent été en mesure de conserver les avantages et les positions acquises sous le régime précédent et d'autre part au vu de la marge de manœuvre laissée aux forces de répression dans la lutte contre les guérillas et le terrorisme séparatiste.

La première de ces deux caractéristiques est visible en Espagne dès le lendemain de la tentative de coup d'État du 23 février 1981, lorsque le roi Juan Carlos, dans un discours prononcé aux *Cortes*, recommande que les instances chargées de décider des sanctions infligées aux soldats et aux officiers séditieux fassent preuve d'une certaine « modération ». Le gouvernement espagnol prend alors le parti de soustraire l'enquête et le jugement des prévenus à la justice civile, ce qui aura pour conséquence de limiter considérablement l'ampleur des poursuites engagées. En effet, en dépit des instructions du ministre de la Défense Alberto Oliart, les autorités militaires – qui s'étaient vu confier cette fonction judiciaire – refuseront de mettre en accusation les sous-officiers et les engagés qui avaient donné l'assaut au Parlement, en faisant valoir que la reddition de leur chef, le lieutenant-colonel Tejero, avait été obtenue en échange d'une promesse d'immunité. Quant au verdict finalement rendu par le tribunal militaire, il indiquait notamment que « l'amour désintéressé de la Patrie » supposé être à l'origine du geste des conjurés devait être considéré comme une circonstance atténuante. Et de fait, bon nombre d'entre eux allaient bénéficier d'une libération anticipée – comme, par exemple, les généraux Luis Torres Rojas, en 1988, et Jaime Milans de Bosch, en juillet 1990[6].

De même, en Amérique latine, jusqu'à une date récente, les personnes qui s'étaient rendues coupables de violations des droits de l'homme sous les régimes dictatoriaux avaient rarement été inquiétées[7], et l'armée avait souvent pu conserver des enclaves de pouvoir dans les nouvelles démocraties. À cet égard, l'exemple du Chili est sans doute le plus connu : on sait que le général Pinochet, avant ses déboires actuels, avait obtenu du nouveau gouvernement démocratique le maintien de la Constitution qu'il avait fait promulguer en 1980. Il a conservé le titre de commandant des forces armées jusqu'au 11 mars 1998 – date à laquelle il a été nommé sénateur à vie –, tandis que les autorités militaires chiliennes contrôlent toujours 10 % des recettes d'exportation du cuivre[8]. Si la plupart des anciens dirigeants latino-américains n'ont pas bénéficié de privilèges aussi exorbitants, ils ont longtemps été en mesure d'échapper aux poursuites judiciaires, parfois avec l'assentiment d'une population soucieuse de ne rien faire qui soit de nature à mettre en péril l'existence du nouveau régime. Ainsi, en Uruguay, le référendum du 16 avril 1986 sur l'éventuelle abrogation des dispositions constitutionnelles qui garantissaient l'impunité des militaires pour les crimes commis sous la dictature – impunité également étendue aux terroristes du mouvement Tupamaro – a reçu une réponse négative. Au Nicaragua, les sandinistes ont continué d'exercer leur contrôle sur l'armée et la police après leur défaite électorale de 1990, et ils ont généralement pu conserver les biens saisis par eux à des fins d'enrichissement personnel.

---

6.   Sur les autres mesures d'aministie adoptées en Espagne dès 1976 et 1977, cf. Jon Elster, « Coming to Terms With the Past. A Framework for the Study of Justice in the Transition to Democracy », *Archives européennes de sociologie*, tome XXXIX, n° 1, 1998, p. 18.

7.   À cet égard, l'un des exemples les plus frappants est celui de l'ancien dictateur guatémaltèque Efraín Rios Montt, accusé d'avoir fait massacrer des milliers d'Indiens entre 1981 et 1983 et qui fut élu en janvier 1995 à la présidence du Parlement grâce à l'appui des démocrates-chrétiens. On sait aussi que l'ancien dictateur bolivien Hugo Banzer, qui avait dirigé le pays une première fois entre 1971 et 1978, a été démocratiquement élu à la présidence en août 1997. Sur la participation actuelle – et nullement exceptionnelle – des militaires latino-américains à la compétition électorale, voir Olivier Dabène, « Un pari néo-populiste au Venezuela », *Critique internationale*, n° 4, été 1999, p. 37-38.

8.   Pour plus de détails, voir Guy Hermet, Javier Santiso, « Entre justice et raison politique. L'affaire Pinochet », *Critique internationale*, n° 3, printemps 1999, p. 36-37. Sur les prérogatives que l'institution militaire chilienne est parvenue à conserver par rapport au pouvoir politique, voir plus généralement Emmanuelle Barozet, Marco Fernández, « Chili. Les relations entre civils et militaires : une normalisation inachevée », *Problèmes d'Amérique latine*, n° 36, janvier-mars 2000, p. 3-33.

Seul le cas argentin a d'abord paru constituer une exception à cet égard. En effet, dans un premier temps, le gouvernement de Raul Alfonsín a annulé la loi d'amnistie qui avait été votée *in extremis* par les militaires, et a annoncé son intention de traduire ces derniers en justice. Mais, là encore, si des procès ont effectivement eu lieu en 1985, la plupart des condamnés seront rapidement remis en liberté, et, en 1990, l'une des premières décisions du nouveau président Carlos Menem consistera à gracier les anciens dirigeants de la dictature militaire en même temps que le chef de la guérilla des *Montoneros*, Mario Firmenich – au nom d'un impératif de « réconciliation nationale ».

Par ailleurs, si l'on suit l'analyse de Terry Lynn Karl, qui inclut dans les critères de définition des « régimes véritablement démocratiques [...] le contrôle des forces armées par les autorités civiles »[9], force est de constater qu'en Espagne comme dans de nombreux pays d'Amérique latine, cette condition est longtemps demeurée imparfaitement remplie. Ainsi, dans le cas espagnol, bien que la police et la *Guardia Civil* ne relèvent plus des autorités militaires depuis 1985, la tentative de coup d'État du 23 février 1981 a renforcé le pouvoir de dissuasion encore détenu par l'armée, et en particulier son influence dans le domaine de la lutte contre l'ETA. En témoigne par exemple, en mai 1984, le refus de dix Gardes civils, accusés d'avoir torturé des membres de l'organisation séparatiste pour obtenir leurs aveux, de comparaître devant un tribunal, et ce sans que le gouvernement espagnol les y contraigne. En témoigne également la suspension par le législateur de certains droits garantis par la Constitution dans le cas où les individus considérés seraient soupçonnés d'actes de terrorisme[10]. Or, l'évolution de l'attitude du pouvoir socialiste à l'égard de l'ETA, qui en vient finalement à privilégier l'option de la répression policière à partir de 1986, s'explique certes par l'intransigeance des *etarras*, mais aussi par le besoin du gouvernement espagnol de s'assurer la loyauté de l'armée et de la *Guardia Civil*, qui sont les principales victimes des attentats de l'ETA et répugnent à toute solution négociée[11].

---

9. Terry Lynn Karl, « Dilemmas of Democratization in Latin America », *Comparative Politics*, n° 23, 1er octobre 1990, p. 2.

10. Cf. Amnesty International, Rapport 1987, Londres, Amnesty International, 1988, p. 122-125.

11. Plus récemment, la question des modalités de la lutte antiterroriste en Espagne est redevenue l'objet d'un débat public après le scandale des GAL, dans lequel ont été impliqués plusieurs membres de l'ancien gouvernement socialiste – dont le secrétaire d'état Rafael Verra, le ministre de l'Intérieur José Barrionuevo et le vice-président Narcis Serra. Ces révélations sont d'autant plus dommageables pour l'image de l'Espagne en Amérique latine que le gouvernement de Felipe González avait érigé en exemple la reconversion « démocratique » de la police et de l'armée espagnoles, et offert de contribuer à la reproduction de ce succès présumé en Amérique centrale, en chargeant notamment la Guardia Civil de procéder à la réorganisation de la police salvadorienne prévue par les accords de paix de 1991.

Sur ce point aussi, certains pays latino-américains ont connu des évolutions analogues. Ainsi, en Argentine, le président Carlos Menem a fait scandale en justifiant publiquement la pratique de la torture dans la lutte contre la guérilla. De même, à partir de 1986, dans le Guatemala « démocratique » de Vinicio Cerezo, cette lutte a été monopolisée par l'armée, dont les succès en la matière, ainsi que la reprise de l'aide militaire nord-américaine, ont accéléré la professionnalisation, ce qui a contribué à la dissuader d'intervenir à nouveau dans le jeu politique. La création d'un « domaine réservé » qui mobilise l'action des forces armées – la répression de la guérilla – est ainsi apparue comme un facteur favorable à la consolidation du régime civil guatémaltèque. Et l'on pourrait aisément multiplier les exemples[12].

Précisons qu'il ne s'agit pas ici de porter une condamnation morale sur ces compromis passés entre des gouvernements civils encore fragiles et les autorités militaires : on peut comprendre qu'un régime démocratique à la légitimité encore incertaine estime nécessaire, dans un premier temps, de laisser l'armée mener une lutte sans merci contre la guérilla – et ce afin de rassurer certaines couches de la population sur sa capacité à faire respecter l'ordre public. De manière générale, il est assurément risqué pour un gouvernement démocratique nouvellement établi de désigner à la vindicte publique les responsables de l'ancien régime et ceux qui les ont soutenus, dans la mesure où les groupes en question s'opposeront à lui de manière d'autant plus résolue qu'aucune porte de sortie honorable ne leur aura été laissée[13]. Ce risque a manifestement été pris en compte en Espagne et dans la majorité des pays d'Amérique latine, où les nouveaux dirigeants ont choisi d'atténuer le plus possible les conflits susceptibles de les opposer à leurs prédécesseurs, et ce au prix d'une auto-limitation de leur pouvoir dans certains domaines – généralement non reconnue comme telle. Il est vrai que la constatation de similitudes objectives dans les trajectoires suivies n'implique pas nécessairement que la transition démocratique espagnole, qualifiée à tort ou à raison de *reforma pactada*[14], ait été effectivement considérée en Amérique latine comme un modèle que les pays de la

---

12. À ce propos, voir plus généralement Felipe Agüero, *The Assertion of Civilian Supremacy in Post-Authoritarian Contexts : Spain in Comparative Perspective*, Ann Arbor, University of Michigan Press, 1994.

13. Cf. Guy Hermet, *Aux frontières de la démocratie*, Paris, Presses Universitaires de France, 1983, p. 211 et, plus généralement, p. 206-212.

14. Sur l'existence d'un « pacte » entre différentes fractions des élites comme moment-clé des transitions démocratiques – pacte en vertu duquel chacun des protagonistes prendrait l'engagement de ne pas porter atteinte aux intérêts vitaux de l'autre partie, cf. Guillermo O'Donnell, Philippe Schmitter, Laurence Whitehead (dir.), *Transitions from Authoritarian Rule : Prospects for Democracy*, 4 vol., Baltimore, Johns Hopkins University Press, 1986.

région devraient s'efforcer de reproduire[15]. Il semblerait plutôt que l'exemple de l'Espagne ait constitué un point de référence implicite. Toujours est-il que cette approche ostensiblement pragmatique, qui donne la priorité à la réconciliation par rapport à la sanction des injustices passées, dans le but de renforcer la stabilité du nouveau régime, est longtemps demeurée le principal point commun entre les transitions démocratiques espagnole et latino-américaines. Il s'agissait toutefois d'un point commun que l'Espagne ne pouvait pas mettre en avant pour attester de son rayonnement auprès des pays de la « communauté ibéro-américaine », sous peine d'attirer l'attention sur les zones d'ombre de sa propre démocratisation.

Cela dit, indépendamment des caractéristiques objectives de la transition espagnole, son *occurrence*, à elle seule, a très bien pu être perçue en Amérique latine comme un signal mobilisateur. En effet, le simple fait que l'instauration pacifique de procédures démocratiques ait été possible en Espagne, pays pourtant dépourvu d'une véritable tradition de pluralisme politique – où les autorités franquistes s'étaient imposées après une guerre civile et une répression particulièrement sanglante et s'étaient maintenues au pouvoir pendant trente-six ans –, est sans doute apparu comme un facteur d'optimisme du point de vue des démocrates latino-américains, dans la mesure où ces derniers étaient confrontés à des dictatures dont la longévité et le degré de violence étatique étaient généralement inférieurs à ceux du franquisme. Il est à tout le moins plausible que les acteurs en question aient donc été amenés à revoir à la hausse leurs estimations sur la probabilité d'un changement politique sans affrontement armé avec le pouvoir en place – et qu'ils aient accru

---

15. Au demeurant, il est peu probable que la notion même de « démocratie » ait été perçue comme ayant des implications identiques en Espagne et en Amérique latine, ce qui limiterait encore par un autre biais les possibilités de transposition dans l'espace latino-américain d'un quelconque « modèle » espagnol, dans la mesure où l'objectif théoriquement visé – l'état de « démocratie » – recouvrirait en réalité des référents distincts. À cet égard, il est possible de distinguer ici au moins deux acceptions du terme : ce dernier peut faire référence soit à une procédure de sélection des dirigeants – dont l'existence est empiriquement vérifiable –, soit à un idéal normatif associé dans les représentations collectives à une certaine répartition des ressources économiques et sociales. Alors que, dans l'Espagne des années soixante-dix l'objectif premier des démocrates était bien la mise en place d'un système politique pluraliste, en Amérique latine la « démocratie » était plus souvent appréhendée au travers de ses répercussions attendues sur les conditions de vie de la majorité de la population : le terme était interprété comme ayant pour corollaire immédiat une redistribution globale du pouvoir et de la richesse – appelée à être effectuée au moyen d'une réforme agraire. Or celle-ci, dans la mesure où elle était de nature à provoquer l'hostilité d'une fraction importante des élites traditionnelles, risquait précisément de compromettre la viabilité de la démocratie en tant que forme de gouvernement ; cf. Guy Hermet, *Sociologie de la construction démocratique*, Paris, Economica, 1986, p. 103.

leur mobilisation en conséquence[16]. En ce sens, il est possible que la réussite de la transition démocratique espagnole ait contribué, de manière indirecte – c'est-à-dire médiatisée par les calculs et les anticipations des acteurs politiques locaux – à la vague de démocratisations latino-américaines des années quatre-vingt[17].

Inversement, la transition espagnole a sans doute elle-même été favorisée par des facteurs externes. En effet, si l'on suit l'analyse d'Adam Przeworski selon laquelle la démocratie peut être définie comme un régime politique « qui accepte, régule et institutionnalise l'incertitude »[18], on voit bien qu'une transition démocratique, et en particulier sa phase initiale – c'est-à-dire la période précédant la tenue des premières élections libres –, est *a fortiori* un moment où l'information fait défaut et où l'incertitude quant au rapport de forces entre les différentes composantes du jeu politique est particulièrement sensible. Par conséquent, le fait pour celles-ci d'obtenir un soutien international, si « symbolique » soit-il, représente alors un atout non négligeable. Dans cette perspective, on peut ainsi envisager les relations entre l'Espagne et l'Amérique latine depuis 1975 comme un rapport de légitimation mutuelle, chacune des deux parties cautionnant à son tour l'authenticité du processus de démocratisation engagé par l'autre.

---

16. Pour une analyse stimulante de phénomènes analogues, à caractère cumulatif, cf. Timur Kuran, « Now Out of Never : The Element of Surprise in the East European Revolutions », *World Politics*, n° 44, 1er octobre 1991, p. 7-48. Cet article porte sur l'effondrement des régimes communistes d'Europe centrale et orientale, mais l'approche de l'auteur peut probablement être étendue à d'autres contextes.

17. C'est sans doute à des cas de ce type que songe Laurence Whitehead lorsqu'il évoque « des effets de démonstration de portée internationale propres à modifier la distribution (...) des préférences et des anticipations [au sein d'une société donnée] » (« Three International Dimensions of Democratization », dans Laurence Whitehead (dir.), *The International Dimensions of Democratization. Europe and the America*, New York-Oxford, Oxford University Press, 1996, p. 21). Sur l'effet de démonstration qu'a pu exercer l'aggiornamento idéologique du PSOE sur certains partis de gauche latino-américains dans la seconde moitié des années quatre-vingts, cf. Jean Gruegel, « Spain and Latin America », dans Richard Gillespie, Fernando Rodrigo et Jonathan Story (dir.), *Democratic Spain. Reshaping External Relations in a Changing World*, Londres-New York, Routledge, 1995, p. 149.

18. Plus précisément, la démocratie « engendre l'apparence de l'incertitude, parce qu'elle est un système d'action stratégique décentralisée dans lequel l'information dont disposent les acteurs est nécessairement limitée » (Adam Przeworski, *Democracy and the Market*, Cambridge, Cambridge University Press, 1991, p. 12).

*Les relations Espagne/Amérique latine sous l'angle
de la légitimation mutuelle*

Ce processus de légitimation réciproque se décompose schématiquement en deux phases successives. Dans un premier temps, c'est le gouvernement d'Adolfo Suárez qui va s'efforcer d'obtenir l'appui d'acteurs extérieurs à la scène politique espagnole – le rétablissement des relations diplomatiques avec le Mexique apparaissant comme l'étape la plus importante à cet égard.

Pour prendre la mesure de ce que représente cet événement, un éclairage historique est ici indispensable. En effet, à la suite de la révolution mexicaine de 1910, les relations entre les deux pays s'étaient considérablement dégradées. L'anticléricalisme dogmatique des nouveaux dirigeants mexicains indisposait les élites catholiques et conservatrices de la monarchie espagnole d'Alfonse XIII, tandis que celles-ci, aux yeux d'hommes comme Alvaro Obregón ou Plutarco Calles – présidents du Mexique respectivement de 1920 à 1924 et de 1924 à 1934 –, incarnaient à la perfection une aristocratie détestée. Durant la guerre civile espagnole, les autorités mexicaines allaient donc logiquement prendre le parti des républicains, en leur faisant parvenir une aide matérielle sous la forme d'armes et de munitions.

En effet, l'une des caractéristiques de la rhétorique officielle du gouvernement mexicain de Lazaro Cárdenas (1934-1940) consistait à présenter la Seconde république espagnole comme une fidèle réplique du régime institué au Mexique vingt ans plus tôt : ainsi, le combat des républicains se réduirait en quelque sorte à un produit dérivé de la Révolution de 1910. À l'évidence, ce discours des autorités mexicaines avait d'abord pour objectif de conforter leur propre légitimité et celle de l'ordre politico-institutionnel dans son ensemble, dans la mesure où l'existence d'un processus d'imitation pouvait sans doute être interprétée comme un signe de la valeur de l'objet imité. L'aide accordée à l'Espagne républicaine, présentée comme la marque d'une solidarité « de démocratie à démocratie », était donc avant tout destinée à établir, de manière indirecte et finalement indolore pour les dirigeants mexicains, le caractère démocratique de leur propre régime – au demeurant fort discutable. Quantitativement négligeable, cette aide remplissait avant tout une fonction de légitimation interne.

Après la victoire des troupes franquistes, le Mexique devient le siège du gouvernement républicain en exil, refuse d'établir des relations diplomatiques avec le nouveau régime et, en partie sous la pression des quelque quarante mille réfugiés espagnols résidant sur son territoire, prend la tête du mouvement contre l'entrée de l'Espagne aux Nations Unies[19]. Par la suite, le pays demeurera le dernier bastion de l'anti-

---

19. Celle-ci sera néanmoins effective en décembre 1955.

franquisme militant jusqu'aux ultimes soubresauts du régime. Ainsi, en septembre 1975, soit deux mois avant la mort de Franco, le président mexicain, Luis Echeverría, prend la décision de suspendre les échanges commerciaux et les transports entre le Mexique et l'Espagne pour protester contre l'exécution de cinq terroristes basques. Il va alors jusqu'à réclamer l'expulsion de l'état franquiste de l'Organisation des Nations Unies – en soutenant que celui-ci constituerait « une menace pour la paix mondiale ». Par conséquent, dans un contexte où la gauche espagnole mettait en doute la sincérité de la récente conversion à la démocratie de Suárez et des membres de son parti, *Unión y Convergencia Democrática* (UCD), l'établissement de relations diplomatiques, en mars 1977, avec le seul pays d'Amérique latine ayant entièrement coupé les ponts avec le régime de Franco – et les autres gestes de rapprochement qui s'ensuivent[20] – permettent de désamorcer ces critiques et de conforter la légitimité du gouvernement de l'UCD, en cautionnant implicitement la validité du processus démocratique en cours.

De même, l'Espagne, dès lors que sa propre démocratisation paraît en bonne voie, apportera systématiquement son soutien aux transitions démocratiques latino-américaines des années quatre-vingts, soit en faisant pression sur les régimes non-démocratiques – comme le montre l'exemple nicaraguayen précédemment évoqué –, soit en venant à la rescousse des régimes démocratiques à la stabilité encore incertaine. Tel est bien le sens que revêt la présence d'Adolfo Suárez lors des cérémonies d'intronisation des présidents Jaime Roldos en Équateur en 1979 et Fernando Belaunde Terry au Pérou en 1980, ainsi que celle de Felipe González lors de l'entrée en fonctions de Raúl Alfonsín en Argentine, en décembre 1983, et de Jaime Lusinchi au Venezuela, en février 1984. De manière encore plus nette, la signature d'un « Traité général de coopération et d'amitié » entre l'Espagne et l'Argentine en juin 1988 – dans un contexte où le mécontentement de certaines fractions de l'armée à l'égard du gouvernement d'Alfonsín paraissait de nature à mettre en péril le régime démocratique lui-même – participe également de cette logique de légitimation externe[21].

En outre, les discours de Juan Carlos et ses voyages en Amérique latine ont souvent été l'occasion pour l'Espagne de rappeler son attachement à la démocratisation du sous-continent[22].

---

20.   En avril 1977, Suárez se rend au Mexique ; en octobre, José López Portillo, qui a succédé à Luis Echeverría en décembre 1976, effectue la première visite d'un chef d'État mexicain en Espagne.

21.   Qui plus est, le traité indiquait explicitement que sa validité était subordonnée à la permanence d'un gouvernement à caractère démocratique dans chacun des deux États signataires.

22.   Les efforts accomplis en ce sens par le souverain espagnol lui ont valu une reconnaissance internationale. Ainsi, en 1983, Juan Carlos reçoit le prix Simón Bolívar pour son action en faveur de la paix et de la démocratie. En avril 1997, il est fait docteur honoris causa de l'Université Yeshiva (New York), à l'occasion

Ainsi, le 12 octobre 1983, à l'occasion du *Día de la Raza* – fête nationale espagnole qui commémore la découverte de l'Amérique par Christophe Colomb –, le roi condamne on ne peut plus clairement l'ensemble des dictatures latino-américaines, « régimes masqués derrière une fausse apparence d'unanimité » et voués « à l'isolement et à la paralysie »[23]. De même, lors de la visite en Uruguay qu'il effectue la même année, il insiste pour rencontrer les dirigeants de tous les partis politiques, même ceux interdits par les autorités en place[24]. En dépit de sa volonté affichée de visiter tous les pays d'Amérique latine, il évite la plupart du temps ceux où les violations des droits de l'homme et le non-respect des principes démocratiques sont les plus flagrants – notamment le Nicaragua sandiniste, le Chili du général Pinochet et le Paraguay de Stroessner. Par conséquent, lorsqu'il finit par se rendre dans ces deux derniers pays à la fin de 1990 et au Nicaragua en avril 1991 – soit peu de temps après la disparition des anciens régimes autoritaires –, sa venue apparaît comme la consécration du processus de démocratisation en cours. Une fois que ce dernier semble être parvenu à son terme en Espagne même, la promotion de la démocratie sur le continent latino-américain apparaît ainsi comme l'un des principaux chevaux de bataille de la politique étrangère espagnole.

Ceci, notons-le, loin de refléter un certain « idéalisme » de la part des autorités madrilènes, correspond plutôt à leur intérêt bien compris : dans la mesure où l'Espagne n'est qu'une puissance moyenne sans responsabilités mondiales (comme, par exemple, celle d'endiguer le communisme que les États-Unis de Ronald Reagan s'attribuent dans les années 1980) et sans intérêts économiques majeurs en Amérique latine – du moins jusqu'à il y a peu –, la chute des régimes militaires du sous-continent ne lui fait courir aucun risque notable. Au contraire, elle présentait l'avantage de venir apparemment conforter sa propre expérience démocratique, en lui donnant la possibilité de la désigner comme l'origine d'une vague de démocratisation *à la fois irrésistible et irréversible* – en accord avec le « temps mondial »[25]. Dans cette optique, l'avènement de régimes démocratiques en Amérique latine – facteur externe – contribuerait à parachever la stabilisation interne de la

d'un colloque international intitulé « La Transition pacifique à une démocratie constitutionnelle. Le cas exemplaire de l'Espagne et son influence sur l'Europe de l'Est ».

23. Cf. *El País*, 13 octobre 1983 (édition internationale), p. 2.

24. Dans un entretien accordé à *El País* en 1996, l'actuel président uruguayen, Julio María Sanguinetti, souligne que cette initiative avait eu à l'époque un retentissement considérable – et lui attribue une influence significative dans l'enclenchement du processus de transition ; cf. Bénédicte Bazzana, « Le Modèle espagnol de transition et ses usages actuels », dans Christophe Jaffrelot (dir.), *Démocraties d'ailleurs*, Paris, Karthala, 2000, p. 378, n. 57.

25. Sur cette notion, voir Zaki Laïdi, « Le Temps mondial : enchaînements, disjonctions et médiations », *Les Cahiers du CERI*, n° 14, 1996, p. 3-39.

démocratie espagnole, en faisant apparaître toute résurgence autoritaire éventuelle comme une aberration qui irait manifestement à l'encontre du mouvement de l'histoire.

C'est en ce sens qu'il faut comprendre la formule abondamment citée de Felipe González selon laquelle « il [serait] impossible [aux autorités espagnoles] de séparer les priorités internes des priorités externes » : le thème de la démocratisation permet bien d'établir une sorte de congruence entre le domaine de la politique extérieure et l'objectif de consolidation interne qui sous-tend alors une bonne partie des décisions gouvernementales.

Enfin, il peut être éclairant de rappeler ici la distinction établie par Giovanni Sartori entre deux des usages les plus répandus du terme « démocratie », en vertu desquels celui-ci peut faire référence soit à un *processus effectif*, soit à un *principe de légitimité*[26]. Dans cette optique, le mot « démocratie » constituerait à la fois une *dénotation* renvoyant à certaines caractéristiques empiriques d'un régime politique et un *jugement* implicite affirmant la valeur de ce qui serait ainsi désigné. Comme on le devine, c'est à cette seconde acception que se rattache la politique espagnole de promotion de la « démocratie » en Amérique latine, laquelle a pu procurer aux autorités de Madrid un surcroît de légitimité internationale, utile pour occulter le relatif inachèvement de la démocratie en tant que « processus effectif » en Espagne même. La volonté affichée par l'Espagne de diffuser les principes démocratiques hors de ses frontières contribuait indirectement à imposer l'image d'un pays ayant *déjà* parfaitement mené à bien son propre processus de démocratisation – et ayant désormais le loisir de consacrer ses efforts à la propagation de la démocratie de l'autre côté de l'Atlantique. Or il y a là, on le voit bien, un élément d'autopersuasion : proclamer que l'on entend oeuvrer à l'avènement de la démocratie dans les pays d'Amérique latine en les faisant bénéficier de sa propre expérience en la matière équivaut à affirmer que le problème est définitivement résolu en Espagne même – en espérant que ce discours ait une valeur performative.

Épilogue

Reste enfin à examiner brièvement, à la lumière de la grille de lecture ici proposée, l'évolution des relations entre l'Espagne et l'Amérique latine consécutive à l'arrivée au pouvoir du gouvernement de José María Aznar en 1995.

---

26.   Cf. Giovanni Sartori, « Repenser la démocratie : mauvais régimes et mauvaises politiques », *Revue internationale des sciences sociales*, n° 129, août 1991, p. 476.

Reprenant à son compte l'idée à peu près consensuelle selon laquelle l'Espagne « a été et demeure le lien naturel entre l'Europe et l'Amérique latine »[27], ce dernier s'est d'abord efforcé de lui donner une traduction institutionnelle tangible en lançant l'initiative d'un sommet interrégional réunissant les pays membres de l'Union européenne et ceux du continent latino-américain – sommet qui s'est finalement tenu à Rio de Janeiro en juin 1999[28]. Par ailleurs, le gouvernement Aznar a manifesté son intention de participer activement au règlement des derniers conflits du continent. Ainsi, en décembre 1996, c'est à Madrid – et en partie grâce aux efforts de la diplomatie espagnole – qu'ont été signés les accords censés mettre un terme à trente-six ans de guerre civile au Guatemala, accords à la mise en œuvre desquels la *Guardia Civil* allait apporter son concours l'année suivante. Par la suite, l'Espagne a également proposé que soit constituée une force ibéro-américaine de maintien de la paix appelée à prendre en charge certaines des missions relevant du chapitre VI de la Charte des Nations unies – proposition qui, pour l'heure, n'a pas été suivie d'effet. Enfin, en juillet 2000, Madrid s'est engagée à contribuer au financement du « Plan Colombie » supposé donner les moyens au gouvernement de Bogota de venir à bout du narcotrafic et de la violence armée, sans toutefois parvenir à convaincre ses partenaires européens de faire de même[29].

Au-delà de ces premières initiatives – qui se situent dans la continuité de l'action des gouvernements précédents –, c'est dans le domaine des relations avec Cuba que la politique extérieure de l'Espagne s'est le plus nettement modifiée. En effet, le nouveau gouvernement conservateur, après avoir commencé par suspendre la plupart de ses programmes de coopération bilatérale avec La Havane en mai 1996, a finalement obtenu, au mois de décembre suivant, que l'Union européenne adopte sur le sujet une « position commune » d'une fermeté inédite. Celle-ci prévoit

---

27. Entretien avec José María Aznar, *Politique internationale*, n° 71, printemps 1996, p. 142.
28. Prévu pour 2002, le suivant doit avoir lieu dans la capitale espagnole à un moment où l'Espagne occuperait la présidence du Conseil de l'Union.
29. Sur le plan économique, qui nous intéresse moins directement ici, on notera que les entreprises espagnoles – et notamment les grandes entreprises publiques telles Iberia, Telefónica, ENDESA ou encore Repsol – ont nettement accru leurs investissements en Amérique latine dans la seconde moitié des années 1990. Ainsi, en 1998, le montant des investissements espagnols sur le continent – qui représentait 54 % du total des investissements du pays – atteignait environ un milliard de dollars, ce qui faisait de l'Espagne le premier investisseur européen et le deuxième investisseur mondial en Amérique latine (derrière les États-Unis). Du reste, d'après certains observateurs, la coïncidence apparente entre l'augmentation massive des investissements espagnols dans certains secteurs (énergie, transports, télécommunications) et la hausse du prix des services en question – conséquence de leur privatisation préalable – serait en passe de nuire sérieusement à l'image de l'Espagne dans les pays concernés ; cf. Miguel Herrero de Miñón, « Política exterior », dans Javier Tusell et al., *El Gobierno de Aznar. Balance de una gestión, 1996-2000*, Barcelone, Crítica, 2000, p. 49.

notamment de subordonner pour partie l'aide au développement accordée par les Quinze aux progrès éventuels du régime castriste en matière de démocratisation et de respect des droits de l'homme, d'officialiser un dialogue permanent avec l'opposition cubaine par la nomination de diplomates spécialement affectés à cette tâche, et de s'assurer que l'aide humanitaire – non concernée par ces restrictions nouvelles – parvienne bien à ses destinataires, en ne faisant appel qu'à des organisations non-gouvernementales pour en assurer la répartition. Ce revirement spectaculaire par rapport à la politique antérieure d'un gouvernement espagnol traditionnellement enclin à se concevoir comme l'interlocuteur privilégié du régime cubain déboucha sur une véritable crise diplomatique lorsque les autorités de La Havane, en guise de représailles, refusèrent d'agréer le nouvel ambassadeur espagnol, José Coderch, en novembre 1996, et accusèrent José María Aznar d'avoir bénéficié pour sa campagne électorale du soutien financier d'exilés cubains parmi les plus extrémistes. Néanmoins, la coopération entre les deux pays reprit en décembre 1996, et le chef du gouvernement espagnol adopta finalement sur la question cubaine une position plus nuancée, comme en témoigne sa déclaration de février 1997 condamnant la loi Helms-Burton (qu'il avait précédemment approuvée)[30]. En somme, comme dans le cas de la politique centre-américaine des socialistes espagnols au cours des années quatre-vingt, on observe bien une tendance initiale à l'*idéologisation* de la politique extérieure de la part des dirigeants de la nouvelle majorité, à cette différence près que c'est précisément le thème de la promotion de la démocratie – sur lequel le PSOE avait jugé prudent de se replier à partir de 1984[31] – qui, cette fois, a fait l'objet de cet investissement idéologique finalement dysfonctionnel, dont le gouvernement du Parti populaire est aujourd'hui amené à se défaire progressivement.

Cependant, c'est au Chili – alors même que l'élection du candidat socialiste Ricardo Lagos à la présidence de la République en 1999 aurait pu paraître indiquer l'achèvement d'une étape décisive de la transition démocratique, à l'instar de ce qu'avait représenté la victoire de Felipe González en Espagne en 1982 – que se sont produits les événements les plus significatifs au regard de la problématique ici privilégiée. En effet, on sait que la cour suprême du Chili, dans un jugement rendu public le 8 août 2000, a finalement confirmé, par quatorze voix contre six, la décision de lever l'immunité parlementaire du général Pinochet prise par la cour d'appel compétente au début du mois de juin, avalisant ainsi le

---

30.   Sur la loi Helms-Burton et les enjeux qui s'y rattachent, voir Ariel Colonomos, « La modernité d'un archaisme : l'embargo cubain au défi des critiques adressées à la loi Helms-Burton », *Les Études du CERI*, mars 2000 ; pour une présentation rapide, cf. Daniel Sabbagh, « Les États-Unis et l'Amérique latine dans les années 1990 : les oscillations de Washington et leurs déterminants internes », *La Revue internationale et stratégique*, n° 31, automne 1998, p. 120.

31.   Cf. supra, p. 58-60.

raisonnement assez audacieux selon lequel le décret-loi d'amnistie imposé en 1978 par l'ancien dictateur pour couvrir les méfaits commis par les forces armées depuis le coup d'État militaire de 1973 ne saurait s'appliquer aux enlèvements des personnes portées « disparues » – lesquels enlèvements devraient être considérés comme des crimes toujours actuels aussi longtemps que les corps des victimes n'auraient pas été retrouvés. On sait aussi que cette décision, qui ouvre la voie au jugement de Pinochet par les autorités de son pays, n'est que la dernière étape d'un processus judiciaire particulièrement tortueux, à l'origine duquel l'instruction ouverte par le juge espagnol Baltasar Garzón afin de faire la lumière sur les conditions de la disparition d'un certain nombre de ses concitoyens, vraisemblablement exécutés par la police ou les services secrets chiliens à l'époque de la dictature, a joué un rôle déterminant[32]. Certes, il n'est pas sans importance que le processus en question ait été le fruit d'une initiative *individuelle*, qui a manifestement plongé dans l'embarras les autorités madrilènes en les laissant exposées aux accusations d'ingérence de dirigeants latino-américains toujours prompts à débusquer les traces d'un colonialisme larvé de la part de l'ancienne métropole et qui, en l'espèce, récusent les prétentions extraterritoriales de la juridiction pénale espagnole. Pourtant, en dernière analyse, c'est bien à cause de l'absence d'obstacles opposés aux démarches du juge Garzón par le gouvernement espagnol – signe de la conversion achevée de l'Espagne en État de droit – que les autorités chiliennes ont été « mis[es] en demeure (...) d'affronter la mémoire vive d'un passé omniprésent »[33] en se prononçant sur le sort de l'ancien dictateur, tâche éminemment délicate que les Espagnols eux-mêmes s'étaient vus épargner. Il n'y a plus qu'à espérer que la synchronisation des temporalités démocratiques ainsi imposée par une certaine forme de mondialisation du droit – et dans laquelle il est permis de voir aussi un moyen pour l'Espagne de solder les comptes de l'héritage franquiste « par procuration » – ne se fera pas au détriment de la paix civile laborieusement reconstruite dans les démocraties de la « troisième vague »[34], dont l'impunité concédée aux anciens dirigeants et à leurs subordonnés était apparue jusqu'alors comme la condition nécessaire.

---

32. Le général Pinochet n'est pas le seul des anciens dictateurs latino-américains à se trouver en ligne de mire : le juge Garzón a également lancé un mandat d'arrêt international à l'encontre du général Leopoldo Galtieri, président de la république argentine de 1981 à 1982, pour sa responsabilité présumée dans l'assassinat d'environ 350 citoyens espagnols par les services de sécurité. De même, en mai 2000, des députés brésiliens ont entrepris de poursuivre en justice l'ancien dictateur paraguayen, le général Alfredo Stroessner, auquel le Brésil avait accordé l'asile politique en 1989.

33. Guy Hermet, Javier Santiso, « Entre justice et raison politique. L'affaire Pinochet », *op. cit.*, p. 35.

34. Samuel Huntington, *The Third Wave : Democratization in the Late Twentieth Century*, Norman, University of Oklahoma Press, 1991.

De Bonn à Berlin.
Les relations de l'Allemagne unifiée
avec l'Amérique latine :
partenaires stratégiques
ou éloignement progressif ?

Peter BIRLE *

La chute du mur de Berlin et la fin de la division nationale ont provoqué un profond changement dans la situation internationale de la RFA. Grâce au *Traité 2+4*, en 1990 l'Allemagne a retrouvé sa pleine souveraineté dans le domaine international. Dix ans plus tard, on s'aperçoit que ni les craintes qu'inspirèrent à certains voisins européens une Allemagne de nouveau imprévisible ni les espoirs que nourrissaient certains hommes politiques allemands de voir le pays jouer un rôle beaucoup plus actif sur la scène internationale ne se sont réalisés. Il faut souligner, même si cela ne veut pas dire que rien n'a changé, qu'un des traits fondamentaux de la politique extérieure de l'Allemagne durant ces dix dernières années a été la continuité. C'est cette continuité que l'on retrouve en 1998, où l'on a vu arriver au pouvoir, après seize ans de coalition entre démocrates-chrétiens et libéraux, un nouveau gouvernement reposant sur une autre coalition, entre les sociaux-démocrates et les verts cette fois.

Quelles ont été les répercussions sur les relations avec l'Amérique latine de la nouvelle politique internationale de l'Allemagne ? La RFA sera-t-elle encore « un partenaire limité mais sûr pour l'Amérique latine »[1]? Assistons-nous à une redécouverte de l'Amérique latine par

---

*   Traduit de l'espagnol par Claude Héliès

1.   Wolf Grabendorff, « Germany and latin America », *in* Susan Kaufman Purcell and Françoise Simon (eds.), *Europe and Latin America in the World Economy*, Londres, Lynne Rienner, 1995, p. 85-112, p. 110.

l'Allemagne[2] ? Quel crédit doit-on accorder aux déclarations du nouveau gouvernement rouge-vert, qui a parlé dernièrement de l'Amérique latine comme d'un « partenaire stratégique » de la RFA ? Verra-t-on au contraire la société civile et les hommes politiques en place se détourner de plus en plus nettement de l'Amérique latine[3]? Cet article a pour objet l'étude des éléments de continuité et de changement dans les relations entre la République fédérale allemande et l'Amérique latine depuis le début des années quatre-vingt-dix. On précisera tout d'abord quelques aspects historiques qui ont marqué jusqu'ici les relations entre l'Allemagne et l'Amérique latine. Puis on analysera les priorités et les tendances actuelles des relations bilatérales avec l'Amérique latine dans trois secteurs concrets : relations économiques, relations entre les sociétés civiles, relations politiques et diplomatiques. Une question centrale concerne les effets réciproques des relations bilatérales et des relations bi-régionales entre l'Union européenne et l'Amérique latine.

Un aperçu historique

À la différence de l'Espagne et du Portugal, l'Allemagne n'a pas joué un rôle de puissance coloniale en Amérique latine. Elle n'a pas davantage exercé de pouvoir impérialiste durant les XVIIIe et XIXe siècles. Si, à partir de la fondation de l'Empire allemand en 1871, l'intérêt que portaient les gouvernements allemands à l'Amérique latine s'est accru, néanmoins « aucune stratégie globale de pénétration et de domination en matière politique, militaire et économique n'a été mise en place[4] ». Pendant longtemps, les relations entre l'Allemagne et l'Amérique latine se sont limitées à des contacts individuels. Ainsi, on peut citer les missionnaires jésuites, des explorateurs, comme Alexander von Humboldt, des spécialistes de l'exploitation minière, des instructeurs militaires, des commerçants, des banquiers et des chefs d'entreprise.

Pour les relations entre l'Allemagne et l'Amérique latine, les phénomènes migratoires ont été de toute première importance. Un flux migratoire important vers le « nouveau monde » s'est établi à partir de la deuxième moitié du XIXe siècle. Au cours de plusieurs vagues

---

2. Christoph Wagner, « Die Wiederentdeckung » Lateinamerikas ? Das Beispiel der Beziehungen Deutschlands zu Mexiko », *Lateinamerika. Analysen –Daten – Dokumentation*, 13, 1997, p. 82-97.
3. Voir Klaus Bodemer, « In eigener Sache », *Info de la Asociación Alemana de Investigación sobre América Latina*, 3-4, 1999, p. 2-4 ; Nikolaus Werz, « Amerika den Amerikanern », *Zeitschrift für Kulturaustausch*, 1, 2000, p. 10-11.
4. Walther L. Bernecker, Thomas Fischer, « Alemania y América Latina en la época del imperialismo 1871-1914 », *Ibero-Americana Pragensia*, 31, 1997, p. 69-93, p. 93.

migratoires, le Brésil, le Chili et l'Argentine accueillirent un grand nombre d'Allemands à la recherche d'un avenir meilleur. À côté de ces groupes de migrants, qui souvent fondèrent des colonies propres, l'émigration des élites (commerçants, banquiers, chefs d'entreprises, ingénieurs, scientifiques) revêtait une certaine importance. L'émigration massive s'est poursuivie durant la première moitié du XXe siècle, surtout dans les années 1920 (en raison de la crise de la République de Weimar), dans les années trente (en raison du nazisme) et après la deuxième guerre mondiale. On compte aujourd'hui environ cinq millions de personnes d'origine allemande en Amérique latine[5]. L'émigration allemande vers l'Amérique latine n'a pas été seulement un facteur démographique, elle a eu aussi un impact socio-politique dans les pays récepteurs. De nombreux émigrants ou fils d'émigrants ont pu s'élever socialement et faire partie de l'élite politique et économique de leur nouvelle patrie. Depuis 1878, l'État allemand subventionne les écoles allemandes à l'étranger. Ce qui a commencé par être un soutien aux émigrants représente aujourd'hui un volet important de la politique étrangère culturelle de l'Allemagne. En 1998, les subventions de la RFA pour les écoles allemandes à l'étranger atteignaient 380 millions de marks, soit un tiers des dépenses de la politique étrangère culturelle. En Amérique latine, 39 écoles allemandes sont actuellement en activité. Il s'agit d'institutions scolaires, intégrées dans les systèmes éducatifs des pays, qui suivent les plans d'études et les programmes nationaux et dans lesquelles, en même temps, on enseigne la langue allemande et transmet le patrimoine culturel allemand. Je ne peux développer ici la question de la politique étrangère culturelle allemande à laquelle participent également l'Institut Goethe, le Service allemand d'échanges académiques (DAAD), la Fondation Alexander von Humboldt, Inter-Nation, la Deutsche Well ainsi que d'autres organismes. Il s'agit là d'un pilier important de la présence allemande en Amérique latine qui, cependant, est objet de critiques pour les méthodes employées et son impact sur la réalité latino-américaine. Déjà dans les années quatre-vingts, a été formulée la critique suivante, qui n'a pas perdu de son actualité : « L'importance de l'Amérique latine dans la politique culturelle allemande peut être difficilement évaluée car, malgré un financement important consacré à l'Amérique latine, ce sont surtout les groupes qui parlent allemand et non les Latino-américains parlant

---

5.   En ce qui concerne l'émigration allemande, voir Walther L. Bernecker, Thomas Fischer, « Deutsche in Lateinamerika », *in* Klaus J. Bade (ed.), *Deutsche im Ausland. Fremde in Deutschland*, München, Beck, 1993, p. 197-214 ; Jean-Pierre Blancpain « Origines et caractères des migrations germaniques en Amérique Latine au XIXe siècle », *Jahrbuch für Geschichte von Staat, Wirtschaft und Gesellschaft Lateinamerika*, 25, 1985, p. 349-383 ; Hartmut Fröschle (ed.), *Die Deutschen in Lateinamerika. Schicksal und Leistung*, Tübingen, Horst Erdmann, 1979.

espagnol qui sont les destinataires des fonds[6] ». Un aspect du débat actuel sur les relations culturelles avec l'Amérique latine concerne à la présentation de la culture allemande dans la région : « Du point de vue allemand, de toutes manières, on peut partir de la conception traditionnelle du pays comme nation culturelle ; il faut s'efforcer de présenter l'Allemagne non seulement dans sa dimension historique (avec Goethe, Schiller, Kant, etc.), mais aussi comme un atelier du futur, dans lequel figurent également Habermas, Wehler et Beck[7] ».

Si l'on en revient à la question des migrations, on peut constater que les migrations en sens contraire, de l'Amérique latine vers l'Allemagne, n'ont pas été nombreuses. Jusqu'à l'époque de l'indépendance, les colonies espagnoles et portugaises étaient assez isolées, et s'il est vrai qu'après l'indépendance, les élites intellectuelles et politiques d'Amérique latine se sont tournées vers l'Europe, leur destination préférée n'était pas l'Allemagne mais principalement la France. Au cours du XXe siècle, la cause principale de l'émigration vers l'Europe a été la persécution politique. Ce sont, en plus des États-Unis, surtout la France et l'Espagne qui ont accueilli les nombreux exilés latino-américains. La RFA a accueilli pour la première fois un nombre important d'exilés après le coup d'état contre Salvador Allende au Chili en 1973. Au cours des années suivantes, un nombre considérable de réfugiés argentins et brésiliens sont arrivés en Allemagne de l'Ouest. La RDA a aussi accueilli des réfugiés latino-américains, surtout en provenance du Chili. Par ailleurs, de nombreux Cubains sont arrivés dans ce « pays-frère socialiste » dans le cadre d'accords bilatéraux. Au total, l'exil, le regroupement familial et, durant ces dernières années, l'émigration pour raisons économiques ont fait passer le nombre de Latino-américains en Allemagne de 15 000 en 1970 à 70 000 au milieu des années 1990[8].

---

6.   Dieter W. Benecke *et al.*, *Die Beziehungen der Bundesrepublik Deutschland zu Lateinamerika : Bestansaufnahme und Empfehlungen*, Bonn, Forschungsintitut der Friedrich Ebert-Stiftung, 1983, p. 26.

7.   Günther Maihold, « Geborene Partner oder entfernte Verwandte ? Stand und Perspektiven der Kulturbeziehungen zwischen Deutschland und Lateinamerika an der Schwelle des Milleniums », in Günther Mailhold (ed.), *Ein « freudiges Geben und Nehmen ? » – Stand und Perspektiven der Kulturbeziehungen zwischen Lateinamerika und Deutschland*, Frankfurt am Main, Vervuert, 2001.

8.   Axel Kreienbrink, « Arbeitsmigration und Exil. Spanier, Portugiesen und Lateinamerikaner in Deutschland », *Matices*, 16, 1997/98 (http://www.is-koeln.de/matices/16/16skreie.htm).

Les relations économiques

Les relations économiques entre l'Allemagne et l'Amérique latine ont pris une certaine importance à partir du XIXᵉ siècle lorsque, dès 1820, furent signés les premiers accords commerciaux. Jusqu'à la fondation de l'Empire allemand en 1871, les relations commerciales avec l'Amérique latine dépendaient essentiellement des intérêts commerciaux des villes hanséatiques et des besoins d'exportation de l'industrie prussienne. C'est ainsi que naquirent et se développèrent un réseau de consulats et un système de contrats commerciaux en relation étroite avec ces besoins. À partir de 1871, l'Empire fournissait son aide politique à travers le développement de ses services diplomatiques et consulaires. Entre 1871 et 1914, les échanges commerciaux avec l'Amérique latine ont quadruplé, dépassant ceux de la France et rattrapant ceux de l'Angleterre[9].

Le commerce bilatéral a été traditionnellement caractérisé, d'une part, par l'importation de produits des zones tropicales (sucre, tabac, cacao, coton, café, bananes, guano) et de divers minerais (argent, cuivre, étain et, plus tard, métaux précieux et minerai de fer), d'autre part, par l'exportation de produits manufacturés (produits ferreux, machines-outils, véhicules, produits chimiques et pharmaceutiques). L'Amérique latine est devenue, comme fournisseur de matières premières et de produits tropicaux et comme débouché pour les produits manufacturés, un partenaire commercial important pour une Allemagne en voie d'industrialisation. En 1940, les exportations vers l'Amérique latine atteignirent 7,7 % du total des exportations allemandes. La même année, les produits en provenance d'Amérique latine représentèrent 11,3 % du total des importations allemandes. Avant la première guerre mondiale, l'Allemagne avait occupé le deuxième rang, après la Grande-Bretagne, des pays fournisseurs de l'Amérique latine. En outre, 15 % des investissements allemands à l'étranger se faisaient en Amérique latine. En 1938, l'Allemagne était toujours le deuxième partenaire commercial de l'Amérique latine, mais cette fois après les États-Unis.

La présence économique de l'Allemagne en Amérique latine fut très tôt soutenue par des structures chargées de son développement. Les premières chambres de commerce germano-latino-américaines apparurent dès la fin du XIXᵉ siècle. Peu après le changement de siècle, on enregistrait des centaines de maisons commerciales en Amérique latine qui s'occupaient des intérêts des exportateurs allemands et fonctionnaient comme des intermédiaires entre importation et exportation. De nombreuses grandes entreprises telles que Daimler Benz, Volkswagen, Siemens, Bayer ou Degussa établirent des succursales en Amérique latine dès avant la première guerre mondiale.

---

9.   Bernecker, Fischer, *op. cit.*, p. 71-76.

Les deux guerres mondiales et la crise économique des années trente ont entraîné des revers importants pour le commerce bilatéral, mais après 1945 les relations économiques se sont rapidement normalisées. Durant les années 1950 et 1960, l'Amérique latine redevint un partenaire commercial pour l'Allemagne. De nombreuses entreprises des industries automobile, électronique, chimique et de construction de machines-outils se mirent à investir en Amérique latine. En 1960, 6,6 % des exportations allemandes allaient vers l'Amérique latine, d'où provenaient 8,5 % des importations. Avant la fin des années 1970, 14 % des investissements allemands à l'étranger ont été réalisés dans cette partie du monde.

Cependant, malgré une augmentation des montants absolus, l'importance relative du commerce entre l'Allemagne et l'Amérique latine a été presque continûment en baisse pendant les quatre dernières décennies. Depuis la fin des années cinquante, lorsque, par la signature du Traité de Rome, le processus d'intégration européenne s'est mis en marche, la part de l'Amérique latine dans le commerce extérieur allemand a considérablement diminué. Comme le montrent les tableaux 1 et 2, en 1999, 2,8 % seulement des exportations allemandes étaient destinées à l'Amérique latine et seulement 1,9 % des importations venaient de cette région.

Les exportations allemandes vers l'Amérique latine sont concentrées sur un petit nombre de pays. En 1999, le Brésil (9 milliards de marks), le Mexique (8,3), l'Argentine (2,4), le Venezuela (1,2) et le Chili (1,1) en recevaient 75 %. Quant aux importations allemandes en provenance d'Amérique latine, 77% du total sont originaires de cinq pays : le Brésil (6,4 milliards de marks), le Mexique (2,7), l'Argentine (1,7), le Chili (1,2) et la Colombie (1).

Tableau 1 : Les exportations allemandes vers l'Amérique latine, 1997-1999

	1997 mm*	1998 mm	var. %**	1999 (1) mm	var. %
Total des exportations allemandes	888 616	955 170	7,5	992 298	3,9
Total des exportations vers l'Amérique latine	23 921	27 999	17,0	27 804	– 0,7
Part de l'Amérique latine dans les exportations allemandes	2	2		2,8	
Mercosur	12 494	13 406	7,3	11 742	– 12,4
Argentine	2 998	3 353	11,8	2 408	– 28,2
Brésil	9 111	9 663	6,1	9 008	– 6,8
Paraguay	140	118	– 15,7	89	– 24,6
Uruguay	245	272	11,0	237	– 12,9

	1997 mm*	1998 mm	var. %**	1999 (1) mm	var. %
Pays andins					
Bolivie	107	100	− 6,5	74	− 26,0
Chili	1 455	1 405	− 3,4	1 130	− 19,6
Équateur	338	363	7,4	200	− 44,9
Colombie	1 171	1 200	2,5	870	− 27,5
Pérou	500	546	9,2	464	− 15,0
Venezuela	979	1 225	25,1	1 150	− 6,1
Mexique	5 404	7 077	31,0	8 284	17,1
Amérique centrale	731	1 442	97,3	1 606	11,4
Bélize	1	3	200,0	13	333,3
Costa Rica	181	209	15,5	214	2,4
Salvador	124	123	− 0,8	262	113,0
Guatemala	223	237	6,3	221	− 6,8
Honduras	38	63	65,8	68	7,9
Nicaragua	21	34	61,9	39	14,7
Panama	143	777	440,6	789	2,1
Caraïbes	586	603	2,9	1 015	68,3
Bahamas	10	29	190,0	399	1 275,9
La Barbade	29	34	17,2	35	2,9
Dominique	2	2	-	4	100,0
République Dominicaine	110	173	57,3	146	− 15,6
Haïti	36	28	− 22,2	37	32,1
Jamaïque	47	47	-	60	27,7
Cuba	104	133	27,9	129	- 3,0
Trinité et Tobago	248	157	− 36,7	205	30,6

Source : Bureau Fédéral des Statistiques. *(1) = chiffres provisoires ; *mm = millions de marks ; **var.% = variation en pourcentage à la fin de l'année.*

Tableau 2 : Les importations allemandes provenant d'Amérique latine, 1997-1999

	1997 mm*	1998 mm	var. %**	1999 (1) mm	var. %
Total des importations allemandes	772 149	828 199	7,3	867 658	4,8
Total des importations en provenance de l'Amérique latine	16 827	17 040	1,3	16 881	- 0,9
Part de l'Amérique latine dans les importations allemandes	2,2	2,1		1,9	
Mercosur	8 012	8 497	6,1	8 295	- 2,4
Argentine	1 364	1 514	11,0	1 683	11,2
Brésil	6 417	6 788	5,8	6 395	- 5,8
Paraguay	27	11	- 59,3	27	145,5
Uruguay	204	184	- 9,8	190	3,3
Pays andins					
Bolivie	88	46	- 47,7	26	- 43,5
Chili	1 334	1 332	- 0,1	1 189	- 10,7
Équateur	606	454	- 25,1	510	12,3
Colombie	1 471	1 459	- 0,8	1 034	29,1
Pérou	607	461	- 24,1	445	- 3,5
Venezuela	688	511	- 25,7	600	17,4
Mexique	1 286	1 886	46,7	2 716	44,0
Amérique centrale	1 773	1 626	- 8,3	1 402	- 13,8
Belize	7	4	- 42,9	7	75,0
Costa Rica	452	493	9,1	465	- 5,7
Salvador	469	299	- 36,2	192	- 35,8
Guatemala	259	230	- 11,2	216	- 6,1
Honduras	181	240	32,6	155	- 35,4
Nicaragua	115	128	11,3	90	- 22,7
Panama	290	232	- 20,0	277	19,4
Caraïbes	639	588	- 8,0	550	- 6,5
Bahamas	31	82	164,5	161	96,3
La Barbade	35	5	- 85,7	6	20,0
Dominique	2	1	- 50,0	2	100,0
République Dominicaine	158	115	- 27,2	71	- 38,3
Haïti	5	4	- 20,0	3	- 25,0
Jamaïque	210	207	- 1,4	198	- 4,3
Cuba	54	50	- 7,4	76	52,0
Trinité et Tobago	144	124	- 13,9	33	- 73,4

Source : Bureau Fédéral des Statistiques. *(1) = chiffres provisoires ; *mm = millions de marks ; **var. % = variation en pourcentage à la fin de l'année.*

Traditionnellement, en dehors des pays industrialisés, l'Amérique latine était le destinataire le plus important des Investissements directs à l'étranger (IDE) de l'Allemagne. Jusqu'aux années 1980, environ deux tiers des IDE allemands dans les pays en voie de développement se faisaient en Amérique latine. Les choses ont commencé à changer à partir de la deuxième moitié des années 1980, lorsqu'en raison de la profonde crise économique que connaissait l'Amérique latine et de l'attrait croissant des pays asiatiques, on a assisté très clairement à un déplacement des IDE. À partir de 1989, avec la réunification allemande et le début des processus de réforme politique et économique dans les anciens pays communistes de l'Europe centrale et orientale, cette tendance s'est renforcée.

Alors qu'en 1987/1988, presque 40 % des IDE allemands dans les pays non industrialisés allaient vers l'Amérique latine, en 1992-1993 cette part ne fut que de 15 %. Pendant la même période, la part des pays de l'Europe centrale et orientale dans le total des IDE allemands est passée de 0,5 % à 26,9 %. Ceci eut pour résultat d'affaiblir la position allemande en tant que principal investisseur européen en Amérique latine. Certes, l'Allemagne reste un des investisseurs européens les plus importants en Amérique latine, mais elle n'occupe que la cinquième position derrière l'Espagne, les Pays-Bas, le Royaume-Uni et la France. En 1998, 50 % des IDE européens en Amérique latine venaient d'Espagne[10]. Aucun pays de l'Union européenne n'a augmenté autant que l'Espagne ses investissements directs en Amérique Latine dans une période aussi courte (entre 1992 et 1998).

---

10.   Voir CEPAL, *La inversión extranjera en América Latina y el Caribe*, Informe 1999, Santiago de Chile, CEPAL, 2000 ; IRELA, *La inversión directa europea en América Latina : los réditos de la apertura y la privatización*, junio de 2000 (http:lanic.utexas.edu/~sela/docs/docirela.htm).

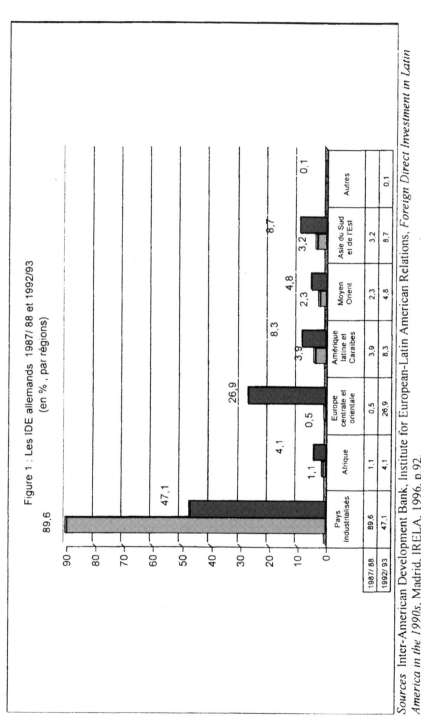

Figure 1 : Les IDE allemands 1987/ 88 et 1992/93
(en % , par régions)

	Pays Industrialisés	Afrique	Europe centrale et orientale	Amérique latine et Caraïbes	Moyen Orient	Asie du Sud et de l'Est	Autres
1987/ 88	89,6	1,1	0,5	3,9	2,3	3,2	
1992/ 93	47,1	4,1	26,9	8,3	4,8	8,7	0,1

Sources Inter-American Development Bank, Institute for European-Latin American Relations, *Foreign Direct Investment in Latin America in the 1990s*, Madrid, IRELA, 1996, p.92.

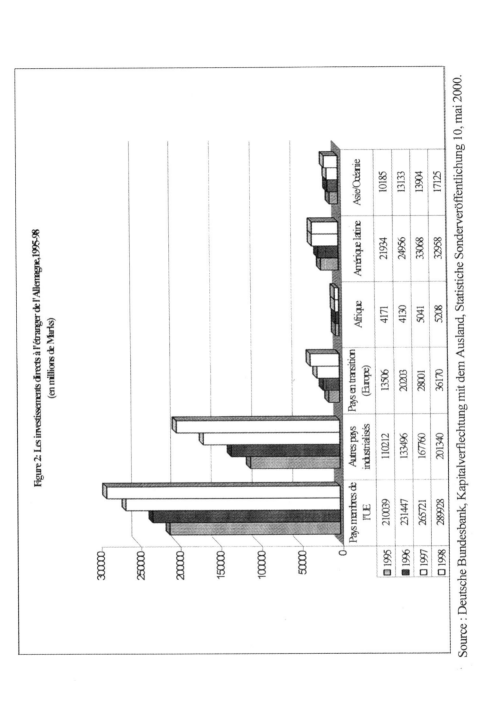

Figure 2: Les investissements directs à l'étranger de l'Allemagne, 1995-98
(en millions de Marks)

	Pays membres de l'UE	Autres pays industrialisés	Pays en transition (Europe)	Afrique	Amérique latine	Asie/Océanie
1995	210039	110212	13506	4171	21934	10185
1996	231447	133496	20203	4130	24956	13133
1997	265721	167760	28001	5041	33068	13904
1998	289928	201340	36170	5208	32958	17125

Source : Deutsche Bundesbank, Kapitalverflechtung mit dem Ausland, Statistiche Sonderveröffentlichung 10, mai 2000.

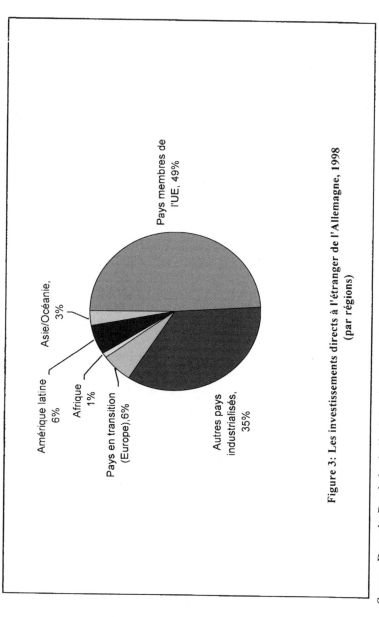

Figure 3: Les investissements directs à l'étranger de l'Allemagne, 1998
(par régions)

Pays membres de l'UE, 49%

Asie/Océanie, 3%

Amérique latine 6%

Afrique 1%

Pays en transition (Europe),6%

Autres pays industrialisés, 35%

Source : Deutsche Bundesbank, Kapitalverfletchtung mit dem Ausland, Statistiche Sonderveröffentlichung 10, mai 2000.

Tableau 3 : Les investissements directs allemands en Amérique latine, 1995-1998 (en millions de marks)

	1995	1996	1997	1998
Mercosur				
Argentine	1 908	2 344	3 457	3 608
Brésil	11 017	12 028	13 801	13 381
Paraguay	52	63	63	38
Uruguay	64	78	97	116
Pays andins				
Bolivie	4	6	7	7
Chili	518	577	697	690
Équateur	55	62	83	71
Colombie	478	634	819	839
Pérou	41	52	64	79
Venezuela	135	231	299	646
Mexique	2 393	3 019	5 302	5 514
Amérique centrale				
Belize	s.d.	s.d.	s.d.	s.d.
Costa Rica	24	32	51	51
Salvador	61	72	87	91
Guatemala	61	60	113	151
Honduras	6	3	11	6
Nicaragua	s.d.	s.d.	s.d.	s.d.
Panama	94	107	139	142
Caraïbes				
Bahamas	92	95	101	41
Bermudes	424	327	334	952
République Dominicaine	8	12	13	17
Haïti	s.d.	s.d.	s.d.	s.d.
Jamaïque	s.d.	s.d	s.d.	s.d.
Cuba	s.d.	s.d.	s.d.	s.d.

Source : Deutsche Bundesbank, Kapitalverflechtung mit dem Ausland, *Statistische Sonderveröffentlichung 10, mai 2000.*

Plusieurs facteurs peuvent expliquer la perte d'importance relative de l'Amérique latine comme partenaire commercial de l'Allemagne :

1. la structure du commerce extérieur encore bien peu moderne dans la plupart des pays latino-américains, (à l'exception du Mexique et, dans une moindre mesure, du Brésil : actuellement, près des deux tiers des importations en provenance du Mexique et 20 % des importations en provenance du Brésil sont des produits manufacturés[11]);

2. la moindre importance des matières premières dans l'économie moderne ;

3. la diversification des intérêts économiques allemands, d'abord vers l'Asie et ensuite (depuis 1989) vers les pays de l'Europe Orientale ;

4. la crise économique latino-américaine des années quatre-vingts et l'instabilité politique, économique et financière qui en a découlé.

Si dans la majorité des pays latino-américains, les conditions économiques et surtout les possibilités offertes au capital étranger se sont notablement améliorées au cours des dix dernières années, la présence du capital allemand en Amérique latine continue de se réduire. Les entreprises allemandes n'ont pas participé à la première vague de privatisations latino-américaines durant les années 1980 et il semble qu'elles ne manifestent guère d'intérêt pour la deuxième vague de privatisations, qui se déroule actuellement. Il ne faut pas chercher les raisons de ces tendances dans un manque de structures de soutien aux entreprises allemandes qui veulent s'engager en Amérique latine, car ces structures existent et sont efficaces : il y a des chambres de commerce germano-latino-américaines dans dix-huit pays de la région. Depuis 1995, il existe une association appelée « Initiative Amérique Latine » à laquelle participent toutes les organisations importantes de l'industrie allemande (la Fédération des chambres de commerce et d'industrie [DIHT], la Fédération de l'industrie [BDI], le Groupement des entreprises ayant des intérêts en Amérique latine [Ibero-Amerika Verein]). Cette association veut améliorer l'image de l'Amérique latine auprès des chefs d'entreprises allemands et attirer leur attention sur les nouvelles potentialités de la région en termes d'exportations et d'investissements[12].

Il ne faut pas trop se plaindre de l'insuffisance des investissements de l'industrie allemande en Amérique latine parce que l'on entend le même discours à propos des investissements en Asie et même parfois des

---

11.   Voir Albrecht von Gleich, *Enhancing German Direct Investment and Private Sector Cooperation* in *Latin America*, Hamburg, HWWA-Institut für Wirtschaftsforschung, 1998 (HWWA-Report 177), p. 12.

12.   Pour une information sur les concepts, les conditions et les instruments de promotion des exportations en Allemagne, voir von Gleich, *op. cit.*

investissements en Allemagne de l'Est. Au total, l'industrie allemande a beaucoup investi à l'étranger durant les dernières années et elle continue d'être l'un des investisseurs les plus importants à l'échelle mondiale. La relative perte d'importance de l'Amérique latine pour le capital allemand est en partie le résultat de la concurrence entre les divers marchés qui cherchent à attirer les investisseurs étrangers. Ce qui devrait plutôt faire réfléchir les chefs d'entreprises allemands, c'est la composition des investissements allemands, car la plupart des IDE allemands en Amérique latine se font dans des industries traditionnelles, et seule une petite partie de ces investissements va dans des industries plus modernes et dans le secteur des services. On peut donc dire que la présence économique allemande en Amérique latine a « vieilli » au cours de ces dernières années.

Les acteurs de la société civile allemande en Amérique latine

Les relations transnationales entre l'Allemagne et les pays d'Amérique latine sont plus étroites qu'avec aucune autre région du monde située en dehors de l'Europe occidentale. Il s'agit de contacts qui se sont développés au cours de plusieurs siècles et qui ont toujours été caractérisés par la participation d'une multiplicité de groupes et de personnes. Ils englobent un large éventail de la vie culturelle, commerciale, politique, religieuse, artistique, scientifique, etc. De nombreux observateurs ont souligné que ces liens transnationaux sont « une des particularités les plus remarquables des relations germano-latino-américaines et qu'elles constituent un avantage comparatif qui n'est pas à dédaigner face à la politique des autres pays industrialisés[13] ». Les organisations de la société civile allemande qui ont des liens avec l'Amérique latine comprennent les fondations politiques, les églises, les initiatives de base, les syndicats, les universités et même les associations de défense des droits de l'homme et les mouvements de solidarité. Alors que certaines organisations sont très importantes et disposent de budgets de plusieurs millions, d'autres sont composées de petits groupes de bénévoles. Si tous ces acteurs ont contribué d'une façon ou d'une autre à resserrer les liens avec l'Amérique latine et à les dynamiser, une publication récente fait cependant observer qu'entre les diverses organisations, les différences sont importantes en ce qui concerne leur taille, leur structure, leur personnel et leur conception de la coopération[14].

---

13.   Klaus Bodemer, Sandra Carreras, Petra Bendel, « Alemania », *in* Christian Freres (coord.), *La Cooperación de las sociedades civiles de la Unión Europea con América Latina*, Madrid, Asociación de Investigación y Especialización sobre Temas Iberoamericanos (AIETI), 1998, p. 41-89.

14.   Voir Bodemer *et al.*, *op. cit.*

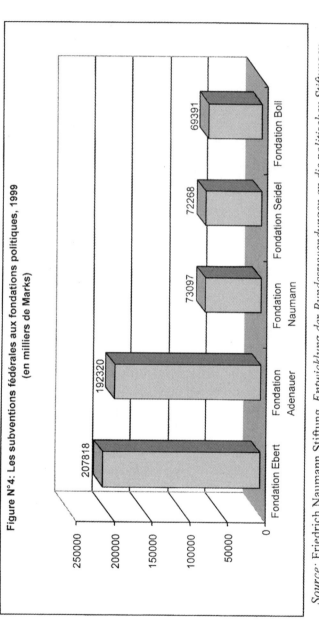

Figure N°4: Les subventions fédérales aux fondations politiques, 1999
(en milliers de Marks)

Source: Friedrich Naumann Stiftung, *Entwicklung der Bundeszuwendungen an die politischen Stiftungen,* (http://www.fnst.de/bericht97/zuwend.xls).

Parmi toutes les organisations de la société civile allemande, ce sont les Fondations politiques qui, sans aucun doute, sont les plus originales par rapport à ce qui existe au plan international. La Fondation Friedrich Herbert (FES), la Fondation Konrad Adenauer (KAS), la Fondation Friedrich Naomann (FNS), la Fondation Hanns Seidel (HSS) et la Fondation Heinrich Böll (HBS) reçoivent un tiers de tous les fonds que le ministère de la Coopération économique met à la disposition des organisations civiles. Formellement, il s'agit d'organisations non gouvernementales. Mais si elles agissent en toute indépendance au regard des institutions de l'État, elles sont presque exclusivement financées par des fonds publics et étroitement liées aux partis politiques. L'éventail de leurs activités en Amérique latine est très large cela va de l'organisation de conférences ou de programmes de bourses jusqu'à la réalisation de projets avec des partenaires locaux. On affirme souvent que les fondations sont partie intégrante de la politique extérieure allemande. On a même parlé d'une politique extérieure parallèle. De toute façon, la contribution des fondations politiques au processus de démocratisation et au renforcement de la société civile et politique en Amérique latine a été très importante[15].

Actuellement, les fondations doivent relever plusieurs défis. Après l'effondrement des régimes socialistes, elles ont dû élargir leur champ d'action aux pays de l'Europe centrale et orientale, sans recevoir pour autant plus de fonds. De plus, la situation financière précaire qu'elles connaissent n'est pas leur unique problème. Il leur est peut-être plus difficile encore de s'adapter de façon adéquate aux changements survenus au niveau global et tout particulièrement en Amérique latine. Un représentant de la Fondation Adenauer a récemment évoqué ce défi :

« La collaboration avec les élites intellectuelles est une tâche importante car la Fondation se rapproche ainsi de ceux qui préparent et prennent les décisions politiques. Cependant, le contact avec les élites intellectuelles en dehors de l'Europe est aujourd'hui plus difficile. Leurs engagements vis-à-vis de l'Europe et plus particulièrement de l'Allemagne se sont distendus[16]. »

« L'Amérique latine a traditionnellement tenu une place de toute première importance dans le travail de la Fondation Konrad Adenauer. Mais dans l'Allemagne actuelle, l'Amérique latine n'est pas à l'ordre du

---

15. Voir Christoph Wagner, « Die offiziöse Außen-und Entwicklungspolitik der deutschen politischen Stiftungen in Lateinamerika », in Manfred Mols, Christoph Wagner (eds.), *Deutschland-Lateinamerika. Geschichte, Gegenwart und Perspektiven*, Frankfurt am Main, Vervuert, 1994, p. 167-228.
16. Wilhelm Hofmeister, « Demokratieförderung in Lateinamerika. Ziele und Instrumente angesichts veränderter Rahmenbedingungen in der Entwicklungszusammenarbeit einer politischen Stiftung », *KAS/Auslandsinformationen*, 16 (5), mai 2000, p. 62-73, p. 69.

jour. La politique s'est fixé d'autres priorités, l'engagement économique se réduit par rapport à la concurrence internationale, dans les universités on supprime ou on redéploie des chaires de latino-américanistes, les médias ne donnent que des informations sporadiques, les organisations et les associations de la société ont de nouveaux champs d'actions importants dans l'est et le sud-est de l'Europe, les liens se distendent[17] ».

Paradoxalement, l'intérêt pour l'Amérique latine a commencé à diminuer lorsque la région a retrouvé des régimes démocratiques après de longues années de dictature. Les journaux et les chaînes de télévision ont réduit leurs réseaux de correspondants, de sorte que les médias n'offrent que peu d'informations sur l'Amérique latine. La littérature latino-américaine est beaucoup moins présente dans la vie publique qu'à l'époque de ce que l'on a appelé le « boom », même si quelques auteurs connus se vendent encore assez bien. On dirait que la normalité démocratique est trop ennuyeuse. En outre, les rêves révolutionnaires socialistes des intellectuels européens et allemands trouvent de moins en moins de possibilités de s'identifier et de se projeter dans une Amérique latine qui s'oriente vers un type de développement libéral ou néo-libéral.

D'un autre côté, en Amérique latine aussi, on montre de moins en moins d'intérêt pour ce qui se passe en Europe et en Allemagne. Jamais les idéaux sociaux, économiques et culturels de la région n'avaient été tournés vers les États-Unis comme ils le sont actuellement. Parmi les facteurs qui permettent de comprendre cette évolution, on peut mentionner la fin des utopies socialistes, les processus migratoires, la présence de scientifiques latino-américains dans les universités des États-Unis et la « latino-américanisation » d'une partie croissante de la société nord-américaine.

Les relations politiques et diplomatiques

Les relations politiques et diplomatiques entre la RFA et l'Amérique latine n'ont jamais connu de crise grave. Mais en même temps, l'Amérique latine n'a jamais occupé une place primordiale dans la politique extérieure allemande. À la fin de la deuxième guerre mondiale, les priorités de la politique internationale de la toute nouvelle République fédérale étaient autres ; rétablir sa souveraineté nationale, mettre un terme aux hostilités avec ses voisins européens, s'intégrer dans l'Europe, établir des relations avec les États-Unis, aborder la question de la réunification et des relations avec l'Union soviétique. La diplomatie d'après-guerre de la

---

17. *Ibid.*, p. 72.

RFA suivait étroitement la « doctrine Hallstein »: tout pays qui reconnaîtra officiellement l'existence de la République démocratique allemande (RDA) s'exposera à une rupture des relations diplomatiques avec la RFA et à la cessation de toute aide économique. L'existence de deux Allemagnes n'a eu, en général, que peu d'impact sur les relations entre la RFA et l'Amérique latine, sauf pour certains pays comme Cuba, le Mexique, le Chili d'Allende et le Nicaragua sandiniste. En effet, la RDA a investi un capital politique et humain important pour établir de bonnes relations avec des pays qu'elle considérait comme idéologiquement proches du socialisme d'État[18]. La RFA, pour sa part, prenait grand soin de ne pas défier trop visiblement les intérêts des États-Unis en Amérique latine.

Durant les années 1960 et 1970, la politique de la RFA considérait encore l'Amérique latine comme une région faisant partie du Tiers-Monde. Dans certaines déclarations officielles, on parlait des « bonnes relations avec les pays d'Afrique, d'Asie et d'Amérique latine ». Cette conception correspondait aussi à la perception qu'avait d'elle-même l'Amérique latine, où l'on parlait souvent de « tiers-mondisme » et où le mouvement des non-alignés comptait de nombreux partisans.

Au cours des années 1980, l'Allemagne de l'ouest a commencé, pour la première fois, à jouer un rôle politique actif en Amérique latine. Ainsi, lorsqu'il s'est agi de rechercher la paix en Amérique centrale, elle a pris beaucoup d'initiatives. C'est à l'Allemagne que l'on doit le début du processus de paix de San José. C'est au cours de cette période que les relations entre les États-Unis et l'Allemagne ont été les plus tendues. Le gouvernement de Reagan estimait que la politique allemande en Amérique latine, et surtout en Amérique centrale, constituait une intrusion dans une zone considérée comme faisant partie du domaine privé des États-Unis. Ces différends se sont aplanis avec la fin de la guerre froide.

De nombreux experts allemands reprochent à la politique extérieure du pays de ne pas avoir de stratégie claire à l'égard de l'Amérique latine ; les positions sont mal définies et les objectifs restent flous. Depuis les années quatre-vingt-dix, des signes de changements sur ce point sont apparus. En 1993, le gouvernement allemand a publié « 14 propositions pour la politique latino-américaine », où l'on avançait la possibilité d'un dialogue politique sur un pied d'égalité avec les partenaires d'Amérique latine[19]. Deux ans plus tard, en 1995, le gouvernement Kohl a présenté pour la première fois une stratégie claire concernant les relations avec l'Amérique latine. Le *Lateinamerikakonzept* (conception des relations

18. Voir Raimund Krämer, « De una diplomacia desaparecida. La política de la República Democrática Alemana y sus relaciones con América Latina », *Estudios Internacionales*, 28 (110), avril-juin 1995, p. 174-197.

19. Texte, e. o., *in Das Auswärtige Amt Informiert*, Communiqué de presse n° 1121/93.

avec l'Amérique latine) du gouvernement fédéral s'ouvrait sur une déclaration très claire :

> « "L'Amérique latine est pour l'Allemagne un partenaire important en ce qui concerne les aspects politiques, économiques, scientifiques, la coopération pour le développement, la politique environnementale, culturelle et particulièrement les droits de l'homme[20] ".

En vingt-deux pages, le gouvernement fédéral présentait le cadre, l'importance, les points essentiels, les instruments et les objectifs principaux de sa politique à l'égard de l'Amérique latine en fonction des nouvelles réalités internationales. Entre autres choses, on y parlait d'" intensifier les relations politiques et le dialogue sur un pied d'égalité avec les états d'Amérique latine à tous les niveaux "(1), de " maintenir une présence importante de la culture allemande en Amérique latine sur le long terme "(4.1), de " multiplier les contacts avec les pays émergents latino-américains "(5) et de " développer les mécanismes des relations publiques par une large diffusion d'informations latino-américaines, par la multiplication de versions espagnoles et portugaises de sujets politiques, enfin par un plus grand nombre d'émissions de la télévision allemande Deutsche Welle, en coopération avec des chaînes commerciales d'Amérique latine" » (6.2).

Ces propositions reçurent un accueil favorable de la part des secteurs de la société civile allemande intéressés par l'Amérique latine. Ils ont été surtout perçus comme un signe politique fort invitant à « ne pas oublier l'Amérique latine ». Mais, en même temps, on leur a reproché leur caractère trop général et la difficulté de les mettre en pratique. Pire encore, depuis leur publication, la politique à l'égard de l'Amérique latine a révélé des tendances qui vont à l'encontre de ce qui avait été annoncé. Les économies budgétaires entraînent la stagnation de la politique de coopération économique et certaines succursales de l'Institut Goethe en Amérique latine ont dû fermer leurs portes tandis que le service espagnol de la Radio Deutsche Welle a été supprimé.

L'actuel gouvernement rouge-vert a commencé à apporter des retouches à ces propositions. Au printemps 2000, il a organisé quatre rencontres avec des représentants de l'économie, de la société civile et des organisations intermédiaires. Les ambassades latino-américaines furent également consultées. Le but annoncé de ces réunions était d'adapter les concepts politiques à la réalité afin de faciliter leur mise en œuvre. La nouvelle orientation du gouvernement fédéral concernant les relations avec l'Amérique latine n'a toujours pas été publiée, mais selon ce qu'ont laissé entendre certains représentants du gouvernement au cours

---

20.   *Lateinamerika-konzept der Bundesregierung*, Bonn, 17 mai 1995.

des derniers mois, la future politique allemande à l'égard de l'Amérique latine ne sera pas fondée sur une conception homogène pour toute la région et mettra en place cinq stratégies régionales.

La première stratégie concerne les relations avec les pays du MERCOSUR et avec le Chili. Elle met l'accent sur les intérêts économiques et vise à développer une collaboration scientifique et économique. La deuxième, qui concerne la Communauté andine, met en avant les préoccupations provoquées par le manque de stabilité démocratique dans la région. La troisième s'appliquera à l'Amérique centrale, où la politique de coopération est considérée comme le pilier essentiel des futures relations bilatérales. La quatrième est tournée vers les Caraïbes et souligne l'intérêt que montre l'Allemagne pour le futur développement cubain. Dans ce contexte, il convient de mentionner qu'au printemps 2000 et pour la première fois depuis la Révolution cubaine, s'est déroulée une visite officielle d'un membre du gouvernement de la RFA à Cuba, en la personne de la ministre de la Coopération économique, Heidemarie Wieczorek-Zeul. Enfin, la cinquième stratégie concerne le Mexique. Là aussi on souligne l'importance des relations économiques, surtout par rapport au marché économique perdu depuis qu'est entré en vigueur le Traité de libre-échange de l'Amérique du Nord (ALENA) et que sont apparues de nouvelles potentialités offertes par la signature récente de l'Accord de libre-échange entre le Mexique et l'Union européenne. A ces cinq stratégies régionales il faudra en ajouter une sixième, qui aura trait aux institutions multilatérales.

Par principe, l'Amérique latine est considérée comme un partenaire stratégique sur les questions et les problèmes globaux et lorsqu'il s'agit de rechercher des positions communes au sein des organismes internationaux. Les possibilités d'une telle coopération sont considérées comme bonnes surtout en raison des solides antécédents historiques et culturels dans les relations bilatérales. Mais c'est précisément sur ces points que ceux qui critiquent la politique officielle émettent quelques doutes. Ainsi, le fait que le gouvernement fédéral parle d'une coopération stratégique non seulement par rapport à l'Amérique latine mais aussi, comme il l'a fait récemment, par rapport à l'Afrique, a créé une grande surprise. Si l'on prend vraiment au sérieux le concept de « coopération stratégique », il n'est pas possible de placer sur un même plan l'Amérique latine et l'Afrique qui, du point de vue culturel et historique, est beaucoup plus éloignée de l'Allemagne, car c'est alors invalider le concept lui-même.

La collaboration entre les différentes instances gouvernementales qui s'occupent des relations avec l'Amérique latine devrait être renforcée et améliorée. De ce point de vue, les trois ministères les plus importants sont ceux des Affaires étrangères, de l'Économie et de la Coopération économique. Au cours de la dernière décennie, chacun de ces ministères a élaboré ses propres conceptions des relations avec l'Amérique latine, qui ne coïncidaient pas forcément ni dans leur philosophie de base ni dans leurs objectifs. Un dialogue sincère avec l'Amérique latine doit partir d'une position harmonisée et éviter les contradictions, sous peine de susciter des frustrations chez les interlocuteurs latino-américains.

Comme membre de l'Union européenne, la RFA doit faire en sorte que sa politique à l'égard de l'Amérique latine s'intègre de mieux en mieux dans le contexte des relations UE-Amérique latine. L'« européisation » des relations avec l'Amérique latine est de plus en plus marquée depuis les années 1980 et plus encore après les traités de Maastricht et d'Amsterdam. Sur de nombreuses questions, le niveau supranational prend le pas sur les compétences nationales. Ceci est particulièrement vrai pour les relations économiques et commerciales, pour la politique de coopération ainsi que pour la recherche de solutions pacifiques lorsque des conflits surgissent ou lorsqu'il s'agit de trouver les moyens de résoudre la crise de la dette extérieure. Actuellement, les négociations avec le Mercosur, la réaction face à la proposition d'un « Plan Colombie », la situation critique de pays comme le Pérou, l'Équateur et le Venezuela sont des questions qui focalisent l'attention de l'Europe dans ses relations avec l'Amérique latine. Cette européisation des relations avec l'Amérique latine ne suscite pas d'objections fondamentales. Ce qui a pu être critiqué parfois, c'est le manque de coordination et d'harmonisation entre les gouvernements des pays membres de l'UE[21], à l'égard de l'Amérique latine. Ainsi, du point de vue allemand, on a constaté que « l'Allemagne et l'Espagne se faisaient concurrence face à l'Amérique latine[22] ». L'auteur de cette critique, un des spécialistes de l'Amérique latine les plus connus en Allemagne, définit de la façon suivante cette concurrence :

> « L'Espagne se sent, pour des motifs historiques, dans la position de la mère patrie et du centre légitime des échanges européens avec l'Amérique latine. [...] Les Allemands doivent tenir compte de cet état de fait pour ne pas se trouver relégués en deuxième ou même en troisième position, à Bruxelles aussi bien qu'à Strasbourg et même dans les délégations de l'Union européenne en Amérique latine. [...] Du point de vue de l'Allemagne, il n'y a aucune raison d'accepter que l'Espagne joue le rôle d'initiateur ou même parfois d'intermédiaire dans des questions qui ont trait à l'Amérique latine[23]. »

La concurrence entre l'Allemagne et l'Espagne n'est pas le seul sujet conflictuel dans les relations européennes avec l'Amérique latine. Les discussions intra-européennes serrées qui eurent lieu avant le sommet de

---

21. Voir Manfred Mols, Christoph Wagner, « El significado relativo de América Latina en la política exterior alemana », *Foro Internacional*, 39 (1), 1999, p. 116-135.
22. *Ibid.*
23. *Ibid.*, p. 124-125.

Rio en 1999 ont montré que l'on ne peut en aucune façon supposer une convergence automatique des intérêts européens vis-à-vis de l'Amérique latine. Les intérêts et les priorités différentes des pays membres de l'UE ont rendu difficile l'élaboration d'une position commune et ont été sur le point de faire échouer le sommet[24]. Le projet d'élargissement de l'UE aux pays de l'Europe orientale et la nécessaire réforme des institutions de la Communauté placent la politique européenne devant un dilemme : d'un côté, le nombre de pays faisant partie du réseau des institutions européennes augmentera, de l'autre, le développement de l'intégration rend nécessaire une collaboration plus étroite et une meilleure coordination des politiques qui, jusqu'à présent, relèvent des souverainetés nationales. Cela signifie également que, dans les relations avec l'Amérique latine, on aura besoin à l'avenir de mieux harmoniser les intérêts nationaux face à cette région. Une des conditions préalables à une meilleure coordination des politiques européennes consiste à dresser un inventaire réaliste et raisonnable des intérêts et des objectifs que chacun des membres de l'UE estime nécessaires à la collaboration. De ce point de vue, on ne peut que constater un déficit important de la recherche européenne sur l'Amérique latine. Peu nombreux sont les travaux qui étudient d'un point de vue comparatif les intérêts nationaux et les relations des états de l'Europe avec l'Amérique latine[25].

Conclusion

Je voudrais conclure ces quelques observations sur les relations entre l'Allemagne et l'Amérique latine en soulignant cinq points :
1. Malgré la nouvelle situation internationale de la RFA et les processus de transformation politique et économique en Europe centrale et orientale, l'Amérique latine, et surtout des pays comme le Mexique, le Brésil et l'Argentine, continuent d'être des

---

24. Voir Klaus Bodemer, « Auftakt zu einer strategischen Partnerschaft ? Der erste Europäisch-Lateinamerikanische Gipfel in Rio de Janeiro », *Brennpunkt Lateinamerika: Politik, Wirtschaft, Gesellschaft*, 14, 1999, p. 113-122 ; Georg Boomgaarden, « Aussichten auf den Gipfel der Staats und Regierungschefs der Europäischen Union, Lateinamerikas und der Karibik », *Lateinamerika : Analysen, Daten, Dokumentation*, 39, 1999, p. 54-62.
25. Parmi les rares études que l'on trouve actuellement, je veux mentionner : Christian Freres (coord.), *La cooperación al desarrollo bilateral de la Unión Europea con América Latina*, Madrid, Asociación de Investigación y especialización sobre Temas Iberoamericanos (AIETI), 1997 ; Christian Freres (coord.), *La Cooperación de las sociedades civiles de la Unión Europea con América Latina*, Madrid, AIETI, 1998, IRELA, *Revision der Europäischen Kuba-Politik : Perzeptionen und Interesen der EU-Mitgliedstaaten*, Madrid, IRELA, Febrero de 2000.

partenaires importants pour la politique extérieure allemande. Durant la dernière décennie, les relations bilatérales se sont concrétisées par une politique mieux définie à l'égard de la région. Cependant, le gouvernement fédéral doit user avec précaution de concepts tels que celui de « coopération stratégique ». En effet, accorder à un partenaire une importance particulière signifie automatiquement que l'on donne moins d'importance à d'autres partenaires. Fermer les yeux devant cette évidence aurait pour résultat involontaire de provoquer une frustration nouvelle pour les gouvernements latino-américains.

2. Les relations politiques entre la RFA et l'Amérique latine sont bonnes, mais les relations au plan bilatéral jouent un rôle de moins en moins important. L'européanisation croissante des relations avec l'Amérique latine implique une meilleure coordination au niveau institutionnel de la politique latino-américaine de l'UE.

3. Le rôle économique joué par l'Allemagne en Amérique latine a diminué en termes relatifs. Cette perte d'importance relative de l'Amérique latine pour le capital allemand est en partie due à une concurrence entre différents marchés qui s'efforcent d'attirer des investisseurs étrangers et ne devrait donc pas être source de trop d'inquiétudes. Ce qui, en revanche, devrait faire réfléchir les chefs d'entreprises allemands, c'est la composition très traditionnelle de leurs investissements. En effet, le profil de plus en plus « vieux » des investissements risque dans l'avenir de faire perdre des marchés.

4. Les relations entre l'Allemagne et l'Amérique latine ont une base solide en raison d'engagements culturels traditionnels. Il existe cependant le risque de voir ces relations appartenir désormais à l'histoire. Il ne suffit pas de faire sans arrêt référence aux relations historiques, il faut au contraire inventer de nouvelles formes pour forger l'avenir. Le dialogue culturel avec l'Amérique latine doit s'intégrer dans le contexte d'un dialogue global en vue de créer des structures internationales durables. La culture régionale latino-américaine peut avoir un rôle important à jouer dans ce dialogue. De chaque côté de l'Atlantique, il faut comprendre que, pour entretenir ce dialogue culturel, on ne doit pas s'en remettre à des rencontres sporadiques, mais au contraire créer des structures pour l'orienter.

5. Un des problèmes les plus graves quant à l'établissement des futures relations avec l'Amérique latine provient de ce que la classe politique allemande s'intéresse de moins en moins à cette région. C'est pourquoi, tous les « amoureux » de l'Amérique latine ont une tâche très importante : communiquer leur enthousiasme à la société civile et politique allemande afin

qu'elle s'intéresse davantage à la réalité latino-américaine. Cette tâche n'incombe pas seulement aux Allemands mais aussi aux gouvernements latino-américains. Ceux-ci devraient faire plus d'efforts pour êtres présents en Europe et en Allemagne, car ce sera la seule façon de dépasser l'actuelle asymétrie des rencontres réciproques entre les deux régions.

La politique extérieure de Chávez et l'Union européenne

Carlos A. Romero*

Voici dix ans à peine, le Venezuela avait réussi à échapper au déséquilibre économique des pays d'Amérique latine et se préparait à affronter les années 1990 avec optimisme. La santé de sa démocratie et les bons résultats de son économie permettaient de considérer ce pays, _grosso modo,_ comme un exemple de stabilité politique et de solidité économique. À l'aube de ce nouveau siècle, le pays connaît de profonds changements dont les causes sont différentes et les développements multiples[1].

Pour comprendre comment le pays a fait face à ces changements, il faut se rappeler que l'on a commencé à faire intervenir, dans les relations internationales, des facteurs qui étaient tenus pour secondaires dans le passé[2]. Dans un monde bipolaire, les questions internationales relevaient essentiellement de la géopolitique, c'étaient des questions de _"high politics"_. Les questions économiques n'étaient pas considérées comme des questions politiques mais comme des questions de _"low politics"_[3].

Dans les années 1980 et surtout 1990, commence à apparaître et à être étudiée une profonde transformation du monde annonçant un changement et une fragmentation progressifs de la structure internationale. La faillite du système bipolaire, le développement du commerce international, la complexité des communications et de l'information, l'émergence de la participation de secteurs non gouvernementaux engendrèrent des turbulences et des types de relations internationales hétérogènes, au sein

---

*   Traduit de l'espagnol par Claude Héliès.

1.   Carlos A. Romero, _La Descentralización Política en Venezuela y su Impacto en la Política Exterior,_ Caracas, UCV, 1997.

2.   Cf. James Rosenau, Demasiadas Cosas a la vez, _La Teoría de la Complejidad y los Asuntos Mundiales,_ Burbank, Rand Corporation, 1996.

3.   Cf. Elsa Cardozo de Da Silva, Richard Hillman, _De Una a Otra Gobernabilidad : El desbordamiento de la Democracia venezolana,_ Caracas, Fondo Editorial Tropikos-Comisión de estudios para Graduados, FACES-UCV, 1997.

desquelles les questions économiques et commerciales prenaient autant d'importance que les questions géopolitiques[4].

Dans le cas de l'Amérique latine, la nouvelle diplomatie a dû prendre en compte, à son tour, la réorientation d'un modèle économique de croissance intérieure, la libéralisation du commerce extérieur, la privatisation des entreprises publiques, l'intensification des investissements étrangers, ainsi que la nécessité d'établir de nouvelles normes, de nouvelles réglementations et de nouvelles structures internationales. Ce changement est lui-même encouragé par la Banque mondiale, le Fonds monétaire international, la Banque interaméricaine de développement et l'Organisation mondiale du commerce, c'est-à-dire par toutes les institutions qui jouent un rôle primordial dans la définition des relations internationales globales[5].

Bien évidemment, ces réaménagements entraînent pour les pays en développement, en raison de la disparité de leurs situations, un coût financier très élevé, une perte de souveraineté, une insécurité croissante, des changements politiques ainsi que des transformations dans les secteurs scientifique et technologique[6].

Les États-Unis, parce qu'ils sont aujourd'hui la première puissance militaire du monde et l'un des trois piliers de l'économie mondiale, ont clairement défini leur rôle en fixant trois objectifs : soutenir la démocratie et les droits de l'homme sur la planète en fonction de l'idée qu'ils s'en font, faire pression sur les organisations internationales et transnationales pour qu'elles avalisent leurs initiatives, et enfin promouvoir un type de relations économico-commerciales fondées sur le binôme : « *Gouvernement efficace et ouverture économique*[7] ».

La politique hémisphérique de Washington à l'égard des pays d'Amérique latine et des Caraïbes, qui apparaît totalement modifiée par rapport à ce qu'elle était il y a vingt ans, en est une bonne illustration. Il n'est donc pas étonnant que les États-Unis soutiennent des politiques régionales et homogènes, en réduisant des privilèges particuliers pour que, dans chaque pays, soient mises à l'ordre du jour les questions suivantes : ouverture, transparence démocratique, société civile, lutte contre le trafic de drogue, droits de l'homme, défense de l'environnement et autres questions de même importance[8].

La réponse de l'Amérique latine aux changements globaux s'est traduite de deux façons. Il s'agissait de se conformer à la fois aux

---

4.   Naciones-Unidas-CEPAL, *Panorama de la Inserción Internacional de América Latina y el Caribe*, Santiago de Chile, CEPAL, 1996.
5.   Richard N. Cooper, *Economic Policy in an Interdependant World*, Cambridge, Mass., MIT Press, 1985.
6.   Dominick Salvatore, *Economía Internacional*, México, Prentice Hall Hispanoamericana, 1999. (sixième édition en espagnol).
7.   Elsa Cardozo, *op. cit.*
8.   Carlos A. Romero, *op. cit.*

exigences de ces changements globaux et aux exigences de plus en plus complexes et variées du gouvernement des États-Unis.

L'Argentine a bien changé ; après des frictions historiques, ce sont des liens d'amitié et de coopération très étroits qu'elle a tissés avec Washington. Le Mexique s'est rapproché lui aussi des États-Unis après avoir dépassé d'anciennes rivalités, mais cela s'est fait de façon plus discrète qu'en Argentine et en mettant l'accent sur l'aspect économique. Le Brésil a préféré des relations mixtes qui lui ont permis, surtout dans le secteur du commerce, de bénéficier d'une certaine coopération tout en gardant son autonomie. Le Chili, au contraire, s'efforce d'établir des relations spéciales avec Washington et aspire à entrer dans l'ALENA. Il a choisi la voie de la coopération, mais sous le regard critique de Washington, qui réprouve le manque de démocratie institutionnelle et de respect pour les droits de l'homme. L'Amérique centrale accepte la présence des États-Unis, non pas pour des raisons géopolitiques comme dans un passé récent, mais en échange d'aides économiques, d'un meilleur traitement du problème migratoire, comme dans les pays Caraïbes, et pour des motifs touristiques. La Colombie, comme l'Argentine, a vu s'opérer de profonds changements, mais en sens contraire. Ce pays, qui était le favori de Washington, avec qui il entretenait des relations stables et profitables pour les deux parties, a vu se dégrader son rapport avec les États-Unis essentiellement à cause du trafic de drogue et de la présence de la guérilla.

En résumé, il apparaît que, dans leur relation avec les États-Unis, certains pays ont tiré plus de profit que d'autres des changements globaux. Parmi les premiers, on trouve l'Argentine, le Chili, la Bolivie et le Mexique. Parmi les seconds, il y a la Colombie, l'Équateur et le Venezuela. D'autres pays, comme le Brésil, Cuba, les pays d'Amérique centrale et des Caraïbes, n'ont été que peu affectés par ces changements.

C'est dans ce contexte que se place le cas du Venezuela, à mi-chemin entre la soumission et le conflit. Pour l'heure, les relations entre les deux pays sont bonnes, malgré la menace d'une détérioration stratégique et la persistance de différends sur les questions commerciales.

Dans cet article, on analysera le rôle de la politique extérieure dans le processus politique engagé à partir de 1999 au Venezuela, ses transformations, le poids qu'elle a pris dans le cadre des changements internes qui se sont produits dans le pays, enfin l'importance qu'elle accorde, dans ses préoccupations internationales, à la question européenne et plus particulièrement à l'Union européenne.

La politique extérieure du Venezuela

Les antécédents

Dès la reprise du processus démocratique en 1958, le Venezuela a tenu, en politique extérieure, à garder ses multiples identités : démocratie fondée sur le consensus, sur la consultation et la co-responsabilité des élites, sur des disponibilités en devises provenant des ventes de pétrole, sur une redistribution des bénéfices, enfin sur le rôle primordial de l'État dans l'effort de développement auquel ne participe que faiblement la société civile. Le système populiste a réussi à canaliser le conflit social en se conciliant les élites et en s'appuyant sur une expansion économique qui semblait ne pas devoir s'interrompre[9].

Le Venezuela, pays occidental au passé colonial espagnol situé en Amérique latine, présente une double caractéristique fortement marquée : c'est un pays démocratique et c'est un pays producteur de pétrole qui a de multiples relations avec les États-Unis. Cette dualité fait que la politique extérieure du Venezuela s'est fixé de façon permanente deux objectifs fondamentaux : défendre sa condition de pays démocratique et développer son caractère de pays producteur de pétrole, dans ses rapports avec les États-Unis, avec les pays limitrophes et avec le reste du monde. Ainsi est apparu un style diplomatique proprement vénézuélien caractérisé par l'activisme politique du pays sur la scène internationale, par de bonnes relations avec les autres pays et par une politique extérieure qui est du domaine réservé du Président et a obtenu l'adhésion de tous sur ses objectifs et les moyens à mettre en place pour les atteindre[10].

C'est la raison pour laquelle, à l'aube du XXIᵉ siècle, il est intéressant de se demander jusqu'à quel point le binôme – pétrole et démocratie – qui sert de socle à la politique extérieure du Venezuela, en est le pilier fondamental ; quelle est la part des changements globaux dans la définition de cette politique et comment les transformations du système politique restreignent ou au contraire favorisent l'efficacité et les performances de l'action internationale du pays.

Revenons sur le binôme fondateur. Le Venezuela est un pays démocratique, au point que ce caractère est conçu comme un produit d'exportation symbolique. En tant que producteur de pétrole, il se

---

9.   Carlos A. Romero, *Venezuela y Colombia : Convergencias y Divergencias en sus Políticas Exteriores*, Caracas, Proyecto Bilateral Venezuela-Colombia, Centro por la Paz, UCV. Mimeo,1999.

10.   Voir Eva Josko de Guerón, « Cambio y Continuidad en la Política Exterior de Venezuela », *in* Carlos A. Romero (ed.), *Reforma y Política Exterior de Venezuela*, Caracas, Editorial Nueva Sociedad-INVESP, 1992.

considère comme un pays stratégique pour le monde occidental. C'est à partir de ce double profil qu'on définira des objectifs formels et réels.

Les objectifs formels pourraient être :
1) assurer et préserver le bon fonctionnement du système politique ;
2) garder une marge d'autonomie dans la politique internationale ;
3) diversifier le commerce extérieur ;
4) défendre l'intégrité du territoire national ;
5) maintenir une participation active dans les organisations internationales ou autres forums de concertation mondiale ;
6) lutter pour obtenir des prix justes et des débouchés assurés pour le pétrole vénézuélien.

Quant aux objectifs réels, ils pourraient être :
1) maintenir des relations stables avec les États-Unis ;
2) s'opposer aux régimes autoritaires et à toute autre forme politique anti-démocratique, en Amérique latine et dans les Caraïbes ;
3) préserver les frontières du pays.

La politique extérieure du Venezuela, de 1958 à 1999, s'est déroulée dans le cadre légal et institutionnel défini par la Constitution de 1961. Ce cadre légal a institué une diplomatique fondée sur un ensemble de dispositions :
1) des principes généraux définis dans le préambule de la Constitution, c'est-à-dire : le caractère pacifique du pays, la recherche de l'intégration économique, la coopération internationale, la défense de la démocratie et toutes les autres obligations fixées par la Charte des Nations Unies ;
2) le domaine réservé du Président de la République en matière de politique extérieure ;
3) la revendication du caractère de pays producteur de pétrole afin de pouvoir développer une économie diversifiée ;
4) enfin, l'affirmation des diverses identités d'une politique extérieure à la fois andine, caraïbe, hémisphérique, tiers-mondiste et amazonienne.

Tout cela a constitué un patrimoine historique, dans lequel on note tout particulièrement une politique extérieure active, engagée sur plusieurs fronts, où la question des frontières est présente, en raison des contentieux avec la Colombie (le différend porte sur certaines zones maritimes et leurs fonds marins) et la Guyana (revendication par le Venezuela du territoire de l'Essequibo). En même temps, à l'échelon de la région, le Venezuela s'est montré à la fois partisan de l'intégration et désireux d'être considéré par les États-Unis comme un partenaire fiable et sûr, grâce à la stabilité politique de son régime démocratique et à son rôle de fournisseur de pétrole.

Le caractère institutionnel et le patrimoine historique ont servi de base pour atteindre des objectifs précis : stabilité intérieure, image du pays rassurante à l'étranger, recherche du consensus avant toute prise de décision politique, conditions de stabilité favorables au développement de l'industrie et de l'exportation du pétrole, négociations avec les pays voisins, enfin participation active dans les organisations internationales.

Le Venezuela a mené une politique extérieure dynamique, qui est caractérisée par le rôle primordial qu'y joue le pouvoir exécutif et par la recherche permanente du consensus. Ainsi on peut distinguer quatre phases dans la politique extérieure du Venezuela.

De 1958 à 1967 environ, la diplomatie vénézuélienne s'est attachée à consolider la démocratie dans le pays et dans la région, à lancer le processus de substitution des importations, à promouvoir la création de l'OPEP afin d'obtenir l'augmentation des prix du pétrole (sans pour autant mettre en péril ses relations privilégiées en matière de pétrole avec Washington), à soutenir la doctrine Betancourt (non-reconnaissance des régimes installés par la force après avoir renversé des gouvernements légitimes en Amérique latine et dans les Caraïbes), et à assurer la sécurité de la région et du pays face à l'ingérence soviéto-cubaine.

De 1967 à 1980, la politique extérieure du Venezuela a surtout cherché à renforcer la stabilité démocratique de l'expérience vénézuélienne, à mettre à l'ordre du jour de son activité internationale les questions économiques liées à l'intégration, en participant à l'ALAC (aujourd'hui ALADI), au Pacte andin (aujourd'hui Communauté andine), à l'OPEP en tant que pays partenaire à part entière, et en reposant les problèmes frontaliers.

De 1980 à 1988, la politique extérieure du Venezuela a dû restreindre son activité en raison de la chute des prix du pétrole (à l'exception des années 1980 et 1981), du poids de la dette extérieure et de l'apparition de tensions internes n'autorisant plus les prises de décision consensuelles. Son activité s'est centrée sur la région pour appuyer les efforts de paix, comme ce fut le cas à Contadora, et pour soutenir, dans la région, les partis du centre qui se sont organisés ainsi que leurs dirigeants[11].

Depuis 1989 environ, sous l'effet des changements au plan global et de la détérioration de la situation politique dans le pays, les relations internationales du Venezuela se sont diversifiées et sont devenues plus complexes. Sous le second mandat du président Pérez (1989-1993), furent mises en œuvre des politiques préconisées par le FMI et la Banque Mondiale (c'est-à-dire l'application de la recette du Consensus de Washington), malgré la forte réaction de rejet qu'elles ont suscitée dans la population. L'activisme de la politique extérieure du Venezuela a été relancé mais, à la différence d'autres pays latino-américains, sans que l'on renonce à l'autonomie ni aux diverses facettes des actions entreprises

---

11.　*Ibid.*

au plan international. De fait, Carlos Andrés Pérez a eu de nouveau recours à la « politique des deux mains », oscillant entre un internationalisme moins tiers-mondiste, plus orienté vers les problèmes posés par le commerce, par la coopération Nord-Sud, par l'intégration, et un régionalisme plus engagé dans l'ouverture économique et la démocratisation. Il en est résulté une politique extérieure hyperactive, qui a provoqué un fort mécontentement au Venezuela et a été la cause principale des deux tentatives de coups d'État de l'année 1992 et de l'appui populaire qu'elles ont reçu[12].

Après que Pérez eut abandonné ses fonctions de président de la République et après la nomination de Ramón J. Velasquez comme président intérimaire jusqu'au terme du mandat présidentiel en février 1994, la politique extérieure du Venezuela s'est efforcée d'obtenir l'appui de Washington et de l'Amérique latine en faveur de la démocratie vénézuélienne et leur soutien dans la perspective de l'élection présidentielle de décembre 1993.

Rafael Caldera accéda à la présidence de la République, pour la deuxième fois, en février 1994 après avoir remporté l'élection, présidentielle en décembre 1993. Bien que d'un point de vue stratégique il n'y ait eu aucune divergence importante laissant à penser que le gouvernement de Caldera allait se soumettre ou s'opposer aux États-Unis, certains points de désaccord provoquèrent un refroidissement des relations entre les deux pays. D'une part, le gouvernement de Caldera observa avec scepticisme le processus de mise en place de l'ALCA et l'ouverture économique prônée par Washington (de fait, durant les deux premières années de son mandat, il pratiqua une politique économique interventionniste). En outre, il vit avec un certain étonnement l'administration Clinton appuyer la candidature de l'ex-président de Colombie, César Gaviria, au secrétariat général de l'OEA, ce qui enlevait toute chance d'être élu au ministre des Affaires Étrangères vénézuélien Miguel Angel Burelli Rivas, qui s'était porté candidat depuis plusieurs mois. Par ailleurs, le rapprochement avec le Brésil fut interprété par Washington comme une démonstration d'indépendance du Venezuela qui refusait de faire partie de l'ALENA sans négociations régionales préalables, prenant ainsi ses distances vis-à-vis du gouvernement Clinton qui voulait à tout prix accélérer les réformes néo-libérales en Amérique latine et faire de la lutte contre le trafic de drogue et de la défense des droits de l'homme des questions prioritaires dans l'ordre du jour des relations hémisphériques.

---

12. Carlos A. Romero, « Las Relaciones entre Venezuela y los Estados Unidos », Borrador del trabajo de ascenso para alzar a la categoría de profesor titular, Caracas, Mimeo, 2000.

La situation actuelle

Le lieutenant-colonel (à la retraite) Hugo Chávez Frías, qui avait été l'instigateur de la tentative de coup d'État de février 1992, remporta les élections présidentielles de 1998 et prit ses fonctions en février 1999. Ce n'était un secret pour personne que les relations avec les États-Unis seraient une priorité pour le nouveau gouvernement et que s'ensuivrait une période de tensions entre les deux pays, en raison de la trajectoire politique de Chávez, du caractère progressiste de son alliance électorale et de ses prises de position nationalistes.

En maintes occasions, Chávez et son ministre des Affaires Étrangères ont répété qu'ils ne voulaient avoir aucun problème avec Washington et que les relations avec les États-Unis se poursuivraient dans un climat de collaboration et de respect mutuel. Dans les milieux de l'administration américaine, on laissait clairement entendre que, tant que Chávez respecterait l'État de droit, ne nationaliserait pas d'entreprises nord-américaines, ne s'en prendrait pas aux citoyens américains dans leur personne ou dans leurs biens, il n'y aurait pas lieu de prendre de mesures particulières et qu'il faudrait plutôt « attendre et voir ».

Après le terme de sa première année de gestion, on a pu constater que la politique extérieure du gouvernement Chávez s'est fixée les objectifs suivants : redonner au ministère des Affaires Etrangères son pouvoir de décision sur les affaires de sa compétence, réorganiser l'appareil diplomatique, développer une politique autonome et responsable dans le contexte international, et associer les entreprises du secteur privé au travail de promotion du pays.

Le gouvernement Chávez a déployé une intense activité sur la scène internationale en participant aux multiples forums multilatéraux de la région, durant l'année 1999 : Sommet des présidents du groupe des quinze, réunion des ministres des Affaires Étrangères du Groupe de Río qui s'est tenue à Veracruz (Mexique), Sommet des présidents de l'association des pays de la Caraïbe en République dominicaine, réunion préparatoire du Sommet des chefs d'État du groupe de Río, Sommet des chefs d'État d'Amérique latine, des Caraïbes et de l'Union européenne, enfin Sommet ibéro-américain qui s'est tenu à La Havane (Cuba). Dans le même temps, le président Chávez multipliait les voyages : Jamaïque, République dominicaine, Brésil (Brasilia, Rio de Janeiro, où il a assisté au Sommet Amérique latine – Union européenne, puis MANAUS), Mexique, États-Unis (New York, Huston et Washington), Trinidad et Tobago, Panama, Asie (Chine, Japon, Corée du Sud, Hong-Kong, Malaisie, Singapour et Philippines), Europe (Allemagne, Italie, Espagne et France).

Au cours de ses voyages, le président Chávez a fait des déclarations dans lesquelles il s'est montré favorable à :

1) l'intégration latino-américaine ;
2) l'élargissement du Pacte de San José pour fournir du pétrole à Cuba ;
3) la condamnation du néolibéralisme et l'avènement d'un monde multipolaire ;
4) l'organisation d'une coordination militaire latino-américaine en créant une « Confédération des armées latino-américaines ».

S'il est vrai que les voyages du président Chávez lui ont permis de donner une bonne image de lui à l'étranger, de dissiper les doutes que l'on pouvait nourrir sur le processus politique vénézuélien et de promouvoir le nouvel ordre politique et institutionnel dérivé de la nouvelle constitution vénézuélienne, approuvée au mois de décembre 1999, des critiques se sont élevées néanmoins sur la multiplication de ces voyages et le peu de résultats concrets en ce qui concerne la signature d'éventuels accords économiques ou la venue d'investisseurs étrangers.

Sur la scène internationale, il convient de noter la prise de position du Venezuela face au conflit du Kosovo. Le gouvernement Chávez a réaffirmé la position pacifiste de son pays et a souhaité que la recherche d'une solution à ce conflit européen se fasse prioritairement sous l'égide de l'ONU.

À la Commission des droits de l'homme de l'ONU, le Venezuela a voté deux fois contre la résolution de la Commission qui condamnait la Chine, Cuba et l'Iran pour leur non-respect des droits de l'homme. Ce vote marquait un changement par rapport à la position du gouvernement précédent, qui s'était abstenu sur ces questions.

En ce qui concerne les relations bilatérales, le Venezuela a axé sa politique extérieure à l'égard de la Colombie sur trois points : une proposition de médiation entre le gouvernement colombien et la guérilla en vue d'un accord de paix, la controverse qui a surgi entre les deux pays en raison de l'intention des Vénézuéliens de construire un port dans le Golfe du Venezuela, et le renforcement de la coopération économique dans le cadre de la Communauté andine. Pour ce qui est du Brésil, le développement de relations étroites avec ce pays est une priorité pour le Venezuela, dans la perspective d'une coopération énergétique et d'une possibilité de rapprochement avec le Mercosur. Vis-à-vis de la Guyana, Caracas maintien sa politique de soutient à l'action du Secrétaire général de l'ONU et de son représentant personnel dans leurs efforts pour faire progresser les discussions entre les parties et trouver une solution pratique au différend entre les deux pays. Avec Cuba, aucune relation particulière n'a été mise en place. Le président Chávez s'est contenté d'évoquer la nécessité de lever le blocus des États-Unis et il a réaffirmé la neutralité de son pays face au problème de la démocratie. Parallèlement, les relations diplomatiques avec les pays de l'Europe centrale et orientale ont été renouées, ainsi qu'avec les pays d'Afrique et d'Asie.

En ce qui concerne les relations économiques internationales, Caracas a soutenu la rénovation de la Communauté andine et s'efforce d'avoir une position unitaire dans les forums internationaux comme l'OMC et d'arriver à un accord de libre-échange avec le Mercosur. Dans le même temps, le Venezuela a renforcé sa position au sein de l'OPEP. Par ailleurs, il suit de près les négociations de l'ALCA et développe le programme de coopération pétrolière avec l'Amérique centrale, connu sous le nom d'accord de San José.

Ainsi, malgré les quelques inquiétudes que l'on pouvait nourrir au début du gouvernement Chávez, la politique extérieure du Venezuela peut être considérée aujourd'hui comme une politique modérée qui assume les engagements du pays au niveau international. Il faut souligner l'activisme du président Chávez dans l'exercice de ses fonctions, qui donne peu de résultats tangibles mais permet de conforter le changement politique intérieur marqué par l'élection de l'assemblée constituante, l'approbation d'une nouvelle constitution, la légitimité retrouvée des pouvoirs publics et l'amélioration de l'image du Venezuela à l'étranger. Cependant, cet activisme présidentiel fait courir au pays le risque de voir son influence internationale s'affaiblir et son activité diplomatique s'éparpiller, dans la mesure où il donne à croire que le Venezuela peut et doit intervenir en tout lieu et à tout moment[13].

On assiste avant tout à ce que l'on a appelé un « déficit de politique extérieure ». D'abord en ce qui concerne les objectifs. Au cours de ces dernières années, il n'y a pas eu de ligne politique internationale clairement définie. Il s'est agi plutôt d'une politique visant à multiplier les relations. Ce déficit est aussi organisationnel, car la politique extérieure n'est plus aujourd'hui le monopole de la présidence, ni du ministère des Affaires Étrangères. D'autres organismes de l'État jouent un rôle de plus en plus important dans ce qu'il est convenu d'appeler la complexité interne de la bureaucratie, en assumant des engagements internationaux au nom de l'État et parallèlement à celui-ci. Il y a donc, désormais, des organismes qui, en matière de politique extérieure, signent des accords, sans passer par le ministère des Affaires Étrangères. On peut citer le ministère de l'Industrie ou bien l'entreprise pétrolière publique elle-même, Petróleos de Venezuela (PDVSA).

En résumé, le gouvernement actuel met en œuvre une politique extérieure liée à la démarche du président Chavez, qui cherche à se démarquer en matière de relations internationales, fût-ce, jusqu'ici, au prix de certaines contradictions. Il s'agit en effet de décisions tactiques apparemment à « contre-courant », mais qui peuvent acquérir une véritable dimension stratégique. Ainsi, alors que la plupart des pays de la communauté internationale et hémisphérique critiquent le modèle cubain, le Venezuela manifeste son admiration pour la Révolution cubaine. A

---

13. *Ibid.*

l'heure où l'on parle d'intégration ouverte, le Venezuela prend des mesures protectionnistes. Alors que l'on débat de la nécessité de soutenir le gouvernement colombien dans sa lutte contre les mouvements de guérilla, le Venezuela fait des déclarations ambiguës sur la légitimité de ces mouvements. Lorsque l'on envisage de réduire le rôle des forces armées sur le continent, le Venezuela leur redonne de l'importance et propose une union militaire continentale. Quand le monde entier évoque une structure internationale unipolaire et le rôle primordial des États-Unis, le Venezuela critique cette prééminence des États-Unis et prône une structure multipolaire. En même temps qu'il resserre les liens énergétiques avec les États-Unis, il renforce l'OPEP. Enfin, l'hyper-activité du Venezuela au plan international se confirme alors même qu'il est question de la réduire.

Cependant, malgré certains indices qui laisseraient entrevoir un changement radical de la politique extérieure du Venezuela sous le gouvernement Chávez, ces perspectives ne se sont pas encore totalement réalisées. Les dirigeants ont continué à tenir le même « discours sur la démocratie », que certains présidents précédents, et en particulier Carlos Andrés Pérez, en réaffirmant qu'il était nécessaire de faire participer le Venezuela aux changements globaux, qu'il fallait développer les relations avec l'Amérique latine, l'Europe, les pays du sud et placer l'ensemble du processus sous l'autorité présidentielle. Tout cela sous le regard de la communauté internationale, qui a pris le parti « d'attendre et voir » et n'a fixé aucune condition pour apporter son concours et son assistance, après la catastrophe naturelle qui a frappé le pays et ses habitants au mois de décembre 1999.

Il ne fait aucun doute que la tournée effectuée par le président Chávez dans plusieurs pays membres de l'OPEP afin de leur réitérer son invitation à participer au deuxième sommet de l'Organisation à Caracas à la fin du mois de septembre 2000, fut un événement important. La visite du président Chávez en Irak et son entrevue avec Sadam Hussein, qui brisait l'isolement politique du président irakien, provoqua un malaise certain au sein du Département d'État (son porte-parole a jugé cette visite « particulièrement irritante »). Chávez réagit en déclarant : « Si je voulais aller en enfer et parler avec le diable lui-même, ne fût-ce que pour le plaisir de sentir l'odeur du soufre, je le ferais, parce que nous sommes libres, nous sommes souverains et nous n'avons besoin de personne pour nous dire où nous devons aller ». Le ministre des Affaires Étrangères Rangel renchérit : « Le président Chávez est libre de voyager où il veut dans le monde. Le monde n'a pas d'agents de police[14] ». Le Secrétariat d'État du gouvernement des États-Unis commenta cette visite ainsi que celle que le président Chávez fit au leader libyen Muammar Khadafi en ces termes : « Il faudrait envoyer à Chávez un tube de crème pour lui

---

14. *El País*, 28 août 2000, p. 6.

éviter les irritations ». Chávez rétorqua : « La révolution vénézuélienne embrasse la cause de la révolution libyenne ». Il affirma également : « Il faut relancer l'organisation car le monde change et nous devons refuser de nous mettre à genoux », faisant par là clairement allusion à la célèbre phrase de Ronald Reagan[15].

Le 19 août 2000, Hugo Chávez prêta serment comme président du Venezuela pour un second mandat d'une durée de six ans, dans le cadre d'une nouvelle Constitution, avec l'intention de lancer une deuxième phase de la révolution, celle des transformations économiques et sociales.

À cette occasion, il réaffirma l'engagement qu'il avait pris de développer une politique extérieure souverainiste. Quelques jours plus tard, au début du mois de septembre, lors du Sommet sud-américain des présidents convoqué par le Brésil, il critiqua sévèrement le Plan Colombie, dont le caractère militaire très accusé risquait, selon lui, de mettre en péril l'équilibre stratégique de la région, et affirma que soutenir la Colombie et soutenir le Plan Colombie étaient deux choses bien différentes (Il s'agit d'une initiative de la Colombie qui cherche à obtenir l'appui des États-Unis, de l'Europe et de l'Amérique Latine pour éliminer le trafic de drogue dans le pays. Ce Plan bénéficie du ferme soutien de Washington, ainsi que l'a démontré la venue du président Clinton à Carthagène, à la fin du mois d'août 2000, pour assurer le président Pastrana de la solidarité des États-Unis[16]).

Le président Chávez se rendit à New York le 4 septembre pour participer à ce que l'on a appelé le « Sommet du millénaire ». Le 7, il prononça devant l'assemblée générale des Nations Unies un bref discours dans lequel il appela à prendre les mesures nécessaires à la restructuration de cette organisation et plaida pour l'amélioration du sort des pauvres dans le monde, qu'il évoqua en reprenant le titre fameux du livre de Frantz Fanon *Les Damnés de la Terre*. Ce même jour, le président Chávez rencontra de façon fortuite le président Clinton et d'autres chefs d'État. Le vendredi 8 septembre, il participa à un petit déjeuner avec des chefs d'entreprise et des cadres, organisé par la Chambre de commerce vénézolano-américaine (Venancham), l'Association vénézolano-américaine des États-Unis (Vaus) et le Conseil économique pour l'entente internationale (BCIU). Il affirma à cette occasion : « Aucune entreprise étrangère ou nationale n'a de craintes à avoir pour son statut juridique, une fois que la première phase des changements profonds de la structure du pays aura été menée à bien ».

Le président Chávez eut ensuite plusieurs entretiens avec des représentants des banquiers et financiers nord-américains, avec les membres de la rédaction du *New York Times*. Enfin, il présida un déjeuner organisé par le Council of Foreign Relations, auquel assistèrent

---

15.   *Ibid.*
16.   *El Nacional*, 2 septembre 2000, p. A2.

des chefs d'entreprise, des journalistes et des universitaires intéressés par le Venezuela[17].

Sur la question du pétrole, le gouvernement Chávez est englué dans de profondes contradictions. La politique pétrolière menée au cours de l'année 2000, qui visait à obtenir les meilleurs prix, a freiné la capacité de production, de sorte que le nombre de barils de pétrole vénézuélien pourrait difficilement être augmenté dans le cas fort probable d'une augmentation de la production décidée par l'OPEP.

En ce qui concerne l'OPEP, la réunion des ministres de l'Énergie qui s'est tenue le 10 septembre 2000, a révélé des divisions entre les pays membres. L'Arabie saoudite, les Émirats arabes et le Koweït sont partisans d'un dialogue avec les pays consommateurs afin de stabiliser les prix, alors que le Venezuela et l'Iran veulent garder le niveau de production actuel pour maintenir des prix élevés.

On n'ignore pas les pressions qu'ont exercé les États-Unis et l'Europe pour que l'OPEP abaisse le prix du baril à 25 dollars. Parallèlement, les pays non producteurs de pétrole ont vivement engagé le Venezuela à ne plus encourager l'escalade des prix qui cause un préjudice important à l'économie. Ainsi, certains analystes prédisent que, si l'OPEP poursuit sa politique de prix élevés, cela pourra entraîner une explosion des marchés internationaux dès qu'apparaîtront les premiers signes de manque de pétrole et de dérèglement des finances internationales.

Dans le même temps, certains secteurs écologistes s'efforcent de faire modifier les politiques énergétiques dans leurs pays respectifs pour que l'on s'oriente vers des sources d'énergie alternatives. De ce point de vue, les thèses de Chávez selon lesquelles les pays industrialisés doivent baisser les impôts sur la consommation des produits pétroliers, car, selon lui, c'est la pression fiscale qui est la cause du prix élevé du baril, ont alarmé les écologistes dans le monde entier. Ceux-ci accusent Chávez d'inciter à consommer de plus en plus de pétrole, au mépris des dommages que ce type d'énergie peut causer à l'environnement.

Le prix du brut vénézuélien ne cesse d'augmenter. Le vendredi 8 septembre 2000, il a atteint, à la clôture de la cotation, 33 dollars le baril, approchant son maximum historique de ces vingt dernières années (36 dollars). Au cours de la réunion de l'OPEP à Vienne, qui précéda la conférence des chefs d'État tenue à Caracas, il a été décidé d'augmenter la production. Cela signifie que l'unité de l'OPEP peut voler en éclats et que des pays producteurs qui ne sont pas membres de l'OPEP, comme le Mexique, la Norvège ou la Grande-Bretagne, ne suivront pas l'OPEP si celle-ci décide une politique de prix élevés.

Ces prises de position de Chávez, ne sont qu'un exemple de plus des contradictions de la politique internationale qu'il a menée au cours de ces derniers mois. Son discours devant les Nations Unies, dans lequel il s'est

---

17.   *El Globo*, 3 août 2000, p.16 ; *El Nacional*, 9 août 2000, p. A-1.

contenté d'aborder une fois de plus les sujets qui font l'objet de discussions dans cette enceinte (restructuration de l'OPEP, priorité à donner aux questions sociales et recherche d'une solution de rechange pour le Conseil de Sécurité) a été jugé idéaliste et artificiel.

Par ailleurs, on relève que Chávez n'est allé « saluer » les personnalités de premier plan que pour obtenir une *photo opportunity* et que, dans les réunions parallèles qu'il a eues à New York avec des chefs d'entreprise et des analystes financiers, il n'a pas su gagner l'adhésion de ses interlocuteurs qui sont restés pour le moins perplexes lorsque Chávez leur a dit qu'il « leur livrait une jeune fille appelée Venezuela ». Une nouvelle fois, dans leurs déclarations, Chávez et ses ministres se contentèrent d'énoncer des généralités et ne réussirent pas à convaincre ces personnalités inquiètes d'une politique de prix élevés porte tort à la présence du pétrole vénézuélien sur le marché nord-américain.

Désormais de nombreux chefs d'État latino-américains et occidentaux ne considèrent plus seulement Chávez avec compassion, inquiétude ou répugnance. Ils commencent à être irrités par son activisme et son verbiage excessifs qui pourraient conduire le pays au pire, non dans l'immédiat car la situation économique actuelle est masquée par les revenus pétroliers, mais à plus long terme, du fait des incertitudes qui pèsent sur la possibilité d'un brusque effondrement des prix pétroliers et d'une accélération du processus autoritaire à l'intérieur du pays.

Les relations avec l'Union européenne

Les questions au programme des discussions entre l'Amérique latine et l'Europe sont les suivantes : dialogue politique, accès au marché européen, défense des droits de l'homme, lutte contre le trafic de drogue, problèmes migratoires, déséquilibres et inégalités du développement, paupérisation. Dans ce cadre, si les échanges commerciaux ont diminué, par contre les échanges politiques se sont intensifiés, dans la mesure où l'Europe et particulièrement l'Union européenne offrent un débouché privilégié à l'Amérique latine pour que cette région ne soit pas condamnée au tête-à-tête avec un seul partenaire tout-puissant, les États-Unis.

À vrai dire, au moins pendant ce dernier demi-siècle, l'Europe a été pour l'Amérique latine un « autre soi-même ». Les contacts avec l'Union européenne, les Rencontres ibéro-américaines, le rapprochement entre sociaux-démocrates et démocrates-chrétiens, que renforce encore le croisement des cultures, confèrent à cette relation la séduction d'un mirage.

Les trois-quarts des investissements européens se font au Brésil, au Mexique, en Argentine et au Chili. Dans ses rapports avec la communauté andine, l'Union européenne a pris une part active à la lutte contre le trafic de drogue, en développant le Système de préférences généralisées (SPG), et en apportant son soutien et sa coopération en matière d'environnement.

Dans le cadre de l'Organisation mondiale du commerce, l'Amérique latine a essayé de faire alliance avec l'Union européenne pour faire contrepoids « positivement » à la présence des États-Unis dans les instances internationales ; autrement dit, il s'agit d'empêcher les États-Unis d'exercer leur domination sur le commerce mondial, de s'opposer à la loi Helms-Burton, d'inscrire les questions sociales à l'ordre du jour de l'OMC, de soutenir les PME et de protéger les économies les plus fragiles par un vaste programme de coopération. Les relations « négatives » entre l'Amérique latine et l'Union européenne concernent la Politique agricole commune et les taxes douanières qui frappent les produits latino-américains, comme la banane, la viande de bœuf, le vin, les fruits et légumes, les céréales. En matière de services, l'Union européenne est plus proche des États-Unis sur les questions relatives au protectionnisme latino-américain en ce qui concerne la banque, les finances, les assurances, les transports, les télécommunications et les achats publics. L'Amérique latine voit également avec une certaine inquiétude l'Europe prendre, à l'instar des autres pays du « premier monde », des mesures considérées comme indirectement protectionnistes pour renforcer la législation du travail et améliorer la protection de l'environnement.

L'Union européenne est, après les États-Unis, le deuxième partenaire commercial de l'Amérique latine ; elle est cependant le premier partenaire des pays du Mercosur, du Chili et de Cuba.

Durant les guerres d'indépendance, la plupart des pays latino-américains ont reçu de l'aide ou ont bénéficié de la neutralité de l'Angleterre dans leur conflit avec l'Espagne. Lors de l'étape de consolidation des nouveaux États, l'Angleterre et la France ont essayé en plusieurs occasions d'exercer une influence sur le commerce et sur la politique des pays latino-américains. Dans le même temps, des courants migratoires s'établirent à destination des territoires sud-américains, surtout vers l'Argentine et le Brésil. Lors des deux guerres mondiales, certains gouvernements latino-américains se rapprochèrent de l'Allemagne, mais, dans la plupart des cas, les Alliés, avec les États-Unis à leur tête, ont pu contrôler les tentatives d'ingérence des puissances de l'Axe dans ce continent.

C'est à partir de ce moment que l'Europe de l'ouest et la Communauté européenne naissante sont devenues des pièces fondamentales de la diplomatie régionale latino-américaine. En effet, les pays européens, individuellement ou à travers l'actuelle Union européenne, souhaitent établir des rapports plus étroits entre les deux continents et reconnaître que se sont tissés de multiples liens sociaux, du fait de la présence d'importantes communautés d'immigrants en Amérique latine.

L'Espagne a renforcé sa présence grâce à d'amples programmes de coopération mis en place soit par l'État, soit par les Communautés autonomes, et par l'organisation de sommets ibéro-américains. On observe cependant que l'attraction exercée par l'Amérique latine faiblit, tant au plan politique qu'économique. Ainsi, lorsque s'est tenue la rencontre entre les chefs de gouvernement des pays d'Amérique latine et des Caraïbes et ceux des pays membres de l'Union européenne à Rio de Janeiro, le président français, Jacques Chirac, a refusé de débattre de la politique agricole européenne et de l'éventuelle ouverture du marché européen aux produits latino-américains.

Comme la plupart des autres pays latino-américains, le Venezuela a voulu jouer ce qui a été appelé la « carte Europe », pour résister à la pression historique exercée par les États-Unis. Dans le cas du Venezuela, le poids de l'Europe fut moindre que dans d'autres pays d'Amérique du sud. Malgré le soutien ferme que l'Angleterre avait apporté au pays, au moment de son indépendance, la présence européenne après le départ des Espagnols s'est résumée à l'installation de quelques comptoirs commerciaux, à la présence d'un petit nombre d'immigrants et à une représentation diplomatique peu étoffée. Il fallut attendre le lendemain de la deuxième guerre mondiale pour voir s'affirmer dans le pays une présence européenne accrue avec l'arrivée d'immigrants en majorité espagnols et italiens.

Du point de vue des gouvernants vénézuéliens, la « carte Europe » a été utilisée comme un instrument qui leur a permis d'affirmer une certaine autonomie vis-à-vis des États-Unis. Durant la guerre froide, le président Leoni et le président Caldera lors de son premier mandat ont rétabli les relations avec certains pays socialistes du bloc soviétique, comme la Tchécoslovaquie, la Roumanie et l'URSS elle-même, malgré les réticences que nourrissait depuis de nombreuses années le Venezuela à l'égard de ce dernier pays, en raison de son implication dans le mouvement communiste mondial. D'autres présidents, comme Luis Herrera Campins et Jaime Lusinchi, réussirent à obtenir l'aide européenne pour éviter une eventuelle invasion par les troupes nord-américaines de l'Amérique centrale et le soutien de la Communauté européenne au processus de Contadora. Le président Pérez, lors de son second mandat, a insisté sur le fait que la chute du mur de Berlin et l'aide apportée par l'Union européenne aux ex-républiques socialistes ne devaient pas affecter les relations ni les programmes de coopération européens avec l'Amérique latine. Le président Chávez, après avoir été élu mais avant de prendre ses fonctions de premier magistrat du pays, fit une tournée en Europe occidentale, pour faire savoir que ses préférences allaient au vieux continent. Les ambassadeurs européens accrédités au Venezuela étaient moins inquiets que le gouvernement des États-Unis quant à l'avenir de la démocratie dans le pays.

Il faut souligner aussi le rôle joué par les Internationales des partis politiques sociaux-démocrates, démocrates-chrétiens et libéraux, dans la coopération avec les partis Action Démocratique et COPEI au Venezuela, ou avec d'autres partis idéologiquement proches dans le reste de l'Amérique latine. En effet, les partis AD et COPEI ont souvent travaillé en collaboration avec ces Internationales, pour mettre en œuvre des programmes de soutien et de défense de la démocratie en Amérique latine et dans les Caraïbes.

La « carte Europe » n'en reste pas moins un symbole plus qu'une réalité. Pour le Venezuela, elle offre une opportunité politique plus qu'une nouvelle voie économique. Le Royaume-Uni et l'Allemagne ont refusé d'y participer en tant que partenaires commerciaux du Venezuela, et la présence de compagnies à capital allemand ou britannique, de même que leurs investissements, ont diminué. L'Europe ne représente que 3 % des importations totales du Venezuela et seulement une faible part de ses exportations, comme l'atteste l'étude détaillée du commerce extérieur vénézuélien.

Le commerce extérieur du Venezuela

Les variations du PIB du Venezuela ont été les suivantes au cours des dernières années : – 0,4 % en 1996, + 6,4 % en 1997, – 0,1 % en 1998 – 7,2 % en 1999 et + 3,6% en 2000, ce rythme de croissance se poursuivant en 2001.

Les exportations vénézuéliennes ont été de l'ordre de 23 711 millions de dollars en 1997 et de 17 564 millions de dollars en 1998. Les importations se sont situées à quelques 13 158 millions en 1997 et 14 250 millions de dollars en 1998. En 1999, les exportations ont diminué de 5 % et les importations de 10 %. Cette même année, les exportations ont représenté 17,5 % du PIB et les importations 14,9 %.

Le montant annuel des investissements a été de 2 030 millions de dollars en 1997 et de 2 245 millions en 1998. Les réserves de change se sont élevées à 14 849 millions de dollars en 1998 et à 15 000 millions en 1999.

En 1986, le Venezuela a exporté 19,65 % de son PIB en biens et services, et en 1997, 29,4 %. La part de l'industrie dans le PIB a été de 40,5 % en 1986 et de 40,7 % en 1997. Celle de l'agriculture a été de 6,6 % en 1986 et de 4,1 % en 1997. Le secteur des services est passé de 52,8 % du PIB en 1986 à 55,2 % en 1997. En moyenne, entre 1987 et 1997, l'agriculture a connu une croissance de 0,7 %, l'industrie de 4 %, et les services de 2,3 %. La valeur ajoutée du secteur des services, durant l'année 1998, a été de l'ordre de 48 milliards 286 millions de dollars, celle de l'agriculture de 3 milliards 628 millions et celle de l'industrie de 35 milliards 566 millions. Les exportations de haute technologie ont représenté 10 % du total des produits manufacturés[18].

En ce qui concerne les taux de change, à la fin de l'exercice 1999, le bolivar avait gagné 7 %. Le Venezuela affichait les bilans suivants : balance commerciale équilibrée, déficit de la balance du compte des transactions courantes en hausse de 1,8 %, déficit de la balance du compte de capital et du compte financier en hausse également de 1,9 %, enfin PIB en baisse de 7 %.

Toujours en ce qui concerne le Venezuela, les années quatre-vingts ont vu l'augmentation du poids de la dette extérieure sur le PIB, la détérioration de la valeur de la monnaie, la diminution de 50 % des termes de l'échange, un taux d'inflation élevé et une baisse de 60 % des revenus des exportations. Durant les années quatre-vingt-dix, sauf en 1991 et 1992, 1996 et 1997, la situation sera identique. Ces restrictions expliquent l'irrégularité de l'activité économique, l'excessive dépendance par rapport aux cycles pétroliers, le recours aux réserves pour financer certains secteurs de l'économie et la croissance de l'endettement extérieur, mais aussi intérieur, du pays.

La difficulté à se procurer d'autres sources de financement privé a incité le gouvernement à procéder à l'émission de titres à des taux élevés sur les marchés internationaux, ce qui a causé un préjudice certain au patrimoine de la Banque centrale et aux réserves de devises. Les investissements étrangers ont notablement augmenté en 1997 et 1998 (plus de 100 % par rapport à 1996) en raison surtout du développement et de l'ouverture du secteur pétrolier, des privatisations d'entreprises publiques et de l'achat d'actifs par des personnes privées vénézuéliennes[19].

Malgré quatre tentatives de restructuration, en 1979, 1986, 1989 et 1996, et plusieurs accords passés avec le Fonds monétaire international pour réformer le système macroéconomique ainsi que le système monétaire et commercial, la situation du pays, en 1999, restait confuse et complexe.

Peu nombreux, les principaux produits d'exportation vénézuéliens demeuraient : le pétrole, le fer, l'aluminium, l'acier, le ciment, les produits chimiques, la banane et le café – et cette offre n'avait pu être diversifiée.

En 1997, 58 % des exportations du Venezuela étaient des produits du secteur primaire, 41 % des produits manufacturés et 1 % des produits divers. Les produits agricoles et alimentaires, les boissons et le tabac représentaient 1,4 % des exportations vénézuéliennes.

18.   Naciones Unidas-CEPAL, *Panorama de la Inserció,* The World Bank Group, *Information by Country : Venezuela,* Washington, D.C., World Bank, 1999. Internet ; IMF, *Venezuela at Glance,* Washington, D.C., IMF, 1999.
19.   Mauricio Bravo, *Después de la visita de Clinton,* Caracas, Mimeo, 1999.

En ce qui concerne les destinations des produits exportés, 53,1 % partaient aux États-Unis, 8,5 % vers la Communauté andine, 6,9 % vers l'Union européenne et 31 % vers d'autres pays. (Voir annexes)[20].

Le nouveau gouvernement Chávez n'a pas changé la politique économique issue du plan de restructuration de 1996, qui reposait sur l'augmentation des revenus pétroliers et des dépenses publiques. Ces mesures, auxquelles il faut ajouter la décision de réduire les taux d'intérêt, ont entraîné un dérapage des finances publiques et une fuite de capitaux de l'ordre de 7 milliards de dollars en 1999, ainsi qu'un « mini-boom » des prix du pétrole sur le marché international, ce qui a provoqué de nouveau, après la baisse vertigineuse de 1998, une asphyxie économique[21].

Le commerce entre le Venezuela et l'Europe

Au cours de ces dix dernières années, le Venezuela est devenu le sixième partenaire commercial de l'Union européenne en Amérique latine, et le second dans la Communauté de nations andines, avec des chiffres qui avoisinent les 4 000 millions d'euros.

Si le pétrole et ses dérivés continuent d'occuper une place privilégiée dans les exportations vénézuéliennes vers l'Europe communautaire, on observe également un léger accroissement du volume des exportations non traditionnelles, en même temps qu'une diminution sensible des exportations de minerai de fer.

Les produits qui, traditionnellement, occupent la place la plus importante dans les exportations vénézuéliennes sont les produits manufacturés, les matières premières et les produits chimiques. Les premiers acheteurs européens de produits vénézuéliens sont l'Allemagne, l'Espagne, la Hollande, l'Italie et le Royaume-Uni. Les produits européens importés par le Venezuela sont principalement des machines-outils, des équipements de transports, des produits chimiques, des produits alimentaires et des boissons. La plupart des importations vénézuéliennes viennent de l'Allemagne, de l'Espagne, de la France, de l'Italie et du Royaume-Uni[22].

---

20. María Inés Fernandez, « La Economía Venezolana en el Segundo Semestre de 1999 », Caracas, *Venezuela Analítica*, Edición mensual, agosto 1999, Internet. Analítica.com.
21. Héctor Maldonado Lira, *Colombia-Venezuela : Algunas Comparaciones Macroeconómicas*, Caracas, Mimeo, 1999.
22. AIETI, revista *Síntesis*, n° 18, 1987, Madrid.

Le Système de préférences généralisées (SPG). Ses avantages pour le Venezuela

Les accords signés entre le Venezuela et l'Union européenne sont de deux types : ceux que passe le Venezuela associé à la Communauté andine comme l'accord de coopération entre l'Union européenne et les pays de l'Accord de Carthagène, qui a été signé en 1993, mais n'est entré en application qu'en 1998. Cet accord, appelé de « troisième génération », concerne les questions économiques aussi bien que politiques (la défense de la démocratie). Un deuxième accord important est celui relatif au « Plan pluriannuel de préférences douanières généralisées (SPG) », qui a été prolongé jusqu'en 2004. Ce plan permet, sauf exceptions, aux exportations andines d'accéder au marché de l'Union en bénéficiant de conditions préférentielles, de réductions des tarifs douaniers pour les produits industriels et, bien que dans une moindre mesure, pour les produits agricoles. Ce plan est accompagné d'aides préférentielles accordées aux pays andins pour lutter contre le trafic de drogue. On peut aussi mentionner l'accord signé en 1996 dans le but de promouvoir la coopération énergétique entre le Venezuela et l'Union européenne, qui s'est traduit par l'instauration d'un échange de notes régulier entre la Commission de l'Énergie de la Commission européenne et le ministère de l'Énergie et des Mines du Venezuela. De 1993 à 1997, les exportations vénézuéliennes vers l'Union européenne ont augmenté, mais en raison de la diminution des exportations du pétrole, elles ont ensuite baissé durant les années 1997 et 1998. La clause de la nation la plus favorisée et le mécanisme SPG ont permis à 86 % des produits vénézuéliens exportés vers l'Union européenne de ne pas être taxés. Au titre de la coopération, le Venezuela a récemment reçu une aide de 60 millions d'euros : 76 % de cette somme sont destinés à des projets de coopération financière et technique, 19 % à des programmes horizontaux de collaboration et 5 % à la coopération économique.

Au mois de décembre 1998, le Conseil des ministres de l'Union européenne a approuvé le règlement qui devait définir le SPG pour la période allant du 1er juillet 1999 au 31 décembre 2001 (Règlement CE N° 2820/98 du Conseil). Ce règlement renouvelle son appui aux pays andins dans leur lutte contre le trafic de drogue, soutien apporté dès 1994 et prorogé depuis sans grandes modifications.

L'importance de cet appui pour le Venezuela tient au fait que l'Union européenne supprime totalement et de manière unilatérale la taxe douanière commune pour tous les produits industriels (à l'exception des explosifs et des armes) et pour un grand nombre de produits issus de l'agriculture et de l'élevage. De surcroît, la plupart des produits qui ne bénéficient pas de l'aide spéciale connue sous le nom de « préférences andines », paient des taxes douanières allégées, entre 15 et 65 % de moins selon que les produits sont plus ou moins sensibles.

Parmi les produits agricoles dispensés de taxe douanière, on trouve le cacao et ses dérivés, les poissons, les crustacés, les coquillages, les tomates, les carottes, les melons, les mandarines, les fruits de la passion, le café, le tabac, les peaux et les cuirs.

Dans tous les cas (produits industriels ou agricoles), le certificat d'origine fourni par la Banque du commerce extérieur (Bancoex) est exigé. Sont considérés comme produits d'origine vénézuélienne ceux qui sont totalement élaborés dans le pays ainsi que ceux qui sont élaborés dans le pays à partir de matières premières ou d'éléments provenant de la Communauté andine ou de l'Union européenne[23].

Conclusion

A l'aube du troisième millénaire, le Venezuela se prépare, comme pays latino-américain et pays producteur de pétrole, à faire des choix pour répondre aux nouveaux défis qui se présentent. Le pays hérite, en politique extérieure, d'un patrimoine historiquement fondé sur la défense de la démocratie et la recherche de conditions favorables à la commercialisation de son principal produit d'exportation, le pétrole.

Depuis l'instauration du système démocratique en 1958, le Venezuela affiche, sur la scène internationale, ses multiples identités : pays andin, producteur de pétrole, hémisphérique, actif en politique extérieure, présent sur de nombreux fronts, prenant des engagements multiples. Ceci explique qu'historiquement on puisse trouver certaines constantes dans la politique extérieure du Venezuela au cours de ces dernières quarante années : son appartenance à l'OPEP, sa recherche d'une relation stable avec les États-Unis, ses efforts pour trouver des solutions aux différends frontaliers avec ses voisins, la Colombie et la Guyana.

Comme d'autres pays latino-américains, le Venezuela s'est vu dans l'obligation de réviser sa politique étrangère et son commerce extérieur afin de s'adapter aux nouvelles réalités mondiales. Mais si la nouvelle Constitution intègre les questions indigènes, environnementales et les droits de l'homme, elle reprend, en matière de politique internationale les principes de la précédente et réaffirme que la politique extérieure est du domaine réservé du président.

Avec l'arrivée au gouvernement de Chávez, on pensait pourtant assister à de grands changements tant au plan diplomatique que commercial. D'abord, parce que le nouveau président élu était issu des rangs de l'armée, et qu'il avait été, quelques années auparavant,

---

23. Ricardo Fuentes, « Una aproximación del Comercio Europa-Venezuela », Caracas, Mimeo, 2000, Banco Central de Venezuela, *Informe Económico* 1999, Caracas, Banco Central de Venezuela, 2000.

l'instigateur d'une tentative de coup d'État militaire, ensuite, parce que le président Chávez était à la tête d'une coalition de tendance « gauche populiste ». Déjà, au cours de sa campagne électorale, ses positions traduisaient une vision hétérogène de la politique internationale, mettant l'accent sur des concepts de géopolitique sécuritaire, tout en reprenant le discours traditionnel de la gauche nationaliste.

Jusqu'ici, ces changements ont été peu importants et les positions du Venezuela en politique extérieure ont été réaffirmées. Ainsi, le Venezuela continue d'être un pays démocratique, actif dans le contexte régional et international. Il a réitéré qu'il était en faveur de la création du Tribunal Pénal International ; le président lui-même a donné la priorité à des déplacements officiels à l'étranger afin de faire connaître les changements internes survenus dans le pays ; des ambassades et des consulats ont été maintenus dans le monde entier, alors que les services diplomatiques auraient pu être rationalisés par une réduction du nombre de représentations à l'étranger. Dans une perspective de changement, le plus remarquable est la diplomatie verbale et la vision personnelle du président Chávez quant à la nécessité de renforcer l'OPEP, de rétablir le dialogue Sud-Sud, de créer une Confédération des Armées latino-américaines, de développer les relations avec l'Europe et avec ce qu'il est convenu d'appeler le Tiers-monde, en particulier avec des régions jusqu'alors délaissées par le Venezuela, comme l'Asie ou l'Afrique, enfin d'inciter les organisations internationales à réduire les inégalités entre pays. Pour autant, cela n'a pas modifié la position du Venezuela dans les institutions internationales, en particulier à l'Assemblée des Nations Unies.

En ce qui concerne l'Union européenne, il faut souligner la contradiction entre les sympathies que manifestent les gouvernements européens à l'égard de Chávez et leurs engagements envers les États-Unis, ce qui freine le rapprochement. De même, comme on peut l'observer dans les tableaux statistiques figurant en annexes, le volume des échanges commerciaux est en baisse et la balance commerciale avec l'Union européenne est déficitaire.

Par ailleurs, le Venezuela n'a pu se dégager d'un produit considéré comme « commodity » dans une stratégie commerciale mondiale qui tend à privilégier la valeur ajoutée. En effet, la dépendance à l'égard du pétrole non seulement marginalise la part d'autres produits dans l'offre de biens exportables, mais elle renforce aussi une culture rentière qui entrave l'initiative privée dans le secteur du commerce extérieur.

De ce point de vue, les résultats de la politique extérieure sont contradictoires. La vieille diplomatie clientéliste continue de contrôler l'orientation de la diplomatie tandis que la modification du processus de prise de décision et la restructuration du ministère des Affaires Étrangères ne sont pas engagés. Le fossé se creuse entre une gestion présidentielle fondée sur les contacts personnels, un verbalisme excessif, et une structure diplomatique complaisante, peu loyale et opposée au changement.

De même, un certain nombre de questions de politique extérieure devront être mises à l'ordre du jour et faire l'objet, d'une façon ou d'une autre, d'un grand débat national :

1) Dans quelle mesure l'activisme international a-t-il un sens dans un monde de restrictions individuelles et dans un contexte national de crise économique ?

2) Pour quelles raisons le Venezuela n'a-t-il pas pu diversifier ses productions et a-t-il au contraire renforcé son caractère de pays monoproducteur de pétrole au détriment – circonstance aggravante – des exportations non traditionnelles ?

3) Quel est le rôle joué par l'Union européenne dans la nouvelle politique extérieure du Venezuela[24] ?

Annexes

Tableau n° 1 : Le Venezuela dans le commerce mondial
(en milliards de dollars US et en pourcentages : année 1995)

1 –	Total des exportations de biens dans le monde	4 890,00
2 –	Total des exportations de l'Amérique latine et des Caraïbes	304,00
3 –	Total des exportations de la Communaute andine dans le monde	37,9
4 –	Total des exportations du Venezuela dans le monde	18,6
5 –	Pourcentage (2/1)	6,2
6 –	Pourcentage (3/1)	0,8
7 –	Pourcentage (4/1)	0,4
8 –	Pourcentage (4/2)	6,0

Source : Banque mondiale.

---

24. European Union, European Comission, *The EU Relations with Venezuela. An overwiew*, Brussels, European Union, 2000.

Tableau n° 2 : Principaux indicateurs économiques du Venezuela					
ANNEES	**1995**	**1996**	**1997**	**1998**	**1999** chiffres provisoires
Produit intérieur brut (milliards de Bolivars)	566 627	565 506	601 534	600 878	557 777
Produit intérieur brut (% de variation annuelle)	3,7	-0,4	6,4	-0,1	-7,2
Exportations FOB (milliards de $ US)	18 630	23 400	23 711	17 564	20 915
Importations FOB (milliards de $ US)	11 447	9 810	12 311	14 816	11 751
Solde commercial (milliards de $ US)	7 183	13 590	11 400	2 748	9 164
Réserves internationales brutes	9 723	15 229	17 818	14 849	15 030
Taux de change (Bolivar/Dollar)	290	475	504,75	565	644,3
Indice des prix à la consommation (%)	56,6	103,2	37,6	29,9	20,1
Taux de chômage urbain (%)	10,3	11,8	11,4	11,2	15,4
Dette extérieure (milliards de $)	39 471	37 564	36 460	39 960	–
Panier vénézuélien ($ / Baril)	14,8	18,4	16,3	10,8	16
Exportations de pétrole (% du total)	72	79	77	70	–
Investissements étrangers directs (en $)	333 264 873	395 323 147	664 771 616	1 551 060 612	323 879 096
Investissements étrangers directs par pays (en $ US)					
USA	89 068 972	67 393 680	245 418 937	122 163 109	53 584 289
Colombie	8 057 770	12 762 745	9 831 528	54 305 525	11 157 100
Brésil	7 606	4 724 392	1 025 074	72 210	349 947
Canada	2 489 181	71 234	30 617 095	–	367 219
Pérou	9 995	512 927	–	1 342 634	–
Allemagne	203 650	5 401 143	7 885 809	10 153 675	257 011
Espagne	3 355 185	371 999	118 292 152	14 896 842	19 403 043
Autres Pays	230 072 514	304 085 027	251 701 021	1 348 126 617	244 760 487

Sources : BCV, FMI, Ocei, Conapri

Tableau n° 3 : Exportations vénézuéliennes
(en millions de dollars)

Année	Monde	États-Unis	Union Euro-péenne	Amérique latine	– dont Communauté andine –	Autres
1996	23 461	12 471	1 761	4 804	1 750	4 425
1997	25 566	13 081	1 775	5 678	2 111	5 032
1998	17 564	9 181	1 926	-	1 953	-
1999	20 915	11 334	838	-	-	-

Sources : IRELA, WTO, FMI, Communauté andine

Tableau n° 4 : Exportations vénézuéliennes
(en % , par zone)

Année	Monde	États-Unis	Union Européenne	Communauté andine	Japon	Autres
1996	100	52,0	7,5	7,6	0,8	32,1
1997	100	53,1	6,9	8,5	1,1	30,4
1998	100	49,2	10,9	11,1	1,2	27,6
1999	100	54,1	4,0	-	-	-

Sources : IRELA, WTO, FMI, Communauté andine

Tableau n° 5 : Exportations du Vénézuela
en fonction du pays de destination (% du total)

		1994	1995	1996	1997	1998*
États-Unis et Puerto Rico		52	50,6	52	52,5	48,5
Canada		2	1,6	1,3	2,3	2,1
Europe		11,2	8,7	8,2	6,9	7,3
Dont :	Allemagne	3	2	1,3	0,9	1,3
	Royaume-Uni	3	1,4	1,2	0,7	2
	Hollande	3	2,2	1,8	1,5	1
	Italie	0,9	0,9	0,6	0,7	0,7
	France	0,3	0,5	0,3	0,3	0,2
	Autres	2	1,7	3	2,8	2,1
Japon		2	1,8	0,8	1,1	1,2
Pays du Pacte Andin		11	10,3	7,6	8,5	11,1
Autres		21,8	27	30,1	28,7	29,8

* Données préliminaires

Source : FMI

Tableau n° 6 : Importations vénézuéliennes
(en millions de dollars)

Année	Monde	États-Unis	Union Européenne	Amérique latine	- dont – Communauté andine	Autres
1996	10 900	4 744	2 203	2 457	934	1 496
1997	14 685	7 730	2 653	3 044	1 059	1 049
1998	14 816	6 545	2 661	-	1 094	-
1999	11 751	5 353	1 736	-	-	-

Sources : IRELA, WTO, FMI, Communauté andine

Tableau n° 7 : Importations vénézuéliennes
(en % , par zone)

Année	Monde	États-Unis	Union Européenne	Communauté andine	Japon	Autres
1996	100	43,4	20,1	9,2	3,1	24,2
1997	100	52,6	18,1	7,8	4,2	17,3
1998	100	44,1	17,9	7,0	5,0	26,0
1999	100	45,5	14,7	-	2,6	-

Sources : IRELA, WTO, FMI, Communauté andine

Tableau n° 8 : Importations du Vénézuela selon le pays d'origine
(% du total)

		1994	1995	1996	1997	1998*
États-Unis et Puerto Rico		49,2	45	46,2	46,6	46
Canada		3,1	2,5	2,4	2,2	2,1
Europe		23	19,2	19,5	18,3	18,9
	Allemagne	6	4,8	4,6	4,1	4,1
	Royaume-Uni	2,7	1,9	2,1	2,2	1,9
dont :	Hollande	2,2	1,6	1,5	1,5	1,4
	Italie	3,8	3,2	3,7	3,6	3,9
	France	2,7	2,1	1,8	1,6	2,1
	Autres	5,5	5,7	5,9	5,3	5,6
Japon		5,5	4,2	3,1	4,2	5
Pays du Pacte Andin		6,3	9,5	9,2	7,8	7
Autres		12,8	19,6	19,6	20,9	21

* Données préliminaires

Sourcs : FMI

Tableau n° 9 : Balance commerciale vénézuélienne
(en millions de dollars)

Année	Monde	États-Unis	Union Européenne	Amérique latine	Commu-nauté andine	Autres
1996	12 552	7 730	- 442	2 347	816	2 033
1997	10 881	6 473	- 878	2 634	1 052	896
1998	2 748	2 636	- 735	-	859	
1999	9 164	5 981	- 898	-	-	

Sources : IRELA, WTO, FMI, Communauté andine

Tableau n° 10 : Balance commerciale Venezuela – Europe
(en milliers d'euros)

	1993	1994	1995	1996	1997	1998*
Exportations totales	1 325 220	1 468 791	1 833 622	1 992 715	1 734 415	753 816
Pétrole et dérivés	619 184	719 861	142 677	1 250 689	945 610	382 045
Minerai de Fer	177 037	109 153	71 345	68 756	149 225	102 420
Autres exportations	528 999	639 777	619 600	673 270	639 580	268 580
Importations totales	2 508 208	1 756 289	1 955 984	1 603 178	2 395 391	1 562 641
Échanges commerciaux	3 833 428	3 225 080	3 789 606	3 595 893	4 129 806	2 316 457

* Données préliminaires

Sources : Banque Centrale du Venezuela

Les politiques migratoires
en Amérique latine et leur relation
avec les politiques européennes

*Lelio MÁRMORA**

Tout au long du siècle dernier, les politiques migratoires en Amérique latine sont passées par plusieurs phases qui les ont amenées à changer leurs objectifs, les acteurs sociaux concernés et leurs stratégies pour pouvoir résoudre le « problème de régulation des flux » apparu au cours des dernières décennies.

Malgré les différences qui existent entre les pays de la région, les points communs observés au cours de leur histoire permettent de parler, de façon globale, de politiques relativement homogènes.

Ces solutions institutionnelles, à certaines époques, ont été liées à l'accueil de masses migratoires venues d'outre-mer (en particulier d'Europe). Actuellement, elles s'orientent vers le traitement des déplacements de populations à l'intérieur de l'hémisphère occidental.

Les mouvements migratoires entre l'Amérique latine et l'Europe ont commencé dès les premiers moments de la colonisation. Ce sont les colonisateurs, les immigrants en quête de travail, les chefs d'entreprise, les Européens aussi bien que les esclaves africains à leur service, qui ont fondé la base socioculturelle des sociétés latino-américaines actuelles.

Durant des siècles, les politiques migratoires de l'Amérique latine et de l'Europe ont été les deux volets complémentaires des déplacements de personnes à travers l'océan atlantique.

Entre 1870 et 1930, treize millions d'immigrants ont débarqué en Amérique latine, en provenance d'Europe, et deux autres millions sont arrivés après la deuxième guerre mondiale[1].

Au cours des quarante dernières années, la plupart des mouvements migratoires ont été des déplacements frontaliers et les pays d'immigration traditionnels sont devenus progressivement des pays d'émigration, surtout vers l'Amérique du Nord et, dans une moindre mesure, vers l'Europe.

Les résultats des recensements font apparaître qu'au début des années 90, on comptait environ cinq millions de migrants dans la zone intra-régionale et dix millions d'émigrés de cette région vers les États-Unis et le Canada.

Les politiques migratoires de l'Amérique latine et de l'Europe ont aujourd'hui cessé d'être complémentaires et, actuellement, leurs fondements aussi bien que leurs objectifs répondent à des conditions sociales, économiques et culturelles différentes.

Dans ces deux régions, ce phénomène a engendré un « problème de régulation des flux » dont les causes sont multiples.

Nous nous proposons d'analyser les caractéristiques générales de l'évolution des politiques migratoires en Amérique latine, les éléments qui ont causé cette « dérégulation » apparue dans la dernière décennie, ainsi que les solutions consensuelles que les États s'efforcent actuellement de mettre en place. Au cours de cette analyse, on établira des comparaisons avec des processus identiques qui se développent dans le contexte européen.

Développement des politiques migratoires latino-américaines depuis le XIXᵉ siècle jusqu'à 1930

Dès leur indépendance – obtenue à différentes époques du XIXᵉ siècle –, les pays latino-américains ont mis en œuvre des politiques visant à promouvoir l'immigration. Il s'agissait, en effet d'assurer le peuplement et de faire venir une main-d'œuvre destinée à pallier le manque de bras sur le marché du travail[2].

Ce fut dans les dernières décennies du XIXᵉ siècle et dans les premières années du XXᵉ que l'immigration – en majorité européenne – atteignit son plus haut niveau, grâce à d'efficaces politiques de promotion mises en place par les jeunes nations latino-américaines. Ces politiques connurent plus ou moins de succès en fonction des possibilités économiques, culturelles, sociales, politiques ou climatiques qu'offraient ces pays. Ce sont les pays du Cône Sud qui reçurent les plus forts contingents de migrants. Ainsi, l'Argentine et le Brésil accueillirent

---

2.   M. Mormer, *Adventurers and Proletarians. The Story of Migrants in Latin America*, University of Pittsburgh Press, UNESCO, Paris, 1985 ; Sanchez Albornoz, *op. cit.*,1973.

quatre millions d'immigrants chacun ; l'Uruguay 600 000, de même que Cuba dans les Caraïbes.

Ce processus d'immigration fut facilité par l'adoption de normes spécialement conçues pour attirer les immigrants potentiels, par la mise en place de structures administratives efficaces en vue de leur incorporation légale et par de véritables politiques d'intégration sociale et culturelle. Tout cela dans le cadre de ce que l'on pourrait appeler une tradition de peuplement bourbonienne, que l'Espagne avait également adoptée dans la dernière phase de la période coloniale.

C'est dans cette perspective que l'Argentine, au milieu du XIXᵉ siècle, lance une politique active de promotion de l'immigration pour développer des expériences de colonisation des terres. Au Brésil, on crée des programmes de colonisation destinés à attirer la population européenne[3]. Au Venezuela, le 13 juin 1831, on promulgue la première loi de promotion de l'immigration d'étrangers, considérant que la population de la République « n'est pas en rapport avec l'étendue du territoire », ce qui est un obstacle pour « les progrès de la civilisation, de l'augmentation et du développement de la richesse, de la consolidation et de l'amélioration de la cohésion politique ». Cette loi est exclusivement destinée à attirer la population des Iles Canaries, considérée comme très proche de la population vénézuélienne[4]. Au Paraguay, par une loi promulguée en 1851, « on décide de promouvoir et de favoriser l'introduction d'immigrés et de colons agriculteurs, pour accélérer l'augmentation de la population et développer l'agriculture ». Pour cela, on charge Francisco Solano López, qui était général à l'époque, de préparer, pendant son séjour en Europe, la venue des premiers colons européens. Le Chili lance une politique d'immigration soutenue par l'État en créant en Europe l'Agence générale de colonisation et d'immigration[5].

Un autre exemple de peuplement suscité par des politiques migratoires peut être observé au Mexique. Ce pays s'est trouvé menacé dans les années 1820, c'est-à-dire dès les premières années de son indépendance, par les désirs de reconquête de l'Espagne, par l'expansionnisme des États-Unis et par les prétentions de la Russie sur la Californie. Face à cette situation, le peuplement de vastes zones du territoire national – tout particulièrement, pour des raisons stratégiques, la région frontalière nord et l'isthme de Tehuantepec – est devenue une nécessité aux yeux du gouvernement mexicain qui, en 1822, proclame une généreuse Loi de

---

3. G. Seyferth, « La inmigración alemana y la política brasileña de colonización », *Estudios migratorios latinoamericanos*, Año 10, n° 29, 1995.

4. Lelio Mármora, *Las migraciones laborales en Venezuela*, 1985.

5. M. Stabili, « Las políticas inmigratorias de los gobiernos chilenos desde la segunda mitad del siglo pasado hasta la década del 20 », *Estudios migratorios latinoamericanos*, Año 1, n° 2, Buenos Aires.

colonisation[6]. La colonisation du Texas, engagée par le président Bustamante en 1830[7], et la tentative d'implantation d'une colonie française sur les bords du fleuve Coatzacoalcos, furent les deux tentatives les plus importantes de l'époque, mais toutes deux échouèrent.

Comme pour les déplacements de populations, les politiques migratoires européennes se sont développées en contrepoint des politiques latino-américaines. Excepté pendant de courtes périodes où, pour diverses raisons, quelques pays européens interdirent l'émigration de leurs ressortissants, il s'est agi de politiques ouvertes qui se sont particulièrement efforcées de maintenir des liens avec la diaspora[8]. Ainsi le fort courant d'émigration temporaire qui, dans les années 1920, a vu l'augmentation du nombre de travailleurs saisonniers, a été accompagné par des politiques spécifiques dans les pays d'origine. La complémentarité des marchés du travail où, d'un côté, l'offre était excessive et, de l'autre, les demandes insatisfaites trop nombreuses, permettait de réguler de façon harmonieuse ces contingents d'émigrants qui étaient accueillis comme un apport fondamental en Amérique et dont le départ était considéré en Europe comme une nécessité pour la survie, à la fois, de ceux qui s'en allaient et de ceux qui restaient.

Les politiques restrictives des années 1930

La crise de 1929 met un terme à ce processus, le chômage apparaît comme un phénomène nouveau en Amérique latine et les gouvernements des États mettent en place des politiques restrictives, fondées à la fois sur la nécessité de protéger leurs marchés du travail et sur des considérations ethniques et politiques.

Entre 1930 et 1935, l'Argentine adopte une politique migratoire restrictive. En 1938 est promulgué un décret dans le but manifeste de protéger la main-d'œuvre autochtone de la concurrence étrangère en affirmant la nécessité de sélectionner et de réguler l'immigration en fonction du pays d'origine des immigrants. Le Chili applique en 1941 un système de quotas à l'immigration européenne. Au Costa Rica, la constitution de 1946 exige des immigrants, avant d'autoriser leur entrée,

---

6.   H. Vazquez, P. Sevilla, O. Hernandez, E. Romero, *Las Migraciones laborales en México*, OEA, Washington

7.   J. Vasquez, « Colonización y pérdida del territorio 1819-1857 », *El Poblamiento de México*, tomo III, Consejo Nacional de Población, México D.F., 1993.

8.   Dans le cas de l'Italie, il faut souligner l'active politique menée à travers la « Commission générale de l'émigration », crée en 1919, cf. P. Canistrato et G. Rosoli, « Fascist emigration policy in the 20s : an interpretative framework », *IMR*, vol. 13, n° 4, 1979.

qu'ils définissent les activités qu'ils comptent exercer dans le pays. Elle pose ainsi une série de conditions qui ont pour but de s'assurer que l'exercice de ces activités ne portera pas préjudice aux travailleurs nationaux.

À Cuba, un décret du 31 mai 1937 oblige les immigrants à faire un dépôt de garantie de 500 dollars-pesos, pour faire face à un possible rapatriement ; et le décret n° 55 de 1939 n'autorise l'entrée des travailleurs qu'en fonction des possibilités réelles d'emploi.

La Bolivie restreint l'immigration par un décret du Tribunal suprême du 3 mai 1939. Au Honduras, la loi n°134 de mars 1934 établit que l'entrée des immigrants sera assujettie à la présentation de preuves démontrant que les activités exercées seront de nature agricole. Le Paraguay, à travers le décret-loi n° 10.193 de 1936, exige un permis spécial pour tous les immigrants qui voudront s'installer et exercer une profession libérale, créer un commerce ou occuper un emploi non qualifié. En 1936, le Mexique limite les activités commerciales et l'exercice de professions libérales par des étrangers, et suspend indéfiniment l'immigration de travailleurs salariés.

En 1936 également, une loi promulguée par la Colombie stipule que 70 % des travailleurs salariés et 80 % des ouvriers du secteur industriel devront être de nationalité colombienne. En Équateur, un décret de novembre 1941 limite à 10 % le nombre maximum de travailleurs étrangers employés dans les hôtels, les bars, les restaurants et les autres établissements du même secteur. La loi n° 7.505 approuvée par le Pérou en 1932 exige que 80 % des salariés employés par des commerçants ou des industriels soient de nationalité péruvienne. En République dominicaine, cette proportion est fixée à 70 %. La Loi du travail votée par le Venezuela en 1936 stipule que toute entreprise doit compter dans son personnel 70 % de nationaux. Enfin, au Guatemala, la loi n° 1.781 de 1936 interdit l'entrée d'étrangers qui veulent obtenir un travail dans les entreprises agricoles ou industrielles.

En ce qui concerne les restrictions fondées sur des raisons ethniques ou politiques, la constitution de Bolivie de 1938 interdit l'entrée des Chinois, des Gitans et des Noirs[9]. Au Guatemala, la Loi sur les étrangers de 1936 autorisait le pouvoir exécutif à « refuser l'entrée dans le pays des étrangers qui pour des raisons de race seront considérés comme indésirables... », et mentionnait les individus de race jaune ou mongolienne, les Noirs et les Gitans ; elle restreignait également l'entrée des individus qui, quelle que soit leur nationalité, appartenaient aux races turque, syrienne, libanaise, grecque, palestinienne, arménienne, égyptienne, afghane, hindoue, bulgare, russe, ainsi qu'aux races

---

9.   A. Louro de Ortiz, « Los decretos alemanes de 1938 y la política inmigratoria argentina de esa época », *Jornadas de Inmigración*, 1987.

originaires du littoral de l'Afrique du Nord[10] Le décret n° 86 de 1933 interdisait l'entrée au Salvador « des indigènes originaires de Chine ou de Mongolie, de ceux de race noire, des Malais et des Gitans connus aussi dans le pays sous le nom de " Hongrois " ». La loi d'immigration de 1934 au Honduras interdisait l'entrée des Noirs, des Gitans et des Chinois ; celle de de 1930 au Nicaragua interdisait l'accueil « d'individus appartenant aux races chinoise, turque, arabe, syrienne, arménienne, noire et gitane ». La loi du 24 décembre 1938 au Panama interdisait formellement l'immigration des Chinois, des Arméniens, des Arabes, des Turcs, des Hindous, des Syriens, des Libanais, des Gitans, des Arabes nord-africains, ou des Noirs dont la langue ne serait pas l'espagnol ; la Loi générale de peuplement de 1936 au Mexique réglementait l'admission d'étrangers en tenant compte « de l'intérêt national, de la possibilité d'assimilation raciale et culturelle et de la convenance de leur admission afin qu'ils ne soient pas un facteur de déséquilibre ». Le décret-loi n° 406 de 1938 conférait au gouvernement fédéral du Brésil le droit de « limiter ou de suspendre pour des motifs économiques ou sociaux, l'entrée d'individus de certaines races ou origines ». Enfin en Argentine, selon certains auteurs, le décret n° 8.970 de 1938 se donnait comme objectif déclaré[11] la répression de l'immigration clandestine de réfugiés qui fuyaient l'Europe nazie – principalement des juifs d'Europe Centrale – et réussissaient à entrer en Argentine via l'Uruguay et le Brésil en franchissant les fleuves Paraná et Paraguay.

Dans le cadre restrictif de ces politiques, l'ouverture d'un pays comme le Mexique aux exilés de la Guerre Civile espagnole a été un cas isolé qui allait à l'encontre de la règle générale.

Ces mesures, dans lesquelles la sélectivité raciale et la prévention politique étaient au centre des préoccupations des pays d'accueil, avaient une double justification : préserver la cohésion nationale et contrôler les répercussions que l'arrivée des nouveaux émigrants pouvait avoir sur celle-ci.

En Europe, les politiques de rétention forcée de populations potentiellement candidates à l'émigration, qu'imposaient les gouvernements totalitaires, favorisèrent en partie cette politique d'immigration latino-américaine[12]. La logique de puissance des nations, fondée sur la nécessité de posséder une population nombreuse, soit pour produire, soit pour faire la guerre, gagna des adeptes dans les milieux politiques de plusieurs pays. Ainsi, dans les années 30, les principaux flux migratoires, acceptés parfois explicitement par certains pays d'accueil, étaient constitués de réfugiés ou d'exilés qui fuyaient devant le danger que couraient leur vie et leur liberté.

---

10. L. Senkman, « La política migratoria durante la década del treinta », *Jornadas de Inmigración*, 1987.
11. L. Senkman, *op. cit.*
12. A. Louro de Ortiz, *op. cit.*

Les politiques migratoires depuis l'après-guerre jusqu'aux années 1990

L'après-guerre engendra une nouvelle situation. Certains pays latino-américains (essentiellement les pays d'Amérique du sud) réactivèrent leurs politiques d'immigration et certains pays européens (particulièrement l'Italie, l'Espagne et le Portugal) leurs politiques d'émigration. À l'inverse, d'autres pays européens prirent des mesures pour favoriser l'immigration afin de faire face à une forte demande de main d'œuvre.

Dans le cas de l'Amérique latine, des pays comme l'Argentine, le Brésil et le Venezuela reprirent leurs politiques de promotion de l'immigration en fonction des efforts d'industrialisation dans lesquels ils s'étaient engagés. Ces politiques présentaient des différences par rapport à celles du début du siècle, devenant plus sélectives en raison des besoins de personnel qualifié. Des accords bilatéraux entre gouvernements latino-américains et européens, ainsi que l'intervention du Comité inter-gouvernemental des migrations européennes (CIME) ont soutenu, à l'echelon des États, cette décision politique. Il s'agissait de canaliser l'émigration européenne, en s'efforçant d'obtenir des migrations ordonnées, en fonction des intérêts de chacune des parties. Le CIME, créé par un groupe de pays européens, latino-américains, les États-Unis et l'Australie, affirmait dans le préambule de sa constitution de 1953 :

« ...Attendu :

« que pour développer l'émigration européenne et permettre la réalisation harmonieuse des flux migratoires, pour assurer surtout la réinstallation des émigrants dans des conditions satisfaisantes qui puissent leur permettre de s'intégrer rapidement dans la vie économique et sociale de leur pays d'adoption, il est souvent nécessaire de pouvoir disposer de services spéciaux d'immigration ;

« qu'un financement international de l'émigration européenne peut non seulement contribuer à résoudre le problème démographique en Europe, mais aussi stimuler la création de nouvelles activités économiques dans les pays qui manquent de main-d'œuvre ;

« que le transport des émigrants doit être assuré, chaque fois que cela est possible, par les services réguliers de transports maritimes et aériens, mais que parfois il faut mettre à disposition des moyens supplémentaires ;

« qu'il est nécessaire de promouvoir la coopération entre les gouvernements et les organisations internationales afin de faciliter l'émigration des personnes qui désireraient partir dans des pays d'outre-mer où elles pourront, grâce à un travail utile, subvenir à leurs propres besoins et mener avec leurs familles une existence digne, dans le respect de la personne humaine, contribuant ainsi dans la mesure de leurs moyens à faire régner la paix et l'ordre dans le monde[13]... »

Le mouvement migratoire Europe-Amérique latine, sauf dans le cas du Venezuela, s'arrête dans le courant des années 1960 pour plusieurs raisons. D'une part, parce que les structures de formation mises en place par les pays latino-américains durant les années 1950 ont fourni les cadres techniques dont avaient besoin leurs industries et que leurs besoins de main-d'œuvre non qualifiée pouvaient être couverts désormais par des migrants de l'intérieur ou venant de pays limitrophes. D'autre part, parce que l'émigration des pays méditerranéens s'est orientée vers les pays de l'Europe du nord qui avaient besoin d'une main-d'œuvre de plus en plus nombreuse pour assurer leur développement.

Les années 1970 qui, en Europe, voient un changement fondamental des politiques migratoires en raison de la crise du pétrole, marquent aussi, en Amérique latine, le début de nouvelles politiques dont le principal objectif est la restriction.

La logique de cette nouvelle attitude, qui passe de l'ouverture à la restriction, a plusieurs causes. En ce qui concerne les pays récepteurs comme l'Argentine ou le Brésil, cette restriction est due à deux facteurs : d'abord la volonté de protéger la main-d'œuvre contre le chômage croissant provoqué par la crise du modèle protectionniste, et qui a été aggravé, plus tard, par le poids de la dette extérieure ; ensuite, l'installation de régimes autoritaires dont la doctrine de base est la notion de « Sécurité Nationale ». Dans le cas du Venezuela, après l'essor économique des années 1970 grâce à l'augmentation des prix du pétrole, la récession des années 1980 a mis un terme aux programmes d'immigration sélective et a entraîné une politique restrictive – de protection de la main-d'œuvre nationale – qui s'est poursuivie jusqu'à aujourd'hui.

La situation des migrations internationales en Amérique latine à la fin du XXᵉ siècle

Les migrations internationales en Amérique latine ont connu, au cours des vingt dernières années, des changements quantitatif, directionnel et qualitatif, en fonction des situations économiques et sociales qui ont marqué la région. Par rapport aux époques précédentes, les facteurs

---

13. Comité Intergouvernemental pour les Migrations Européennes (CIME), *Constitution*, 19 octobre 1953.

d'attraction ou de rejet des populations ont laissé apparaître de nouvelles tendances. Ces changements sont survenus à l'intérieur de chaque pays, entre les pays et dans la relation de l'ensemble qu'ils constituent avec les nouvelles situations du contexte international. Ces nouvelles tendances révèlent, actuellement, une relative et graduelle augmentation des migrations sans pour autant qu'elles présentent un caractère explosif. Par ailleurs, les migrations internationales, comparées à celles du XIXe siècle, ne sont plus essentiellement intercontinentales. Elles se font principalement entre les pays de la région et vers les États-Unis.

Au plan régional, il convient de distinguer plusieurs blocs de pays :
♦ Le bloc des pays du Cône Sud qui comprend l'Argentine, la Bolivie, le Chili, le Paraguay, l'Uruguay, et dans lequel il faut inclure le Brésil en raison des migrations depuis et vers l'Uruguay et le Paraguay ;
♦ Le bloc des pays de l'Aire andine, qui inclut le Pérou, l'Équateur, la Colombie et le Venezuela ;
♦ Le bloc des pays d'Amérique centrale et le Mexique.

Dans le bloc des pays du Cône Sud de l'Amérique du sud, on peut distinguer deux groupes. D'un côté, le groupe formé par l'Argentine, le Brésil, le Chili et l'Uruguay, de l'autre, celui qui est formé par la Bolivie et le Paraguay.
Les premiers présentent des niveaux de développement, d'industrialisation et d'urbanisation élevés par rapport au reste des pays sud-américains, et le taux de croissance de leur population est modéré ou faible. Au contraire, les seconds font partie des pays les plus pauvres, avec des taux de croissance de populations élevés par rapport aux premiers. D'une façon générale, ces cinq pays peuvent être considérés comme des pays à faible densité de population, disposant de vastes territoires qui offrent des possibilités de peuplement.
Tous les pays qui font partie de l'ensemble des pays du Cône Sud ont été historiquement concernés par des processus migratoires, et certains, comme l'Argentine, par une immigration internationale très importante. Cependant, depuis une date récente, on assiste à la fois à des processus d'émigration d'Argentins et au retour d'émigrés en Argentine[14].
L'Argentine a été traditionnellement un pays d'accueil d'immigrants, essentiellement européens, à la fin du XIXe siècle, au début du XXe et après la deuxième guerre mondiale. Au cours des dernières décennies, les principaux flux migratoires vers l'Argentine provenaient des pays limitrophes, au point qu'actuellement, sur environ 2 millions d'étrangers

---

14. J. Gurrieri, *Migraciones e integración en el Cono Sur. Diagnóstico de situación*, Seminario Internacional sobre las migraciones en el proceso de integración de las Américas, Bogota, Colombia, 1992.

recensés en 1991, près de 50 % de ceux qui étaient installés dans le pays étaient des Latino-américains.

Les derniers résultats des recensements révèlent que plus de 80 % des migrants à l'intérieur de la région du Cône Sud se trouvent en Argentine, et représentent environ 2,5 % de sa population totale. Ce chiffre est le résultat d'un processus que l'on peut commencer à analyser à partir des années 1960. Ainsi, en 1967, le nombre d'immigrants provenant de pays limitrophes atteignait 467 000, 571 000 en 1970 et 753 000 en 1980. On estime que ce nombre s'est élevé à plus d'un million d'émigrants au cours de la décennie suivante, auxquels il faut ajouter les nouveaux flux en provenance de l'Asie et de l'Europe de l'Est. En ce qui concerne l'immigration asiatique, traditionnellement coréenne[15] et de Taiwan, elle provient depuis peu de la République Populaire de Chine. Les immigrants de l'Europe de l'est viennent principalement de la Fédération de Russie et d'Ukraine.

En ce qui concerne le Chili, en 1970, près de 182 000 Chiliens résidaient hors de leur pays ; en 1990, ils étaient environ 370 000, pour la plupart aux États-Unis, au Venezuela et en Argentine. Le nombre d'émigrés entre 1970 et 1990 passe de deux pour cent à trois pour cent de la population chilienne[16]. Le flux migratoire en direction de l'Argentine est le plus significatif en termes de volume et d'ancienneté. C'est un mouvement spécifiquement « rural-rural », composé de main-d'œuvre non qualifiée du secteur de l'agriculture qui traverse la frontière pour réaliser des travaux saisonniers. Cette immigration temporaire devient peu à peu permanente et les immigrés s'installent dans des zones d'Argentine intégrées depuis peu dans l'activité économique où la densité de population est faible[17]. Au cours des deux dernières décennies, la dynamique de croissance de l'émigration chilienne en Argentine est allée en diminuant, tandis que l'on assiste à l'augmentation relative du nombre d'émigrants chiliens vers d'autres pays, surtout vers les États-Unis.

En Bolivie, 75 % de l'émigration se fait en direction de l'Argentine. C'est au cours des années 1960 que ce flux constant, qui s'installait principalement dans les provinces argentines limitrophes de la Bolivie, se dirige vers les zones métropolitaines de l'Argentine. Ces émigrants passent alors de la condition d'ouvriers agricoles à celle de travailleurs urbains employés dans le bâtiment et dans l'industrie. Ils y occupent des emplois qui n'exigent aucune qualification, car, comparés aux migrants qui viennent d'autres pays limitrophes, ce sont eux qui ont les niveaux d'instruction les plus bas. Les autres émigrants boliviens choisissent le

15.   C. Mera, *La inmigración coreana en Buenos Aires. Multiculturalismo en el espacio urbano*, EUDEBA, Buenos Aires, 1997.
16.   J. Martínez Pizarro, *Panorama de la migración internacional en Chile*, Centro Latinoamericano de Demografía (CELADE), Santiago de Chile, 1997.
17.   Rodríguez Allendes, *Las migraciones laborales en Chile*, Organización de los Estados Americanos (OEA), Washington, 1986.

Venezuela et les États-Unis lorsqu'ils sont très qualifiés, le Chili, lorsqu'ils le sont moins[18].

En ce qui concerne le Brésil – autre grand pays d'accueil au début du XXe siècle –, on évalue à un million le nombre de ses ressortissants qui se trouvent à l'étranger. Les pays de destination sont principalement les États-Unis, l'Europe Occidentale, le Japon et les pays limitrophes, tout particulièrement le Paraguay. On calcule que sur 10 émigrés, 4 sont installés aux États-Unis, 3 au Paraguay, 1 en Europe et 1 dans d'autres pays. Du côté de l'immigration, vers 1991, on a recensé près de 800 000 étrangers, 28 % provenant d'Argentine, de Bolivie, du Paraguay, d'Uruguay et du Pérou, le reste étant composé d'immigrants européens et asiatiques venant d'autres parties du monde qui représentent 0,52 % de la population totale du pays[19].

Au Paraguay, on relève que, pour l'année 1992, la population étrangère résidant dans le pays atteignait presque deux cent mille personnes, dont 83 % provenaient de pays limitrophes. L'émigration de Paraguayens vers d'autres pays concerne, d'après les données fournies par les Églises catholiques du Brésil et du Paraguay, un contingent de 800 000 personnes environ qui ont émigré en Argentine, mais ce chiffre, selon d'autres sources, ne dépasserait pas 250 000. Le flux d'émigrants paraguayens vers le Brésil atteindrait 80 000 personnes[20].

Dans le cas de l'Uruguay, l'émigration traditionnelle se faisait presque exclusivement vers l'Argentine ou le Brésil. En 1980, sur le total recensé d'émigrants uruguayens (109 724), 50 % se sont installés en Argentine et 7 % au Brésil, ce qui annonçait déjà un changement de tendance de l'émigration uruguayenne qui, actuellement, cherche surtout à s'installer aux États-Unis, au Canada ou en Australie[21]. En Argentine, en 1980, 15 % des immigrants venant de pays limitrophes étaient des citoyens uruguayens[22]. C'est la conséquence de la période des intenses migrations qui se sont déroulées entre 1972 et 1976.

Un des changements les plus importants dans ces migrations concerne le niveau de qualification des émigrants. Les migrations uruguayennes presque exclusivement limitrophes étaient le fait d'émigrants dont les qualifications étaient de niveau intermédiaire. Les nouveaux émigrants

18. G. Ardaya Salinas, *Nuevo modelo de desarrollo y migraciones en Bolivia*, OIM, La Paz, Bolivia, 1997.

19. N. Patarra, *Movimientos migratorios internacionais no Brasil contemporaneo: algumas características e tendencias*, Depto. de Sociología e NEPO/ UNICAMP, Río do Janeiro, Brasil, 1997.

20. BASE, Investigaciones Sociales, *Evolución del proceso migratorio en las últimas décadas*, Asunción, Paraguay, 1997.

21. A. Pellegrino, *Memorandum sobre la situación migratoria en Uruguay en las últimas décadas*, Montevideo, Uruguay, 1997.

22. A. Maguid, « L'immigration des pays limitrophes dans l'Argentine des années 90, mythes et réalités », *Revue Européenne des Migrations Internationales*, vol. 11, n° 2, 1995.

uruguayens vers les pays plus développés ont des niveaux de qualification plus élevés que leurs prédécesseurs[23].

Dans l'Aire Andine, les principaux courants migratoires se font en direction du Venezuela, pays traditionnellement récepteur ; de la Colombie vers le Venezuela et, dans une moindre mesure, vers l'Équateur. Au cours de la dernière décennie du XXe siècle, on a vu apparaître une émigration péruvienne.

Aux alentours de 1930, on enregistrait au Venezuela un solde migratoire d'environ 45 518 personnes, alors que ce chiffre n'était que de 6 000 dans la période 1905-1910. Vers 1961, on notait la présence d'immigrants colombiens en aussi grand nombre que les Italiens, puisque, sur 526 000 étrangers recensés, 21,38 % étaient des citoyens de Colombie. De fait, au cours des années 1950, on a assisté à une émigration croissante et soutenue des Colombiens vers les zones frontalières du Venezuela. À partir des années 1960, apparaît le phénomène des sans-papiers, dû principalement à l'arrivée massive de Colombiens dont le nombre augmente encore au cours de la décennie suivante, et auxquels il faut ajouter un flux croissant d'Équatoriens, de Péruviens et de Boliviens[24].

C'est à partir de 1973 que l'augmentation de l'immigration est la plus importante, du fait de la hausse des prix du pétrole et de la nationalisation de son exploitation en 1975. L'installation de régimes autoritaires dans le sud du continent provoque aussi un courant migratoire en provenance d'Argentine, du Chili et d'Uruguay.

Vers 1980, on comptait dans la population étrangère du Venezuela 89 % de latino-américains, parmi lesquels 50 % étaient Colombiens, 25 % étaient originaires d'Argentine, du Chili, d'Uruguay, du Paraguay, de Bolivie, d'Équateur et du Pérou, et les 25 % restant venaient d'Amérique centrale et des Caraïbes.

Dans les années 1980 et suivantes, ces tendances migratoires cessèrent presque complètement, en raison de la situation économique du Venezuela[25], et l'immigration en provenance des Caraïbes se développa, en particulier avec l'arrivée de Dominicains, de Guyanais et de Haïtiens. Le dernier recensement national enregistra un total d'un million vingt-cinq mille huit cent quarante-neuf étrangers, soit 5,7 % de la population totale. Les Colombiens représentent 51 % des étrangers. Viennent ensuite les Péruviens et les Équatoriens[26].

Les conditions de vie du Venezuela étaient d'autant plus attrayantes que la situation était explosive dans certaines régions de Colombie, surtout les moins développées. Vers 1980, on estimait que 570 000

---

23. A. Pellegrino, *op. cit.*
24. Lelio Mármora, *op. cit.*
25. G. Suarez Sarmiento, *Informe Venezuela*, Caracas, Venezuela, 1997.
26. G. Suarez Sarmiento, *Diagnóstico sobre las migraciones caribeñas hacia Venezuela*, OIM, Caracas, 1996.

Colombiens résidaient au Venezuela de façon permanente et 133 000 de façon temporaire. Les listes d'inscription du Service d'enregistrement des étrangers du Venezuela consignaient un total d'environ 250 000 Colombiens sans papiers, soit 92 % du total des étrangers en situation irrégulière[27].

L'émigration de la population colombienne concerne également d'autres pays limitrophes comme l'Équateur où, entre 1974 et 1980, attirés par le boom pétrolier des années 1970, 50 000 émigrants se sont installés, et comme le Panama, qui en compte environ 20 000, venus principalement de la région du Darién et du département voisin d'Antioquía [28].

Les études les plus récentes et les projections qui sont faites sur la population colombienne à l'étranger en prenant en compte, comme variable déterminante, l'amélioration de ses niveaux de qualification, montrent que la Colombie est toujours un pays émetteur de main-d'œuvre[29]. En 1992, on comptait un total de 1 900 000 Colombiens à l'étranger. Ce flux migratoire tend à se détourner du Venezuela, pour les raisons précédemment évoquées et parce que des perspectives favorables semblent s'ouvrir en Europe, aux États-Unis et en Asie[30].

Les migrations péruviennes ont été, jusqu'à une date récente, relativement peu importantes. On estime que, vers 1970, seuls 45 000 Péruviens résidaient à l'étranger. Environ 22 000 étaient aux États-Unis, 10 000 en Bolivie et 5 000 en Argentine. Le reste se répartissait entre le Chili, le Brésil, le Venezuela, le Mexique et d'autres pays. On trouve parmi eux une forte proportion de personnes très qualifiées, dans des emplois administratifs ou de services. Selon les statistiques établies par le Service d'enregistrement des étrangers du Venezuela, en 1980, les Péruviens étaient les plus qualifiés de tous les immigrants, plus qualifiés même que les Argentins, les Chiliens, les Uruguayens, les Européens et ceux qui venaient des pays du Pacte Andin[31]. Du fait de l'évolution de la situation économique et sociale actuelle, l'émigration péruvienne vers les pays d'Europe, les États-Unis, le Japon et l'Argentine est plus importante aujourd'hui qu'au cours des périodes antérieures. On l'évalue à environ

---

27. Lelio Mármora, *op. cit.*

28. P. Torales, *Las migraciones laborales en la frontera de Colombia con Panama*, Proyecto PNUD-OIT, Bogota, Colombia, 1979.

29. F. Urrea Giraldo, *Principales tendencias de los procesos migratorios en Colombia y la internacionalización de la economía*, Seminario Internacional sobre « Las migraciones en el proceso de integración de las Américas » Bogota, Colombia, 1992.

30. S. Ríos Begambre, *Las migraciones en América del Sur : el caso colombiano*, OIM, Bogota, Colombia, 1997.

31. R. Rapado, *Las migraciones laborales en el Perú*, OEA, Washington,1985.

300 000 personnes, mais selon d'autres sources, elle pourrait s'élever à 500 000 personnes[32].

Historiquement, l'Équateur est, lui aussi, un pays de migrations. Les Équatoriens constituent, après les Colombiens, le second groupe de Latino-américains recensés aux États-Unis. Au cours des année 70, le taux de croissance de l'émigration vers les États-Unis a été de 8,5 %. Durant ces années, entre quatre et cinq mille Équatoriens sont entrés dans ce pays, chiffre qui a encore augmenté au début des années 1980. Cependant, durant les dix dernières années, l'Équateur est devenu à son tour un pôle d'attraction pour les Colombiens et les Péruviens[33].

En raison de leur importance, il convient de souligner l'augmentation des flux migratoires en provenance des pays d'Amérique du sud vers les États-Unis. Entre les recensements de 1980 et de 1990 on note un accroissement notable de la présence aux États-Unis d'immigrants originaires de tous les pays sud-américains. En effet, durant cette période, le nombre des immigrants provenant des blocs du Cône Sud et de l'Aire Andine a doublé (318 413 en 1980 et 615 756 en 1990). Si l'on compare les chiffres des deux blocs, il ressort que le nombre d'émigrants du Cône Sud représente environ la moitié du nombre des émigrants originaires de l'Aire Andine. L'Argentine, dans le Cône Sud, a le pourcentage le plus élevé d'émigrés aux États-Unis aussi bien en 1980 qu'en 1990. Toutefois, en 1990, ce pourcentage diminue du fait de l'augmentation du nombre de Boliviens et de Brésiliens, tandis que le pourcentage de Chiliens, de Paraguayens et d'Uruguayens reste stable. La Colombie, dans l'Aire Andine, est le pays qui a le plus fort taux d'émigration vers les États-Unis. Ce taux est le double de celui de l'Équateur et du Pérou.

Les migrations en Amérique centrale ont été caractérisées par l'émergence d'un pôle d'attraction : le Costa Rica, qui non seulement reçoit l'immigration limitrophe, essentiellement nicaraguayenne, mais a également accueilli, dans les années 1980, des contingents de réfugiés salvadoriens. Entre 1970 et 1980, le nombre de ressortissants des pays d'Amérique centrale installés dans ce pays a doublé. Ils étaient 74 000 en 1980, auxquels il faut ajouter 15 000 personnes provenant d'autres pays extérieurs à la région latino-américaine. Les années 1980 ont vu ce pays recevoir, à l'image du Mexique, d'importants flux migratoires limitrophes, venant pour la plupart du Nicaragua. À la fin des années 1970 et à la fin des années 1990, deux forts courants migratoires se produisent. Le premier a été suivi de nombreux retours ; dans le cas du second, on a estimé à 250 000 le nombre de sans-papiers. Pendant les années 1970 et 1980, le Costa Rica a vu partir vers les États-Unis un nombre relativement important de travailleurs qualifiés et de techniciens. Cette émigration, d'une certaine façon, a été compensée par une

---

32.   P.Torales, *La migración de peruanos a la Argentina*, OIM, Buenos Aires, Argentina,1993 ; et *Las migraciones del Perú*, Lima, Perú, 1997.
33.   J. León Alban, *Las migraciones en el Ecuador*, Quito, Ecuador, 1997.

immigration de réfugiés politiques provenant d'Amérique du sud[34]. L'émigration de ses ressortissants vers des pays extérieurs à la région latino-américaine – principalement vers les États-Unis – a doublé entre 1970 et 1980, tandis que les départs vers d'autres pays d'Amérique latine ont diminué de moitié.

Dans les dernières décennies, le Mexique, pays traditionnel d'émigration vers les États-Unis, a vu arriver des contingents toujours plus importants de personnes venant des pays d'Amérique centrale, de sorte qu'il est devenu à la fois un pays récepteur et un pays de transit. Cette dernière caractéristique est également valable pour l'ensemble des pays d'Amérique centrale par lesquels passent les migrants d'Amérique du sud en direction des États-Unis.

Les flux migratoires d'Amérique centrale, d'Amérique du sud et du Mexique vers les États-Unis se sont multipliés au cours des dernières décennies. D'après les données des recensements, en 1990, 4 300 000 Mexicains environ résidaient aux États-Unis[35]. C'est le facteur économique qui a été la cause principale de ces déplacements et plus particulièrement l'insuffisance de terres cultivables par rapport à la population, mais les problèmes liés à l'environnement et leurs effets sur la production agraire ont également joué un rôle important. Le processus de développement accéléré du sud-ouest des États-Unis, demandeur de grandes quantités de main-d'œuvre, a été un élément complémentaire qui a favorisé ces migrations[36]. Sur le total d'immigrants recensés aux États-Unis en 1990, plus de huit millions étaient latino-américains ou originaires des Caraïbes, ce qui représente 43 % de la population étrangère du pays. Un peu plus de la moitié venaient du Mexique et près d'un quart des différents pays des Caraïbes. Le reste se répartissait en proportions à peu près identiques entre ceux qui étaient originaires d'Amérique du sud et d'Amérique centrale.

Si les Mexicains recensés aux États-Unis dépassaient quatre millions – deux fois plus que le nombre recensé dix années auparavant –, les immigrants qui ont vu leur nombre augmenter sur le rythme le plus élevé furent les Salvadoriens qui sont cinq fois plus nombreux qu'il y a dix ans. L'augmentation relative de l'immigration aux États-Unis de personnes en provenance des pays d'Amérique centrale fut également considérable : le nombre de Nicaraguayens, de Guatémaltèques et de Honduriens a triplé[37].

C'est au cours des dernières décennies que ce processus a pris de l'ampleur. En effet, en 1950 les migrations de Latino-Américains

34. OEA, *Las migraciones laborales en México*, Washington D.C., 1985.
35. M. Bogan, *Migraciones en la Región Centroamericana y la Cuenca del Caribe. Antecedentes, situación actual y perspectivas*, Curso Interamericano sobre Migraciones Internacionales, OIM-OEA-Gobierno Argentino, Mar del Plata, 1995.
36. OEA, *op. cit.*
37. CEPAL-CELADE-FNUAP, *Conferencia Regional Latinoamericana y del Caribe sobre Población y Desarrollo*, MEX/CEP/10, México D.F., 1993.

représentaient 9 % du total des étrangers résidant aux États-Unis, puis 11 % en 1960, 21 % en 1970, et enfin 27 % en 1980[38].

Dans le cas du Guatemala, la violence armée a provoqué des mouvements d'émigration vers le Mexique. Les programmes de rapatriement volontaire ont concerné 16 700 personnes jusqu'au milieu de l'année 1994[39]. Par ailleurs, on estime qu'il y a au Guatemala environ 250 000 personnes originaires d'Amérique centrale, venues pour la plupart du Salvador ou du Nicaragua[40], qui sont en situation irrégulière. Le nombre d'étrangers nés dans d'autres pays latino-américains atteignait environ 30 000 en 1981. De plus, 70 000 Guatémaltèques environ seraient recensés dans d'autres pays, la majorité d'entre eux aux États-Unis et une minorité en Amérique latine. C'est ce dernier groupe qui aurait augmenté brusquement au cours des dix dernières années, avec le déplacement vers le Mexique de près de 100 000 personnes.

Le Salvador est un pays qui, traditionnellement, a connu des mouvements d'émigration de travailleurs[41], mais le nombre des émigrés salvadoriens entre 1980 et 1982 s'est notablement accru, avec le départ hors du pays de plus d'un million de personnes ayant fui la guerre[42]. On a calculé qu'il devait y avoir près de 190 000 Salvadoriens dans les différents pays d'Amérique centrale, parmi lesquels 27 000 étaient assistés par l'ACNUR.

Par ailleurs, le recensement de 1990 aux États-Unis a enregistré la présence d'un demi-million environ de Salvadoriens. On remarquera que le volume de cette émigration représenterait presque 10 % de la population du Salvador du milieu des années 80[43]. Selon les données disponibles, entre 1970 et 1980, le nombre de Salvadoriens ayant émigré vers des pays extérieurs à l'Amérique latine a triplé et a même décuplé, semble-t-il, dans les années 1990.

L'émigration des Honduriens diminue et passe de 60 000 dans les années 1970, à 50 000 dans les années 1980, mais avec des différences en ce qui concerne les pays de destination. Dans les années 1970, le nombre des émigrés honduriens se répartissait également entre les pays latino-américains d'une part, et des pays comme les États-Unis et le Canada de l'autre. Dans les années 1980, plus de 80 % d'entre eux émigraient vers ces deux derniers pays.

Dans le cas du Nicaragua, on peut remarquer que, si les déplacements de ses ressortissants vers d'autres pays ont doublé entre 1970 et 1980,

38.   B. Weller ; W. Serow et D. Sly, *Impact of migration in the receiving countries*, United States, CICRED-OIM, Geneva, 1994.
39.   M. Bogan, *op. cit.*
40.   M. Bogan, *op. cit.*
41 .   Lelio Mármora, *Bases para una política nacional de migraciones laborales en El Salvador*, Mimeo, UNFPA, ELS/77/PO1, El Salvador, 1978.
42.   T. Basok, *Keepings heads above water. Salvadorean refugees in Costa Rica*, McGill-Queen's University Press,1993.
43.   M. Bogan, *op. cit.*

c'est sans doute que les guerres civiles et leurs conséquences ont poussé d'importantes parties de la population à émigrer à l'étranger. Par ailleurs, les conflits armés dans la région ont obligé le Nicaragua à accueillir des réfugiés du Salvador (environ 7 000) et, en moins grand nombre, du Guatemala. Avec le retour de la paix et la relance du processus de démocratisation, le Nicaragua a accueilli 62 500 rapatriés, même si on estime entre 50 000 et 75 000 personnes le nombre de ceux qui ont été forcés d'émigrer et se trouvent encore hors des frontières[44].

Le Panama est un pays qui a toujours accueilli de forts contingents de migrants latino-américains, dont le nombre n'a cessé de croître durant les conflits des années 1980. Selon les estimations de l'ACNUR, on estime aux alentours de 40 000 à 50 000 personnes le nombre d'étrangers venus dans ce pays[45]. La plupart des émigrés panaméens partent aux États-Unis, au Canada et au Costa Rica[46].

Le nombre de Panaméens à l'étranger est passé de 29 000 environ en 1970 à 70 000 en 1980. Les chiffres du recensement de 1990 aux États-Unis indiquent qu'ils seraient 85 000.

Quant à l'Europe, on affirme que l'émigration latino-américaine y a augmenté durant la dernière décennie. Cependant, si on compare les stocks migratoires respectifs de l'Europe et de l'Amérique latine, on s'aperçoit que les ordres de grandeur sont bien différents. Selon les chiffres des recensements, les Européens en Amérique latine dépassaient les deux millions, en raison des anciens contingents migratoires, tandis que les latino-américains en Europe n'atteignaient pas un demi-million.

Politiques migratoires et régulation des flux durant les années 1990

La « crise » ou « dérégulation » migratoire, analysée par différents auteurs pour ce qui est de l'Europe[47], touche aussi l'Amérique latine (particulièrement l'Amérique du sud) au cours des années 1990. La situation y est cependant bien différente de celle de l'Europe, où les affrontements ethniques provoquèrent d'importants déplacements forcés de populations et où le manque de main d'œuvre transforma des nations historiquement tournées vers l'émigration – Espagne, Italie, Grèce, Portugal – en nouveaux pays d'immigration.

---

44. CIREFCA, *Documento de la República de Nicaragua. Diagnóstico, estrategia y propuesta de proyecto*, CIREFCA 98/8, 1989, cité par Bogan, 1995.
45. CIREFCA, *Documento de la República de Costa Rica. Diagnóstico, estrategia y propuesta de proyecto*, CIREFCA 98/6, 1989, cité par Bogan, 1995.
46. OEA, *Las migraciones laborales en Panama*, Washington D.C., 1995.
47. J. Hollifield, *L'immigration et l'État-Nation à la recherche d'un modèle national*, Paris-Montréal, L'Harmattan, 1997.

Malgré les différences de situations que l'on peut observer dans les deux régions, la dérégulation du phénomène migratoire en Amérique latine présente certains caractères comparables à ceux qui apparaissent en Europe.

Si, pour comprendre cette « crise » et la dérégulation qu'elle entraîne, on considère certaines relations-clés, comme État-opinion publique, État-société civile ou bien le rapport entre politiques idéales et politiques réelles, on voit apparaître une série de similitudes qu'il est intéressant de souligner.

D'abord, il convient de signaler que la perception du fait migratoire dans les pays récepteurs latino-américains a changé, de la même façon que dans le contexte européen de ces vingt dernières années. L'immigration a cessé d'être synonyme de développement, pour être perçue – par l'ensemble de l'opinion publique – de façon négative, à la fois socialement, culturellement et du point de vue de l'emploi.

La hausse du chômage, le déclin de l'État-Providence et l'augmentation de l'insécurité publique sont des éléments objectifs importants pour comprendre ce changement. Mais cette opinion négative se trouve également confortée par un certain discours politique démagogique et par le sensationnalisme de médias qui veulent en tirer profit.

Au regard de la relation société civile – État, on a assisté, en Amérique latine aussi, à la multiplication des acteurs sociaux concernés et à leur implication de plus en plus grande.

Les décisions qui portent sur les politiques migratoires, considérées jusqu'ici comme relevant exclusivement de l'administration de l'État, sont devenues peu à peu des questions qui concernent le gouvernement, l'État lui-même, en raison du rôle que jouent les différents protagonistes du monde politique, et enfin la société toute entière du fait de la participation de divers secteurs de la société civile[48].

Dans certaines situations ponctuelles, la perception négative de l'immigration a pris la forme de comportements anti-émigrés de la part de secteurs xénophobes extrémistes qui, même s'ils n'atteignent pas le niveau de ce que l'on connaît en Europe, utilisent des arguments et des méthodes similaires.

En outre, et toujours dans une moindre mesure qu'en Europe, diverses organisations non gouvernementales, les Églises, l'État lui-même par la mise en place d'instances gouvernementales et par l'adoption de lois contre la discrimination, ont réagi pour prendre la défense des immigrants sur la question des droits de l'homme.

De la même façon, en ce qui concerne la relation entre les politiques migratoires idéales et les politiques réelles, le durcissement des lois et la gestion du problème de l'immigration en Amérique latine ont permis,

---

48.   Lelio Mármora, « Derechos humanos y migraciones. Las cuestiones pendientes », *Revista Migración. Derechos Humanos*, FCCAM, n°53, Buenos Aires, enero-marzo 2000.

comme en Europe, de réduire l'immigration internationale dans la région. Mais, dans les deux cas, seule a pu être limitée l'immigration légale, puisque au cours des dernières années, le nombre des immigrants en situation irrégulière a été en constante augmentation. D'autre part, le trafic d'immigrants s'est intensifié vers les États-Unis, de sorte que certains pays d'Amérique centrale sont devenus des « lieux de transit » et ont dû prendre des mesures politiques et juridiques pour faire face à cette nouvelle situation.

Le droit à la libre circulation des personnes semblait avoir été reconquis lorsque le mur de Berlin est tombé ou lorsque l'Union européenne a décidé d'autoriser la libre circulation des travailleurs de ses États membres dans l'espace européen[49]. Ce principe, énoncé et proclamé dans l'article 13 de la Déclaration universelle des droits de l'homme de 1948, a été, dans la pratique, de plus en plus limité par les législations nationales.

Depuis les années 1970, les conditions d'entrée dans les pays d'accueil des travailleurs immigrés ou des demandeurs d'asile sont devenues de plus en plus strictes[50]. La contradiction entre la souveraineté juridique des États et les droits de l'homme des migrants semble s'être accentuée, à cause de quelques États qui refusent de laisser entrer les personnes qui le demandent[51]. Certains pays proposent des solutions qui rappellent celles qu'ont appliquées traditionnellement les gouvernements latino-américains depuis cinquante ans[52]. Lorsque l'immigration dépassait leurs prévisions et leur capacité d'absorption ils mettaient en place des programmes de régularisation extraordinaires, connus sous le nom d'« amnisties ».

Comme l'ont fait plusieurs pays d'Europe, Espagne, Italie ou France, des pays comme l'Argentine, le Chili et le Costa Rica, dans les années 1990, ont réalisé ce type de programmes qui ont permis de régulariser la présence dans le pays de centaines de milliers d'immigrants en situation illégale[53].

La recherche d'alternatives à cette situation critique pour des gouvernements qui veulent y remédier par des mesures administratives légales et efficaces a provoqué – dans le contexte latino-américain –, au cours de ces dernières années, une évolution des politiques qui traitent du problème.

---

49. D. Rotolone, « La mobilità tra i paesi dell'Unione Europea dopo Maastricht : alcuni spunti di riflessione », *Studi Emigrazione*, Vol. XXXV, n° 130, 1998.
50. L. Legoux, *La crise de l'asile politique en France*, Études du CEPED, Paris, 1995.
51. D. Jacobson, *Rights across Borders : Immigration and the Decline of Citizenship*, The Johns Hopkins University Press, Baltimore and London, 1996.
52. Lelio Mármora, *La amnistía migratoria de 1974 en la Argentina*, MIG WP 9S, OIT, Ginebra, 1983.
53. J. Salt et J. Stein, « Migration as a Business : The Case of Trafficking », *International Migration*, vol. 35, n°4, 1997.

À partir de la deuxième guerre mondiale, la définition et l'application des politiques migratoires (considérées comme partie de l'aménagement et du peuplement du territoire) relevaient pour l'essentiel d'un seul secteur gouvernemental : celui qui était chargé de contrôler qui entrait, qui sortait ou qui s'installait sur le territoire national. C'est aussi ce qui s'est passé en Amérique latine, avec l'action prépondérante des ministères de l'Intérieur et une participation de plus en plus importante, dans les années 1970, des ministères du Travail. La participation de ces derniers était due aux inquiétudes qu'on nourrissait à propos des marchés du travail où, d'une part, le chômage était en hausse et où d'autre part, on cherchait à organiser de façon ordonnée la mobilité de la main-d'œuvre.

Au cours des dix dernières années, d'autres secteurs se sont intéressés à ce problème et ont joué un rôle plus important. C'est le cas pour les ministères des Affaires Étrangères, par exemple, dans la mesure où les questions d'immigration occupent une place importante dans les discussions internationales, ainsi que pour d'autres ministères qui ont en charge des secteurs sociaux (particulièrement la Santé ou l'Éducation, en raison de l'impact que peut avoir l'immigration sur ces secteurs). Ainsi, ce qui relevait de la politique d'un ministère s'est transformé en une question relevant de la politique du gouvernement. L'intervention croissante des pouvoirs législatif et judiciaire d'un côté, et le fait que cette question soit devenue l'objet d'un débat politique dans le cadre du processus de démocratisation de l'autre, ont conduit alors à concevoir les politiques migratoires comme des politiques d'État.

Ces nouveaux acteurs, à leur tour, subissent des pressions provenant de l'extérieur du monde politique. Ainsi, divers secteurs de la société civile exercent des pressions pour exiger que soient respectés les droits de l'homme concernant les immigrés[54] tandis qu'une opinion publique anti-immigration, certains groupes intégristes ou différents collectifs et corporations vont afficher de plus en plus ostensiblement leur opposition à la présence des immigrés. De sorte que l'État se voit dans l'obligation de définir des politiques en réponse à ces pressions contradictoires venues de différents secteurs de la société.

Cependant, ces politiques ne sont plus le seul fait des sociétés des pays d'accueil. Les gouvernements des pays d'origine des migrants commencent à participer aussi à ces politiques, soit en élargissant le concept de citoyenneté, soit sous la pression de l'opposition politique, de la société civile ou des collectivités à l'étranger. C'est la raison pour laquelle les politiques d'un État vont se transformer en politiques des États, aussi bien ceux de départ que ceux d'arrivée. Des politiques unilatérales deviennent des politiques bilatérales et multilatérales, qui

---

54. Lelio Mármora, « Migraciones : Prejuicio y antiprejuicio », *Discriminación. En torno de los unos y los otros. Indice 20. Revista de Ciencias Sociales*, Centro de Estudios Sociales de la Delegación de Asociaciones Israelitas Argentinas, Buenos Aires, abril de 2000.

reposent sur quelques accords bilatéraux et multilatéraux existants, comme par exemple l'Instrument andin de migrations de travailleurs.

Ce processus ouvre de nouveaux lieux de réflexion et de débats, de nouvelles scènes de négociations et de nouvelles politiques consensuelles.

Les traditionnels forums de réflexion sur cette question étaient caractérisés par leur isolement : preneurs de décision enfermés dans leur volontarisme subjectif, analystes du phénomène réduits le plus souvent à un académisme où l'identification du problème empêchait d'imaginer des solutions, enfin activistes des droits des migrants, plus enclins à dénoncer qu'à proposer des solutions alternatives. Au cours des dernières années, cette séparation entre l'analyse, la prise de décisions par les gouvernements et l'assistance directe a eu tendance à se réduire. Dans différents forums, on a pu observer que le dialogue s'établissait mieux entre fonctionnaires nationaux et internationaux, chercheurs, représentants des Églises ou délégués d'organisations non gouvernementales.

En ce qui concerne les nouvelles scènes de négociation, on mettra l'accent aussi bien sur celles qui se placent à l'intérieur des régions que sur celles qui, dans une perspective bilatérale, se situent de préférence dans les zones frontalières. Les lieux régionaux de négociation ont été choisis en fonction des zones géographiques à l'intérieur desquelles se sont produits des déplacements de population (par exemple le « Processus Puebla » ou les conférences sud-américaines qui se sont tenues à Lima en 1999 et à Buenos Aires en 2000), ou bien à l'intérieur d'espaces régionaux, comme le Mercosur.

Les négociations dans des espaces bilatéraux ont eu lieu sur les frontières, car on a constaté l'existence de « transmigrations » frontalières et on a voulu favoriser l'unité d'action. Par exemple, à la frontière du Pérou et de l'Équateur, de la Colombie et du Venezuela, du Costa Rica et du Nicaragua, du Brésil et du Paraguay, de l'Argentine et du Brésil, du Chili, du Paraguay et de l'Uruguay.

Les nouvelles politiques concertées se sont fondées essentiellement sur des accords bilatéraux et multilatéraux qui, eux-mêmes, avaient été précédés par un certain nombre de traités particuliers visant à faciliter le transit des personnes, les déplacements de migrants en quête d'emploi, la sécurité sociale, la reconnaissance des titres et des qualifications, les déplacements dans les zones transfrontalières, les contrôles uniques aux frontières et la régularisation des migrants en situation irrégulière. On peut citer l'exemple des ressortissants du Brésil, du Chili, de l'Argentine, du Paraguay et de l'Uruguay qui, depuis plusieurs décennies, circulent entre ces pays sans avoir besoin de passeport ni de visa, munis de leur seule carte d'identité.

Le dernier progrès notable a été la signature des accords Argentine-Bolivie, Argentine-Pérou et Argentine-Paraguay.

Par ces accords, les gouvernements devraient garantir la régularisation et la gestion des mouvements migratoires entre ces pays.

L'importance de ces outils réside dans le fait que les processus de régularisation ne vont pas dépendre des bonnes ou mauvaises dispositions du gouvernement du pays d'accueil, mais d'une prise en compte de la protection du migrant – en fait et en droit – qui sera assurée également par le gouvernement du pays d'origine.

Ces accords ont pour caractéristique fondamentale de fixer une série de droits qui coïncident avec les droits établis par la convention des Nations Unies pour la protection du travailleur migrant et de sa famille. Parmi ces droits figurent l'égalité de traitement dans le travail (interdiction de quotas), la liberté de transfert des revenus, l'accès à l'éducation même pour ceux qui sont en situation irrégulière, la mise en place d'organismes d'inspection du traitement réservé aux migrants sous contrôle international, des programmes d'information destinés aux migrants potentiels, enfin des actions conjointes pour lutter contre ceux qui font du trafic de main-d'œuvre et exploitent les immigrants.

Par ailleurs, les accords proposent des engagements bilatéraux sur des programmes et des politiques migratoires de développement frontalier, de création d'emplois et de projets communs pour l'amélioration des conditions de vie dans les zones frontalières.

En outre, pour suivre le développement de ces programmes, seront créées des commissions mixtes consultatives, chargées des interprétations, des modifications, des développements et des normes complémentaires.

Deux de ces accords, Argentine-Bolivie et Argentine-Pérou, sont entrés en vigueur en 1999.

Le troisième, Argentine-Paraguay, n'a pas été ratifié par le congrès paraguayen et de ce fait n'a pu entrer en application. Pour les deux premiers, on calculait que la régularisation pourrait concerner – selon les estimations officielles – près de 100 000 personnes, mais dans la pratique le nombre des régularisations n'a atteint que 10 % des prévisions. Le déséquilibre entre le discours et la pratique et entre l'accord et ses applications concrètes est patent.

Le problème qui est posé est celui du rapport entre l'accord et son application. L'objectif de l'accord est neutralisé par les exigences de son application, laquelle se trouve limitée par les législations nationales qui, à leur tour, sont conditionnées par les pressions politiques exercées par les humeurs de l'opinion publique et par les pressions économiques liées « au commerce migratoire ».

Les accords signés par l'Argentine n'ont pas atteint leur objectif de régularisation, en partie à cause des coûts élevés que les impôts impliquent pour les immigrants en situation irrégulière.

Au cours des dernières années, les impôts et les droits de douane relatifs aux immigrants ont été, en valeur réelle, multipliés par sept et même par quatorze et le coût de la Carte d'Identité par huit. En outre, un contrat signé avec une entreprise multinationale pour améliorer le contrôle frontalier, l'émission de documents d'identité et la liste électorale, oblige l'État argentin à verser – durant douze ans – à la dite entreprise tout ce qu'il a perçu en impôts, en droits de douane et au titre des documents d'identité. C'est dire que l'État argentin ne peut négocier des rabais sur ces coûts, sauf s'il est prêt à payer ce prix réduit à la compagnie avec laquelle il a passé le contrat. Bref, la politique relative au problème de l'immigration se verrait conditionnée par les clauses de ce contrat.

Au-delà des problèmes mentionnés, les solutions proposées par les gouvernements latino-américains au cours des dernières années vont dans le même sens que celles mises en place en Europe ou dans d'autres régions, comme l'Amérique du nord : sur la base de politiques restrictives généralisées, on tente de résoudre, au moyen de mesures d'exception, le problème posé par l'accumulation massive d'immigrants en situation irrégulière et parallèlement, on lance des projets de flexibilisation des flux (cette pratique jouit d'une longue tradition en Amérique du sud), grâce à des accords multilatéraux ou bilatéraux dans le cadre de processus d'intégration.

Conclusion

Depuis qu'elles sont devenues des nations indépendantes, les républiques latino-américaines ont dû faire face au problème de manque de main-d'œuvre, qu'elles ont tenté de résoudre en mettant en place des politiques visant à promouvoir la venue d'immigrants, essentiellement d'Europe.

Les résultats de ces politiques ont connu plus ou moins de succès selon les possibilités qu'offraient les différents pays. Ce sont les politiques du sud du continent qui ont obtenu les meilleurs résultats.

De leur côté, les pays européens facilitaient le départ des émigrants et favorisaient l'établissement de liens avec les pays de destination.

Avec la crise de 1929, les politiques latino-américaines changent radicalement et les frontières se ferment pour protéger la main-d'œuvre nationale du chômage d'abord, et ensuite – dans certains pays – pour ne pas mettre en péril la « culture nationale ». Pendant la même période, en Europe, plusieurs pays européens ont pratiqué des politiques de rétention des migrations et les conflits des années 1940 ont rendu la mobilité difficile.

L'après-guerre voit de nouveau les pays latino-américains s'ouvrir à l'immigration, mais cette fois il ne s'agit plus d'une immigration de masse. L'immigration est devenue sélective et se fait en fonction des besoins des marchés du travail en personnel qualifié. Dans les pays du sud de l'Europe, l'émigration vers l'Amérique latine reprend, tandis que dans ceux du nord de l'Europe se manifeste un besoin de main-d'œuvre immigrée, qui finira par attirer la plupart des flux migratoires vers ce continent.

Les années 1970 – après la crise du pétrole – sont marquées par l'adoption de politiques restrictives aussi bien en Amérique latine qu'en Europe. En Amérique latine, les mesures restrictives imposées par les gouvernements militaires s'ajoutent à la nécessité de protéger du chômage la main-d'œuvre nationale.

Ces politiques atteignent, dans les années 1990, leur plein développement, mais sont confrontées à une « crise de régulation » qui est due à plusieurs facteurs. D'un côté, de plus en plus de secteurs du monde politique et des gouvernements interviennent dans leur définition ; de l'autre, se fait sentir la pression croissante de différents secteurs de la société civile, les uns favorables, les autres opposés aux migrants. Tout cela, ajouté à l'attention permanente que portent à ce sujet l'opinion publique et les organes de communication, a conduit les pays d'Amérique latine ainsi que les pays européens à rechercher des solutions politiques consensuelles.

L'Amérique latine, en prenant comme exemple les accords de Schengen qui font partie du processus d'intégration européenne, a fréquemment recherché des alternatives bilatérales et multilatérales, afin d'apporter des solutions adaptées à ce problème.

Ainsi, la construction de ces espaces consensuels a progressé notablement durant ces dernières années, aussi bien au travers d'accords bilatéraux et multilatéraux *ad hoc* que grâce à la prise en compte de la variable migratoire dans les processus d'intégration régionale.

Les investisseurs européens
en Amérique latine

Javier SANTISO

Depuis plusieurs années, les pays d'Amérique latine attisent un appêtit croissant de la part des investisseurs étrangers. Les programmes de stabilisation macro-économique et l'enracinement du régime démocratique ont contribué à transformer les contraintes d'hier en opportunités d'avenir pour les firmes étrangères. Celles-ci sont désormais accueillies à bras ouverts par les gouvernements locaux qui se sont délestés, au cours de la « décennie perdue », du modèle de développement autocentré. Aussi les flux d'investissements directs étrangers (IDE) sont-ils passés de 9 milliards USD en 1990 à plus de 67 milliards USD en 1998.

Sans surprise, les principaux pays récepteurs des flux d'investissements directs dans la région sont également les principales économies de la région. À eux seuls, le Brésil et l'Argentine concentrent plus de la moitié du stock d'Investissements directs étrangers (IDE) cumulé en Amérique latine. En 1998, le Brésil arrive en tête du classement (24 milliards USD d'IDE), distançant le Mexique (9 milliards USD) et l'Argentine (6 milliards USD). Le Brésil s'impose ainsi comme le deuxième récepteur d'IDE parmi les pays émergents, le Mexique et l'Argentine venant respectivement en troisième et cinquième position. On soulignera également la performance de l'économie chilienne qui, avec 4,7 milliards USD d'IDE, figure dans le peloton des dix premiers récepteurs d'IDE parmi les économies émergentes.

La région latino-américaine s'impose donc désormais comme une des principales bénéficiaires de la stratégie d'internationalisation des entreprises. Ce renversement n'est pas sans conséquences pour les firmes engagées dans la région comme pour les pays récepteurs. On mettra ici en évidence les principales, en particulier du point de vue des stratégies des opérateurs européens dans la région.

Tableau 1

Principales firmes européennes implantées en Argentine, au Brésil et au Chili
(en % des ventes totales de l'année 1997 dans le monde)

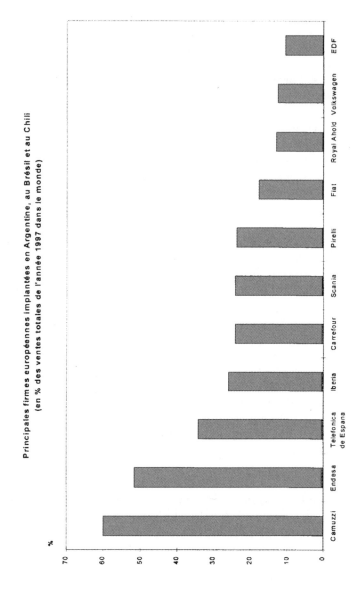

Source: CEPAL, 1999; rapports annuels des entreprises, 1999

Le pari latino-américain des firmes européennes

Le premier constat que l'on peut faire porte sur le caractère désormais stratégique des relations entre les pays d'Amérique latine et l'Europe. Pour les premiers, le rapprochement avec les Européens permet de contrebalancer la présence nord-américaine dans leur économie à l'heure de l'intégration commerciale hémisphérique. Mais surtout, pour nombre d'entreprises européennes, la ruée vers les Amériques a été l'occasion de prendre à temps le train de la mondialisation et d'affirmer ainsi leur présence sur la scène économique mondiale.

Ce pari latino-américain est flagrant pour les investisseurs espagnols. Dans un laps de temps très court, ils ont considérablement accru leur présence dans la région, cette expansion s'inscrivant dans une stratégie d'internationalisation accélérée, caractérisée par une forte poussée des investissements en direction de l'Amérique latine. Qu'il s'agisse des banques (BSCH et BBV) ou des industriels (Endesa, Ibéria ou Repsol), l'entrée sur le marché latino-américain a été pour tous ces groupes un moyen d'acquérir une réelle visibilité globale. Ainsi, l'opérateur Telefónica de España, désormais présent dans 17 pays, s'impose comme un acteur incontournable dans la région. Son patrimoine latino-américain lui permet de jongler avec les alliances internationales et de traiter d'égal à égal avec les géants du secteur des télécommunications. La récente dévaluation brésilienne, en janvier 1999, et l'entrée en récession de la plupart des pays de la région, n'ont d'ailleurs pas tempéré les visées des entreprises espagnoles, dont le total investi dans la région, au cours du premier semestre 1999, a représenté plus de 60 % des opérations de fusions et acquisitions réalisées en Amérique latine, l'essentiel s'expliquant par les grandes OPA lancées par Repsol sur l'argentin YPF (13,5 milliards USD) et par Endesa sur les chiliens Enersis et Endesa Chile (3,6 milliards USD).

Ce pari latino-américain n'est pas seulement le fait des entreprises ibériques. En Europe, d'autres firmes comme l'italien Fiat ou l'allemand Volkswagen, pour ne citer que le secteur automobile, ont une présence ancienne dans la région. Certaines, comme Carrefour par exemple, y ont connu des réussites exceptionnelles, l'expansion latino-américaine au cours des dernières décennies ayant servi de véritable tremplin pour l'internationalisation tous azimuts du groupe. Rappelons en effet que les gains dégagés par la firme en Amérique latine ont permis d'accumuler un substantiel trésor de guerre : en 1997, les ventes réalisées par Carrefour au Brésil et en Argentine représentaient 21 % du total mondial (contre 57 % pour la France) mais surtout plus de 34 % de ses bénéfices étaient réalisés dans ces deux pays (contre 45 % en France).

Tableau 2

Principales exportations en Argentine, au Brésil et au Chili des firmes européennes (en % des ventes totales dans le monde, année 1997)	
Camuzzi	60
Endesa	51,7
Telefonica de España	34,1
Iberia	25,8
Carrefour	24,2
Scania	24,1
Pirelli	23,7
Fiat	17,7
Royal Ahold	12,9
Volkswagen	12,4
EDF	10,3
Unilever	9,7
Nestlé	9,2
André & Cie	9,1
Heineken	9
Royal Deutch Shell	7,5
Ericsson	7,3

Source : CEPAL, 1998

Conséquence de cet engouement croissant pour les Amériques de la part des firmes européennes, la région représente désormais pour certaines une part importante de leur chiffre d'affaires. Ainsi, la facturation latino-américaine de firmes comme Endesa (Espagne) ou Camuzzi (Italie) représente plus de 50 % du total de leurs ventes.

Parallèlement, le poids des entreprises étrangères dans les économies locales a également augmenté. Désormais les multinationales étrangères totalisent plus de 33 % des ventes des 500 premiers groupes de la région (contre 29 % en 1994). La présence des firmes étrangères – et en particulier européennes –, est devenue singulièrement importante en Argentine, au Brésil et au Chili (tableau 3).

Tableau 3

Ventes pour l'année 1997 des 100 premières filiales d'entreprises étrangères implantées en Argentine, au Brésil et au Chili (en % du total latino-américain)

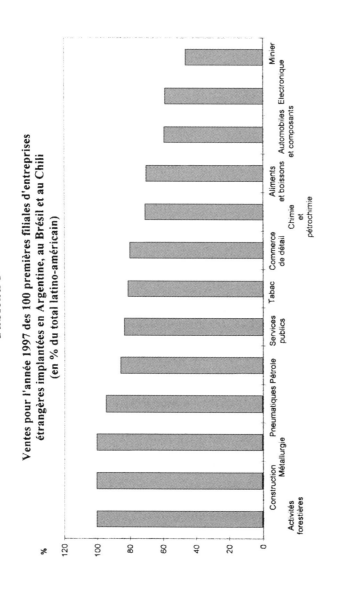

Sources: CEPAL, 1999 ; CEP, Ministère de l'Industrie de la République d'Argentine, 1999.

De ce fait, les ventes agrégées des filiales de multinationales étrangères dans ces trois pays représentent désormais 70 % des ventes totales latino-américaines. Si les États-Unis ont une présence plus diversifiée sur le continent, les Européens en revanche concentrent 60 % de leurs investissements latino-américains dans ces trois pays. La présence des firmes européennes dans ces pays est également décisive du point de vue des ventes (tableau 4).

Tableau 4
Pays d'origine des principales filiales d'entreprises multinationales implantées en Argentine, au Brésil et au Chili
(en fonction des ventes 1997)

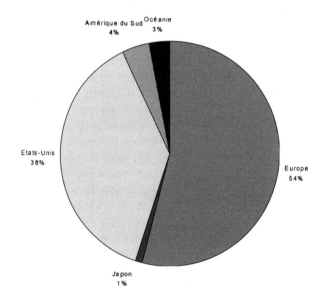

Sources: CEPAL, 1999 ; IADB, 1999 ; CEP, ministère de l'Industrie de la République d'Argentine, 1999.

Certains pays européens, comme l'Allemagne ou l'Italie, consacrent à cet ensemble jusqu'à trois quarts du total de leurs IDE en Amérique latine. Les firmes allemandes concentrent à elles seules 11 % des investissements réalisés par les 100 premières filiales de multinationales au sein du Mercosur. Elles précèdent les entreprises italiennes (8,5 % du total), anglo-hollandaises (8,2 %), françaises (7,7 %), espagnoles (7,5 %)

et suisses (5,1 %). D'un point de vue sectoriel, ces firmes sont surtout actives dans le secteur manufacturier (64 sur les 100 premières) et dans celui des services publics (13 sur 100).

La course aux Amériques : l'impératif de la vitesse

Au-delà des volumes engagés, ce qui retient l'attention est l'extrême rapidité de cette ruée vers l'Amérique latine des investisseurs européens. Ainsi, en 1997, plus de 70 % des IDE réalisés en Amérique latine l'ont été sous forme de prises de participations majoritaires, de rachats de firmes locales ou d'acquisitions d'actifs dans le cadre des privatisations. Autrement dit, la préférence des investisseurs est allée majoritairement à des stratégies d'entrée rapide sur ces marchés, le transfert d'actifs étant préféré à la création *ex-nihilo* d'unités locales. Dans certains pays, comme l'Argentine par exemple, le rachat d'entreprises préexistantes a été massivement pratiqué, 97 % des firmes étrangères ayant opté en 1997 pour cette stratégie d'entrée rapide ou d'accélération de leur présence.

Cet impératif de vitesse s'avère particulièrement important pour les firmes européennes. La présence des groupes européens dans la région est certes parfois ancienne mais, de manière générale, elle ne s'est accrue qu'au cours des dernières années. L'investissement dans la région a été traditionnellement l'affaire des firmes nord-américaines qui bénéficient d'un effet de proximité géographique, notamment en direction du Mexique et du bassin des Caraïbes. Mais, même si l'on s'en tient aux pays du Mercosur, les États-Unis figurent parmi les premiers investisseurs en termes de flux cumulés depuis 1980 (60 % du total contre 35 % pour les Européens). Néanmoins, en quelques années, les entreprises européennes ont remarquablement accéléré leur présence dans la région, comme le confirme le dernier classement opéré par la Cepal : en 1997, 10 d'entre elles figuraient parmi les 25 premières entreprises étrangères implantées en Amérique latine, l'allemand Volkswagen tenant la deuxième place. De même, au niveau bancaire, seize institutions européennes font désormais partie des 25 premières banques étrangères implantées dans la région.

Le déploiement des Européens, engagés tardivement dans cette course aux Amériques, répond donc à un impératif de rattrapage du temps perdu. C'est le cas de nombre d'opérateurs entrés en Amérique latine au cours de ces dernières années à la faveur des processus de privatisations. Mais c'est également le cas d'opérateurs dont la présence est plus ancienne et qui ont dû accélérer leur expansion afin de préserver leurs parts de marchés. Ainsi le groupe Carrefour, confronté à une concurrence accrue, a poursuivi son expansion latino-américaine au cours de ces dernières années. Le plus remarquable dans le cas de Carrefour n'est pas, en effet, le calendrier d'entrée sur les marchés latino-américains, relativement précoce (1974 et 1981 respectivement pour le Brésil et l'Argentine), mais bien l'accélération de son rythme d'implantation : le nombre des magasins est passé, au cours des cinq dernières années, de 24 à 59 au Brésil et de 6 à 21 en Argentine, le groupe multipliant de plus les ouvertures de magasins ailleurs dans la région (Mexique, Chili, Colombie et Uruguay).

Une enquête qualitative menée auprès des principaux investisseurs français dans la région[1] montre clairement que les motivations premières de leur entrée dans la course aux Amériques tiennent prioritairement à la stratégie d'internationalisation des groupes, qui, à l'heure de la globalisation, impose aux firmes de s'implanter dans les pays émergents à potentiel de croissance rapide. Cette motivation a une importance « très élevée » pour 90 % des investisseurs hexagonaux, au point qu'elle devance même les « perspectives de la demande nationale » dans le classement des raisons d'investir dans la région. Une autre caractéristique remarquable de ce déploiement latino-américain est qu'il s'inscrit dans le cadre d'une stratégie de longue durée. Ainsi l'horizon temporel de ces firmes dépasse très largement celui des stratégies de court terme : seuls 5 groupes sur 25 envisagent leurs investissements dans le cadre d'un horizon inférieur à 5 ans.

Autrement dit, au-delà des aléas conjoncturels, les firmes européennes engagent bel et bien un pari latino-américain en l'inscrivant d'emblée dans la durée. Ce pari constitue également un des vecteurs les plus sûrs d'affermissement des relations entre l'Amérique latine et l'Europe. Par le biais de leurs investissements directs, les entrepreneurs européens et latino-américains ont déjà renforcé les interdépendances économiques entre les deux régions en dépit de la timide politique euro-latine menée par Bruxelles ou les différents gouvernements européens.

---

1.   Paolo Giordano et Javier Santiso, « La course aux Amériques : les stratégies des investisseurs européens en Argentine et au Brésil », *Les Études du CERI*, n° 52, avril 1999, 36 p.

Les relations économiques de la France avec l'Amérique latine et la concurrence Europe/États-Unis

Laurent CHABOT

Cette analyse[*] porte d'une part sur l'évolution des flux commerciaux entre l'Europe et l'Amérique Latine et d'autre part sur la concurrence entre les États-Unis et l'Europe dans cette région.

L'évolution des flux commerciaux : une relation asymétrique et déséquilibrée au profit de l'Europe

La région Amérique latine a une part relativement modeste dans le commerce global de l'Europe et de la France (2,5 % des exportations totales, 2 % des importations, en 1999). Elle représente 7 % des exportations des entreprises européennes vers les pays tiers.

Ces chiffres doivent être remis en perspective :

– plutôt que de raisonner sur l'ensemble de l'Amérique latine, il est plus pertinent d'avoir une approche plus fine et en particulier d'isoler les liens commerciaux avec le Mercosur ;

– il faut compléter l'analyse des exportations par celle des investissements, qui ont été relativement importants depuis dix ans. Pour les entreprises étrangères, le marché latino-américain apparaît davantage comme un marché d'investissement que d'exportation, en raison de l'éloignement et des difficultés de pénétration du marché. Les flux d'investissements français vers l'Amérique du sud se sont ainsi accélérés depuis 1996. Leur part dans l'ensemble des investissements directs étrangers (IDE) français s'est élevée à 5,7 % en 1998 ;

---

[*] L'auteur s'exprime ici à titre personnel.

L'asymétrie entre les deux zones tient à ce que, en termes d'exportations, le marché européen est nettement plus important pour l'Amérique latine que ne l'est le marché latino-américain pour l'Europe. Le premier débouché latino-américain est l'Amérique du nord, de très loin (55 %). Mais l'Europe est le second partenaire de la zone (13 % des exportations de la région)[1]. La place de l'Europe est plus importante encore pour les pays du Mercosur : l'Europe (25 %) est le premier débouché à l'exportation hors Mercosur et le premier fournisseur (30 %) ; les États-Unis sont nettement en retrait.

En termes de flux, le marché latino-américain a été depuis dix ans un marché dynamique et porteur pour les exportations européennes. La progression des exportations européennes vers l'Amérique latine est sur la période plus forte que vers l'Asie (cf. graphique 1).

1. L'évolution des exportations européennes par zone

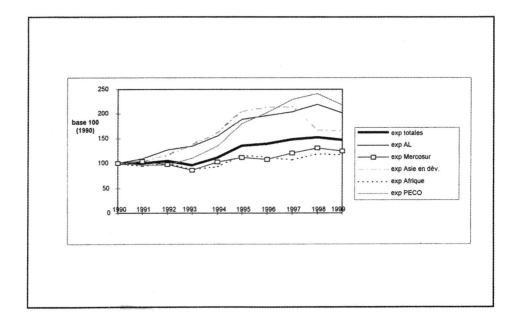

---

1.   Cette région est par ailleurs moins introvertie que l'Europe, les flux intra-Amérique latine ne représentent que 17 % du commerce global de la zone

Le dynamisme du marché latino-américain est encore plus net pour la France (cf. 2) : le marché du Mercosur a été plus porteur que celui des PECO, alors que le marché traditionnel africain stagnait et que l'Asie émergente était durablement touchée par la crise

2. Évolution des exportations françaises par zone

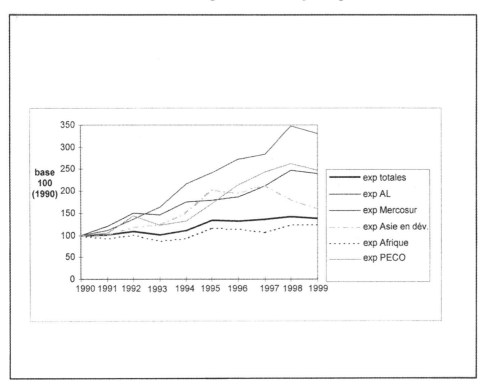

Pour l'Amérique latine en revanche (cf. 3), le marché européen est stagnant tandis que le marché des États-Unis est dynamique. On comprend la tentation de certains pays latino-américains, dans ces conditions, de privilégier l'intégration à l'échelle du continent américain.

Dans le cas du Mercosur (cf. 4), on constate aussi une stagnation des exportations vers l'Europe. Mais c'est le **marché intérieur**, et non les États-Unis, qui a le plus contribué à la croissance des exportations des pays membres du Mercosur.

3. Évolution des exportations latino-américaines

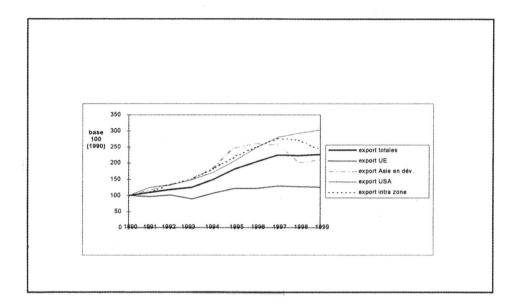

4. Évolution des exportations du Mercosur

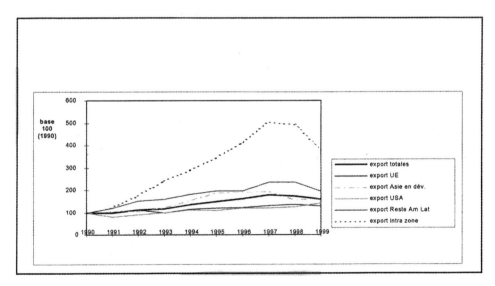

La conséquence logique du dynamisme des exportations et de la stagnation des importations européennes est le déséquilibre des échanges en faveur de l'Union européenne. Le creusement du déficit commercial latino-américain a été continu jusqu'en 1999 (cf. 5), où la récession a entraîné une contraction des importations sud-américaines (-15 %). Ce déséquilibre alimente les accusations de protectionnisme européen. Mais il est dû largement au positionnement des exportations latino-américaines sur des secteurs peu porteurs, dont la part dans le commerce mondial tend à baisser.

5. Évolution des soldes commerciaux avec l'Amérique latine

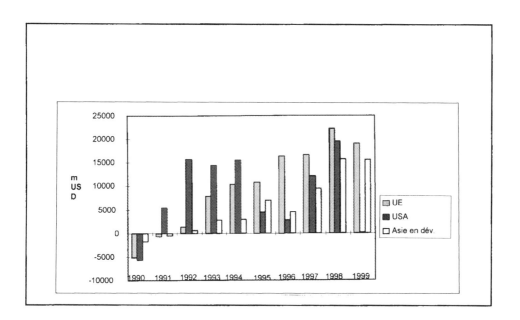

Comme l'Union européenne, la France est passée, sur les grands pays latino-américains, d'une situation de déficit commercial à une situation d'excédent. (cf. 6)

**6. Soldes commerciaux français
avec les principaux pays d'Amérique latine**

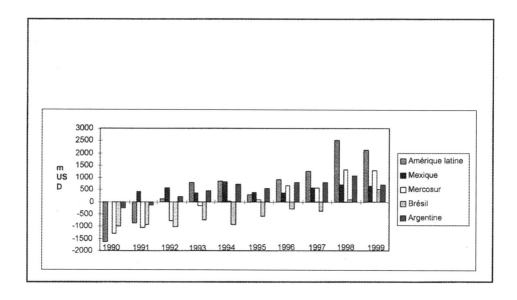

La concurrence Europe – États-Unis en Amérique latine : une position européenne plus forte dans le cône sud

Sur l'ensemble de l'Amérique latine, on constate une nette prédominance américaine (45 %), loin devant l'UE (de l'ordre de 20 %). Mais ce chiffre recouvre deux réalités bien distinctes (cf.7) :
-   au Mexique, surtout depuis la mise en place de l'Alena, la part de marché de l'UE recule. Elle est passée de 13 à 9 % depuis le début de la décennie ;
-   dans le Mercosur, la part de marché européenne avoisine les 30 % tandis que celle des États-Unis est plus proche de 20 %.

7. Évolution comparée des parts de marché américaines et européennes

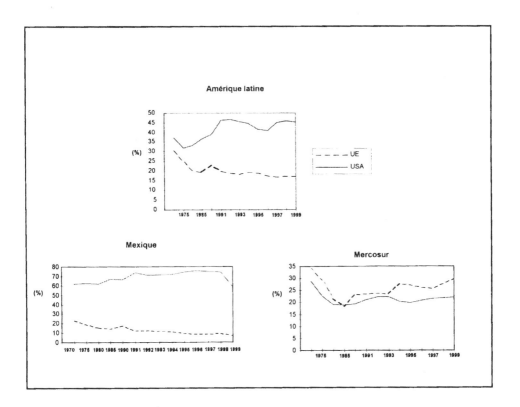

Par rapport aux autres pays européens (cf. 8), la performance de la France est moyenne. Elle est placée derrière l'Allemagne, qui résiste mieux, mais presque à égalité avec l'Italie, et devant l'Espagne. Au Mexique, le recul français est particulièrement net ; dans le Mercosur au contraire, la France est le pays européen le plus dynamique depuis 1997.

Dans le domaine de l'investissement, l'UE était très en retrait par rapport aux États-Unis. Les stocks d'investissements américains restent plus importants, mais l'écart tend à se réduire en termes de flux. En 1998, l'Europe a dépassé pour la première fois les États-Unis dans les flux d'IDE : 52 % des flux sont en provenance de l'UE (42 % en 1997), alors que 37 % viennent des États-Unis (52 % en 1997) et 11 % du Japon (5 % en 1997).

8. Évolution comparée des parts de marché des pays européens

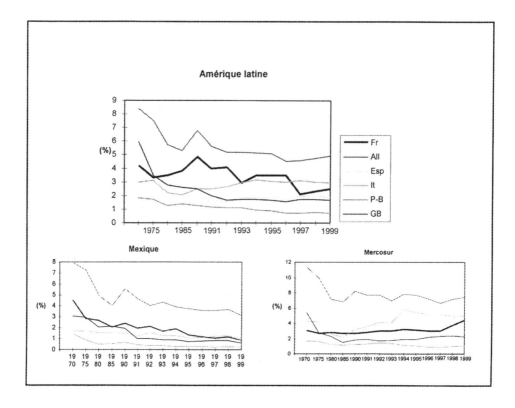

Cette concurrence de l'Europe et des États-Unis est bien sûr au cœur des négociations en cours pour la mise en place de l'ALCA d'une part et de l'accord de libre-échange entre l'UE et le Mercosur d'autre part. Après l'accord de libre-échange avec le Mexique, qui devrait permettre aux entreprises européennes de reconquérir des parts de marché, la négociation actuelle avec le Mercosur et le Chili est essentielle pour que nos entreprises puissent maintenir leurs positions en Amérique latine, tout particulièrement au Brésil et en Argentine. Les négociations commerciales ont déjà commencé sur le volet non tarifaire et seront étendues l'été prochain au volet tarifaire et aux services. La capacité de l'Union européenne à mener les négociations avec le Mercosur à un rythme au moins aussi rapide que les États-Unis sera décisive.

9. Origine des flux d'IDE en Amérique latine

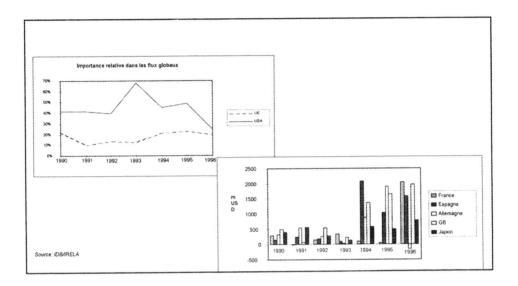

La coordination des politiques macroéconomiques dans le Mercosur et l'expérience européenne

Carlos QUENAN

Le Mercosur (composé de l'Argentine, du Brésil, du Paraguay et de l'Uruguay) a constitué, pendant les années 90, l'instance d'intégration la plus réussie de l'Amérique latine. L'attractivité de cette région vis-à-vis de l'investissement étranger direct, le développement des investissements intra-régionaux et, surtout, l'essor du commerce entre ses membres entre 1991 – date de sa création – et 1998 en témoignent. Pendant cette période, le dynamisme des échanges intrarégionaux du Mercosur – qui ont été multipliés par trois – a été largement supérieur à celui des autres instances d'intégration en Amérique latine et les Caraïbes (v. tableau p. suivantes). En peu de temps il est devenu le centre de gravité du processus d'intégration en Amérique du sud : la Bolivie et le Chili (qui, à partir de décembre 1997, fait part des organes de décision du Mercosur) ont depuis 1996 le statut de pays associés.

Toutefois, la crise de 1999, survenue à la suite de l'instauration d'un climat récessif chez les principaux membres de cet ensemble régional – résultat pour l'essentiel des effets de contagion engendrés par les crises asiatique et russe et de la brusque dépréciation de la monnaie brésilienne, le *real*, a donné un coût d'arrêt provisoire au processus d'intégration. De fait, les échanges intrarégionaux, qui avaient été multipliés par quatre entre 1988 et 1998, ont fortement reculé en 1999.

La crise a suscité de nombreuses interrogations quant à l'avenir du Mercosur et, en même temps, souligné l'importance de certains domaines jusqu'à présent plus ou moins négligés. En effet, les conflits sectoriels se sont multipliés et les problèmes latents sont apparus en pleine lumière : faible degré d'institutionnalisation, absence de coordination de politiques macroéconomiques, cette dernière question ayant été abordée de manière plus déterminée depuis la crise de 1999.

Cette évolution du Mercosur est particulièrement intéressante : le renforcement de la structure institutionnelle a été longtemps considéré comme non prioritaire tant que les flux d'échanges et d'investissements continuaient d'augmenter, pour se révéler soudain comme une faiblesse entravant le processus d'intégration lui-même. Dans un environnement marqué par une volatilité permanente, l'absence de coordination macroéconomique s'est révélée particulièrement coûteuse après la crise brésilienne de 1999.

Comme pour d'autres régions du monde où des processus d'intégration sont mis en place, la trajectoire européenne vers l'union monétaire est une source d'expérience et de réflexion pour l'Amérique latine, et en particulier pour le Mercosur.

Nous nous proposons d'examiner les progrès accomplis récemment au sein du Mercosur sur le plan de la mise en place de mécanismes de coordination macroéconomique en relation avec l'expérience de l'Union européenne dans ce domaine.

Dans un premier temps, nous rappelerons de manière synthétique les principales leçons de l'expérience européenne en matière de coordination des politiques macroéconomiques et d'intégration monétaire.

Ensuite, nous présenterons le cheminement suivi par le Mercosur pour aboutir aux mécanismes de coordination macroéconomique récemment mis en place.

Enfin, nous évaluerons les propositions avancées par le Mercosur à l'aune de l'expérience européenne dans ce domaine.

**Les résultats commerciaux de l'intégration régionale
en Amérique latine pendant les années 1990
(en millions de dollars et en %)**

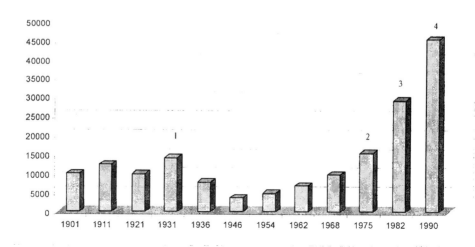

Les Latino-Américains en France 1901-1990   Source : INSEE

Le tableau ci-dessous remplace celui imprimé par erreur en bas de page sous l'intitulé :
les Latinos Américains en France 1901-1990

**Les résultats commerciaux de l'intégration régionale
en Amérique latine pendant les années 1990**
(en millions de dollars et en %)

	1990	1994	1995	1996	1997	1998	1999
ALADI							
1. Exportations totales	112.694	167.192	204.170	229.164	255.390	251.345	264.235
Taux de croissance annuel (%)	10,6	36,8	22,1	12,2	11,4	-1,6	5,1
2. Exportations intra-zone	12.302	28.168	35.552	38.449	45.484	43.231	34.391
Taux de croissance annuel (%)	13,2	26,2	26,2	8,2	18,5	-5,0	-20,4
3. Exportations intra-zone (2/1) (%)	10,9	16,8	17,4	16,8	17,8	17,2	13,0
PACTE ANDIN							
1. Exportations totales	31.751	33.706	39.134	44.375	46.609	38.896	43.211

Taux de croissance annuel (%)	30,2	13,6	16,1	13,4	5,0	-16,5	11,1
2. Exportations intra-zone	1.324	3.472	4.859	4.698	5.621	5.411	3.940
Taux de croissance annuel (%)	31,0	21,5	39,9	-3,3	19,7	-3,7	-27,2
3. Exportations intra-zone (2/1) (%)	4,2	10,3	12,4	10,6	12,1	13,9	9,1
Mercosur							
1. Exportations totales	46.403	61.890	70.129	74.407	82.596	80.227	74.300
Taux de croissance annuel (%)	-0,3	13,9	13,3	6,1	11,0	-2,9	-7,4
2. Exportations intra-zone	4.127	12.048	14.451	17.115	20.478	20.027	15.133
Taux de croissance annuel (%)	7,3	17,8	20,0	18,4	19,7	-2,2	-24,4
3. Exportations intra-zone (2/1) (%)	8,9	19,5	20,6	23,0	24,8	25,0	20,4
MCCA							
1. Exportations totales	3.907	5.496	6.777	7.332	9.275	11.077	11.633
Taux de croissance annuel (%)	9,2	7,2	23,3	8,2	26,5	19,4	5,0
2. Exportations intra-zone	624	1.228	1.451	1.553	1.863	2.242	2.333
Taux de croissance annuel (%)	8,9	6,0	18,2	7,0	19,9	20,3	4,1
3. Exportations intra-zone (2/1) (%)	16,0	22,3	21,4	21,2	20,1	20,2	20,1
Caricom							
1. Exportations totales	3.634	4.113	4.511	4.595	4.687	4.791	4.223
Taux de croissance annuel (%)	11,6	3,1	9,7	1,9	2,0	2,2	-11,9
2. Exportations intra-zone	469	521	690	775	785	...	...
Taux de croissance annuel (%)	2,9	2,6	32,4	12,3	1,2	...	...

3. Exportations intra-zone (2/1) (%)	12,9	12,7	15,3	16,9	16,7	...	...
Amérique latine							
1. Exportations totales	120.572	177.336	216.031	241.648	269.996	267.213	280.091
Taux de croissance annuel (%)	6,5	32,6	21,8	11,9	11,7	-0,8	4,8
2. Exportations intra-zone	16.802	35.065	42.740	46.562	54.756	51.674	42.624
Taux de croissance annuel (%)	8,2	20,1	21,9	8,9	17,6	-5,6	-17,5
3. Exportations intra-zone (2/1) (%)	13,9	19,8	19,8	19,3	20,3	19,3	15,2

Source : Commission Économique des Nations Unies pour l'Amérique latine et les Caraïbes

Principales leçons de l'expérience d'intégration monétaire européenne

La manière dont s'est déroulé le processus d'intégration européenne est unique ; elle correspond à la spécificité et à l'histoire particulière des pays européens[1]. Cette expérience est riche d'enseignements pour les pays tiers mais ne peut être directement transposée dans les pays tentés par une expérience d'intégration régionale. Elle suggère l'existence d'une relation ambivalente entre intégration monétaire et intégration économique : s'il est vrai que la monnaie peut exercer un puissant rôle d'intégration économique régionale, il reste qu'une intégration ne peut réussir entre pays pas trop hétérogènes.

Par ailleurs, l'expérience européenne comporte des risques importants. En effet, elle est encore incomplète, et même déséquilibrée, sur le plan institutionnel et politique. En particulier, l'insuffisance du « gouvernement économique », liée à l'absence d'intégration politique, est porteuse de risques pour l'Europe mais aussi pour les pays tiers.

Mais la construction européenne est un processus dynamique qui a su jusqu'ici générer des avancées institutionnelles permettant de surmonter

---

1.   Nous reprenons ici les arguments développés dans Luis Miotti, Dominique Plihon et Carlos Quenan, « Los efectos del euro en las relaciones financieras entre América Latina y Europa », présenté au *XIII Seminario Regional de Política Fiscal*, Santiago, 22-25 janvier 2001.

les obstacles. Ainsi, chaque étape a été le résultat de choix politiques décisifs : CECA (Communauté européenne du charbon et de l'acier), CED, Marché commun, Système monétaire européen, Marché unique et Union économique et monétaire. L'axe franco-allemand a joué un rôle moteur, quelle que soit la couleur politique des gouvernements (conservateurs ou sociaux-démocrates). L'aide américaine (plan Marshall) a également été décisive dans le lancement du projet européen au lendemain de la deuxième guerre mondiale.

D'autre part, les pays européens ont mis en œuvre le processus d'intégration d'une manière progressive, en commençant par la mise en place de politiques communes dans les domaines-clés de l'énergie et de l'acier (CECA), de l'agriculture (PAC), de l'aménagement régional (FDER) et de la monnaie (SME puis UEM). Il y a eu des échecs tels que le serpent monétaire européen, et le plan Werner (1970), qui avait déjà tenté d'instituer la monnaie unique, mais fut balayé en 1971 par la crise du Système monétaire international mis en place à Bretton-Woods en 1944.

Les gouvernements européens ont su adapter les instruments – et même la philosophie – de la construction européenne aux transformations de l'économie mondiale. Au départ, les politiques publiques ont joué un rôle central et l'accent a été mis sur la libéralisation des échanges commerciaux : c'est le Traité de Rome (1957) qui institua le Marché commun, dans lequel les questions monétaires jouaient un rôle secondaire, du fait du bon fonctionnement du système monétaire international.

Avec la montée de l'instabilité monétaire internationale à partir des années 1970, puis le processus de libéralisation et de globalisation financières internationales au cours des années 1980, la construction européenne s'est effectuée sur de nouvelles bases plus conformes aux transformations de l'environnement international : c'est l'Acte Unique (1987) qui instaure le marché unique sur une base libérale. La recherche de la stabilité monétaire interne et externe prend de l'importance avec la création du SME (1979) et l'instauration de l'Union économique et monétaire (1999) (voir encadré ci-après), qui s'est traduite par la naissance de l'euro. Celui-ci est l'aboutissement d'un long processus marqué par l'adoption d'une politique des changes commune, qui a été un vecteur décisif du processus de coordination des politiques macroéconomiques. Ensuite, ce processus est devenu celui de la convergence macroéconomique à partir du traité de Maastricht. Les contraintes en matière de convergence macroéconomique imposées par ce traité sont devenues, pour les pays signataires, la condition d'entrée dans l'union monétaire.

LES GRANDES DATES DE L'UNION MONETAIRE

1971 Adoption du plan Werner sur l'union monétaire

1972 Accords de Bâle sur la création du « serpent européen »

1973 (avril) Flottement des monnaies et création du FECOM

1979 (mars) Entrée en vigueur du SME

1985 (juin) « Livre blanc sur l'achèvement du marché intérieur »

1986 (février) Signature de l'Acte unique prévoyant, pour le 1er janvier 1993, la réalisation du marché unique

1986 (novembre) Directive sur la circulation des capitaux

1987 (juillet) Entrée en vigueur de l'Acte unique

1989 (avril) Plan Delors pour l'Europe monétaire

1990 (juillet) Début de la première étape de l'UEM ; libération totale des flux de capitaux

1990 (octobre) Entrée de la livre dans le SME

1990 (décembre) Lancement des deux conférences intergouvernementales sur l'union politique et l'union monétaire

1991 (décembre) Sommet de Maastricht ; adoption d'un nouveau traité sur l'union politique et l'union économique monétaire

1992 (septembre) Première crise du SME

1993 (juillet-août) Deuxième crise du SME ; élargissement des marges de fluctuations

1994 Début de la deuxième phase de l'UEM. Création de l'Institut monétaire européen (IME)

1995 Livre vert sur le scénario du passage à la monnaie unique. Adoption de ce scénario au sommet de Madrid

1996 Conférences intergouvernementales portant sur la révision et la consolidation du processus conduisant à la monnaie unique et sur des réformes institutionnelles permettant l'élargissement à de nouveaux membres des pays de l'Est

1996 (novembre) Retour de la lire dans le SME

1996 (décembre) Sommet de Dublin : définition du statut juridique de l'euro. Création du SME bis. Pacte de stabilité et de croissance

1997 (décembre) Sommet de Luxembourg sur l'emploi et le principe de l'adhésion de cinq PECO plus Chypre. Création du Conseil de l'euro

1998 (printemps) Choix des pays pour l'euro et des taux de conversion

1999 (janvier) Démarrage effectif de l'union monétaire

2002 Remplacement des monnaies fiduciaires nationales par l'euro

Source : Elaboré à partir de Jean-Pierre Faugère, *Economie européenne,* Presses de Sciences Po/ Dalloz, Paris, 1999.

La coordination des politiques macroéconomiques dans le Mercosur

Dans son préambule, son article 1er et son annexe V, le Traité d'Asunción – qui donne naissance au Mercosur – faisait référence à la coordination de politiques macroéconomiques. Le sommet du Mercosur réuni à Ouro Preto en décembre 1994 a souligné également le besoin pressant d'accélérer et de renforcer la coopération en matière de politiques budgétaire, monétaire et de contrôle des changes « afin de ne pas introduire de distorsions dans le processus d'amélioration de l'union douanière et de faciliter la construction à moyen terme d'un marché commun ». Cependant, un certain nombre de raisons expliquent que, malgré des déclarations officielles aussi ambitieuses, très peu de progrès aient été enregistrés dans ce domaine.

En premier lieu, le ciel a été clément envers le Mercosur à ses débuts. Le cycle économique était initialement désynchronisé entre l'Argentine et le Brésil, en partie en raison de la divergence de leurs politiques des changes. Entre 1989 et 1990, l'Argentine connut une récession accompagnée d'hyperinflation et d'une dépréciation du taux de change réel ; les conséquences furent négatives pour les exportateurs brésiliens, qui furent évincés de ce marché. Mais la situation commença à changer lorsque le Mercosur entra formellement en vigueur. Le « currency board », ou caisse d'émission argentine, créé par voie législative en avril 1991, provoqua une appréciation du taux de change réel de la monnaie nationale – le *peso* – et une forte reprise (croissance annuelle moyenne de 7,8 % en 1991-1994) tirée par la consommation intérieure[2]. Le Brésil enregistra une croissance bien plus modeste pendant la même période (2,6 %), son instabilité macroéconomique évoluant d'une inflation constamment très forte vers une hyperinflation. C'est pourquoi l'Argentine, souffrant traditionnellement d'un commerce bilatéral déficitaire, introduisit une série de barrières *ad hoc* affectant les exportations brésiliennes et commença à demander au Brésil une orientation plus stricte en matière de politique économique.

C'est ce que fit le Brésil en adoptant son *Plan Real* en 1994. L'inflation, qui tournait alors autour de 50 % *par mois*, baissa rapidement, la disponibilité du crédit à la consommation et l'augmentation du revenu réel disponible se combinant pour entraîner une hausse de la consommation interne. Lorsque le *real* brésilien s'apprécia par rapport au dollar (et donc au *peso*), la balance commerciale pencha en faveur de l'Argentine. Confrontées à la crise mexicaine de la fin 1994 au début 1995 (« l'effet tequila »), les autorités argentines décidèrent de sacrifier la croissance sur l'autel de la Caisse d'émission. Si le *real*

---

2.   Daniel Heyman et Bernardo Kosacoff (eds.), *La Argentina de los Noventa*, CEPAL, 2000.

n'avait pas été apprécié et si l'économie brésilienne n'avait pas connu une forte croissance, la récession aurait été plus forte et le chômage aurait enregistré une hausse plus sensible en Argentine. À partir du second trimestre de 1995, grâce également à la bonne performance des produits de base, les exportations vers le Brésil permirent à l'Argentine d'enregistrer un excédent commercial. Les flux de capitaux retrouvèrent leurs niveaux « pré-tequila » et les taux de croissance remontèrent de nouveau au sein du Mercosur en 1996 et 1997. Après la récession de 1995, la situation cyclique relative changea et la croissance prit de la vitesse en Argentine (et en Uruguay) tandis qu'elle en perdait au Brésil (et au Paraguay).

Le manque de coordination des politiques économiques s'explique toutefois par une autre série de raisons. Dans un environnement marqué par une instabilité macroéconomique endémique et des niveaux d'interaction initialement faibles, « l'offre » de coordination ne pouvait être que limitée[3]. À son tour, ce phénomène doit être associé à la diversité des régimes de change et aux difficultés à maîtriser les dépenses publiques, surtout au Brésil. Le régime monétaire et de change introduit en Argentine est d'une rigidité notoire et totale. Néanmoins, dans la mesure où la stratégie mise en place par le Brésil pour lutter contre l'hyperinflation était centrée sur une parité quasi-fixe face au dollar[4], on pouvait raisonnablement penser que le succès du *Plan Real* mènerait à une coordination plus étroite. Parallèlement, les inquiétudes concernant les performances « post-tequila » de la région latino-américaine et caraïbe diminuant et une baisse des taux d'inflation étant enregistrée, la situation budgétaire de la plupart des pays s'aggrava. Après une progression presque spectaculaire dans la première moitié des années 1990, la situation budgétaire de l'Argentine se détériora pour atteindre des niveaux de déficit faibles dans l'absolu mais inquiétants dans le cadre de la Caisse d'émission. Il en allait de même pour le Brésil, qui avait fait de la politique des changes l'élément central de sa stratégie de désinflation.

Ainsi, la situation budgétaire se révéla être le talon d'Achille du Brésil lorsqu'éclatèrent les crises asiatique et russe. La contagion conduisit les autorités de Brasília à relever leurs taux d'intérêt pour résister aux attaques spéculatives contre leur monnaie. L'explosion de la dette intérieure qui s'ensuivit fut insoutenable et reporta les projets de coordination macroéconomique. Déjà touchée par la crise asiatique du fait de la chute des prix internationaux des marchandises et de la hausse de la prime de risque sur les marchés financiers émergents, l'Argentine

---

3.   Roberto Lavagna, « Coordinación macroeconómica, la profundización de la interdependencia. Oferta y Demanda de Coordinación » , *Desarrollo Económico*, n° 142, 1995.

4.   Bien que l'ancrage nominal ait été a priori relativement flexible, car il était accompagné d'une marge de fluctuation pouvant être modifiée selon les développements conjoncturels.

tenta de se démarquer de son partenaire du Mercosur aux yeux des investisseurs internationaux. Le Brésil, quant à lui, fit la sourde oreille lorsque ses partenaires réclamèrent des informations transparentes et concentra tous ses efforts sur la nécessité de résister aux spéculateurs.

La dévaluation du *real* en janvier 1999 provoqua une série de différends commerciaux entre l'Argentine et le Brésil, dans un contexte d'échanges intra-régionaux en déclin (voir tableau précédent), même s'ils reprirent nettement en 2000. Les autorités de Brasília considéraient que leurs homologues de Buenos-Aires n'avaient pas fait grand-chose pour les aider, on se disputait sur la composante locale des automobiles fabriquées dans la région et on se reprochait des pratiques de dumping dans les industries du sucre, de la volaille et des produits laitiers. Mais les litiges récents doivent être replacés dans un contexte plus large et positif. Aucun de ces problèmes n'indique un retour au protectionnisme qui caractérisa le développement de l'Amérique latine pendant une bonne partie de l'après-guerre. Même si, en raison de la décision du Chili, le Mercosur tarde encore à réduire son tarif extérieur commun, ce dernier demeure, avec un niveau de 14 pour cent, environ trois fois moindre que les taux moyens d'Amérique latine au milieu des années 80. Malgré un rythme bien lent, le processus d'intégration régionale a fait des progrès.

De plus, comme c'est souvent le cas, la situation de crise a poussé les décideurs à analyser des sujets jusque-là tabous. En janvier 1999, le président Menem a proposé de « dollariser » l'économie argentine. Cette idée était surtout un signal envoyé pour rassurer les marchés et faire reculer le risque latent d'une attaque contre la Caisse d'émission. Mais pour devenir une tactique crédible, il fallait que cette proposition soit perçue comme une stratégie à long terme et, par conséquent, inclue une dimension régionale. Or, les autorités brésiliennes accueillirent la proposition de dollarisation avec davantage de scepticisme que d'enthousiasme, pour des raisons à la fois économiques et politiques. D'un côté, l'emploi du dollar est bien moins répandu au Brésil qu'en Argentine ; de l'autre, l'opinion publique brésilienne associe la dollarisation à une renonciation à la souveraineté nationale et aux aspirations du pays à jouer un rôle régional majeur. Les décideurs politiques et les grands hommes d'affaires brésiliens n'hésitèrent pas à accuser le président Menem de servir les intérêts des États-Unis et de vouloir la fin du Mercosur.

La crise et, plus généralement, l'impossibilité pour toute économie émergente de résister de façon autonome aux effets de contagion provoqua le besoin d'améliorer les forums et les processus de coordination en matière de politique macroéconomique. L'intérêt que suscita la proposition de dollarisation convainquit les autorités brésiliennes de présenter une demande de création de monnaie unique pour le Mercosur. Cet objectif ne pourra être atteint qu'à moyen, voire à long terme, mais il a le mérite d'avoir été mis sur la table dans un débat jusque-là réservé aux cercles académiques[5]. En 2000, les autorités choisirent de concentrer leur attention sur l'établissement de critères de convergence communs en termes d'équilibre budgétaire, de dette publique et d'inflation. L'hypothèse sous-jacente était que l'on pouvait améliorer l'environnement macroéconomique de chaque pays lorsqu'il y a solvabilité budgétaire et stabilité des prix[6]. Afin d'accélérer le processus de coordination de la politique macroéconomique nécessaire pour maintenir l'intensité des échanges en hausse constante et fournir aux investisseurs et autres décideurs économiques un horizon à long terme, la majeure partie des statistiques économiques et financières a été harmonisée en 2000. La prochaine étape est la maîtrise d'une série de variables de politique économique : le niveau et la variation de la dette publique nette et le taux d'inflation (pour l'instant, l'indice des prix à la consommation, avant de passer à des mesures d'« inflation de base » à partir de 2006). L'année 2001 est considérée comme une « période de transition » avant le début de la période d'« objectifs communs » en 2002[7]. En ce qui concerne le ratio entre la dette publique nette consolidée et le PIB, par exemple, le plafond est fixé à 3 pour cent à compter de 2002, le Brésil s'étant vu accorder une période de transition temporaire (pas plus de 3,5 pour cent pour 2002-2003). Un cadre institutionnel allégé a été mis en place pour gérer le processus de suivi. Le Groupe de suivi macroéconomique (*Grupo de Monitoreo Macroeconómico*, GMM), composé de hauts fonctionnaires du Trésor public, a fixé les critères de convergence en mars 2001. Les pays dans l'incapacité de satisfaire à ces critères devront présenter au GMM les mesures qu'ils entendent introduire pour redresser la situation et atteindre les objectifs à la fin de l'année où les mesures de correction auront été communiquées. Mais, bien entendu, avec l'éclatement de la crise argentine en décembre 2001, la démarche consistant à créer le GMM a été mise entre parenthèses.

---

5.   Barry Eichengreen, « Does Mercosur Need a Single Currency ? », NBER. *Working Paper*, n° 6821, 1998 ; Roberto Lavagna et Fabio Giambiagi, « Hacia la creación de una moneda común. Una propuesta de convergencia coordina-dora de políticas macroeconómicas en el Mercosur », *Ensaios BNDES*, n° 6, 1998 ; Daniel Heyman et Fernando Navajas, « Coordinación de políticas ma-croeconómicas en el Mercosur : algunas reflexiones », *in* « Ensayos sobre la inserción regional de la Argentina », CEPAL, Oficina de Buenos Aires, *Documento de Trabajo*, n° 81, 1998 ; Fabio Giambiagi, « Mercosul : Por que a unificaçao monetaria faz sentido a longo prazo ? », *Ensaios BNDES*, Rio de Janeiro, décembre 1999.
6.   Guillermo Rozenwurcel, « La experiencia del GMM del Mercosur », presented at the *XIII Seminario Regional de Política Fiscal*, Santiago, 22-25 janvier 2001.
7.   *Ibid.*

Le Mercosur et l'expérience européenne

Comme nous l'avons déjà signalé, la trajectoire européenne en matière de coordination de politiques macroéconomiques est une source d'expérience et de réflexion pour l'Amérique latine. Sachant qu'il n'est pas possible de transposer une expérience qui, comme nous l'avons vu, est unique, l'analyse de la séquence logique et des critères de convergence adoptés par l'Union européenne peut être d'une grande utilité pour les groupements régionaux latino-américains[8].

En particulier, les avantages généralement évoqués pour les processus d'intégration régionale de l'engagement dans une logique de coordination et de convergence macroéconomiques, dans la perspective d'une union monétaire, consistent à :

– résoudre les problèmes découlant d'une intégration incomplète, c'est-à-dire sans intégration monétaire (par exemple, le danger de dévaluations compétitives) ;

– minimiser les risques de recul du processus d'intégration ;

– pouvoir obtenir des gains de crédibilité ;

– avancer dans la conjugaison d'intérêts nationaux complémentaires.

En outre, toute discussion sur les avantages de la mise en place d'une ou plusieurs unions monétaires en Amérique latine doit être replacée dans le cadre des débats sur le nombre optimal de monnaies dans le monde, qui ont gagné du terrain récemment. Alors que le « principe » dominant d'«un pays, une monnaie» semble remis en cause, deux facteurs sont mis en avant pour soutenir que le nombre de monnaies devrait diminuer : d'une part, la forte augmentation des échanges internationaux de biens et de services qui va de pair avec l'expansion vertigineuse des transactions financières internationales et, d'autre part, l'importance accrue de la stabilité des prix et de la crédibilité, en tant qu'objectifs de la politique monétaire[9]. Cette dynamique de réduction du nombre de monnaies dans le monde (dont la naissance de l'euro fait partie) se double en Amérique latine de discussions sur la dollarisation mise en place en Equateur en 2000 et au Salvador en 2001, c'est-à-dire la substitution de la monnaie

8.   Roberto Zahler, « The euro and its effect on the economy and the integration of Latin America and the Caribbean », presented at the *Annual Meeting of the Board of Governors*, IDB, Paris, March 1999 ; IRELA, « El euro y América Latina : efecto e implicaciones », *Dossier* n° 70, Madrid, novembre 1999 ; Capítulos del SELA, « The impact of the euro on Latin America », *Système Economique Latinoaméricain* (SELA), Caracas, juillet -septembre 1998.

9.   Alberto Alasina et Robert J. Barro, « Currency Unions », *Working Paper* 7927, NBER, September 2000.

nationale par la monnaie plus forte et plus crédible d'un autre pays, en l'occurrence celle des États-Unis[10].

Dès lors, les options à moyen-long terme pour les pays latino-américains semblent se polariser, au-delà de la diversité des régimes de change en vigueur dans la région, entre la perspective d'une dollarisation totale et celle de la participation à une union monétaire régionale[11].

En ce qui concerne le cas du Mercosur, il semble clair que les principaux avantages d'une union monétaire concernent les gains de crédibilité et la possibilité d'atténuer le risque de recul pouvant résulter d'un processus d'intégration paralysé ou tronqué[12].

Toutefois, les conditions pour la mise en place d'une monnaie unique sont loin d'être réunies dans le cas du Mercosur. Celui-ci n'est pour l'heure qu'une Union douanière incomplète. Comme nous l'avons vu, alors que le marché commun n'est qu'un objectif, le Mercosur a, pendant ses premières années d'existence, prêté peu d'attention à la question de la coordination de politiques macroéconomiques, et la perspective d'une union monétaire a été absente de l'agenda des négociations. Ce n'est qu'avec les turbulences financières déclenchées par les crises asiatique et russe et par la crise de change brésilienne de 1999 que la coordination des politiques macroéconomiques est devenue un sujet d'actualité. La crise de l'intégration du cône sud (brusque modification de la parité bilatérale *real-peso*, accentuation des conflits sectoriels, chute des échanges intra-régionaux en 1999) s'est donc traduite par la mise en place, au sommet du Mercosur de juin 1999, du projet de « petit Maastricht », qui marque les débuts du processus de convergence macroéconomique.

Or, même les partisans d'une union monétaire envisagent cette option à longue échéance (par exemple, quinze ans pour F. Giambiagi). Ceci n'est pas cependant une raison pour ne pas tenir compte de l'expérience de l'union monétaire européenne. Comme nous l'avons vu, celle-ci n'a pas toujours occupé une place centrale dans le projet d'intégration européen. D'autre part, l'union monétaire européenne a été, elle aussi, le fruit d'un processus très long.

Certes, il semble évident que le Mercosur ne constitue pas une zone monétaire optimale car les pays qui le composent se caractérisent par un insuffisant degré d'intégration commerciale et financière, par la persistance de divergences importantes en matière d'objectifs des politiques macroéconomiques et par leur exposition à des chocs

---

10. Au sujet des avantages et des inconvénients de la dollarisation, voir Pierre Dempere, et Carlos Quenan, « Les débats sur la dollarisation en Amérique latine : un état des lieux », *in* Georges Couffignal (sous la direction de), *Rapport sur les changements en Amérique latine 2000*, IHEAL/La Documentation française, Paris, 2000.

11. Alicia García Herrero et Gabriel Glockler, « Unilateral Dollarisation versus Regional Monetary Union : Options for Latin America », Paper prepared for a *Strategic Seminar at the CERI*, Paris, November 2000.

12. Irela, *op. cit.*

asymétriques[13]. Or, dans le cas du processus d'intégration européenne certaines conditions indispensables à l'existence d'une zone monétaire optimale faisaient ou font encore aujourd'hui défaut. Mais cela n'a pas empêché que la dynamique mise en place à partir de la fixation de l'objectif d'une monnaie unique favorise une plus grande intégration financière et une coordination croissante des politiques économiques à même de transformer la Zone Euro en une « well-functioning currency area[14] ».

Néanmoins, il est certain qu'une différence substantielle entre l'Union européenne et le Mercosur réside dans l'inexistence en Amérique du sud d'un « pays d'ancrage » (« anchor country ») dont la monnaie pourrait constituer une devise-clé. Le cas du mark allemand, qui a pu asseoir sa crédibilité sur une longue histoire de stabilité, a été un atout majeur pour envisager une union monétaire réussie en Europe.

En tout état de cause, la voie choisie en 2000 par le Mercosur tenait aux conditions spécifiques en vigueur à ce moment-là. Elle reposait sur l'idée que ni les cibles prioritaires des politiques de coordination à mettre en place, ni les procédures pour les identifier ne découlaient automatiquement de la reconnaissance généralisée des bénéfices apportés par un traitement conjoint des questions macroéconomiques[15]. Ainsi, prenant acte du fait qu'un accord régional sur le plan monétaire et des changes n'était pas envisageable à court terme (à cause des différents régimes en vigueur en Argentine et au Brésil), le Mercosur cherchait à favoriser le renforcement de la stabilité macroéconomique et de la croissance dans chaque pays membre. La coordination se limitait à des variables clés (taux d'inflation, ratio de déficit budgétaire, évolution de l'endettement public), dont le suivi était assuré par la mise en place d'un cadre institutionnel léger, tandis que le processus d'harmonisation de l'information économique et financière était accéléré.

Cette perspective s'inspirait en partie du « modèle » européen car elle cherchait à opérer une convergence entre certaines variables décisives. Elle visait également à tirer profit de la riche expérience européenne en générant, le moment venu, des instances institutionnelles adéquates pour rendre opérationnel ce processus de convergence. Mais la voie choisie par le Mercosur s'éloignait aussi de l'expérience européenne dans la mesure où l'accent n'était pas mis, pendant la période initiale, sur la mise en place d'un accord régional sur le plan monétaire et des changes.

---

13. E. Levy Yeyati et F. Sturzenzegger, « The Euro and Latin America : is EMU a blueprint for Mercosur ? », *Working Paper*, Universidad Torcuato Di Tella, Buenos Aires, 1999.

14. Alicia García Herrero et Gabriel Glockler, *op. cit.*

15. Daniel Heyman, « Interdependencias y políticas macroeconómicas : reflexiones sobre el Mercosur », in Jorge Campbell (ed.), *Mercosur entre la realidad y la utopía*, CEI/Grupo Editor Latinoamericano, Buenos Aires, 2000.

Cependant, l'éclatement de la crise argentine, en décembre 2001, et l'abandon du régime de change fixe qui en a découlé, ont complètement changé la donne. L'établissement d'un régime de change flottant en Argentine pourrait ouvrir, à moyen terme, de nouvelles perspectives au développement de la coordination sur le plan de la monnaie et des changes entre les pays membres du Mercosur.

Cela impliquerait, néanmoins, que la « pesificación » de l'économie argentine et le nouveau régime de change flottant survivent aux tendances à l'hyperinflation et à la dollarisation qui les menacent.

La crise exemplaire d'un modèle européen en Amérique latine : les racines anciennes du retrait du modèle politique et culturel français

Denis ROLLAND

À la mémoire de Michel Lagrée et Frédéric Mauro

Français et francophiles ont abondamment glosé depuis plus d'un siècle sur le caractère déterminant de l'influence française dans la naissance des nouveaux États du sous-continent latino-américain. Aujourd'hui cependant, une antienne revient souvent dans ce Nouveau Monde : des révolutions d'indépendance et de la naissance des États-nations américains à nos jours, l'Amérique latine aurait progressivement changé de sphère culturelle, largué les amarres de l'Europe vieillissante ancrée, en particulier la France, dans un passé fastueux. Ce phénomène supposé requiert l'analyse.

Dès avant la fin de la première moitié du XIXe siècle et jusqu'au début du siècle suivant, l'Europe et la France sont omniprésentes en Amérique latine dans le discours et l'ensemble de la sphère publique. En France, ce « messianisme » français, selon le mot d'Albert Salon, est puissant, conscient, réfléchi[1]. Et l'argumentation paraît imparable : presque tout le sous-continent latin, Brésil excepté, a suivi dans le passage à la modernité politique une voie de rupture plaçant les nouveaux États, en matière de

---

Abréviations utilisées pour les citations de sources :
AMAE : Archives du ministère français des Affaires étrangères, Paris.
AMAE-N : Archives du ministère français des Affaires étrangères, Nantes.
BNF, FJ, TAL : Bibliothèque Nationale de France, Fonds Jouvet, Tournée en Amérique latine.
CPDOC-FGV : CPDOC, Fundação Getúlio Vargas, Rio de Janeiro.
NAW, RG 59 : National Archives, Washington. State Department files.
1. Albert Salon, *L'action culturelle de la France dans le monde*, Paris, Nathan, 1983.

référence, dans la mouvance de la Révolution française. Peu importe alors que la généalogie de certaines certitudes soit en ce domaine hasardeuse[2] ; cette référence drue, implicite et construite, appartient au patrimoine de la vie politique et culturelle de la plupart des États à l'orée du vingtième siècle et la représentation est créatrice de réalité.

Établie par les historiens à de multiples reprises, cette présence dans l'espace latino-américain public (et privé dans une moindre mesure) ouvre la perspective de ces pages qui interrogent le XXe siècle pour comprendre le reflux d'un modèle universaliste et d'une influence européenne importante.

Mais, parce que l'historien bute souvent sur de trop grandes certitudes quant à l'influence passée de la France, parce qu'une part des liens (et des illusions mutuellement entretenues sur ces liens) entre France et Amérique latine semble se dissiper dès les années 1920 et plus nettement avec la deuxième guerre mondiale, parce que la réciproque et persistante rhétorique d'amitié, dont les chaleureuses déclarations « mexicaines » des présidents de Gaulle en 1964 et Mitterrand en 1981, cache de plus en plus mal la toile de fond effilochée des relations entre France et Amérique latine, c'est dans la première moitié du siècle qu'il faut chercher les mécanismes de la crise du modèle français au XXe siècle, avec quelques éléments de sa production, de sa circulation et de sa réception.

Le corpus des idées françaises : des apparences constructrices de réalité au début du XXe siècle

L'Amérique latine et la mimétique de l'Europe

Le mot « modèle » a de nombreuses limites, qu'il ne convient pas d'analyser ici[3]. En revanche, vue d'Amérique latine, dans le contexte plus général du rapport des élites aux modèles européens[4], la France est considérée comme participant au premier chef de cette matrice supposée, fonctionnant souvent comme paradigme. S'identifier à la France ou à l'Europe par les idées, la pratique politique, culturelle ou sociale, le

2.   Cf. Romain Gaignard, *Les Aveyronnais dans la pampa. Fondation, développement et vie de la colonie aveyronnaise de Pigüe, Argentine, 1884-1974*, Toulouse, Privat, 1977 ; Patrice Gouy, *Pérégrinations des Barcelonnettes au Mexique*, Grenoble, PUG, 1980 ; Marie-Jeanne Paoletti, *L'émigration corse à Porto Rico au XIXe siècle*, thèse de doctorat, Aix-Marseille 1, 1990.

3.   Cf. Denis Rolland, *La crise du modèle français, Marianne et l'Amérique latine, XXe siècle*, Rennes, Presses universitaires de Rennes, 2000.

4.   Georges Lomné, Frédéric Martinez et Denis Rolland dir., avec Annick Lempérière, *Les modèles de l'Europe en Amérique latine*, Paris, L'Harmattan, 1998.

comportement ou le vêtement, conduit une large part des élites latino-américaines à une forte mimétique des apparences européennes au début du XX⁰ siècle. Comme l'écrit en 1954, non sans caractère réducteur, Lucien Febvre : « Reportons-nous à cinquante ou soixante ans en arrière : l'homme très intelligent, très cultivé, en Amérique, à quoi aspirait-il ? Non pas à être Brésilien, mais à être, au Brésil, le représentant de la plus haute et de la plus fine culture intellectuelle[5] » , comprenons européen et en particulier français.

Selon une chronologie complexe et variable d'un pays à un autre, l'image dominante[6] de la France en Amérique latine comme l'*afrancesamiento* hispano-américain ou le *francesismo* brésilien procèdent de la diffusion des idées des Lumières et des principes mis en place par la Révolution française[7]. En particulier parce que la Révolution française a rompu de façon totale et soudaine avec l'absolutisme, la monarchie et tout l'Ancien Régime hiérarchique ; parce qu'elle a construit le modèle théorique et abstrait d'une république idéale fondée sur la modernité à l'état pur ; parce qu'en Amérique espagnole[8], avec les indépendances et l'adoption de la forme républicaine qui place les nouveaux États dans le droit fil de la Révolution française et dans la logique libérale, on constate le triomphe d'une modernité théorique plus pure même qu'en France, revenue au cadre de la monarchie constitutionnelle après l'Empire[9]. En outre, en Amérique latine, contrairement à ce qui se passe en Europe, l'appartenance à la nation ne peut être définie par le sang ou, sauf au Brésil, par la langue : au moment des indépendances, la nation ne peut être qu'un projet, organisé, pensé par les élites, faisant référence notamment au *Contrat social* de Jean-Jacques Rousseau et s'appuyant sur l'idée d'une nation formée d'individus libres et égaux décidant de former cette nation. Le modèle du nationalisme latino-américain est ainsi, de fait, fortement lié aux Lumières.

---

5.   Lucien Febvre, « Premier entretien public », *in Le Nouveau Monde et l'Europe*, Neuchâtel, Ed. de la Bâconnière, 1955, p. 204-205.
6.   Ou construction mentale globale et collective. Cf. Jacques Le Goff, *L'imaginaire médiéval*, Paris, Gallimard, 2e édition, 1991, préface, p. II.
7.   Cf. Michel Vovelle (dir.), *L'image de la Révolution française*, 3 vol., Pergamon Press, 1989 ; le n° 54 de *Caravelle* (Toulouse, 1990) et le n° 10 des *Cahiers des Amériques latines* (Paris, 1990) ; *La Révolution française et l'Amérique latine*, Paris, La Découverte, 1989.
8.   Le Brésil impérial a suivi une voie de compromis entre modernité et tradition.
9.   Cf. François Chevalier, *L'Amérique latine, de l'indépendance à nos jours*, Paris, PUF, 2e éd., 1993, p. 157.

L'instrumentalisation des concordances chronologiques

Entre Amérique latine et France, la concordance des moments culturels et politiques paraît justifier l'influence supposée déterminante de la France dans la naissance et le développement des États et des nations latino-américains. C'est l'un des discours les plus communs tenus par une large partie des historiens et des élites latino-américaines de la fin du XIXe siècle pour expliquer l'indépendance du sous-continent. Et ce discours est constructeur de réalité puisqu'au début du siècle suivant et parfois bien plus tard, peu nombreux sont ceux, des deux côtés de l'Atlantique, qui s'interrogent sur la réalité de l'influence française dans l'histoire des États-nations latino-américains. Un Latino-américain déclare ainsi dans un amphithéâtre de la Sorbonne avant la première guerre mondiale : « Notre histoire se développe parallèlement à la vôtre. Nous avons aussi nos Girondins, votre Déclaration des Droits est traduite à l'heure tragique de notre Indépendance. Bolivar médite le *Contrat Social* dans les premières années de sa mission libératrice. Bilbao demande des inspirations à Edgar Quinet, Montalvo exalte la démocratie chrétienne de Lamartine. Quand la dissolution nous menace, Guizot sera le maître de nos conservateurs angoissés. Auguste Comte donne une religion aux hommes d'État du Brésil qui avaient abandonné leurs vieux dogmes[10] ». Après la deuxième guerre mondiale, le politologue français Charles Morazé écrit sans hésitation qu'« au Brésil les vicissitudes politiques sont exactement les nôtres, à l'échelle près, à leur position près dans le temps et dans l'espace[11] ».

Schématiquement, on peut, avec François-Xavier Guerra, distinguer quatre phases[12].

Une première phase, lors des indépendances hispano-américaines, correspond assez bien à la Révolution française, qui peut alors être construite comme initiatrice fondamentale. De 1808 à 1810, « on passe d'un régime absolutiste [...] à la proclamation par tous les pays hispaniques de la souveraineté nationale comme principe de légitimité ». Et, vers 1812-1813, les références politiques modernes s'imposent dans le monde hispanique, avec « partout, des Constitutions écrites, entièrement nouvelles, de coupe française[13] ». Le cas du Brésil est évidemment singulier : même si le « pouvoir royal » de Benjamin Constant inspire la conception d'un empereur « modérateur », lorsque Dom Pedro Ier est

---

10. Francisco García Calderón, cité par Mateo Pérez-Pacheco, « La culture française en Amérique latine », *Bulletin de l'Amérique latine*, 6/7-1921, p. 272.
11. Charles Morazé, *Les trois âges du Brésil, essai de politique*, Paris, Armand Colin, 1954, p. 24.
12. François-Xavier Guerra, « Les avatars de la représentation au XIXe siècle », *in* Georges Couffignal, *Réinventer la démocratie. Le défi latino-américain*, Paris, FNSP, 1992, p. 49-84.
13. François-Xavier Guerra, *art. cit.*, p. 54 et 62.

proclamé en 1822 empereur constitutionnel d'un Brésil uni, le modèle, si modèle il y a parce que l'État portugais n'a jamais cessé de fonctionner, est bien plus anglais que français.

Puis vient une phase doctrinaire en Amérique, qui concorde avec la Monarchie de Juillet, avec une restriction du suffrage. Importée de France et d'Espagne, « dans le Chili, l'Argentine, et le Mexique des années 1830, la théorie de la souveraineté rationnelle, la distinction entre souveraineté du peuple et souveraineté nationale et le suffrage capacitaire » semblent fournir un modèle largement utilisé par les élites hispano-américaines[14]. Au Brésil, l'indépendance est complète lorsqu'en 1831 Dom Pedro abdique en faveur de son fils mineur né au Brésil ; la concordance des chronologies entre Brésil et France, deux monarchies constitutionnelles, est alors un peu plus visible avec une monarchie bragantine liée aux Orléans[15]. Mais si certaines institutions sont inspirées de modèles français, comme la Garde nationale, le libéralisme qui entre en scène au Brésil est à nouveau plus influencé par les références aux Anglo-saxons.

Une vague d'aspiration au suffrage universel et à la démocratisation des institutions déferle ensuite : elle touche, avec les révolutions de 1848, aussi bien la France que l'Allemagne, l'Autriche ou l'Amérique latine. À quelques exceptions près (Bolivie, Équateur, Pérou en raison de la forte présence indienne, et Colombie qui supprime le suffrage universel en 1886 après l'avoir adopté en 1853), le suffrage universel se généralise en terre hispano-américaine : en Argentine en 1853, au Mexique en 1856-1857, au Venezuela en 1858. Au Chili, le processus engagé en 1849 aboutit en 1887. Point d'évolution comparable cependant au Brésil, qui conserve des élections indirectes et un suffrage restreint.

La dernière phase, majeure sans doute, correspond au positivisme. Ce terme recouvre en Amérique latine des idées diverses, parfois fort différentes de celles d'Auguste Comte[16]. Après les vagues de l'utilitarisme et du libéralisme, le positivisme parvient à dominer dans beaucoup de pays[17] la pensée de l'élite latino-américaine à la fin du XIXᵉ siècle[18]. Il est très lié au modèle proposé par la France. Mais, dès l'origine, le comtisme politique est extrêmement ambigu par rapport aux

---

14.   François-Xavier Guerra, *art. cit.*, p. 70.
15.   Mario Carelli, « Les Brésiliens à Paris de la naissance du romantisme aux avant-gardes », in André Kaspi et Antoine Marès (dir.), *Le Paris des étrangers*, Paris, Imprimerie nationale, 1989, p. 287.
16.   Cf. l'introduction de François Chevalier, *L'Amérique latine, op. cit.*, 2e éd., p. 434 *sq.*
17.   La pensée de Spencer et de Darwin paraît l'emporter sur celle de Comte en Uruguay et en Argentine. Au Brésil, Alberto Sales, idéologue de la république libérale, est un héritier du darwinisme social *via* Spencer et le modèle de la République idéale est fourni par les États-Unis.
18.   John Lynch, « La Iglesia católica en América Latina 1830-1930 », *in* Leslie Bethell, ed., *Historia de América latina*, vol. 8, Ed Crítica, Barcelone, 1991, p. 91.

valeurs qui sous-tendent le modèle français dominant : pour Comte, la Révolution a détruit les fondements du lien social et la société est menacée de désordre. En Amérique latine néanmoins, les positivistes républicains trouvent dans la pensée d'Auguste Comte un idéal de « scientificité », bien qu'agissant « de manière pragmatique sans vouloir à tout prix restaurer l'unité perdue de la société[19] ». Au Mexique, Gabino Barreda, ministre de l'Éducation, tente de réorganiser l'enseignement supérieur à partir des propositions sur la hiérarchie des sciences de Comte. Au Venezuela, à l'époque de l'autoritaire et cultivé président Guzmán Blanco (1870-1888), la jeune élite accueille les nouvelles idées venues d'Europe[20]. Au Brésil, « la poussée des intellectuels s'effectue, dans une large mesure, sous le signe de la science[21] » : là, le positivisme nourrit un fort courant de contestation politique et fournit les instruments conceptuels à l'instauration de la République. En 1889, la devise *Ordem e Progresso* est inscrite sur le drapeau national du Brésil républicain et un « positivisme intégral » est mis en œuvre.

L'historien cerne là le caractère spontané, non étatique, de cette diffusion, et donc du modèle ; car toute la correspondance atteste que les diplomates de la République française apprécient peu cette image « subversive » de la France au Brésil et que l'adaptation du gouvernement républicain français à la nouvelle république est paradoxalement lente. À l'inverse, on distingue partout en Amérique latine des représentations différentes de la France, jacobine d'une part, positiviste de l'autre, auxquelles il faut ajouter celle, générale, aussi idéale qu'indécise, d'une France rêvée qui participe fortement à la formation de l'imaginaire populaire républicain, au Brésil. Appuyé souvent sur un libéralisme politique[22] dont la France n'a pas le monopole d'inspiration (au Brésil, il est largement d'origine nord-américaine), le positivisme irrigue les élites latino-américaines de la fin du XIXe siècle (et de plusieurs décennies encore par l'enseignement). À tel point qu'il constitue, ultérieurement parfois, comme au Mexique, l'un des arguments fédérateurs des oppositions aux régimes en place jugés anti-nationaux, *afrancesados* et cosmopolites[23].

Ces conjonctures politiques et culturelles apparemment communes ont été maintes fois constatées entre France et Amérique latine depuis

---

19. Pierre Bouretz, « D'Auguste Comte au positivisme républicain », *in* Pascal Ory (dir.), *Nouvelle histoire des idées politiques*, Paris, Hachette, 1987, p. 301.
20. Guzmán Blanco décrète en 1870 l'éducation primaire publique et obligatoire. L'université est réformée sous l'influence du positivisme.
21. Daniel Pécaut, *Entre le peuple et la nation. Les intellectuels et la politique au Brésil*, Paris, MSH, 1989, p. 25.
22. La Colombie est un cas particulier : à la fin des années 1880 le positivisme y est balayé par le conservatisme politique.
23. Afrancesado : « francisé », avec un fort sens d'acculturation. Cf. Annick Lempérière, *Intellectuels, État et société au Mexique*, Paris, L'Harmattan, 1992, p. 38.

l'indépendance. Elles ont ensuite été instrumentalisées et répétées, à tel point que l'historien peut établir une véritable généalogie de ce type de discours. Or, l'influence française est peut-être d'abord un discours sur un passé reconstitué. Elle participe du processus d'invention d'une tradition, afin de satisfaire aux besoins du présent, puissamment renforcée par une instrumentalisation tardive. Le procédé n'a pas tout à fait cessé d'être répété. Ainsi, en introduction à l'une des manifestations du bicentenaire de la Révolution française consacrée aux révolutions dans le monde ibérique, un historien nord-américain écrit en première phrase d'un article : « en 1789, le monde entier avait les yeux fixés sur Paris » ; il poursuit, à propos des premiers États-nations créés hors de l'Europe occidentale après 1789, en affirmant que « c'est à la Révolution qu'ils devaient, en partie, leur naissance et l'essentiel des idéaux qu'ils professaient » ; puis il conclut : « Les pays ibériques et l'Amérique latine rejetèrent les actes, mais flirtèrent avec les idées ». Mais il termine en citant un historien uruguayen de la fin du XIXe siècle[24], insistant sur « la contribution de la France à la culture universelle[25] ».

Certes, l'influence directe de la France a, durant ces dernières décennies, été sensiblement revue à la baisse.

Le rôle postérieur des historiens latino-américains a été souligné, en particulier ceux de la seconde moitié du XIXe siècle. Dans la construction des histoires nationales, l'influence des historiens français a accentué le rôle supposé des idées venues de France : ils fournirent une grille d'interprétation historique jugée comme étant la seule à pouvoir fonder la légitimité des régimes politiques libéraux.

L'on sait aussi en Europe, au moins depuis la publication (1816-1831) du *Voyage aux régions équinoxiales du Nouveau Continent* d'Alexandre de Humboldt, que l'insurrection des populations noires de la colonie française de Saint-Domingue en août 1791 a beaucoup inquiété des élites créoles américaines nullement soucieuses de révolution sociale. Au Brésil, à Recife en 1824, noirs et mulâtres manifestent en chantant dans les rues, suscitant une peur profonde des élites : « Comme moi j'imite Christophe / Cet immortel Haïtien / Allons imite son peuple / Ô, mon peuple souverain[26] ! ».

De même, l'expérience de la Terreur, la « dérive jacobine » de la Révolution et, dans certains cas, le « despotisme » napoléonien conduisirent nombre de Latino-américains à penser que les principes politiques de la Révolution française avaient été mal appliqués et, parfois (comme Miranda), à rechercher, avec d'autres références (anglaises

24. Luis Alberto de Herrera, *La Revolución Francesa y Sud América*, F. Sempere, Valencia, 1910.

25. E. Bradford Burns, « Introduction », *Les Révolutions dans le monde ibérique (1766-1834)*, II. *L'Amérique*, Talence, P.U. Bordeaux, 1991, p. 7 et 13.

26. Cité par Gilberto Freyre, *Terres du sucre*, Paris, Gallimard, 1956, p. 158.

notamment), une forme de gouvernement « où le respect des lois rende compatibles l'ordre et la liberté[27] ».

Des travaux récents ont, de surcroît, souligné en Amérique andine « la greffe absolutiste » à partir de 1770, ainsi que la perception d'une Révolution française satanique[28]. Et les polémiques françaises ont traversé l'Atlantique. Les articles de Ferdinand Brunetière critiquant violemment le positivisme font le voyage en quelques semaines. Tous ces constats ont contribué à décaper le modèle hérité d'une historiographie libérale latino-américaine aux liens étroits, à la fin du XIXe siècle, avec la production scientifique de la Troisième République. Établies récemment, ces modulations de l'analyse des racines de l'influence française au moment des indépendances américaines, ne sont pas déterminantes : l'image construite durant le XIXe siècle, en partie élaborée et diffusée par des historiens latino-américains, est durablement présente des deux côtés de l'Atlantique. Renan écrivait : « L'oubli, et je dirai même l'erreur historique, sont un facteur essentiel de la création d'une nation[29] ».

Quoiqu'il en soit des origines réelles ou imaginées de cette influence de la France, au début du XXe siècle elle constitue un modèle communément revendiqué en Amérique latine par les élites, un modèle qui sert à se distinguer du reste de la société, politiquement et/ou socialement.

C'est aussi un modèle qui fonctionne par défaut. Les deux anciennes métropoles coloniales, Espagne et Portugal, ne peuvent être citées en référence dans les pays indépendants. La Grande-Bretagne, premier partenaire économique au XIXe siècle, est une monarchie : si certaines de ses institutions ou son fonctionnement politique peuvent servir d'exemple, pour toutes les républiques hispano-américaines le modèle ne peut venir que d'une république, ou d'un pays qui a montré le chemin. L'Allemagne et l'Italie ne se constituent en États que tardivement. Quant aux États-Unis, première république du continent, ils ont bien souvent servi de modèle institutionnel ou constitutionnel, mais leur politique continentale expansionniste manifeste à partir de 1848 (aux dépens du Mexique) rend dangereuse une référence explicite et globale. Ainsi, la référence à la France, pays à la présence économique secondaire sur le continent, est fonctionnelle parce qu'elle est culturelle avant d'être politique, universaliste mais lointaine et donc peu dangereuse, et parce que le militantisme de la IIIe République fournit des modèles jugés partiellement transposables par les élites latino-américaines.

---

27.   François-Xavier Guerra, « préface » à C. Parra Pérez, *Miranda et la Révolution française*, Caracas, Banco del Caribe, 1989, p. IV.

28.   Cf. Marie-Danièle Demélas, *L'invention politique. Bolivie, Equateur, Pérou au XIXe siècle*, ERC, Paris, 1992, p. 73 *sq.* et 189-190.

29.   Ernest Renan, « Qu'est-ce qu'une nation ?, » *in Œuvres complètes*, Paris, Calmann-Lévy, 1947, p. 891.

Logiques et mécanismes d'un éloignement : une logique interne à l'Amérique latine

Il y a tout d'abord une logique interne à l'Amérique latine, en deux termes, au début du XXe siècle : la référence à un modèle extérieur n'est plus nécessaire ; et les valeurs qui purent être considérées comme « françaises » apparaissent de plus en plus naturalisées.

La France idéale renvoya longtemps à l'idée que l'Amérique latine se faisait d'elle-même : c'est ce qui fit la force du modèle français. Une grande partie des élites latino-américaines s'était donné au XIXe siècle une double origine mythique : d'une part l'âge d'or des peuples d'avant la conquête ; et, d'autre part, la société idéale proposée par la Révolution française. Néanmoins, une fois les États construits et affermis, les logiques politiques latino-américaines requièrent de moins en moins l'utilisation explicite de références culturelles extérieures, communes de surcroît. Les stratégies identitaires empruntent d'autres voies. À partir des années 1920 et 1930, le constat est souvent fait que la double origine mythique rend « plus difficile la solution des problèmes enracinés dans leurs réalités profondes », et qu'il faut aussi prendre en compte l'histoire coloniale. La référence à la France perd une partie de son lien à la construction identitaire. Les rapports de la France et de l'Amérique latine peuvent évoluer progressivement vers un ordre plus conventionnel, celui de l'influence.

En outre, et quoi qu'il en soit du degré de fiction démocratique des fonctionnements politiques nationaux, la plupart des États tendent à prôner officiellement l'attachement théorique aux principes issus des Lumières et de 1789. Mais, désormais, ceux-ci tendent à être considérés comme des valeurs nationales. Cela se constate même au Brésil, où, en raison de l'institution monarchique, l'Angleterre paraît avoir servi de modèle. Là, avant la proclamation tardive de la république en 1889 au son de la Marseillaise, l'influence française est très forte, y compris dans les institutions politiques ; après, elle ne signifie nullement soumission. Cette naturalisation des valeurs considérées comme d'origine française est claire même dans les plus jeunes États du continent, comme à Cuba, où une fragile indépendance n'a été acquise qu'en 1902. Mettre un bonnet phrygien à l'emblème national est plus un signe d'appartenance à une modernité universelle qu'une référence précise à la France.

Les signes du déclin autour de la première guerre mondiale

Il y a d'abord la guerre comme échec.

La première guerre mondiale atteint marginalement l'Amérique latine. Et le positionnement des élites cultivées par rapport au conflit n'est pas manichéen, surtout au début. Mais au-delà de cela, pour la France, être en guerre, c'est déjà un échec, même si les manifestations individuelles de soutien à la France et à l'Entente sont nombreuses et si, dans tous les pays, la guerre engendre une recrudescence de l'expression francophile. Certes, la propagande de l'Union sacrée française, avec son réinvestissement catholique explicite (Paul Claudel est nommé ambassadeur dans ce but à Rio pendant la guerre) conduit deux messianismes associés au sein de l'Union sacrée, le messianisme républicain et le messianisme catholique, à définir une dimension eschatologique de la culture de la France en guerre, qui favorise une perception univoque à l'étranger. Au-delà, l'Amérique latine voit la France en tête des vainqueurs ; et l'hypertrophie conjoncturelle d'institutions, tel le comité France-Amérique[30], ou la mise en place de missions militaires françaises dans plusieurs pays[31] maintiennent des apparences brillantes. Ainsi, l'écho de la victoire alliée fournit des signes encourageants dans l'immédiat mais trompeurs et volatiles à plus long terme. Alors, comme une partie importante des opinions, la diplomatie, souvent affectée d'inertie culturelle, peine à prendre en compte le déclin, parce que la rupture est surtout dans le regard de l'historien.

Mais la guerre, avant les incertitudes de l'entre-deux-guerres en Europe, porte atteinte aux représentations, en même temps qu'à la puissance économique de la France, comme du reste de l'Europe, en Amérique latine. La guerre cristallise des évolutions, accélère des tendances sourdes. Derrière les défilés glorieux se profile l'ébranlement de la perception de l'Europe : de même que la guerre marque une première étape du phénomène d'américanisation en France (cinéma, musique), l'extension d'une dimension surtout continentale à une dimension mondiale de la puissance militaire, commerciale et financière des États-Unis donne à ce concurrent un poids fondamental. Les États-Unis délèguent après la guerre, auprès du Brésil par exemple, des missions navales puis des missions aéronautiques : la « modernité » est ici, comme presque partout en Amérique latine, nord-américaine – dans le domaine militaire au moins. L'Europe, qui dictait le droit, apparaît comme inapte à gérer ses conflits autrement que par des voies militaires. Le monopole de l'Europe est brisé, d'autant plus que les Nord-

---

30. À Mexico, il n'entretient dans les années trente qu'une activité nominale.
31. Avec d'autres pays dont le Paraguay, le Brésil choisit en 1919 une mission française.

Américains ont largement contribué à l'issue du conflit. Le modèle républicain français semble mis en cause par la guerre.

Après « la guerre de 1914-1918, l'ascendant de la France a beaucoup diminué[32] » en Amérique latine. Les critiques se multiplient, notamment contre le sentiment français de supériorité culturelle et son corollaire, le mépris pour le Latino-américain.

Avant la guerre, la présence française en Amérique latine était peu dynamique ou fragile (cf. tableaux ci-après). Après, le déclin de cette présence française est avéré ou renforcé.

La présence démographique française en Amérique latine était déjà très peu dynamique avant la Première Guerre : très peu de candidats français à l'émigration, intégration assez rapide dans la population du pays d'accueil... Tout cela manifestait au moins que le modèle français ne prenait pas appui sur une émigration notable, très faible relativement à d'autres communautés européennes, très inégalement répartie de surcroît.

L'immigration occidentale au Brésil 1810-1915

	Nombre	% du total	Rang
Italiens	1 361 266	39,5	1
Portugais	976 386	28,3	2
Espagnols	468 583	13,6	3
Allemands	122 830	3,5	4
Russes	103 683	3,0	5
Autrichiens	78 546	2,3	6
Ottomans	52 435	1,5	7
Français	**28 072**	**0,8**	**8**
Anglais	22 005	0,6	9
Total Occidentaux	*3 213 806*	*93,1*	

Sources: D'après *Revue de l'Amérique latine*, 1-1923 et Gilles Matthieu, *op.cit.*, p. 22.

---

32. Silvio Azuela, cité par Jorge Silva, *Viajeros franceses en México*, México, 1947, p. 22.

La population française en Amérique latine (1912)

Total général Amérique latine	149 400, soit 24,9 %des Français résidant à l'étranger, soit 3,4 ‰ de la population française métropolitaine			
Amérique du Sud	138 000	dont	Argentine	100 000 67 %)
Caraïbes	6 300		Brésil	14 000 (9 %)
Amérique centrale et Mexique	5 100		Chili	10 000 (7 %)
À titre de comparaison			Uruguay	9 500 (6 %)
États-Unis	*125 000*		Mexique	< 4 000 (3 %)
Canada	*25 000*		Cuba	2 300

Sources : d'après *Bulletin de la Statistique générale de la France*, 1-1915, t. IV, fasc. 2, p.163.

Mais le phénomène s'est aggravé. Lors du conflit, contrairement à l'Allemagne, qui a mobilisé ses ressortissants sur place[33], préservant l'avenir et s'en servant pour sa propagande locale, la France, plus faible démographiquement, a voulu mobiliser tous les Français et cherché à les faire servir sur les fronts européens. Il y eut alors ceux qui se sont fait porter déserteurs, nombreux dans certains pays, franchissant une étape symbolique déterminante dans le processus d'assimilation à la nation d'accueil. Il y eut ceux qui moururent sur les champs de bataille : au Mexique, près du quart (21 %) des mobilisés a péri[34], des hommes en âge de travailler, fauchés en Europe et non remplacés par un nouvel apport d'immigrants. D'autre part, la guerre accélère l'intégration de ces Français émigrés ; en témoigne le faible résultat de la mobilisation de 1939 : au Mexique, moins de 15 % de l'effectif mobilisable[35] ; au Paraguay, 16 % ; et à Cuba, il y a nettement plus d'insoumis que de mobilisés[36]. Enfin, les approvisionnements interrompus entre Amérique latine et France trouvent – pour la mode et les parfums, par exemple – des substitutions en provenance des États-Unis, même en ce qui concerne les commerces français installés en Amérique latine. Les flux commerciaux se réorientent vers le Nord et le public latino-américain prend durablement contact avec la production nord-américaine. Et cela d'autant plus que certains commis-voyageurs français du Mexique ne sont pas revenus des champs de bataille.

---

33. D'Argentine au moins, des Allemands font toutefois le voyage pour combattre en Europe.
34. Cf. Patrice Gouy, *op. cit.*
35. Cf. Denis Rolland, *Vichy et la France libre au Mexique. Guerre, cultures et propagandes*, Paris, L'Harmattan/Publications de la Sorbonne, 1988, p. 88.
36. Source: AMAE, G. 39-45, VAm, Cuba, *Politique intérieure*, n° 205, Barois, 6-12-1940.

Ainsi, la guerre affecte plus la présence économique française qu'une présence humaine déclinante. L'assise économique de la présence française était, avant 1914, déjà relativement fragile. Sans la modifier, la guerre renforce sa très inégale répartition géographique : en 1902, 59 % de l'investissement français était concentré dans trois pays, Brésil, Argentine, Mexique ; en 1913, 89 %. Cette tendance persiste au-delà. La guerre affecte encore plus le volume des échanges. Paul Claudel, nommé pendant la guerre à Rio, avait pour objectif de « placer le Brésil dans notre alliance et notre dépendance financière[37] ». Néanmoins, le désinvestissement français est net là comme ailleurs sur le continent. La dévaluation du franc français permit aux Latino-américains de réduire leur dette. De plus, la guerre a coupé le souffle de l'investissement français en terre lointaine, souvent lié à l'agro-exportation. Surtout, la France, principal réservoir mondial de capitaux avant la guerre, a perdu définitivement, pour les besoins de la guerre, cette caractéristique au profit des États-Unis, devenus première puissance financière mondiale. Ce sont alors autant de points de contact entre élites économiques et politiques latino-américaines et françaises qui disparaissent. L'effort de guerre et les nécessités de la reconstruction dans les années 1920 ont, avant la crise de 1929, réduit la puissance financière de la France.

Placements et investissements français en Amérique latine
1902-1943 (millions de francs constants 1914. Classement 1913)

Région	Total 1902	Total 1913	Total 1943	Variation % (1943/1913)
Amérique du sud	2701	6182	639,2	- 89,7
Caraïbes	210	120,5	11	- 90,9
Amérique.centrale, Mexique	341	2072,5	114,1	- 94,5
Total Amérique latine	3252	8375	764,3	- 90,9

Sources : d'après les données de « L'Amérique latine et la France », *Notes et études documentaires*, n° 3084, Paris, La Documentation française, 1964.

Entre 1919 et 1929, 35 % des capitaux investis à l'étranger par les États-Unis se dirigent vers l'Amérique latine, provoquant une croissance de 125 % du capital nord-américain dans le sous-continent. Même en comparant simplement avec l'Europe, la situation n'est pas toujours aussi positive qu'il y paraît : même si, par exemple, Latécoère et Bouilloux-Laffont obtiennent en Uruguay, en Argentine et au Chili des concessions exclusives de lignes aériennes, et si au Brésil l'Aéropostale inaugure dès 1927 un vol régulier depuis la France, les Allemands (avec Dornier et Junkers) obtiennent là de meilleurs résultats.

---

37.   AMAE-N, *Rio légation*, série A, n° 209.

Investissements privés en Amérique latine (millions de dollars)

Pays	1897	1930
Grande-Bretagne	2060	4500
France	628	454
Allemagne	-	700
États-Unis	308	5429

Source : Norman Bailey, *Latin America in World Politics*, 1967, p. 50 et Demetrio Boersner, *Relaciones internacionales de América latina*, Caracas, Nueva Sociedad, 5ª ed, 1976, p. 138.

La crise commencée aux États-Unis en 1929 atteint de plein fouet les investissements français sur le continent. Les conséquences, comme pour les investissements britanniques, sont extrêmement importantes. Ainsi, en 1931, « l'empire » industriel Bouilloux-Lafont au Brésil, un des fleurons de l'investissement français, s'écroule[38] tandis que la Banque hypothécaire franco-argentine vacille. Vis-à-vis de certains pays mono-exportateurs comme le Guatemala, le retrait de la France est proportionnellement plus fort que celui d'autres pays, dont l'Allemagne. Les États-Unis du *New Deal*, plus vite sortis de la crise que l'Europe et surtout la France, peuvent occuper les parcelles d'un marché de nouveau délaissé. En outre, lorsque le ciel de l'économie française se dégage un peu, la montée des périls en Europe ne permet pas d'inverser sensiblement la tendance.

Troisième signe de déclin autour de la première guerre mondiale, le recul de la destination française. Avant la guerre, les voyages en France des Latino-américains étaient encore en progression. Ils sont, pour l'essentiel, suspendus pendant la guerre, et ces Latino-américains privés d'Europe vont accentuer certains signes d'appropriation des héritages européens : la ville balnéaire de Mar del Plata en Argentine acquiert alors un aspect « européen » très marqué[39]. Lorsqu'ils reprennent après la première guerre mondiale, les voyages des Latino-américains en France ne sont plus le fait, principalement, des élites économiques ou politiques – cas fréquent à la fin du XIXᵉ siècle. Ce sont surtout les membres des élites littéraires ou artistiques qui traversent l'Atlantique, parmi lesquels on retrouve Vicente Huidobro, Ricardo Güiraldes, Victoria Ocampo, César Vallejo, Picabia, Carpentier... Cette évolution se conjugue avec un autre processus : la différenciation progressive entre élites culturelles, politiques et économiques. Un exemple de recul de cette destination française est donné par la formation des enfants du président brésilien

---

38. Cf. Frédéric Mauro, « French firms and financing of brazilian industrialization », communication multigraphiée, XIth Int. Congress of Economic History, Milan, 1994, p. 13 et sa bibliographie.
39. Cf. Roberto Cova, Raúl Gómez Crespo, *Arquitectura marplatense, el pintoresquismo*, Buenos Aires, Resistencia, 1982.

Getúlio Vargas : l'aîné des fils étudie en Allemagne, le second fait aux États-Unis des études d'ingénieur chimiste et sa fille, après une école anglaise, apprend le droit au Brésil. L'Allemagne attire surtout les apprentis médecins, chimistes et ingénieurs ; l'Italie, juristes et artistes ; et ces deux États effectuent en Amérique latine une promotion active de leurs formations.

Certes, le graphique ci-dessous montre que le nombre des Latino-américains en France antérieur à la guerre est de nouveau atteint au début des années 1930. Mais cette récupération dissimule plusieurs phénomènes. D'une part, elle est éphémère. D'autre part, le chiffre de 1931 doit être jugé à l'aune de la croissance démographique latino-américaine (60 millions d'habitants en 1900, 82 en 1914 et 111 en 1930), de l'élargissement de l'accès à la culture écrite et des facilités accrues de déplacement entre Amérique et Europe.

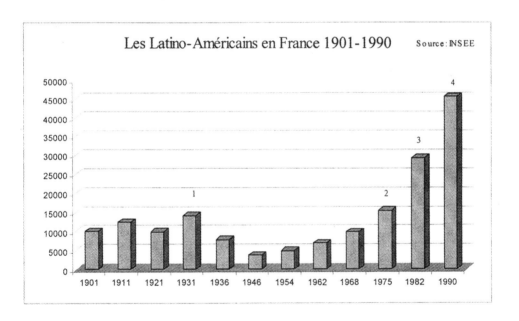

Les Latino-Américains en France 1901-1990   Source : INSEE

1.   Dont 4 047 Argentins et 1 064 Brésiliens.
2.   Depuis 1946, l'irrégularité des intervalles entre les recensements tend à minorer l'expression de la progression.
3.   Dont 6 272 Chiliens, 3 808 Brésiliens, 4 724 Haïtiens, 3 724 Argentins.
4.   Dont 14 343 Haïtiens, 8 212 Chiliens, 6 069 Brésiliens, 4 180 Colombiens, 3 600 Argentins.

Car dans les années vingt, la Ville-Liberté, Paris-femme ou Paris-nuit, n'est plus l'unique point de référence en matière artistique. C'est plus à Berlin ou à Moscou que s'engagent les révolutions artistiques, même si Paris demeure un aimant culturel. Le surréalisme n'est pas à proprement parler un phénomène français, cependant il est largement développé à Paris et perçu comme parisien[40]. A Buenos Aires, dans les années 1920-1930, l'influence française est évidente en matière de peinture avec le premier groupe de peintres d'avant-garde désigné sous le nom de " *el groupo de Paris* " ou " *la escula de Paris* ". Au Mexique, a lieu au début de 1940 l'Exposition internationale du surréalisme surgie des conversations entre César Moro et André Breton, tandis que, plus tard, Octavio Paz participe aux activités surréalistes à Paris de 1946 à 1951. Au Brésil, entre 1925 et 1927, Pedro Dantas propose des exercices collectifs d'écriture automatique, demeurés sous l'étiquette de " manifestations modernistes " ; mais c'est surtout après 1930 que le surréalisme " européen " se développe au Brésil avec Vicente do Rego Monteiro, Tarsila de Amaral, et les poètes Jorge de Lima et Murilo Mendes[41].

Paris conserve durablement sa représentation de centre cosmopolite par excellence. Car les représentations affectant la France évoluent plus lentement que certains des phénomènes envisagés précédemment. Beaucoup de Latino-américains et plus encore de Français eux-mêmes ne perçoivent pas le processus de récession. Claude Lévi-Strauss écrit : « Comme la plupart de mes contemporains, je n'évaluais pas en 1935 l'ampleur du cataclysme [...] que, vingt et un ans auparavant, l'Europe avait eu la folie de déclencher avec la Première Guerre mondiale, et qui allait la condamner au déclin. Sa puissance semblait toujours intacte, sa domination sur le reste du monde assurée[42] ». Les distinctions les plus élevées couronnent encore la culture française : en 1921, Anatole France reçoit le prix Nobel. Certains signes peuvent même laisser croire au « brillant développement » des relations culturelles universitaires transatlantiques[43] : ainsi, au Brésil, les Instituts franco-brésiliens de haute culture de Rio de Janeiro (1922) et de São Paulo (1925), la nomination à la faculté de philosophie, sciences et lettres de l'université de l'État de São Paulo, en 1934, de six Français sur treize professeurs recrutés en Europe (quatre Italiens et trois Allemands)... Mais, dans ce dernier cas, la

---

40.   À tel point que les critiques latino-américaines, englobant futurisme, cubisme, dadaïsme et surréalisme, définissent ces « ismes » comme « camelote pari-sienne ». Cf. Luciana Stegagno Picchio, « Jorge de Lima et Murilo Mendes : les deux faces du surréalisme au Brésil », *in Nouveaux mondes, autres mondes, Surréalisme et Amériques*, Paris, Lachenal et Ritter, 1995, p. 190.
41.   Luciana Stegagno Picchio, *ibid*, p. 193-202.
42.   Claude Lévi-Strauss, *Saudades do Brasil*, Paris, Plon, 1994, p. 18.
43.   Cf. Hugo Suppo, *in* D. Rolland (dir.) *Le Brésil et le monde*, Paris, L'Harmattan, 1998, p. 127-148.

prédominance française n'est claire qu'en matière de sciences de l'homme et de la société, manifestant la restriction du domaine d'influence française à la seule aire de culture « non scientifique ». Là où, au début du siècle, la médecine et les sciences exactes françaises rayonnaient, les États-Unis dominent désormais[44].

Des mécanismes liés à la perception de la France

Les mécanismes d'érosion du modèle français sont liés à quatre problèmes : l'unicité du modèle français ; l'impact de l'ignorance de l'Amérique latine par la France et de la progressive remise en cause en Amérique latine de la supériorité des cultures européennes ; ensuite, la distinction accrue entre culture et politique ; enfin, la diffusion de l'idée de décadence de l'Occident ou de la France.

Dans les premières décennies du XXᵉ siècle, une part des élites latino-américaines reçoit sa formation au sein d'un moule éducatif souvent francophile. On dénombre de rares établissements publics d'enseignement français qui rassemblent, en 1933, 2 000 élèves dans toute l'Amérique du sud, à Bogotá, Montevideo, Rio, São Paulo[45] ; d'exceptionnelles institutions comme à Buenos Aires, depuis 1922, l'Institut de l'université de Paris ; quelques jeunes et brillants représentants de la culture française qui enseignent dans les universités locales, comme à Rio ou São Paulo : Braudel, Lévi-Strauss, Monbeig, etc. ; et un maillage d'Alliances françaises inégalement serré, très dense en Argentine – avec 8 à 9 000 élèves en 1939[46], – ainsi qu'au Chili, en contraction au Brésil, en expansion modeste au Mexique.

L'essentiel de l'enseignement primaire et secondaire « français » (et supérieur à Lima, où longtemps le seul établissement d'enseignement supérieur fut contrôlé par des Français[47]) est assuré en Amérique latine par des membres des congrégations françaises, y compris dans le Mexique laïc des années trente[48]. Ce sont les plus anciens lieux d'éducation « à la française ». Ces congrégations se sont installées bien avant la séparation de l'Église et de l'État en France. Après cette séparation, elles sont souvent subventionnées sur les fonds secrets de la

---

44. En 1923, par exemple, l'Institut Rockefeller fait un important don à la faculté de médecine de São Paulo.
45. Les lycées de Buenos Aires et México sont créés en 1934 et 1937.
46. Pour Buenos Aires, Jacques Soppelsa, « Francia en la Argentina : un contexto privilegiado », in *Francia en la Argentina*, Buenos Aires, Manrique Zago ed., 1995, p. 35.
47. L'université catholique de Lima dirigée par les Pères du Sacré-Cœur.
48. Il existe aussi certains collèges privés laïques (Buenos Aires, Pernambouc...).

République laïque, au nom de l'aide au rayonnement culturel national. La législation laïcisant l'État mise en place en France entre 1901 et 1905, et en particulier l'interdiction d'enseigner de 1904, a renforcé le mouvement d'essaimage des congrégations françaises. Celles-ci drainent un nombre d'élèves très supérieur à l'enseignement directement lié au gouvernement français d'alors. Au Mexique, en 1912, l'enseignement catholique domine au sein des quatorze établissements français. À Cuba en 1940, les congrégations, au premier rang desquelles les Frères des Écoles chrétiennes, sont pratiquement les seules à diffuser encore un enseignement avec des cours, des programmes et des méthodes d'examens liés à la France. En Argentine, le cas est à peu près identique : au moment de la guerre de 1914-1918, sur les dix établissements « d'enseignement français » de la capitale, huit sont sous la responsabilité de congrégations. En province, la proportion est la même. Ainsi, dans l'ensemble de l'Amérique du sud, les établissements des congrégations regroupent, au début des années 1930, quelque 150 000 élèves[49]. Il s'agit certes d'une petite minorité. Mais, comparé aux effectifs des établissements patronnés par la République ou à ceux « de la société cultivée », le nombre prend un autre relief. Cet enseignement catholique constitue toutefois pour le modèle républicain français dominant un vecteur ambigu. Il critique volontiers la Révolution française et cette République laïque, « immorale » : en attestent souvent les bibliothèques des écoles congréganistes d'origine française, qui rassemblent peu ou pas de livres d'histoire sur la Révolution française, mais beaucoup d'auteurs proches de l'Action française et d'ouvrages publiés par les éditeurs catholiques parisiens au contenu peu suspect d'affinités républicaines. Ainsi, véhiculée notamment par ces congrégations françaises, demeure en effet l'idée d'une France fille aînée de l'Eglise[50], plus prompte à reconnaître des valeurs héritées de l'Ancien Régime que celles héritées de la Révolution.

Dans certains pays[51], les congrégations ont *contribué*, sur le plan des représentations, à la survivance de l'idée des « deux France » et, sur celui des idées politiques, à la formation d'une droite utilisant idées et valeurs maurrassiennes. La Troisième République a aussi été diabolisée au sein des milieux catholiques (sans que le rayonnement culturel de la France en soit nécessairement ou gravement affecté). Ce fut le type de perception de l'homme d'État libéral brésilien Joaquim Nabuco, dont les convictions monarchistes se renforcèrent face à ce qu'il nommait le « ferment de

49.   Gilles Matthieu, *Une ambition sud-américaine. Politique culturelle de la France 1918-1939*, Paris, L'Harmattan, 1991.

50.   Cf. René Rémond, « La fille aînée de l'Eglise », in Pierre Nora (dir.), *Les lieux de mémoire, III. Les France, 3. De l'archive à l'emblème*, Paris, Gallimard, 1992, p. 541-581.

51.   Au Brésil, par exemple, comme au Canada.

haine » de la Troisième République[52]. Les religieuses de l'Assomption déclarèrent à l'arrivée de Claudel au Brésil : « Notre bien-aimée patrie a besoin de se relever, surtout dans l'esprit des gens de bien[53] ». C'est encore ce que constate un représentant français en Argentine vers le milieu du siècle : « Pendant trop longtemps, la France a été ici considérée comme le type d'une nation libertaire et anticléricale ».

Intellectuels et diplomates français restent en grand nombre imbus d'une axiomatique supériorité culturelle, campée derrière trois remparts : volontarisme, ethnocentrisme et ignorance. L'auto-suggestion et le pur fantasme de supériorité peuvent être compris comme des réactions au surclassement par le Royaume-Uni et à la défaite face à l'Allemagne en 1871. Le mythe fonctionne aussi « comme une sorte de propédeutique au patriotisme par le moyen d'un jacobinisme que n'ébranle aucune incertitude[54] ». Certes, la France demeurait à l'orée du XXᵉ siècle le centre incontesté de l'innovation culturelle, du cinéma à l'art nouveau (d'origine anglaise, dont la diffusion en Amérique latine est parfois assurée *via* l'Italie et la Belgique). Mais après la première guerre mondiale, tel n'est plus le cas. Pourtant le sentiment de supériorité européen demeure relativement à l'Amérique latine très fréquent. Le ministre des Affaires Étrangères brésilien déclarait en 1905 : « On se conduit avec le Brésil comme avec une peuplade de sauvages ». Finalement, l'Amérique latine paraît devoir sa culture à l'Europe, ce qu'un bon connaisseur de l'Amérique du sud n'hésite pas à transcrire : « Ce fut une des particularités de l'Amérique latine de solliciter à toutes les époques de son histoire le concours de l'intellectualité européenne – c'est-à-dire française[55] ». En 1929, le très raciste Abel Bonnard, écrivain et journaliste, allait jusqu'à s'exprimer ainsi : « On est touché de voir avec quel empressement les Brésiliens accueillent les Français qui leur paraissent capables de répondre à l'avidité de leurs intelligences. Ils nous montrent les trésors de leur sol et nous demandent ceux de notre culture. Cela rappelle la franchise et la naïveté des anciens échanges : ils nous offrent des papillons et nous demandent des idées[56] ».

Derrière le fantasme de supériorité, il y d'abord l'ignorance de "l'objet latino-américain" ; au mieux les connaissances construisent un objet latino-américain global, flou et inexact. « Le Brésil... un détail »,

---

52.   Cité par Mario Carelli, « Les Brésiliens à Paris », *art. cit.*, p. 288.
53.   AMAE-N, Rio légation, série A, carton n° 209, Congrégation des religieuses de l'Assomption à Paul Claudel, 24-02-1917.
54.   Pascal Ory, « Le mythe de Paris, Ville-Lumière, dans les années 1900 », *in* Pierre Milza, Raymond Poidevin (éd.), *La puissance française à la « Belle Epoque », Mythe ou réalité ?*, Bruxelles, Complexe, 1992, p. 134.
55.   « La librairie française en Amérique latine », *in* Actes de la Première semaine de l'Amérique latine, Lyon, 1916, p. 285- 301.
56.   Abel Bonnard, *Océan et Brésil*, Paris, Flammarion, 1929, p. 74.

s'insurgeait en 1912 le très francophile Gilberto Amado[57]. Dès le début du siècle, le Groupement des universités et des grandes écoles souhaitait réagir, « tant était grande la méconnaissance de l'Amérique latine par les Français[58] ». Georges Clemenceau visitant l'Amérique latine avant la Première Guerre parle de « la grâce de ses ignorances » qui lui permet d'avoir une vision sans préjugé[59]. Au lendemain de la guerre, Ernest Martinenche, secrétaire général du Groupement des Universités, s'interroge : « [...] N'avons-nous pas fait preuve trop souvent d'une ignorance fâcheuse de ce qui la concernait [l'Amérique latine]? Nos candidats au baccalauréat ne trouvaient pas sans peine [avant la guerre] les noms des capitales des Républiques de l'Amérique du sud, et les mêmes questions ne laissaient pas d'embarrasser les personnes cultivées[60] ». Dix années plus tard, dans les années 1930, Claude Lévi-Strauss note qu'avant son départ « le Brésil et l'Amérique du sud ne signifiaient pas grand-chose » pour lui : « Le Brésil s'esquissait dans mon imagination comme des gerbes de palmiers contournés, dissimulant des architectures bizarres, le tout baigné dans une odeur de cassolette ». Et le directeur de l'École normale supérieure, qui lui proposa son poste d'enseignant à São Paulo, imaginait ce lieu peuplé d'Indiens, au moins dans ses faubourgs[61].

Si l'on examine la presse française, deux réflexions s'imposent : la présence globale de l'Amérique latine est très faible ; seuls les grands pays existent (Mexique, Brésil, Argentine) et, ponctuellement, les pays andins ou d'autres pays en conflit grave surgissent du fonds de l'exotisme. Dans les années 1940, l'acteur et metteur en scène Louis Jouvet, après quatre années passées à sillonner des pays d'Amérique latine qu'auparavant il n'aurait « pas pu situer sur une carte[62] », distingue mal côtes atlantiques et pacifiques du continent. Cette méconnaissance a une traduction linguistique : en 1939 en France, l'espagnol n'est enseigné qu'à 10 % des lycéens français contre 60 % pour l'anglais. La perception dominante de cette Amérique, réductrice et infériorisante, est une perception double. Il y a d'une part l'Amérique des Noirs et des Indiens dont il n'y a pas grand chose à attendre pour l'avenir de la civilisation ; un diplomate français au Paraguay écrit sans détour dans les années 1930

---

57.   Gilberto Amado, *Mocidade no Rio e Primeira viagem a Europa*, Rio de Janeiro, José Olympio, 1956, p. 221.
58.   Paul Appel en 1908, cité par Charles Lesca, « Histoire d'une revue », *in Hommage à Ernest Martinenche, Études hispaniques et américaines*, Paris, D'Artrey, 1939, p. 430
59.   Georges Clemenceau, *Notes de voyage dans l'Amérique du sud, Argentine, Uruguay, Brésil*, Paris, Hachette, 1911.
60.   Ernest Martinenche, « L'Amérique latine et la guerre », *in Bulletin de l'Amérique latine*, Paris, 3 avril 1918, p. 164.
61.   Claude Lévi-Strauss, *Tristes tropiques*, Paris, Plon, 1955, p. 49-50.
62.   Louis Jouvet, *Prestige et perspective du théâtre français*, Paris, Gallimard, 1945, p. 21.

que « l'Amérique du Sud est, à raison de 80 %, peuplée d'Indiens (et de Noirs) c'est-à-dire de semi-primitifs[63] ». Et d'autre part l'Amérique, prolongement de l'Europe, parfois perçue comme une « transsubstantiation » de la « civilisation occidentale[64] ». Les termes sont clairs : par le soin des « essaims de la vieille Europe [...] un rameau de culture européenne s'est réimplanté dans un sol étranger à son sol natal[65] » , écrit ainsi Lucien Febvre. Ce prolongement peut toutefois être conçu beaucoup moins positivement : l'Amérique latine est alors le lieu d'une acculturation, d'un dévoiement à la hiérarchie transparente. C'est aux pays de ce que des publications de l'époque nomment « l'Amérique blanche » que la crédibilité est accordée : « La divergence de climat a augmenté la différence des races. Tandis que l'Argentine, dont l'âpreté au gain se traduit par le labeur, poursuit avec une énergie tenace le développement de son pays et cimente son unité nationale dans un réel sentiment de patriotisme, le Brésil dont l'activité est ralentie par l'influence des tropiques réalise selon la loi du moindre effort des profits immédiats, ne cherche pas à discerner l'intérêt général de la patrie, ignore l'effort et le sacrifice et répand son nationalisme en xénophobie verbeuse[66] ».

Plus négativement encore, l'Amérique latine est souvent définie comme un ensemble indistinct de « pays neufs, ayant donné à la culture politique universelle le mot de *pronunciamientos*[67] » . Et il faut ajouter à cela d'autres stéréotypes « exotiques », du rastaquouère (un mot hispano-américain) au ploutocrate exotique. « Je suis brésilien, j'ai de l'or / Et j'arrive de Rio-Janeire [sic]/ Vingt fois plus riche que naguère/ Paris, je te reviens encor[68] ! », chantait en 1866, dans *La Vie parisienne* d'Offenbach, un riche voyageur brésilien à l'allure plutôt mi-mexicaine, mi-argentine : une sorte de *gaucho* à *sombrero* couvert d'or « volé » et accompagné de « deux petits nègres »- venu à Paris à l'occasion de l'Exposition universelle. Un stéréotype qui ne survit pas à la première moitié du XXe siècle : « Faut-il rappeler, écrit-on en France avec nostalgie en 1947, qu'avant cette guerre chaque année nous apportait son tribut de riches Sud-Américains, bronzés de visage et vêtus de clair, qui passaient l'été sur nos plages et l'hiver à Paris, répandant sur nos hôtels et nos établissements de luxe la pluie dorée de *leurs pesos, milreis, sucres, soles et autres bolivars*[69] ». La même œuvre lyrique du siècle précédent faisait aussi intervenir un supposé général Malaga (dont le nom relève d'un

63. AMAE, Am18-40, d. gnx, 43 (191), Pierrotet, Paraguay, 13-06-1938.
64. Georges Duhamel s'interroge sur ce point en septembre 1936 à Buenos Aires, Europa-América Latina, Buenos Aires, IICI, 1937, p. 4.
65. Lucien Febvre, « Les Lumières de Clio », *art. cit.*, p. 14.
66. AMAE-N, Rio de Janeiro, B, 4 (209), Conty, 24-06-1926.
67. Cf. Denis Rolland, *Vichy et la France libre au Mexique, op. cit.*
68. Jacques Offenbach, *La Vie parisienne*, livret de Henri de Meilhac et Ludovic Halévy, 1866.
69. Raymond Chevrier, Pierre Waleffe, *L'Amérique du Sud*, Paris, Gründ, 1947, p. 8.

exotisme plus « spiritueux » et hispanique que latino-américain) de Porto-Rico (« Porto Riche », comme le mot est fréquemment et négativement utilisé entre les deux guerres en France). Bien loin de disparaître, ce stéréotype issu du siècle précédent s'est au XXᵉ siècle beaucoup affirmé et diffusé. À une autre extrémité de la culture occidentale, bien que produit belge et diffusée avant 1940 en album à quelque 6 000 exemplaires seulement, la bande dessinée d'Hergé, *L'oreille cassée*, publiée en 1935, témoigne nettement de cette évolution et de la pesanteur culturaliste : l'ouvrage, qui conduit le reporter Tintin au San Theodoros, pays voisin du Nuevo Rico, est un concentré de ces mythologies européennes sur l'Amérique[70] : sur la toile de fond de la guerre du Chaco (le « Gran Chapo »), rien n'y manque, ni les conspirateurs d'opérette, ni les généraux interchangeables.

Ce sentiment, très fort, du rang supposé supérieur de la culture française ne touche pas seulement les « petits » pays d'Amérique du sud ou d'Amérique centrale, ou seulement le domaine culturel. En 1926, l'ambassadeur au Brésil déconseille vivement toute démarche de la France pour obtenir des avantages commerciaux. Il estime que c'est au Brésil de prendre l'initiative : « La France n'a pas à assurer le rôle de demandeur[71] ». Pendant ce temps, Washington et Madrid obtiennent un statut douanier préférentiel et Londres le négocie. L'un des dénominateurs communs des perceptions françaises pourrait donc être le suivant : l'Amérique latine est une terre presque sans histoire. Le sous-continent est une terre quasi sans culture, du moins autonome, ou composée essentiellement d'éléments-clichés tel, pour le Brésil, le Carnaval[72]. Même chez un homme de double culture comme Jules Supervielle, l'espace américain n'a ni langage, ni histoire : « Je fais corps avec la pampa qui ne connaît pas la mythologie, [...] Je m'enfonce dans la plaine qui n'a pas d'histoire [...] Et n'a pour toute végétation que quelques talas, ceibos, pitas qui ne connaissent pas le grec et le latin[73] ». Même chez un Français, bon connaisseur et amateur du sud du continent, comme Georges Bernanos, installé au Paraguay puis au Brésil à partir de 1938, ce sentiment affleure en des termes qui, bien plus amicaux, n'en rappellent pas moins ceux de Gobineau, représentant diplomatique de la France à Rio en 1869 (« Sauf l'Empereur, personne dans ce désert peuplé de coquins ») : « Du pays qui m'entoure, écrit-il, je n'attends pas grand-chose, cela va sans dire ; il serait vain d'espérer intéresser au sort de la

---

70. Plus nettement que *Les 7 boules de cristal* (1943), et *Le temple du soleil* (1944-1946).
71. AMAE-N, Brésil, fds B n° 3, 333, 13-10-1926, Conty.
72. Le Nord-estin Jorge Amado l'a bien compris qui publie en 1932 un premier roman intitulé *Pays du Carnaval*.
73. Jules Supervielle, *Débarcadères*, Paris, Gallimard, 1922, p. 13.

cathédrale de Chartres huit millions de kilomètres carrés d'une forêt qui n'a jamais servi à rien depuis le commencement du monde[74] ».

La contestation latino-américaine de la primauté de l'Europe plonge au contraire ses racines dans une connaissance « très étendue[75] », au sein des milieux cultivés, de la culture du Vieux monde. Certes, la fascination pour l'Europe ne trépasse pas avec la première guerre mondiale : « La richesse de la France, c'est d'avoir pu nous donner ses poètes ; la nôtre, d'avoir su les recevoir. Baudelaire, Hugo, Rimbaud, Péguy, Valéry, Claudel, Giraudoux sont pour quelque chose dans le battement de nos cœurs[76] », écrit l'Argentine Victoria Ocampo. Mais la contestation existait avant la guerre (en 1907) : « Un poète américain, aller en Europe? Et pourquoi faire? Un jour viendra où un tel voyage perdra le prestige sacramentel qui fascine aujourd'hui. C'est l'un des symptômes de notre indépendance à demi[77] ». Et jusqu'au milieu du XXᵉ siècle au moins, elle se fait virulente. Après la deuxième guerre mondiale, l'Argentin Alberto Caturelli, note, dans la lignée de Keyserling : « L'Europe est le continent de l'être ouvert et total fécondé par l'esprit.[...] L'Amérique, au contraire, [...] est le continent de l'être brut, encore non fécondé par l'esprit[78] ». C'est un peu plus manichéen que le Brésilien Dante Costa, décrivant Paris en 1940 comme « un haut spectacle de perfectionnement », un lieu où « coule le fleuve de l'intelligence[79] ».

La critique est parfois nuancée. Ainsi, le Brésilien José Veríssimo dénonce-t-il le statut des « peuples comparses » en matière culturelle ; mais il ne condamne pas complètement l'Europe, ne se reconnaît pas dans « l'ibéro-américanisme préconisé par les intellectuels hispano-américains » et imagine que « l'Europe maintiendra encore pendant de longs siècles, peut-être toujours, sa suprématie spirituelle[80] ». La critique est cependant souvent plus incisive.

Après la première guerre mondiale, le sentiment que l'Amérique latine atteint sa « majorité » affaiblit, désagrège lentement l'idée du péché originel, de la *capitis diminutio* d'être Américain. Auparavant, pouvait dominer l'idée, exprimée au Mexique, selon laquelle, « arrivée tard au

74.   Georges Bernanos, « Journal 1940 », *Le lendemain c'est vous !*, Paris, Plon, 1969, p. 15-16.
75.   Ernest Martinenche, « L'Amérique latine et la guerre », *art. cit.*, p. 164.
76.   Cité par Louis Jouvet, *op. cit.*, p. 60.
77.   La Obra de Ricardo Rojas, *Buenos Aires, La Facultad*, 1928, p. 67. Cité par Christiane Séris, « Microcosmes dans la capitale ou l'histoire de la colonie intellectuelle hispano-américaine à Paris entre 1890 et 1914 » in Kaspi A. et Marès A. (dir.), *Le Paris des étrangers*, Paris, Imprimerie nationale, 1989, p. 308.
78.   *América bifronte*, Buenos Aires, Ed. Troquel SA, 1956-1957 ; cité par M.T. Martinez Blanco, *Identidad cultural de Hispanoamérica*, Madrid, U.C.M., 1988, p. 227.
79.   Dante Costa, *Itinerario de Paris*, Rio de Janeiro, Leitura, 2ed éd., 1945, p. 19 et 187.
80.   José Veríssimo, *Cultura, literatura e política na América Latina*, João Alexandre Barbosa (éd.), São Paulo, Brasiliense, 1986, p. 185.

banquet de la civilisation européenne, l'Amérique vivait en sautant les étapes, pressant le pas et courant d'une forme à une autre, sans qu'il y eût le temps que mûrisse tout à fait la forme précédente[81] ». Avec l'affirmation de ce sentiment d'une majorité se développe l'idée que le rythme européen n'est peut-être pas le seul *tempo* historique possible. Souvent, dans les termes de la critique latino-américaine, la France perd sa spécificité en participant d'un amalgame « européen », d'un rejet globalisant. C'est ce qu'on peut ainsi lire dans la presse colombienne : « Le dédain manifeste de l'Européen pour l'Américain réside dans le faux *complexe d'infériorité* que nous adoptons en présence de l'homme de l'Occident qui, jusqu'à aujourd'hui, a joui de privilèges d'exception sous le ciel généreux des Amériques ; des privilèges qui en Europe ne sont compensés que par l'ignorance de nos valeurs[82] ». Comme on peut s'en douter, la diplomatie française analyse tout autrement un phénomène qui met parfois en cause la colonisation européenne : « En présence des divisions idéologiques et des appels à la violence qui troublent le panorama européen, nous voyons se cristalliser, sous le signe du panaméricanisme, un nouveau *complexe de supériorité* de l'Amérique latine[83] ».

La déception inspirée par le fonctionnement européocentré de la SDN illustre et renforce les distances prises par l'Amérique latine à l'égard de l'Europe. Une Amérique latine qui représente à la fondation de la Société près de 40 % des membres et qui, de ce fait, espère que sa voix sera entendue. Le Brésil donne l'un des exemples les plus saillants de cette désillusion. Entré en guerre aux côtés des Alliés pendant la première guerre mondiale, il souhaita, comme l'Argentine, jouer un rôle significatif au sein de la Société des nations (SDN). Avec ces deux pays, l'Amérique latine, jusque-là éloignée du « Grand monde » diplomatique, selon les termes d'un délégué sud-américain[84], espérait entrer en scène, au moins dans les instances de décision de Genève. La presse brésilienne soutint l'action gouvernementale visant à apparaître distinctement aux Palais de la paix. Le Brésil ne put cependant jamais obtenir de siège permanent au Conseil et, représentant isolé du sous-continent après le départ de la délégation argentine en 1922, il annonça son propre retrait en 1926.

La perception culturelle est de moins en moins dissociable de la perception politique. Alfonso Reyes, mexicain très francophile, pose cette question prémonitoire en 1937, devant une assemblée de l'Institut international de coopération intellectuelle (IICI) dépendant de la Société

---

81. Alfonso Reyes, *op. cit.*, p. 7. Transposé au passé.
82. Ruy Blas (Carlos Lleras Camargo) *in Tiempo*, Bogotá, 16-05-1936.
83. AMAE, Am18-40, Colombie, 5 (211), 23-08-1939, L. Vasse, chargé d'affaires. Texte souligné par nous.
84. Cité par Jorge Guillen, *in Bulletin de l'Amérique latine* (décembre-janvier 1921), p. 70.

des nations, une tribune européocentrée[85] : « L'Europe est-elle encore en état » de « dicter avec autant de force ses directives spirituelles[86] » ? Un intellectuel dominicain transmet plus sèchement l'impression « de l'homme de la rue » que « l'Europe ne [...] donne plus le bon exemple ; ses conseils politiques ne méritent plus d'être suivis[87] ». Plus direct, le quotidien *Tiempo*, porte-parole officieux du gouvernement colombien, remarquait dès 1936 : « Le *sentiment anti-européen* qui a pris dans ce pays un développement si marqué au cours de ces dernières années a été encore accru par l'affaire d'Ethiopie[88] ». Et, quelques jours plus tard : « Il ne sera pas de trop que [...] s'établisse orgueilleusement la *belligérance intellectuelle*, politique et économique des peuples de notre Continent *subjugués* jusqu'à aujourd'hui par les formules de la culture occidentale... Il faut voir par exemple comment un Français ignore insolemment l'existence de peuples qui, passionnés de la démocratie, voient dans la Troisième République l'héritière légitime de la Révolution et suivent avec ferveur les orientations de la pensée française. Pourquoi continuerions-nous à ouvrir magnanimement nos portes aux "citoyens du monde" quand nous jouons en Europe le triste rôle du « Métèque » qu'on tolère seulement parce qu'il est la proie convoitée ?[89] » Au Brésil, « l'anthropophagie[90] » ou apologie plaisante de l'ogre indigène, inventée à la fin des années 1920, participe d'un phénomène partiellement comparable, sauf que la dévoration des apports étrangers n'est pas là xénophobe mais intégratrice.

L'hostilité politique est rarement irréductible quand l'atmosphère ambiante est faite de sympathie : c'est là l'immense, l'incomparable avantage dont la France a longtemps bénéficié en Amérique latine, affirme en 1934 le très connu professeur de l'École libre des Sciences politiques, André Siegfried. En d'autres termes, il constate un « débrayage » de plus en plus net entre la représentation de la culture française et la représentation de la politique française ; débrayage entre sympathie culturelle et approbation politique. C'est pourquoi, poursuit-il, « on commettrait une erreur si l'on croyait que la sympathie pour notre culture entraîne nécessairement l'approbation de notre politique : il est presque fréquent de rencontrer des hommes qui sont français d'esprit et qui cependant ne se classent pas politiquement parmi les amis de la France[91] ». Le fonctionnement politique français est un écheveau partout difficile à démêler et à comprendre entre les deux guerres en Amérique

85.   Cité par Céline Arcade, *La politique extérieure du Brésil vue par les diplomates français*, mémoire de maîtrise, université de Rennes 2, 1995.

86.   Alfonso Reyes, *in Europe-Amérique latine, op. cit.*, p.1.

87.   Pedro Henríquez Ureña, *in Europe-Amérique latine, op. cit.*, p. 123.

88.   *Tiempo*, Bogotá, 31-04-1936.

89.   *Tiempo*, Bogotá, mai 1936, cité par AMAE, Am18-40, Colombie, 5 (32/34), A. Blanche, 17-05-1936.

90.   Oswald de Andrade, *Manifeste anthropophage*, 1928.

91.   André Siegfried, *Amérique latine, op. cit.*, p. 153.

latine. Le parlementarisme français est dans de nombreux pays perçu presque systématiquement à travers le prisme peu flatteur d'agences étrangères, nord-américaines. L'agence française Havas, au début du siècle en situation très favorable sur le sous-continent, perd cet avantage entre les deux guerres.

En 1941, le président brésilien Vargas, porte-parole d'un courant décelable dans la plupart des pays du sous-continent, « critique vigoureusement l'inefficacité du parlementarisme dans les pays neufs[92] » : autrement dit, il considère que le parlementarisme des pays du « vieux continent » n'est pas un modèle à suivre pour l'Amérique latine, et en particulier pour ce Brésil de l'*Estado Novo* bien éloigné d'un quelconque héritage démocratique. Un universitaire et diplomate péruvien, utilisant des termes qui ne sont pas étrangers à ce qui se dit en France au même moment, explique la chute de la France et la disparition en 1940 de sa démocratie parlementaire par « la décomposition d'un régime dont la faiblesse était en étroite corrélation avec ses énormes vices[93] ». Cette position est vraisemblablement fortement connotée de convictions religieuses, mais elle n'est pas isolée[94].

L'évolution politique en France déçoit. Pour certains groupes la perception n'est, on l'imagine, pas favorable aux choix politiques faits en France en 1936 ; ainsi au Brésil[95]. À l'inverse, les élites « de gauche » et certains gouvernements latino-américains populistes ou tentés par une politique d'ouverture à gauche, voire « de gauche », au Chili ou au Mexique par exemple, sont un temps séduits par le gouvernement français de Front populaire, en Colombie aussi. Aux yeux de ces gouvernements, la politique tentée à Paris, en 1936, paraît plus en adéquation avec l'image traditionnelle qu'ils ont de la France[96]. Mais, alors que les opinions latino-américaines sont profondément divisées, élites et gouvernements latino-américains, qui avaient à nouveau les yeux fixés sur Paris, sont vivement déçus, avant même Munich, par la politique neutraliste du Front populaire dans une guerre civile espagnole qui enflamme en Amérique latine des divisions politiques existantes[97].

L'Europe favorise en fait cette évolution dès la fin du XIXᵉ siècle. Face au progressisme positiviste, entre 1880 et 1914, apparaissent les premiers syndromes des crises des universalismes : l'Europe est partiellement à l'origine de la perception de son déclin. En Espagne, avec la défaite à Cuba et le traité de Paris qui entérine la perte des dernières colonies en

---

92.   AMAE, VAm., Brésil (23), Saint-Quentin, 22-12-1941.
93.   F. Barreda Laos, *op. cit.*, p. 65.
94.   CPDOC/FGV, OA, 400102/3, 910, Cyro de Freitas-Valle à Getúlio Vargas, 25-08-1940.
95.   AMAE, Am18-40, Brésil, 108, 01-08-1936, Magnan de Bellevue.
96.   Michael R. Marrus, *Les exclus. Les réfugiés européens au XXe siècle*, Paris, Calmann-Lévy, 1986, p. 146
97.   Cf. Mark Falcoff, Fredrick B. Pike eds, *The Spanish Civil War, 1936-1939 : American Historical Perspectives*, Lincoln, University of Nebraska Press, 1982.

Amérique et dans le Pacifique, toute une « génération[98] » entame une méditation sur le déclin de son pays.

La France suggère des représentations « correspondantes », non sans lien initial, chez certains auteurs, avec « la crise allemande de la pensée française[99] ». Comme Déroulède, Bourget ou Barrès, Ernest Renan assène : « La France se meurt, [...] ne troublez pas son agonie[100] ». Répétées en Europe et parfois directement jusqu'en Amérique latine, la critique du rationalisme progressiste et la « méditation sur la décadence » font lentement leur chemin – y compris transatlantique – au XXe siècle. Albert Demangeon en 1920, Oswald Spengler en 1926, développent l'idée plus large du « Déclin de l'Occident ». On se souvient du mot fameux de Paul Valéry : « Nous autres, civilisations, nous savons maintenant que nous sommes mortelles ». On se souvient moins du livre de ces « critiques impitoyables de la démocratie parlementaire et capitaliste[101] » que furent Robert Aron et Arnaud Dandieu, auteurs la même année du *Cancer américain*, et surtout, pour notre propos, de *La décadence de la Nation française* (1931). Pourtant ces livres s'inscrivent dans un processus de longue durée où la position française a ses spécificités : en Europe, à l'exception de l'Autriche, c'est bien en France que, dans certains cercles cultivés, la foi dans le progrès s'est le plus effacée, dès la fin du XIXe siècle, devant la prescience du déclin.

Il importe de constater que la méditation sur le déclin va souvent de pair avec une perception de l'évolution du monde : le mouvement de la civilisation accompagnerait le trajet du soleil, d'Est (la Grèce, Rome) en ouest (l'Amérique) ; l'image, affirmée au XIXe siècle, avec Tocqueville en particulier, grandit au XXe. Bien d'autres Français tiennent ce discours sur la décadence, comme ceux partis chercher, outre-Atlantique ou en Afrique, l'influence régénératrice des peuples et arts dits « primitifs ». Antonin Artaud conclut sa première conférence à México, en 1936, par ces mots : « La culture rationaliste de l'Europe a fait faillite et je suis venu sur la terre du Mexique chercher les bases d'une culture magique qui peut encore jaillir du sol[102] ». Très loin de ces préoccupations, le prestigieux président international des *Pen Clubs*, Jules Romains, connu, traduit, lu en Amérique latine, détaille en novembre 1938, dans le sillage des accords de Munich, les « maux » de la France, « d'abord, l'instabilité gouvernementale », puis « les mauvaises finances », « la désunion entre les Français, et pis encore peut-être : la manie de l'indiscipline[103] » et

---

98. Cette très littéraire « génération de 98 » compte notamment Unamuno, Azorín, Valle Inclán, Baroja, Machado, Maetzu, Benavente...

99. Titre d'un ouvrage fondateur de Claude Digeon, *op. cit.*

100. Cité par Paul Déroulède, *L'Alsace-Lorraine et la fête nationale*, Paris, 1910, p. 7.

101. Raymond Aron, *Mémoires*, Paris, Julliard, 1983, vol. 1, p. 139.

102. Antonin Artaud, « Surréalisme et révolution », *in Œuvres complètes*, t. VIII, Paris, Gallimard, 1964, p. 171 *sq.*

103. Jules Romains, « Appel au pays » (24-11-1938 Radio Paris PTT), *in Cela dépend de vous*, Paris, Flammarion, 1939, p. 56-57.

d'autres « symptômes ». Et il ajoute : « Vous allez me dire : "Mais ce que nous faisons est donc si grave, si coupable?" Oui. Vous laissez la France être malade, depuis des années. Vous laissez croire au dehors que la France est malade, et qu'elle le restera ; [...] qu'elle ne tient pas à guérir. Ce qui est peut-être encore plus dangereux. Car être malade, [...] cela peut se prendre en habitude et se supporter... Oui, tant qu'il n'y a pas les autres. Mais laisser croire qu'on est malade, le laisser croire dans ce terrible monde d'aujourd'hui... Alors, cela ne traîne pas[104] ». Raymond Aron confirme, dans un autre registre : « J'ai vécu les années 1930 dans le désespoir de la décadence française [...]. Au fond, la France n'existait plus. Elle n'existait que par les haines des Français les uns pour les autres[105] ».

En Amérique latine, le sentiment du déclin français atteint peu à peu une frange non négligeable des élites locales et des classes moyennes en cours de formation. Cela par le biais de ces livres ou d'autres, lus en langue originale (la langue française demeure l'apanage d'une partie de la haute société latino-américaine cultivée) ou traduits ; par l'intermédiaire d'articles de la presse latino-américaine ou de revues françaises sur ces livres ; enfin, par le contact direct avec certains intellectuels français véhiculant les mêmes courants d'idées. L'empreinte latino-américaine de cette projection du pessimisme français est nette. L'intégralisme brésilien veut-il « affirmer la valeur du Brésil » ? Il dénonce alors une bourgeoisie « fascinée par la civilisation qui périclite en Europe et aux États-Unis[106] ». En 1936, l'Argentin Juan B. Terán affirme que la diffusion de cette idée – une crise de l'Europe – est en fait le signe d'une fidélité de l'Amérique latine à la pensée européenne : « Quand, en Amérique latine, on parle de déception vis-à-vis de l'Europe, on donne une preuve de fidélité à la culture européenne ; ne sont-ce pas les Européens les premiers à avoir parlé de crise européenne ? Vous savez bien à quel point on en est arrivé en Allemagne avec Spengler. En France, il suffit de citer Henri Barbusse et Romain Rolland[107] » .

Après celles de Renan ou de Taine, les idées de Maurras sont diffusées ou reçues inégalement en Amérique latine : plus au sud qu'au nord, semble-t-il. En fait, il paraît peu raisonnable d'envisager l'influence de la pensée maurrassienne sans prendre en considération que ces idées parviennent aussi, notamment en Argentine, à travers le filtre espagnol, celui de Ramiro de Maeztu et de l'*Acción española* en particulier, et qu'il est dès lors difficile de distinguer entre parenté idéologique et lien direct. Appliquées ou non à la politique latino-américaine, ces idées antirépublicaines du fondateur du quotidien *L'Action française*

---

104.   Jules Romains, déclaration citée, *ibid.*, p. 52-53.
105.   Raymond Aron, *op. cit.*, vol. 1, p. 137 *sq* et vol. 2, p. 941 *sq*.
106.   Cité par Helgio Trindade, *La tentation fasciste au Brésil dans les années trente*, Paris, Maison des Sciences de l'Homme, 1987, p. 127.
107.   *Europa-América latina, op. cit.*, p. 122.

contribuent d'abord à renforcer « un certain préjugé anti-français » chez les élites les plus conservatrices et catholiques (même après la condamnation de 1926) comme au sein de certains mouvements au discours populiste. Surtout, les bases universalistes de l'image traditionnelle de la France sont ébranlées, y compris auprès d'un public assez large dépassant nettement le cercle restreint des élites intellectuelles. En 1931 paraissait la traduction brésilienne du livre de Léon de Poncins, *Les forces secrètes de la révolution* ; avec *La France juive* de Drumond, l'ouvrage nourrit l'antisémitisme de Barroso, l'un des doctrinaires les plus antisémites de l'intégralisme brésilien[108].

À partir des années 1920-1930, tandis que l'on peut constater que les écrits français contre-révolutionnaires (Joseph de Maistre, Louis de Bonald...) sont connus en Amérique latine, directement ou par auteur contemporain interposé[109], l'œuvre de Maurras, s'il ne faut pas en exagérer l'influence en Amérique latine, paraît pouvoir constituer une nouvelle matrice pour la gestation (ou la renaissance) éventuelle d'un autre modèle de la France.

Des facteurs externes aux relations France-Amérique latine : les concurrences

On peut esquisser une typologie sommaire des principales concurrences au XXᵉ siècle du modèle dominant français, entre le premier vrai modèle universaliste concurrent (le modèle léniniste et la IIIᵉ Internationale), le modèle autoritaire et efficace incarné par l'Allemagne impériale et les fascismes ; enfin, celui dont l'expansion n'est pas atteinte, bien au contraire, par la deuxième guerre mondiale, le modèle continental et linguistique, diffusé par les États-Unis, avec le panaméricanisme comme structure de cohésion.

La Révolution russe de 1917 donne corps à un modèle explicitement universaliste et concurrentiel du modèle français. Le modèle communiste, qui ne dédaigne pas d'inscrire la Révolution française dans sa mythologie des origines, possède un écho progressif au sein de certaines élites latino-américaines. Un écho, parfois modeste, largement « créolisé », selon le

---

108. La critique de la révolution est courante dans les textes de l'intégralisme. Ainsi écrit-on en 1933 : « La liberté politique a été une conquête de la bourgeoisie pour la bourgeoisie, malgré les promesses universelles de la Révolution française ». Cf. Plínio Salgado, Miguel Reale, « A cartilha do Integralismo Brasileiro », *in A Doutrina Integralista*, Porto Alegre, AIB, s.d., p.13.
109. L'un des idéologues de l'intégralisme brésilien les cite.

mot de l'historien vénézuélien Caballero[110], souvent complexe. Le politologue André Siegfried note, en 1934, qu'à terme « la passion spartiate et jalouse de la Russie des soviets » pourrait « détourner peut-être plus encore [que la séduction nord-américaine] les masses populaires du vieil idéal français[111] ». La diffusion du communisme sur le continent est rapide mais limitée. Dès 1918 est créé le premier parti communiste latino-américain (le *Partido Socialista Internacional*), en Argentine. Le Brésil suit en 1922, puis le Chili : c'est là, longtemps, le seul pays où le parti communiste constitue un parti de masse. Même dans des contextes politiques moins favorables, comme le Venezuela de l'autoritaire Gómez, les idées se diffusent rapidement[112]. En 1919, le *Komintern* crée sa première section en Amérique latine, à México[113]. Et, bien qu'inégalement développés selon les pays, il existe 12 partis communistes en 1928, 19 en 1935. Quoi qu'il en soit, ce modèle léniniste se diffuse sans beaucoup affecter directement l'influence du modèle français, bien plus culturel que révolutionnaire.

L'influence allemande est ancienne. L'organisation militaire prussienne et la construction d'une fédération impériale consacrée par la défaite française de Sedan, jointes au développement économique (tardif mais accéléré) et scientifique de l'Allemagne, ont attiré les regards latino-américains avant 1918. Dès les années 1890, certains Français ont fait le constat en Amérique du sud de « la décroissance » de « l'autorité morale » de la France, jugée notamment par rapport au repère allemand : « On nous tenait toujours pour le peuple le plus vif et, si l'on veut, le plus divertissant de l'univers. Mais s'agissait-il de pédagogie ? On invoquait l'Allemagne. De science pure ? Encore l'Allemagne. De philosophie ? Toujours l'Allemagne. Je visitai [à Santiago du Chili] l'Institut pédagogique, dont le directeur était allemand, et dont la bibliothèque était encore plus allemande que le directeur [...]. Le vieux recteur de l'Université [...] était féru de systèmes allemands. Quand un jeune homme, futur médecin ou futur professeur, désirait achever son éducation en Europe, il allait à Berlin. S'il voulait uniquement s'amuser, il prenait le chemin de Paris[114] ». Depuis la guerre du Paraguay (1865-1870), des militaires brésiliens séjournent dans l'armée allemande et, comme on l'a signalé, des groupes de stagiaires sont admis dans les Ecoles de guerre allemandes[115]. Dans le domaine économique, l'Allemagne va occuper,

---

110. Manuel Caballero, *Latin America and the Comintern, 1919-1943*, Cambridge, Cambridge U.P., 1986.

111. André Siegfried, *Amérique latine, op. cit.*, p. 156.

112. Juan Bautista Fuenmayor, *La difusión de las ideas socialistas en las carceles gomecistas*, Caracas, Universidad Santa Maria, 1982.

113. Cf. Manuel Caballero, *op. cit.* Pour le Mexique, Barry Carr, « Marxism and Anarchism in the Formation of the Mexican Communist Party, 1910-1919 », *HAHR*, mai 1983.

114. André Bellesort, *art. cit.*, p. 247.

115. Cf. Manuel Domingos Neto, *art. cit.*, p. 47.

« particulièrement en Amérique latine », le « rôle extraordinairement profitable de courtier international[116] ». Après la guerre, la République de Weimar maintient une active propagande anti-française en Amérique latine. Les cercles français bien informés ne sont pas aveugles. En 1922, Jean Giraudoux écrit, dans un roman qu'affectionnait l'historien Jean-Baptiste Duroselle, *Siegfried et le Limousin* : « Allemagne, ton heure vient peu à peu. Déjà la Bolivie a repris sa mission vétérinaire allemande, déjà [...] l'Argentine acclame nos botanistes[117] ». La présence économique allemande, plus ou moins appuyée sur des « colonies » nombreuses et accrues durant le premier quart du siècle, se renforce rapidement. Les Français, souvent plus soucieux, même sur le champ latino-américain, de l'antagonisme franco-allemand que d'une évaluation globale, en prennent ombrage. Mais c'est, presque toujours, pour réaffirmer haut et fort que le modèle français est intact[118]. L'Allemagne fait pourtant un important effort pour améliorer la connaissance de l'Amérique latine de ses ressortissants : cinq Instituts spécialisés sur l'Amérique latine sont rapidement mis en place et généreusement financés, avec le souci de former tous ceux qui ont quelque chose à y faire.

L'Italie, plus jeune que les nations continentales de l'Amérique latine, monarchie, de faible rayonnement international, ne diffuse pas de « modèle » avant l'instauration du fascisme. Mais les échanges jusqu'à la première guerre mondiale sont denses, à commencer par les transferts de population dans le sens Europe-Amérique latine, principalement l'Amérique du sud. L'empreinte des cultures d'origine est profonde. Après leur mise en place, les gouvernements totalitaires de l'Italie et de l'Allemagne, surtout (bien qu'il ne faille pas négliger l'exemple précoce du Portugal salazariste pour le fonctionnement de l'*Estado Novo* au Brésil), exercent une réelle séduction sur une partie de la population latino-américaine ; en particulier sur les catégories les plus conservatrices des élites et sur les classes moyennes naissantes.

Avant qu'il ne s'effrite tardivement, avec l'évolution du cours de la guerre, le nouveau régime politique italien attire par son goût de l'ordre des milieux conservateurs qui en approuvent certains résultats apparents pouvant être transposés en objectifs locaux : paix sociale restaurée, accords avec l'Eglise, bolchevisme mis à mal. Plusieurs institutions brésiliennes de l'*Estado Novo* se sont inspirées de statuts d'homologues fascistes, statuts souvent transmis d'ailleurs à toutes fins utiles par les diplomates italiens : ainsi le *Departamento de Imprensa e Propaganda* (DIP). La séduction des modèles fasciste puis nazi est confortée par une nette croissance des échanges commerciaux. Même si les immigrés

---

116. Armand Petitjean, *La concurrence internationale et les sympathies françaises en Amérique latine*, Paris, Imprimerie nationale, 1918, p. 24.
117. Jean Giraudoux, *op. cit.*, p. 138.
118. Louis Mandin, « L'Intransigeant », cité par la *Revue de l'Amérique latine*, n° 1, 01-1922, p. 78.

allemands sont partout profondément divisés[119], elle est partiellement relayée par d'actives "colonies" : en 1941 plus de 500 000 Allemands en Amérique du sud dont 89 000 au Brésil (avec 87 sections du parti national-socialiste NSDAP en 1937[120]) et 60 000 en Argentine, auxquels il faut ajouter 200 000 Argentins d'origine germanique avec 120 écoles et plus de deux cents clubs[121].

La séduction des modèles autoritaires est aussi insufflée par une diplomatie et des missions (allemandes) très dynamiques ainsi que par la plupart des Latino-américains formés en Allemagne. La puissance d'attraction regroupe en fait deux caractéristiques différentes. D'une part, l'attrait politique du modèle autoritaire, tant en raison de son aspect martial et efficace que de certaines similitudes dans le mode de fonctionnement du pouvoir : outre anti-communisme (et parfois antisémitisme), élévation réciproque des représentations au rang d'ambassades et collaboration entre les polices politiques[122] dont le cas le plus évident est, au Brésil, l'expulsion de la compagne germano-brésilienne du dirigeant communiste brésilien Carlos Prestes[123] ou celle de l'épouse d'un ancien député du *Reichstag*. D'autre part, la séduction est aussi celle d'une nation humiliée mais forte, capable, par ses propres moyens rassemblés autour d'un chef charismatique, de soulever le joug imposé par des métropoles démocratiques et impérialistes coalisées : un modèle – la référence est exprimée ou non, avouée ou non – pour nombre de Latino-américains rêvant d'une indépendance nationale mieux assurée. Les régimes anti-démocratiques mis en place en Europe par Salazar, Mussolini, Hitler puis Franco, constituent un ensemble de modèles pour plusieurs mouvements politiques développés en Amérique latine, dans les années 1930, en Argentine, comme au Chili ou au Brésil.

Il faut prendre en compte le phénomène de « créolisation » de ces importations. Les liens avec l'Europe sont conscients, inégaux et rarement explicites. Le dirigeant intégraliste brésilien Plínio Salgado mêle son admiration pour le fascisme italien à des idées venues de l'intégralisme portugais[124] ; mais, par nationalisme anticosmopolite, il minimise l'influence fasciste. Certains gouvernements autoritaires conservateurs d'alors (et les élites qui les accompagnent) puisent dans ces constructions autoritaires européennes des idées de symboles, des

---

119. Anne Saint Sauveur-Henn, *Un siècle d'émigration allemande vers l'Argentine*, 1853-1945, Böhlau Verlag, Cologne, 1995, p. 551 *sq.*

120. L.P. Motta, H.J. Barbosa, *El nazismo en el Brazil, Buenos Aires*, Claridad, 1938, p. 58 et A.-A. Jacobsen, *Nationalsozialistische Aussenpolitik, 1933-1938*, Frankfurt am Main, Metzner, 1968, p. 550.

121. Cité par Orlando L. Peluffo, *in Dictionnaire diplomatique*, Paris, Académie diplomatique internationale, 1947, p. 106.

122. R.A.S. Seitenfus, *op. cit.*, p. 86-90.

123. Olga Benario (née Kruger) sera fusillée à Ravensbruck en 1942.

124. Parmi les auteurs portugais qui l'ont influencé, João Ameal, Hipólito Raposo, Rollo-Preto, Oliviera Salazar, Antonio Sardinha.

références, des méthodes ou, plus rarement, des institutions : notamment Ubico au Guatemala (1931-1944), Batista à Cuba (1940-1952), Uriburu en Argentine[125] (1930-1932) et Benavides au Pérou[126] (1933-1939).

Dans ces conditions, l'activité diplomatique, les missions militaires et la propagande anti-française de l'Allemagne renforcent le déclin du rayonnement du modèle français, un rayonnement incluant la francophonie et la francophilie, expression d'une perception du modèle en tant que tel.

Il convient enfin de constater que le soulèvement franquiste de 1936 en Espagne est source d'une nette réactivation d'un modèle ancien[127]. Son rayonnement paraît toutefois limité à des élites latino-américaines très traditionnelles, rarement soumises à l'attraction française. Il est donc difficile de considérer le modèle nationaliste espagnol, celui de la croisade franquiste, comme un concurrent direct du modèle français. Tout au plus ajoute-t-il sa voix, sur un terrain spécifique, aux autres modèles totalitaires.

La crédibilité en Amérique latine de l'ensemble des nations européennes avait déjà été érodée lors de la première guerre mondiale. Dès ce moment toutefois, cette désaffection amorcée à l'égard de plusieurs modèles européens et, au premier plan, du modèle français est liée aussi à l'affirmation factuelle de la doctrine panaméricaine de Monroe, puis de sa variante ultérieure plus fine qu'est la « politique de bon voisinage ». Même si, de France, la prise de conscience est lente[128]. Et même si la connaissance commune de l'Amérique latine paraît peu progresser aux États-Unis entre les deux guerres. Mais, par exemple, la pénétration des agences de presse nord-américaine (*Associated Press, United Press*) dans les circuits latino-américains d'information est constante entre les deux guerres et ces agences se trouvent en situation hégémonique partout pendant la deuxième[129]. Dans un tout autre domaine, celui de la formation, dès 1918 le constat peut être fait que les étudiants latino-américains « fréquentent aussi bien Harvard que l'université de Paris[130] » et que les fondations multiplient leurs propositions en direction de l'Amérique latine. De plus, l'accroissement de la diffusion du livre classique en espagnol et en portugais est nette aux États-Unis[131] et, en

---

125. Parvenu au pouvoir, il rejette l'étiquette « fasciste » et affirme que le fascisme est une « doctrine étrangère » [...] inappropriée pour l'Argentine ».
126. En 1934, report des élections, politique mêlant répression et paternalisme. En 1936, annulation des élections, dissolution de l'Assemblée et installation d'un gouvernement composé de militaires.
127. Cf. les travaux de Lorenzo Delgado Escalonilla (CSIC, Madrid) dont *Imperio de papel. Acción cultural y política exterior durante el primer franquismo*, Madrid, CSIC, 1992.
128. Armand Petitjean, *op. cit.*, 1916, p. 152.
129. Gerson Moura, *op. cit.*, p. 33.
130. Armand Petitjean, *op. cit.*, p. 6.
131. *Ibid.*, p. 13.

1926, il existe 175 institutions du supérieur donnant des cours aux États-Unis sur l'Amérique latine. Des Instituts culturels sont créés : en 1925, premier du genre, l'Institut culturel argentino-nord-américain ; puis l'Institut Brésil – États-Unis, l'Institut péruano-nord-américain et l'Institut Benjamin Franklin à México. Signe d'une prise en compte nouvelle, le Secrétariat d'État crée en 1938 une division des relations culturelles, avec des objectifs précisément formulés et dans cet ordre : enseignement, livre, radio, servir d'intermédiaire pour les organismes privés. Le continent, jugé « indécis » dans son positionnement idéologique, paraît la priorité[132]. En 1942, le Département d'État possède autant d'attachés culturels que d'ambassades sur le continent. L'administration de l'Éducation met sur pied une Division des relations éducatives interaméricaines. En outre, au début de la guerre, est créé un Bureau de la coordination interaméricaine directement rattaché à la Présidence et remarquablement efficace : l'*Office for Coordination of Commercial and Cultural Relations between the American Republics* en 1940, devenu l'*Office of the Coordinator of Inter-American Affairs* l'année suivante. Sous sa pression, les « bandits mexicains » d'Hollywood disparaissent, des écrans[133] tandis que Donald fait, avec Walt Disney en personne, une entrée remarquée en Amérique latine et que de nombreux intellectuels latino-américains entreprennent le déplacement vers le nord. Que peuvent, pendant la guerre, les brochures de la France libre face à *Selecciones*, l'édition espagnole du *Reader's Digest*, qui « se vend à la criée dans toute l'Amérique latine[134] » ou face aux 500 000 exemplaires mensuellement diffusés en Amérique latine de la revue de propagande *En Guardia* (*Em Guarda* au Brésil)[135], qui n'est pas, loin de là, l'unique publication ? Il faut ajouter à tout cela le rôle des organismes de l'Union panaméricaine qui s'accroît nettement sous la présidence de Franklin D. Roosevelt, dans le cadre de la « politique de bon voisinage ». Avec les termes de l'époque, non dénués du sentiment viscéral de supériorité de la culture intellectuelle française, la remarquable ouverture « géographique » de la culture d'André Siegfried lui permet, dès 1934, d'exprimer deux « menaces » pouvant atteindre « l'influence de la France sur » l'Amérique latine : « La première serait celle d'une démocratisation de l'Amérique du sud[136], conformément à l'idéal matériel et quasi mécanique du vingtième siècle. Quand les peuples d'aujourd'hui se démocratisent [...], ils élèvent sans doute leur niveau de vie [...], mais la tonalité moyenne par l'éviction des élites sociales tend uniformément à devenir plus vulgaire. Or pareille évolution

---

132. Inter-American Cultural Relations, Washington, US Government Printing Office, 1939.
133. 122 films en portugais sont patronnés par le Bureau (Moura, *op. cit.*, p. 42).
134. BNF, FJ, TAL, Cuba (34), J.-C. Abreu à Jouvet, 10-12-1943.
135. Au plus fort de la diffusion de cette revue. Cf. Moura, *op. cit.*, p. 35.
136. Entendu ici dans le sens d'Amérique latine.

ou révolution ne les rapproche nullement d'une France traditionnelle qui, quoique profondément attachée à l'égalité, a conservé, jusque dans ses couches populaires, je ne sais quel raffinement d'esprit et de goûts. [...] L'élite lisait nos livres, se faisait donner nos pièces de théâtre, buvait nos vins fins ; la masse, parvenue, fréquentera les cinémas américains, lira des romans policiers traduits de l'anglais, boira de la bière ou des alcools brutaux. [...] La France, à cet égard, est un peu démodée, et on nous le dit assez. L'établissement de la démocratie dans le monde ne se fait plus sous notre inspiration. C'est l'Amérique du Nord qui, depuis une vingtaine d'années, a pris la tête, dès qu'il s'agit de la démocratie du confort, et son matérialisme ne travaille pas pour nous [...]. « La seconde menace, qui réside dans la mécanisation et la commercialisation de la vie, est à peine moindre ; elle est même plus directe, plus immédiate. Quand les pays, même latins, se mettent à l'école des méthodes américaines, il est naturel qu'ils se tournent vers les États-Unis[137] ». Et « c'est moins par goût que par nécessité », conclut André Siegfried.

Enfin, dans le seul domaine linguistique, le français paraît demeurer la langue étrangère la plus étudiée dans beaucoup de grands pays d'Amérique du sud entre les deux guerres : dans les années vingt nettement, mais partout de manière plus discutée dans les années trente.

Au début du siècle, la supériorité du français était un dogme intangible en France : « la langue française importe à l'ordre général de la civilisation[138] ». Au Brésil, Georges Clemenceau observait avant la première guerre mondiale qu'il pouvait « se livrer en toute confiance au plaisir de parler comme un Français à des Français, sans que rien lui vînt avertir des particularités d'une âme étrangère à laquelle il fût tenu de s'accommoder[139] ». Lorsqu'en 1923, en qualité de président de la commission des Affaires étrangères de la Chambre des députés, Maurice Barrès visite l'Argentine, c'est le même langage qui est tenu[140]. Le français continue d'être un élément discriminant de la culture des élites. Dans les années trente, Fernand Braudel et Claude Lévi-Strauss enseignent encore en français à l'université de São Paulo. André Siegfried constate à l'issue de conférences données au Brésil en 1937 : « Je sais par expérience qu'on peut parler français devant des auditoires de 2 ou 300 personnes et être compris exactement comme on le serait en France [...]. On peut même parler dans le détail, de notre vie politique ou littéraire, et toutes les précisions semblent intéresser le public[141] ». Et, encore, lorsque la troupe de l'Athénée-Louis Jouvet présente du théâtre

---

137. *Amérique latine, op. cit.*, p. 156-157.
138. Discours à l'Alliance française de Paris en 1888, cité par Marc Blancpain *in Rapport d'activité de l'Alliance française*, Paris, 1970, p. 27.
139. Georges Clemenceau, *Notes de voyage dans l'Amérique du sud. Argentine, Uruguay, Brésil*, Paris, Hachette, 1911, p. 63.
140. Maurice Barrès, cité par Jacques Soppelsa, *art. cit.*, p. 32.
141. FNSP, 1 SI 11 dr.2 sdra, « Impressions du Brésil », p. 22.

français en français dans la plupart des pays du continent entre 1941 et 1944, la compréhension de la langue ne paraît pas un problème trop sérieux pour les assemblées – choisies il est vrai.

Mais ces constats clairs et renouvelables à l'infini ne doivent pas masquer le déclin de la langue française avant la deuxième guerre mondiale en Amérique latine. D'une part, il n'est plus que dans peu de pays au premier rang des langues étrangères parlées par les membres jeunes des élites, à la fois parce que les congrégations enseignantes n'ont pu renouveler leur vivier d'enseignants en France et du fait des restrictions des programmes scolaires latino-américains[142]. D'autre part, la situation semble plus délicate au nord qu'au sud du sous-continent latin, avec des inégalités considérables d'un pays à l'autre. Tandis qu'en Argentine durant la deuxième guerre mondiale, le français demeure « la » langue de la culture, les exemples de Cuba, pays sous tutelle nord-américaine plus ou moins directe depuis 1898, et du Mexique sont probants : la langue française connaît un net recul dans le nord de l'Amérique latine, en particulier dans cette zone, dite *de sécurité* des États-Unis, que dessinent les interventions militaires nord-américaines, jusqu'au canal de Panamá et aux Guyanes. Elle cède du terrain partout dans le monde, officiellement (dans les programmes scolaires ou universitaires) et pratiquement. La langue diplomatique par excellence n'était-elle pas au XIXe siècle le français ? Encore en 1943, lorsque Roosevelt et Vargas se rencontrent à Natal, la langue utilisée lors des échanges par les présidents est le français, seul dénominateur commun entre eux. Néanmoins, dans la première moitié du XXe siècle, le monopole est, peu à peu, défait.

Car, face au français, l'enseignement de l'anglais s'est grandement développé depuis le début du siècle. Une partie, variable selon les pays, des élites latino-américaines manifeste des traits d'anglophilie au-delà de la stricte étiquette : qu'on songe, par exemple, à la multiplication de clubs sportifs pour *gentlemen* locaux à la peau claire. Le processus qui conduit la langue anglaise à élargir son domaine d'influence s'accélère surtout après la première guerre mondiale – en provenance cette fois des États-Unis plus que des îles britanniques. Dans les années trente, le français et l'anglais « sont sur le même pied[143] » dans les programmes scolaires de beaucoup de pays ; dans certains, les deux langues sont obligatoires, dans d'autres, le choix est possible. Et pendant la deuxième guerre mondiale, les choses évoluent plus rapidement encore. Significativement, ce qui, à la fin du conflit, est évoqué par la diplomatie française n'est déjà plus la nécessité de préserver dans le sous-continent la primauté du français ; l'objectif désormais visé consiste à "obtenir que le français soit mis sur le même pied que l'anglais dans les programmes officiels". Pis, la

---

142. *L'Action française*, Paris, 17-03-1935.
143. AMAE, Am18-40, d. gnx, 38, (101), s.d. [1934].

diplomatie française commence à percevoir la difficulté d'un tel objectif : « Toute tentative prématurée n'aurait d'autre résultat que d'inquiéter les Américains, et de les pousser à obtenir quelques avantages supplémentaires d'ordre culturel ou autre, pour consolider leurs positions[144] ».

Outre ce qui vient d'être mentionné, la diffusion de l'anglais tient au moins à six raisons : la formation à l'étranger qui est de plus en plus dirigée vers les États-Unis (« tels jeunes gens de l'aristocratie sud-américaine [...] qui naguère eussent fait leur éducation à Paris, vont maintenant chercher à New York, à Boston, en Californie, la culture financière ou technique des temps nouveaux[145] »), la formation dans le pays (l'anglais est exigé dans un nombre croissant d'examens entre les deux guerres), les modes intellectuelles (depuis le début du siècle s'est affirmé un « engouement pour toutes les habitudes, théories, doctrines » nord-américaines, particulièrement pour les questions économiques), les nécessités de la vie courante (recrutement local des entreprises anglaises et américaines). Les deux autres raisons expliquent que l'anglais se diffuse au-delà des élites économiques, politiques et sociales : accessibilité du livre anglo-saxon ; diffusion du cinéma américain.

Le public latino-américain, qui éprouve des difficultés croissantes à se procurer des ouvrages en français, « veut lire les livres déversés en abondance sur le marché par les éditeurs nord-américains[146] » : il n'existe, par exemple, dans tout le Chili aucune librairie française et le principal libraire vendant des livres français à Santiago, un Portugais, ferme ses portes en 1916 tandis qu'existent quatre librairies anglaises et deux allemandes ; le paradoxe est alors qu'on ne trouve plus à Quito, Bogotá ou Caracas de livres français en vente mais qu'on en parle dans la presse ! Un intellectuel et ancien ministre mexicain, José Vasconcelos, constate : « Pour se convaincre du fait qu'aujourd'hui il y a moins de personnes qui lisent la langue de Corneille qu'il y a vingt ans, il suffit de parcourir les bouquinistes [de México]. Les livres les moins chers sont ceux écrits en français[147] » (Paul Rivet ouvre en réaction à la fin de la guerre une librairie française). Logiquement, « les bibliothèques privées [...], même les mieux fournies », accusent avant la deuxième guerre mondiale « un certain retard » par rapport à la production contemporaine[148].

La dernière raison contribuant à expliquer la diffusion de la langue anglaise en Amérique latine, auprès d'un public incluant une classe

---

144. AMAE, G.39-45, *Alger CFLN, Pérou*, vol. 1299 (210), 21-08-1944, Dayet.
145. André Siegfried, *Amérique latine, op. cit.*, p. 157.
146. AMAE, Am18-40, d. gnx, 38, (101), 1934. « Les librairies ont toutes un rayon de livres anglais et américains très bien approvisionné, avec les dernières nouveautés arrivées en avion. Il n'en est pas de même pour le livre français ».
147. *Novedades*, México, 11-02-1944.
148. Emile Henriot, *op. cit.*, p. 215-216.

moyenne émergente, est le cinéma. Si, au début des années vingt, le cinéma français pouvait figurer en bonne place dans les salles de spectacle latino-américaines (et peut-être surtout sud-américaines), dans les années trente, la situation s'est radicalement modifiée : le public veut désormais comprendre, avec l'anglais, rien moins que « 95 % des films projetés[149] ». Ce chiffre, donné par le service des Œuvres françaises à l'étranger, ne noircit pas la réalité si l'on compte par projection et non pas par film. En 1936, 76 % des films programmés en Argentine et 91 % au Brésil sont d'origine anglo-saxonne. Dans ce dernier pays, 87 % des films projetés sont alors nord-américains ; même au Mexique, cette part avoisine les trois quarts de la programmation de la capitale (73,2 % en 1940)[150]. Quoi qu'il en soit, en 1936 et 1937, pour 20 films étrangers projetés en Argentine et au Brésil, 1 peut être français quand 15, dans le meilleur des cas, sont nord-américains[151]. Au Mexique, la situation est à peine moins fragile : sur 20 films projetés à México, 14,5 sont nord-américains, 1,5 français. De plus, les films nord-américains sont, la presse en témoigne, programmés plus ou moins simultanément partout en Amérique, tandis que les films français parviennent tardivement en Amérique latine et souvent sur des copies très usagées, moins chères.

La faible mise en œuvre de la propagande française

Face à cette expansion d'autres références européennes ou nord-américaines, les gouvernements de la Troisième République n'ont compris que tard et mal, par rapport à l'Allemagne en particulier, l'intérêt de l'organisation des colonies nationales à l'étranger, de la diffusion culturelle, de la propagande ou des nouveaux moyens de communication. Et l'Amérique latine apparaît très loin des priorités.

Pendant la première guerre mondiale, la France a bien mis en œuvre du bout des lèvres une « propagande » via une « Maison de la Presse » dont l'axe essentiel était anti-allemand. Mais, au lendemain du conflit, les gouvernements s'empressèrent de restreindre les activités de la propagande officielle française, parce que la culture française n'avait, pensait-on alors, nullement besoin de cette béquille et par dédain pour cet art de la publicité. Entre les deux guerres, la gestion des budgets publicitaires allemands, en particulier ceux destinés à la presse écrite, des commerçants ou industriels locaux, est centralisée sous la responsabilité d'un fonctionnaire allemand. La diplomatie française se dote, moins

---

149. Statistique pour l'Amérique du sud (AMAE-N, SOFE, n° 436).
150. M. L. Amador et J. Ayala Blanco, *Cartelera cinematográfica (1940-1949)*, México, UNAM, 1982, p. 372.
151. Cf. C. de Cicco, *Hollywood na Cultura Brasileira*, São Paulo, Convívio, 1979.

tardivement que modestement, de structures culturelles. Elle s'organise, certes, dans un mouvement qui est commun à la plupart des puissances européennes, mais elle suit plus qu'elle n'entraîne et, au total, demeure peu étoffée avant 1939. En Amérique latine, à la veille de la deuxième guerre mondiale, la radio française est l'une des radios étrangères les moins audibles ; dans nombre de régions, c'est celle que l'on capte avec le plus de difficultés. La radio est un média américain. En 1920, la première station de radio commerciale voyait le jour aux États-Unis ; en 1921, commençaient les premières émissions de radio au Mexique. Les États-Unis exercent d'emblée une influence déterminante, en fournissant aussi bien les modèles d'émission que la très grande majorité du matériel d'émission ou de réception (99 % des postes vendus au Mexique en 1933[152]). Aussi bien pour les « heures étrangères » des radios latino-américaines que pour les émissions en ondes courtes, la France n'est pas un concurrent très crédible des autres nations étrangères. Pendant la deuxième guerre mondiale, la situation évolue très fortement en faveur des États-Unis. À partir de 1941, le Bureau de coordination des affaires interaméricaines réussit à mettre discrètement en réseau, pour la fourniture de journaux d'information traduits, près de 200 stations de radio latino-américaines avec des radios des États-Unis. Même pour le Brésil, où la langue a freiné ces échanges, en 1943, 92 stations de radio utilisent des émissions nord-américaines[153]. Il ne faut cependant pas exagérer l'impact – considérable – de ce nouveau moyen de communication : l'information proprement dite ne dépasse pas 10 à 15 % des programmes[154] ; surtout, le nombre d'appareils est relativement restreint dans certains pays à la fin de la période étudiée ; en conséquence, l'auditoire (très urbain mais en revanche non restreint aux seules élites) est encore modeste[155] (1/4 de la population en 1950 au Mexique, seulement 6 % au Guatemala). L'apparition en 1924 de la radio sur ondes courtes ouvre définitivement des horizons internationaux à ce nouveau moyen de communication : des horizons longitudinaux d'abord, entre les États-Unis et le reste du continent. Mais pas seulement : en février 1934, les premiers programmes en espagnol de Radio Berlin reçus en Amérique latine montrent que le domaine des ondes hertziennes est devenu un enjeu très important des propagandes. Tard venue, la radio française est beaucoup moins bien reçue que toutes les émissions en provenance des États-Unis, d'Allemagne ou d'Angleterre.

La propagande officielle n'est pas mieux armée. Le service des Œuvres des Affaires étrangères est la plus ancienne structure administrative française spécialisée dans le domaine des relations

---

152. NAW, RG 165, G-2 Report, « Communications – Wire and Radio », report 5760, 25-10-1934, p. 3.
153. Gerson Moura, *op. cit.*, p. 45.
154. José Luis Ortiz Garza, *La guerra de las ondas*, *op. cit.*, p. 21.
155. Cf. NAW, RG 229, box 346, « Surveys », W. C. Longan, 29-08-1942.

culturelles internationales. En 1910, l'initiative administrative en matière culturelle fait une entrée discrète au ministère des Affaires étrangères : c'est le bureau des Ecoles et des œuvres françaises à l'étranger, qui fonctionne avec une ou deux personnes seulement. Malgré le dédain pour « l'art de la réclame », la première guerre mondiale renforce l'idée d'une nécessaire action concertée : consacrant la spécialisation des activités du ministère, un Office de relations publiques et de propagande est d'abord créé en 1915. La structure que l'on appelle bientôt pudiquement la « Maison de la presse » est née. Après la guerre, le gouvernement commence, au contraire, par désorganiser la Maison de la presse devenue, sous le ministère Clemenceau, le Commissariat général de l'information et de la propagande. Même les francophiles latino-américains se sentent délaissés : « [Nous] demandons d'urgence à tous les échos – pour nous et pour la France qui a retrouvé [avec la guerre] ses filles perdues – une politique française en Amérique latine[156] » . En 1920, le Bureau des écoles devient le service des Œuvres françaises à l'étranger. Il est chargé de toutes les questions concernant « l'expansion intellectuelle de la France au dehors[157] » (le *British Council* n'est créé qu'en 1934). Ses moyens sont limités et la part américaine a longtemps diminué (de 11 % au lendemain de la guerre, 10 % en 1920, 6 % en 1924 à 6,6 % en 1930), ne connaissant une récupération relative que dans les années 1930 (8,7 % en 1933). Encore s'agit-il pour une bonne part des États-Unis, c'est-à-dire de l'ancien allié que l'on a souhaité entretenir activement pendant la guerre et au-delà. Et si l'on examine le détail de l'activité française de diffusion culturelle, le constat de ce retard, relativement à d'autres régions du monde, est manifeste. Le service des Œuvres réalise néanmoins à la veille de la guerre des efforts visibles pour développer les liens culturels entre l'Amérique latine et la France : on constate ainsi un début de fonctionnement d'échanges interuniversitaires, au Mexique notamment à partir de 1938 – mais au rythme très faible de deux boursiers mexicains par an.

Répartition géographique du budget du service des Œuvres des Affaires étrangères, 1921-1933

	Europe	Orient	Extrême-Orient	Amérique
1921	43 %	29 %	17,0 %	11,0 %
1924	28,5 %	54,5 % (dont 34,5 % Syrie-Liban)	11,0 %	6,0 %
1933	38 %	57 % (dont 27 % Syrie-Liban)	6,3 %	8,7 %

Source : *Les Affaires étrangères et le corps diplomatique français, op. cit.,* p. 451.

---

156. Mateo Pérez-Pacheco, *art. cit.*, p. 277.
157. Cité par *Les Affaires étrangères et le corps diplomatique français*, tome II, Paris, CNRS, 1984, p. 393.

Enfin, deuxième structure administrative de soutien à l'action culturelle à l'étranger, l'Association française d'action artistique (AFAA) est créée en 1922, nommée ainsi en 1934. Organisme d'exécution du ministère des Affaires étrangères et de celui de l'Éducation nationale, il est chargé de réaliser des manifestations artistiques internationales. S'il œuvre pour la première fois hors d'Europe, sur le continent américain, en 1925 à New York puis, l'année suivante, au Canada, c'est en 1932 seulement que son domaine atteint l'Amérique latine, avec la subvention d'une tournée de « cours-conférences » de Marguerite Long au Brésil. Puis rien jusqu'en 1938.

L'AFAA et l'Amérique latine, 1922-1940

1932 :	tournée Marguerite Long (Brésil)
1938 :	exposition de dessins français à Bogotá.
1939	représentations de la Comédie française à Buenos Aires, Rio, Montevideo
1939 :	exposition d'art français "De David à nos jours" à Buenos Aires
1940 :	exposition « Cent ans de peinture française" à Montevideo, Rio de Janeiro (avant San Francisco)
1940	représentations du théâtre du Vieux-Colombier en Amérique du sud (Buenos Aire, Montevideo...)
1940 :	exposition de livres, gravures, dessins, aquarelles à Santiago (Chili).

Sources : AMAE-N, dossiers divers.

L'Amérique latine apparaît bien comme une préoccupation non centrale et tardive, qui n'est devenue assez importante que dans l'immédiat avant-guerre[158].

Il est difficile toutefois de conclure ce tableau de la mise en œuvre de la propagande française sans mentionner le travail accompli, de la déclaration de guerre à la défaite, sous les auspices du Commissariat national à l'information, avec des résultats sensibles : « La propagande étrangère au Brésil – nord-américaine, française et britannique – s'est beaucoup développée et sur une large échelle, laissant la nôtre à une distance extrêmement grande », constate un diplomate italien. Certes, la France menacée attire la sympathie. Mais les enjeux essentiels sont ailleurs, comme l'explique ce diplomate : l'attitude internationale du Brésil n'est en fait dépendante ni d'une opposition interne à l'autoritarisme, ni d'une inféodation culturelle et politique à la pensée française, ni de la propagande ou de l'argent des Alliés, ni de préoccupations liées à l'expansion allemande ; seul importe vraiment le lien avec les États-Unis[159].

---

158. AMAE-N, EA, d. 141, notice sur l'AFAA, s. d.
159. Umberto Grazzi, *Rio de Janeiro, 03-01-1940*, cité par Amado Luiz Cervo, *As relações históricas..., op. cit.*, p. 163.

De l'Europe modèle à l'Amérique latine productrice de modèle ?

À partir de 1945, économiquement, culturellement, en dépit du regain de francophilie constaté, l'Amérique latine s'est un peu plus éloignée de l'Europe. Le modèle français a progressivement cessé d'être perçu comme modèle universaliste, se rétractant à sa dimension simple de modèle national. Comment ne pas penser à dresser, dans ces conditions, un parallèle avec ce que dit Pierre Nora de l'évolution en France du modèle de nation ? « Le modèle classique, providentialiste, universaliste et messianique, s'est progressivement délité, des lendemains de la guerre de 1914 à la fin de la guerre d'Algérie, qui [...] a scellé la conscience définitive du déclin [...] Le remaniement profond de la conscience nationale auquel nous assistons aujourd'hui suppose un tout autre modèle de nation. Il correspond à la stabilisation de la France au rang des puissances moyennes et à son insertion dans un ensemble européen, conflictuel, mais pluriel et pacifié[160] ».

Tout modèle culturel, même à vocation universaliste, est périssable. Non seulement la durée d'existence et la validité du modèle sont limitées, mais cette limitation même en fait l'intérêt principal : « Le naufrage est toujours le moment le plus significatif », écrivait Fernand Braudel. La deuxième guerre mondiale a fonctionné apparemment comme une catharsis des imaginaires. L'armistice, qui déconcerte les Latino-américains francophiles, le reniement de la République et les idées xénophobes focalisent progressivement sur la représentation de Vichy tout ce que l'on jugeait en inadéquation avec le modèle traditionnel français. Volontiers jugé prisonnier, Vichy parvient avec difficulté à affirmer en Amérique latine qu'il représente « la vraie France ». et se contente en fait d'une représentation d'accident de conjoncture. À l'inverse, la France libre et ses réseaux constitués en Amérique latine contribuent à réactiver l'image traditionnelle. Des Français non-diplomates, souvent bons connaisseurs des réalités nationales américaines, prennent en main, avec la diplomatie de la France libre, la gestion de l'image de la France. On constate alors une relance de la francophilie, qui résulte de la remobilisation des énergies autour de la France libre et d'une image « épurée » de la France. Cette France est de nouveau pensée comme « éternelle », selon une abstraction qui est l'une des clés de voûte de la symbolique gaullienne. Cette relance est renforcée par le rayonnement de la France du général de Gaulle et par le développement de l'activité culturelle institutionnelle française dans les années qui ont suivi la guerre. Mais cette réactivation de la francophilie

---

160. Pierre Nora, « Comment écrire l'histoire de France », *Les lieux de mémoire*, III, *Les France*, 1. *Conflits et partages*, Paris, 1992, p. 29-30.

dure approximativement ce qu'a duré la génération ayant connu la période de la guerre.

L'étude de la crise du modèle français contribue moins à la distinction entre legs initial et construction mémorielle qu'à l'analyse de cette dernière. Au XXᵉ siècle, l'image du legs est elle-même fondatrice du modèle ; le legs importe dans une certaine mesure moins que ses représentations, de part et d'autre de l'Atlantique, et que leurs évolutions. Nous ne sommes pas loin ainsi d'une définition de l'aire de puissance, culturelle et politique, de la France. En Amérique latine, la France, définie comme pays de culture par excellence dans la seconde moitié du XIXᵉ siècle, est, depuis 1918, peu à peu perçue aussi comme un conservatoire culturel, comme un pays de culture non active. La France ne dément pas nécessairement cette perception, tentée qu'elle est par un « essentialisme culturel [...] tourné vers le passé, privilégiant dogmatiquement la culture classique[161] ». En outre, même si elle admet sur certains terrains spécifiques que l'Amérique latine puisse être autonome, la France a globalement des difficultés à s'ouvrir à une relation culturelle qui ne soit pas assise sur un axiome double d'antériorité et de supériorité, et sur l'idée connexe de filiation des autres cultures.

Analysée dans un premier XXᵉ siècle qui s'arrêterait avec l'armistice de 1940, la crise du modèle français apparaît comme le temps de la *prise en considération* réciproque du chemin descendant sur lequel sont engagés les liens entre France et Amérique latine ; un cheminement au cours duquel les deux parties enregistrent, pour la notion de modèle, le resserrement d'une acception politique et culturelle à la seule acception culturelle. À partir de l'été 1940 et de manière plus formalisée à partir de 1945, plus encore dans les années 1960, vient le temps de la *prise en charge*, du côté français, de l'exportation du modèle. Cette prise en charge est marquée par la création de la Direction générale des relations culturelles au ministère des Affaires Étrangères (en avril 1945) et par le déploiement d'une diplomatie culturelle sur une base spécifique à la France : « l'autonomie du culturel ». Il s'agit d'endiguer un déclin dont on a mis plus longtemps en France qu'en Amérique latine à percevoir la réalité.

L'Europe sort-elle de la scène latino-américaine tandis que l'Amérique latine tend à entrer sur la scène mondiale ? Des mots comme *L'Amérique latine entre en scène*, maintes fois utilisés depuis plusieurs décennies, proviennent surtout de deux phénomènes parfois associés : les espoirs de développement du sous-continent latino-américain représenté comme « Extrême-Occident », et le pessimisme cultivé par l'Europe. Néanmoins, en termes plus modérés et pour le seul exemple français, le XXᵉ siècle constitue-t-il le couchant d'un modèle universaliste, le modèle

---

161. Hichem Djaït, *L'Europe et l'Islam*, Paris, Seuil, 1978, p. 24.

français ? Un auteur plusieurs fois cité, André Siegfried, remarquait, au seuil des années soixante, en pensant aux États-Unis, « qu'il se pourrait que, dès aujourd'hui, le centre de gravité de l'Occident ne soit plus en Europe[162]... »

Au XXe siècle, l'Amérique latine fonctionne comme un laboratoire dans lequel il est aisé, d'une part, de voir s'effriter le monopole d'une Europe « élaboratrice » de modèles ; d'autre part, de constater, dans certains cas, l'inversion du sens de transfert. Cela ne signifie d'ailleurs pas qu'Europe et Amérique latine ne participent pas encore d'un même ensemble culturel supra-régional : ce dernier peut simplement nécessiter une définition plus complexe. Dans un ordre international peu à peu mondialisé, l'Amérique latine est devenue depuis le milieu de ce siècle un creuset d'élaboration d'éléments de modèles (ré-) exportés vers l'Europe. Pensons à la littérature. Pensons aussi que le modèle révolutionnaire, depuis la prise de pouvoir de Fidel Castro à La Havane, s'est pour une génération renversé : les Européens qui maniaient des années 1960 aux années 1980 l'adjectif révolutionnaire cherchaient des références outre-Atlantique. Pensons aussi à cette théologie de la libération, même si elle a été partiellement élaborée dans certains cercles en France (et en Belgique), qui a été perçue comme une mise en œuvre latino-américaine. Pensons enfin, en matière de théories sur le développement, à la théorie de la dépendance forgée par des Latino-américains et qui a fait le tour de la planète. Ainsi, les années 1960 ont manifesté qu'était devenu possible, dans le court ou le moyen terme, le renversement de la direction d'exportation d'éléments constitutifs de modèles entre l'Europe et l'Amérique latine.

---

162. Préface au *Rapt de l'Europe de Diez del Corral*, Paris, 1960.

Esthétique et modernité en Amérique latine : l'art extrême de l'Occident

Gérard TEULIÈRE

Disserter en quelques pages sur un siècle et sur l'art de deux continents, voici à la fois une gageure et une proposition périlleuse. Tout d'abord parce que délimiter une époque culturelle constitue un exercice quelque peu arbitraire, vu le caractère fluctuant des critères de l'historicisation des formes, échappant généralement aux cultures dites périphériques. Ensuite, parce que l'histoire de l'art latino-américain – entendons ici autant l'Amérique hispanophone que le Brésil – est celle, alternée et imbriquée, mais toujours complexe, d'une résistance aux avant-gardes européennes en même temps que de leur assimilation effusive. Enfin et surtout, parce que la circulation des idées, des tendances et des faits culturels s'y est rarement faite à sens unique.

C'est donc sur la frontière mouvante entre le cosmopolitisme et l'identité que se situera notre bref voyage à travers l'art latino-américain du XXe siècle : loin de prétendre, dans ces circonstances, mener ici une étude comparative exhaustive, nous poserons quelques jalons permettant de comprendre les interactions les plus significatives.

Convergences et croisements

Pour cerner un champ d'étude raisonnable et s'en tenir aux arts visuels, on pourrait évidemment dresser d'abord le catalogue systématique des peintres latino-américains ayant vécu en Europe (principalement à Madrid et à Paris) ou bien la liste, certes un peu moins longue, des artistes européens ayant fait le voyage en sens inverse .

Bien peu sont, en effet, les grands artistes latino-américains qui n'aient séjourné en Europe ou ne s'y soient formés. Songeons par exemple, en relisant les mémoires de Pablo Neruda[1], à l'attraction qu'exerçait la France sur les jeunes talents latino-américains au début du XXe siècle. Faisons aussi la part de tous ceux qui s'installèrent pendant très longtemps, voire de façon permanente, sur le Vieux Continent, notamment à Paris, puisqu'il faut bien reconnaître que c'est la capitale française qui draina la quasi-totalité d'entre eux : ainsi, pour la période récente, les Mexicains Juan Soriano ou Francisco Toledo, l'Argentin Antonio Seguí, le Bolivien Luis Zilvetti, les Chiliens Carlos Murúa et Carlos Aresti, qui font partie du groupe international *Magie-Image*, promu par Jean-Clarence Lambert, et tant d'autres.

De la même façon, et en sens inverse, toutes époques mêlées, nombre d'artistes européens s'établissent en Amérique latine. Le Français Jean Charlot deviendra l'un des piliers de la genèse du muralisme mexicain. Le Lithuanien Lasar Segall, installé à São Paulo, sera vivement influencé par le cadre géographique et la luminosité brésilienne, comme la Yougoslave Ejti Stih le sera, beaucoup plus tard, par ceux de la Bolivie. Francine Secretan, née en Suisse, s'identifiera à la culture andine au point de réaliser des *illas* (amulettes) d'un caractère ethnologique appuyé, tandis que l'Allemand mexicanisé Matthias Goeritz réalisera une synthèse des arts visuels et de l'architecture[2].

Parmi les plus représentatives de ces expériences croisées, on peut citer, à l'aube de la modernité, celle de l'Uruguayen Rafael Barradas, qui arrive en Espagne au même moment que Norah et Jorge Luis Borges, et qui participera comme eux de façon active au mouvement ultraïste, qui naît en 1919. Mouvement d'avant-garde par excellence, l'ultraïsme prône la déconstruction radicale de toutes les traditions au profit des idées neuves, sans toutefois proposer, en dehors d'un internationalisme affiché, de directives précises. Barradas avait connu, quelques années plus tôt, à Milan, les futuristes italiens et il s'était rapproché, à Paris, du cubisme et de l'orphisme. C'est de ces expériences qu'il tire une synthèse picturale qu'il appelle le *vibrationnisme*, dans laquelle la multiplicité des points de vue tend à représenter simultanément l'émotivité et le mouvement.[3]

Il est, enfin, des artistes qui développent leur travail en alternance sur les deux continents : par exemple Lucio Fontana (1898-1968), auteur du *Manifeste Blanc* (1946), qui réalise entre l'Italie et l'Argentine une oeuvre dans laquelle prime la recherche sur la notion d'espace, et Roberto Matta, qui travaille aussi bien en Amérique latine qu'aux États-Unis.

1.   Pablo Neruda, *Confieso que he vivido, Memorias*, Barcelone, Seix-Barral, 1976, p. 11 *passim*.
2.   Damián Bayón et Roberto Pontual, *La peinture de l'Amérique latine au XXe siècle*, Paris, Mengès, 1990, p. 158 ; Edward Lucie-Smith, *Arte latinoamericano del siglo XX*, Barcelone, Destino, 1994, p. 142.
3.   Maria Lúcia Bastos Kern, *Arte argentina, tradição e modernidade*, EDIPUCRS, Porto Alegre, 1996, p. 134-136 ; Angel Kalenberg, « Barradas : el tránsito » *in* Glusberg et Kalenberg, Barradas / Torres García, *Catalogue d'exposition*, Buenos Aires, Museo Nacional de Bellas Artes, 1995, p. 24.

Influences : l'effet Doppler des courants artistiques

On s'aperçoit, en s'intéressant à la pénétration des courants européens en Amérique latine, qu'ils obéissent souvent à une loi du décalage qui n'est pas seulement chronologique. L'impressionnisme est filtré par les modernistes espagnols, et le post-impressionnisme (Gauguin, Van Gogh) n'apparaît qu'après la deuxième guerre mondiale. Ce décalage, qui n'est pas à proprement parler un retard, s'explique à notre sens par la résistance qu'implique toute intentionnalité identitaire (cf. *infra*) et la volonté d'assimilation et de réélaboration originale des principes nouveaux ; comme un effet Doppler qui décalerait une galaxie artistique en mouvement permanent...

L'Amérique rêvée

Les assertions de Gauguin déclarant partir à Panamá « pour vivre en sauvage » ou les fabulations d'Henri Rousseau sur des pseudo-voyages témoignent bien du fait que l'Amérique est, pour certains artistes européens, rêvée sur le mode d'un exotisme des couleurs et des thèmes, que s'approprieront des successeurs inattendus, comme Lasar Segall ou Tarsila do Amaral. Le Douanier n'exerce peut-être pas d'influence directe sur l'art latino-américain – encore que Diego Rivera ait largement vu la faune et la flore avec les yeux de Rousseau et ceux de Gauguin – mais la tradition primitiviste qu'il inaugure préfigure l'émergence d'un courant d'art naïf, aux racines multiples, qui se répandra dans tout le continent. Il deviendra parfois une marque d'identité, dont les meilleures réalisations auront lieu au Mexique (Alicia Lozano, Leopoldo Estrada), au Nicaragua (Ecole de Solentiname) ou en Bolivie (Carmen Baptista, Graciela Rodó, Gilka Wara Liberman)[4].

Le décalage vers l'Ouest

Aspects du modernisme

En 1922 se tient à São Paulo la « Semaine de l'art moderne » manifestation qui signe l'apparition d'artistes importants (Anita Malfatti, Cavalcanti, Rego Monteiro) dont les théories s'expriment dans la revue *Klaxon*. Malfatti a étudié à Berlin et a connu Alfred Duchamp à New

---

4.   Pierre Kalfon et Jacques Leenhardt, *Les Amériques latines en France*, Paris, Gallimard, 1992, p. 57-59 ; Hugo Covantes, *Pintura mexicana de la ingenuidad*, Mexico, Galerie Maren, 1984. p. 138 *passim.* ; Edward Lucie-Smith, *op. cit.*, p. 52

York. Cavalcanti a suivi à Paris les cours de l'atelier Ranson et fréquenté Braque, Léger, Picasso et Matisse. Rego Monteiro a, quant à lui, suivi à Paris les cours de l'académie Julien et exposé en 1913 au Salon des indépendants, avant de se lier au groupe *L'Effort Moderne* d'Amédée Ozenfant. Tous marquent une rupture avec l'art antérieur du Brésil et une société bourgeoise qui les qualifie – à tort – de futuristes.

Dans le cas de l'Argentine, dans les années 20 et 30, la peinture est massivement très perméable aux principes plastiques en vogue en France. D'abord à travers les articles de critiques français, publiés dans la revue *Martin Fierro*, véritable fenêtre sur la modernité artistique, qui rassemble des études d'Apollinaire, de Raynal, de Vautier, de Salmon ou de Marcelle Auclair. Ensuite, plus directement, avec la présence de nombreux peintres argentins (Butler, Badi, Basaldúa, Splimbergo, Domínguez Neira, Berni, Raquel Forner, etc.) qui suivent des cours dans les ateliers d'André Lhote ou d'Emile Othon-Friesz et qui, de retour dans leur pays, réélaborent les principes visuels de Cézanne, du cubisme ou du fauvisme[5]. Mais c'est Petorruti, un instant proche des futuristes italiens, qui est considéré, du fait de l'influence qu'exerça sur lui Juan Gris à Paris, comme le véritable introducteur du cubisme en Argentine. Quant à Xul Solar, d'origine suisse, il semble avoir été fortement marqué par le dadaïsme berlinois et par Paul Klee.

Vrais et faux surréalistes

À la fin des années 1930, André Breton et Antonin Artaud agitaient le milieu culturel mexicain par leurs conférences et leurs articles. En 1938, Breton rencontra Frida Kahlo à Mexico et s'enthousiasma pour son oeuvre, voyant en elle une parfaite surréaliste, opinion à laquelle l'artiste mexicaine n'adhéra pas. De fait, la peinture de Frida Kahlo accuse une origine populaire, profondément mexicaine, aux accents parfois naïfs, à laquelle s'agrège une tendance à l'association libre, qui est certes de type surréaliste, mais qui semble devoir peu de chose au mouvement lancé par Breton. Cardosa y Aragón, spécialiste de l'art mexicain, affirme qu'invoquer le surréalisme dans le cas de Frida Kahlo revient à méconnaître la sensibilité de ce pays[6]. Et l'on pourrait ajouter, en s'appuyant sur la notion de réel-merveilleux, de l'Amérique latine dans son ensemble. Alejo Carpentier, en définissant le réel-merveilleux, est certes très sévère avec les peintres surréalistes, mais son point de vue est précieux pour comprendre comment des expressions plastiques issues de la culture latino-américaine se mêlent intimement à celles d'un onirisme

---

5.   Maria Lúcia Bastos Kern, *op. cit.*, p. 65 *sq.*
6.   Cité par Damián Bayón, *Aventura plástica de Hispanoamérica*, Mexico, FCE, 1991, p.131 ; cf également Edward J. Sullivan, « Lateinamerikanische Künstler des 20. Jahrhunderts », dans Scheps, Marc (dir.). *Lateinamerikanische Kunst im 20 Jahrhundert*, Munich, Prestel, 1993, p. 33.

plus ou moins surréel[7]. Il faudrait citer en ce sens des artistes comme Xul Solar (Argentine), Tilsa Tsuchiya (Pérou), Francisco Toledo et Alejandro Colunga (Mexique) et bien d'autres.

Les cas de l'Anglaise Leonora Carrington et de l'Espagnole Remedios Varo sont un peu différents. Liée à Max Ernst, Leonora Carrington arrive en 1942 au Mexique, où sa passion pour le surnaturel et les doctrines gnostiques rencontre une pensée magique intrinsèque au pays. Toutefois, les mythes précolombiens sont pratiquement absents de son oeuvre. Quant à Remedios Varo, maîtresse du poète surréaliste Benjamin Péret, elle participe à l'exposition surréaliste internationale de 1938 à Paris, avant de s'établir elle aussi au Mexique. Dans ses oeuvres, comme dans celles de Carrington, la culture mexicaine est peu traitée, et on peut considérer ces deux artistes comme des témoins, en Amérique latine, du surréalisme européen. L'Autrichien Wolfgang Paalen (1905-1959), émigré lui aussi, est plus directement impliqué dans le développement de cette tendance. En 1940 il monte avec Breton, à Mexico, une exposition internationale surréaliste, crée en 1942 une revue, mais rompt ensuite avec la « chapelle bretonnienne », tout en continuant à peindre des oeuvres qui révèlent l'influence de Dalí, d'Ernst ou de Tanguy.

Paalen est sans conteste un artiste accompli, comme l'est le Guatémaltèque Carlos Mérida, formé dans les ateliers du surréalisme parisien et qui élabore à Mexico, pendant quelques années, une oeuvre combinant surréalisme et abstraction[8]. Mais le surréalisme latino-américain va véritablement acquérir une dimension internationale avec le Chilien Roberto Matta et le Cubain Wifredo Lam, deux artistes directement issus de cette tendance et dont la notoriété est mondiale. Il nous importe surtout de constater leurs liens avec le mouvement européen, même si, dans le cas de Lam, c'est un cosmopolitisme culturel, caribéen et afro-américain, qui s'affirme puissamment à travers le recours à un imaginaire multiforme. Lam passe quinze ans à Madrid, puis s'essaie au cubisme à Paris avec Picasso. Enfin vient la rencontre déterminante avec André Masson et André Breton, qui écrira : « *Lam, l'étoile de la liane au front et tout ce qu'il touche brûlant de lucioles* »[9].

Roberto Matta vient au surréalisme après avoir eu l'intention d'étudier à Paris l'architecture auprès de Le Corbusier. Très tôt, en Espagne, il s'était trouvé en relation avec Alberti et Lorca, dont il avait adopté les idées sur la libération de l'art. Emigré ensuite à New York, où il retrouve

7.   Alejo Carpentier, *El Reino de este mundo*, Buenos Aires, Edhasa, 1975 (1948), p. 50 *passim.*

8.   Carlos Monsivais, « Carlos Mérida. Chronik eines lateinamerikanischen Künstlers » dans : Billeter, Erika (dir.). *Bilder und Visionen. Mexikanische Kunst zwischen Avantgarde und Aktualität*, Berne/Sigmaringen, Benteli/ Thorbecke, 1995, p. 26-27.

9.   André Breton, *Le Surréalisme et la peinture (1941)*. Cité dans : Contensou, Bernadette (coord), *Lam*, Catalogue d'exposition, Paris, Musée d'Art Moderne, 1983, p. 17.

Tanguy, Mondrian, Ozenfant, Léger et d'autres artistes en exil, il connaît un succès qui tient tant à l'assimilation de la modernité européenne et à ses rencontres avec les créateurs nord-américains qu'à l'invention d'un langage, longtemps vivace, fondé sur le refus de la logique et l'instauration dans le tableau d'un espace plus mental que dimensionnel : langage qui marquera profondément le peintre russo-américain Arshile Gorky[10], et même Jackson Pollock.

Le grand retour de la galaxie latino-américaine

Ces influences directes ne sont pas les seules. Il faudrait citer par exemple les transfuges du Bauhaus en Argentine ou au Mexique, comme Grete Stern ou Hannes Meyer, ou encore, plus tardivement, l'introduction du Nouveau Réalisme au Brésil avec le voyage qu'y effectue Pierre Restany en 1978 et qui débouche sur le *Manifesto do Rio Negro*. En outre, le phénomène est tout à fait réversible, car nombre d'artistes latino-américains ont joué un rôle important dans l'histoire de l'art du XXe siècle, élaborant des conceptions reprises ensuite en Europe ou aux États-Unis.

Ruptures de l'espace pictural
La première révolution est celle qui touche à l'espace pictural lui-même. Ce concept figure, nous l'avons vu, au centre de l'œuvre de Matta, pénétrée d'un regard cosmique omnidirectionnel, et celle de Lucio Fontana, qui développe sur la toile ce qu'il appelle le « concept spatial », notion matiériste qui part de l'architecture pour frôler la sculpture.

Mais ce seront les jeunes créateurs du mouvement *Madí* (jeunes Argentins dont plusieurs sont issus de l'émigration européenne) qui pousseront jusqu'à son extrême conséquence la réflexion sur l'espace du tableau, en déconstruisant le cadre lui-même. Gyula Kosice en rédige le manifeste, applicable à tous les arts, et conclut ainsi : « Pour le madisme, l'invention est une méthode interne indépassable, et la création une totalité inchangeable. Madi, par conséquent, invente et crée[11] ».

Rhod Rothfuss, autre artiste, explique en 1944 dans la revue *Arturo* que la véritable création implique l'abandon de l'imitation et qu'elle se

---

10.   Pierre Kalfon et Jacques Leenhardt, *op. cit.*, p. 70 ; Damián Bayón et Roberto Pontual, *op. cit.*, p. 80.
11.   « Para el madismo, la invención es un método interno insuperable, y la creación una totalidad incambiable. Madí, por lo tanto, inventa y crea », Gyula Kosice, « Manifiesto Madí », dans *Continente Sul / Sur. Revista do Instituto Estadual do Livro*, n° 6, Porto Alegre, novembre 1997 p. 62.

fonde sur un mécanisme de production de formes nouvelles par rapport à la nature. Or, seule une peinture sans cadre régulier peut commencer et finir en elle-même[12]. Quant à Carmelo Arden Quin, véritable fondateur du mouvement, il signe les plus réussis, sans doute, des tableaux qui obéissent à cette tendance.

Les *Madis* furent exposés à Paris en 1947 au Salon des réalités nouvelles. Ils précèdent d'une dizaine d'années les conceptions du *shaped canvas* nord-américain et le mouvement est également considéré comme le précurseur de groupes d'avant-garde, tels que *Fluxus* en Europe. Un groupe rival de *Madi*, né comme lui de la scission du mouvement *Arte Concreto-Invención*, dont il garde le nom, exercera en outre une influence très importante sur le dessin industriel européen, à travers Tomás Maldonado, engagé à la Hochschule für Gestaltung de Ulm.

L'universalisme constructif de Torres García

Le peintre uruguayen Joaquín Torres García (1874-1949), est bien plus que le représentant latino-américain du groupe constructiviste international, dont il fut membre à Paris, en opposition au surréalisme. Avec le Belge Seuphor, il fut le moteur d'un nouveau groupe international, *Cercle et Carré*, qui exerça une influence notable à Paris, et qui fusionna par la suite avec le groupe *Art Concret* de Jean Hélion et Van Doesburg pour donner naissance au mouvement *Abstraction-Création*. De retour en Uruguay, Torres García fonda *Círculo y Cuadrado* en 1933, et travailla à l'élaboration d'un art géométrique à compartiments, intégrant diverses formes de symbolisme et d'alphabets, à valeur parfois mystique. Son livre *Universalismo constructivo – Contribución a la unificación del arte y la cultura en América*, publié en 1944, affiche une volonté de créer un art continental libéré des influences de l'Europe et capable de tracer des symboles universellement identifiables, mais aussi de rompre avec un art colonial et de s'installer dans la modernité internationale. L'influence de Torres García s'affirme ainsi une deuxième fois en Europe, puisque Roger Bissière ou Jean Dubuffet lui ont certainement emprunté, plus qu'à Mondrian, la compartimentation figurative de certaines de leurs oeuvres et l'usage de signes anthropologiques[13].

---

12.   Rhod Rothfuss, « El marco : un problema de la plástica actual », dans *Continente Sul / Sur. Revista do Instituto Estadual do Livro*, n° 6, Porto Alegre, nov. 1997, p. 57-58.

13.   Pierre Kalfon et Jacques Leenhardt, *op. cit.*, p. 64-65 ; María Lúcia Bastos et Maria Amélia Bulhöes, *Artes plásticas na América latina contemporânea*. *Porto Alegre*, Editora da Universidade, 1994, p. 59 *sq.* ; Roberto Pontual, « Zwischen Hand und Lineal : die konstruktivische Strömung in Lateinamerika » dans Scheps, Marc (dir.). *Lateinamerikanische Kunst im 20 Jahrhundert*, Munich, Prestel, 1993, p. 265.

L'art optique et cinétique

De façon encore plus nette, l'art cinétique et l'art optique vont connaître, à partir de 1955, un impact retentissant. Trois noms dominent ici, ceux des Vénézuéliens Alejandro Otero (auteurs de « coloritmos »), Jesús Rafael Soto (concepteur de « pénétrables ») et Carlos Cruz Díez. (« physiochromies »). Tous trois effectuèrent des séjours à Paris et se trouvèrent en contact avec de nombreux artistes. Soto sera l'un de premiers, avec Vasarely, à reprendre des expériences menées dans les années vingt par Berlewi à partir de structures mécaniques répétitives, et à instaurer la relation optique en tant que sens ultime de l'œuvre. Avec Antonio Asis, Alvarez, Tomasello, Piza et les artistes déjà cités, il évolue au sein d'un courant qui constitue, autour de la galerie Denise René et de l'Académie d'art abstrait de Pillet et Dewasne, une indéniable tendance latino-américaine à Paris.

Avec l'Allemande Gego, émigrée à Caracas en 1939, ils fondent une véritable tradition. Mais il ne faut pas oublier de mentionner l'influence capitale et le rôle majeur joué dans cette tendance par des Argentins. C'est en effet à l'initiative de Julio Le Parc, qui allait en être l'âme, que se forme entre 1960 et 1970 à Paris, avec Yvaral, Morellet, Stein, Sobrino et García Rossi, le *Groupe de recherche d'art visuel* (GRAV) dont la principale préoccupation se fonde sur la notion d'instabilité et sur les effets optiques et chromatiques produits par les éléments en série autant que sur le rôle de l'analyse scientifique de la couleur, des formes et du mouvement[14].

Concrétisme et néo-concrétisme

À ces divers courants, issus de tendances géométrisantes peu ou prou dans la lignée constructiviste, il faut ajouter celui de l'art concret, qui constitue d'abord, avec *Arte Concreto Invención* (Hlito, Maldonado – cf. *supra*) une implantation du concrétisme européen. Cependant, à mi-chemin entre l'art visuel et la sculpture proprement dite, apparaît en 1959, au Brésil, un mouvement baptisé néo-concrétisme qui, pour affirmer son programme artistique, se réclame de la philosophie de Merleau-Ponty et conçoit l'œuvre comme un être indépendant :

« Nous ne concevons l'œuvre d'art ni comme machine ni comme objet, mais comme un quasi corpus, c'est-à-dire un être dont la réalité ne s'épuise pas dans les relations extérieures de ses éléments : un être qui, décomposable en partie par l'analyse, ne se dévoile pleinement que par l'approche directe et phénoménologique[15] ».

---

14. Pierre Kalfon et Jacques Leenhardt, *op. cit.*, p. 72-73 ; Edward Lucie Smith, *op. cit.*, p. 128-129 ; Philippe Dagen et Françoise Hamon (dir.), *Histoire de l'Art. Époque contemporaine*, Paris, Flammarion, 1995, p. 478-479.
15. « Não concebemos a obra de arte nem como máquina nem como objeto, mas como um quasi corpus, isto é, um ser cuja realidade não se esgota nas relações exteriores

C'est ainsi que Lygia Clark sculpte des *Bichos* destinés à provoquer des sensations visuelles et tactiles et que Helio Oiticica présente des reliefs suspendus et des *Bolides* à base de terre, de toile et d'autres matériaux « pauvres », devançant d'une dizaine d'années l'*arte povera* italien. Allant de pair avec le mouvement *Poésie Concrète*, le néo-concrétisme brésilien est également tenu, du fait de sa dimension intellectuelle et métaphysique, pour le précurseur de l'art conceptuel européen et nord-américain.

Divergences et quêtes d'identité

Ce tour d'horizon, forcément schématique et incomplet, des rencontres entre les arts visuels d'Europe et d'Amérique latine, met donc en lumière des convergences et des influences souvent croisées, mais connaissant cependant des limites en raison des puissants facteurs de résistance, de tradition ou d'endogénisme qui parcourent la culture du continent ibéro-américain. Ces derniers sont susceptibles d'adopter les visages contradictoires du repli identitaire, comme pour l'indigénisme, (surtout théorisé au plan culturel et politique par les Péruviens Haya de la Torre, Arguedas ou Mariátegui), et du métissage continental que le Mexicain Vasconcelos appelait de ses vœux avec l'avènement d'une « race cosmique » et duquel Alejo Carpentier tirait la source du baroquisme latino-américain.

Tupi or not tupi ?
À mi-chemin entre ces extrêmes se trouve la tendance à l'assimilation anthropophage des courants allogènes, manifestée, en ces termes, à l'orée de la modernité par le Brésilien Oswald de Andrade :
« Seule l'anthropophagie nous unit. Socialement. Emotivement, Philosophiquement. (...) Tupí or not tupí, that is the question »[16], et popularisée par les oeuvres de Tarsila do Amaral, qui mobilise son expérience parisienne (le cylindrisme de Léger) pour trouver son style, parfois qualifié rapidement de surréalisme tropical, à son retour au Brésil.

---

de seus elementos : um ser que, descomponível em parte pela análise, só se dá plenamente à abordagem direita, fenomenológica », Manifeste néo-concret (Ferreira Gullar, « Manifesto neoconcreto », 1959 dans: *Continente Sul / Sur. Revista do Instituto Estadual do Livro*, n° 6, Porto Alegre, novembre 1997, p. 118)

16.   Jeu de mots sur le nom de l'ethnie Tupi, emblématique, pour les tenants du manifeste, d'un Brésil identitaire. Manifeste anthropophage (« Manifiesto antropófago », dans Ades, Down (comp.), *Arte en Iberoamérica, 1820-1980*, Madrid, Quinto Centenario/ Turner, 1990, p. 311).

À l'encontre de l'internationalisme de *Klaxon*, les *Anthropophages* exhortent en effet leurs compatriotes, dans un éclat de rire dévastateur et carnavalesque, à dévorer le colonisateur pour s'approprier ses vertus et « transformer le tabou en totem »[17]. L'une des oeuvres les plus célèbres de Tarsila a d'ailleurs pour titre *Abaporu* (1928), nom qui signifie, en tupí-guaraní, « homme qui mange ».

Visages de l'identité

La quête identitaire présente de nombreuses facettes, dont certaines tournent souvent autour du fait indigène : Indien rêvé ou Indien réel, indianisme ou indigénisme.

Intention nationale et identité au Mexique

Sous l'angle qui nous intéresse, le muralisme mexicain, dont la longue vie commence dans les années 1920, se révèle surtout être un mouvement ambivalent. D'une part il transmet, à travers des procédés rappelant parfois le réalisme socialiste, un certain nombre de principes révolutionnaires et une foi naïve dans le progrès social et technique, qui le situent comme un vecteur culturel de l'avant-garde politique internationale. D'autre part il véhicule, non sans stéréotypes, une vision souvent indigéniste qui dénonce les exactions coloniales et donne parfois une image idyllique du paradis indien perdu. En outre, sous l'impulsion de Vasconcelos, il s'efforce de promouvoir, tant dans sa thématique que par ses techniques, un art national mexicain[18]. Un art par la suite battu en brèche et esthétiquement contestable, mais qui peut s'appréhender – quelles que soient les réminiscences des fresques européennes – comme une forme de résistance nationale-ethnique, dont la postérité marquera d'autres pays. L'Equatorien Guayasamín, par exemple, synthétisera le cubisme de Braque et les thèmes de Diego Rivera, tandis que les peintres sociaux contemporains de la Révolution bolivienne (1952) auront du mal à se dégager du poids de leurs grands frères mexicains.

Mais c'est d'une autre manière que toute une génération contemporaine de peintres de ce pays (Julio Galán, Francisco Toledo, Germán Venegas, Rafael Cauduro, Sergio Hernández, Naum Zenil, les frères Castro Leñero, etc.) porte, tout en ayant parfaitement intégré la modernité européenne et les avant-gardes nord-américaines, la marque très reconnaissable d'une identité. En effet, par delà les styles et les

---

17.   Cité dans : Ades, Down (comp.), *op. cit.*, p.133 ; Cf. aussi Pierre Kalfon et Jacques Leenhardt, *op. cit.*, p. 58-59.
18.   Jean Charlot, *El renacimiento del muralismo mexicano, 1910-1925*. *México*, Domés, 1985, p. 76-89.

personnalités de chacun, on peut trouver, dans cette véritable galaxie picturale qui jaillit sans proclamation ni manifeste, des traits communs dont les principaux pourraient être les suivants : recours aux mythes amérindiens, personnels, et à ceux de la société moderne, mélange de fantastique et d'onirisme de type surréaliste, tellurisme, violence des couleurs et des thèmes, images obsédantes et répétitives, etc. Il ne s'agit sans doute pas là de l'« âme du Mexique », quelque peu herdérienne, que recherchait Carlos Mérida quelques décennies auparavant, mais plutôt d'un accent autochtone dans le langage universel qu'est l'art, fruit de l'héritage de Rufino Tamayo, le plus mexicain et le plus universel, sans doute, des artistes de ce pays[19].

Abstraction informelle et ancestralisme andin

La Bolivie avait connu, au début du siècle, des peintres dits indianistes, comme Cecilio Guzmán de Rojas, qui, malgré leur talent, faisaient de la réalité indienne une sorte de décor esthétique et volontiers folklorique.

Les peintres de 1952 accentuent cette thématique et lui confèrent une valeur plus sociale. La jeune fille *(Imilla)* du fresquiste Miguel Alandia Pantoja reprend encore assez nettement la *Madre Campesina* de Siqueiros, mais Gil Imaná, grand artiste fort injustement méconnu, renouvelle par l'évolution vertigineuse de son esthétique, une thématique indigéniste assez constante.

C'est également dans les pays andins qu'apparaît, dans les années 1950, une tendance à l'abstraction informelle, qui joue sur des réminiscences des cultures indiennes, des grandes cosmogonies andines au folklore local. On peut citer par exemple les Equatoriens Tábara et Villacís, qui font entrer dans leurs tableaux des plumes, des tambourins ou du tissu andin, ou qui utilisent un système de signes inspiré d'éléments précolombiens. En Bolivie, Gonzalo Ribero mélange la peinture à du sable ou à de la matière rocheuse, en rapport direct avec les motifs telluriques de ses tableaux, tandis que Gustavo Medeiros s'inspire largement des tissus indiens. L'art du Péruvien Fernando de Szyslo, à la vérité semi-figuratif lorsqu'on y regarde bien, est, sans conteste, celui qui parvient le mieux à se débarrasser de l'indigénisme et du localisme tout en conservant une palette et un répertoire de formes pré-hispaniques. Ce courant assez homogène, qualifié tantôt d'*abstraction indigéniste*, tantôt de *précolombinisme* ou d'*ancestralisme*, répond à la définition que donne Marta Traba de la « Théorie de la Résistance », à travers laquelle elle défend un langage plastique latino-américain original et doublement insoumis, puisqu'il s'agit tout d'abord de récuser l'adoption de formes et de concepts européens ou anglo-américains, mais aussi de se départir de

---

19.   Erika Billeter, *op. cit.* p. 3-17 ; Raquel Tibol, Textos de Rufino Tamayo, *Recopilación, prólogo y selección de viñetas*, Mexico, Unam, 1987, p. 105.

tout chauvinisme autochtone[20]. Ultérieurement, c'est une sorte de précolombinisme géométrique que développeront d'autres artistes, tel l'Argentin César Paternosto, qui incorpore à sa peinture les formes géométriques andines (*tokapus*, signes pyramidaux, etc).

Un art extrême de l'Occident

Comparativement à l'art européen du XXe siècle, certains décèlent dans les arts visuels d'Amérique latine un baroque constitutif ou y trouvent la trace d'une visualité propre, qui exacerberait les couleurs et les objets de la nature[21]. D'autres soulignent la vocation constructive d'un art développé dans un espace non codifié, qui adopte des formes organiques[22], ou bien son aspect tactile et participatif (le *toqueteo* du Chilien Vergara Grez) comme dans le néo-concrétisme brésilien[23], ou encore sa dimension utopique, voire celle de réel-merveilleux et d'inquiétante étrangeté, que l'on peut encore saisir chez le Bolivien Raúl Lara ou le Portoricain Roche Rabell.

Quoi qu'il en soit, l'interrogation sur le caractère et l'essence de l'art latino-américain constitue un leitmotiv non seulement chez les artistes, mais aussi chez les critiques et historiens de l'art. Il est vrai que, bien plus qu'en l'Europe, le quotidien de l'Amérique latine est imprégné à la fois de politique et de mythe, et que la quête de soi-même correspond à des tentatives d'abolition des dépossessions historiques, culturelles ou sociales. Un exemple parlant est celui du recyclage de l'art classique européen, peut-être l'une des caractéristiques du post-modernisme, occasionnel chez le Chilien Sammy Benmayor, systématique chez le Péruvien Braun-Vega et très fréquent chez de nombreux peintres mexicains actuels (Flor Minor, Gironella, Castro Leñero, Domínguez, Pimentel, Montiel, Venegas, etc.).

---

20.   Damián Bayón et Roberto Pontual, *op. cit.*, p. 102-104 ; Marta Traba, *Dos décadas vulnerables de las artes plásticas latinoaméricanas : 1952-1970*, Mexico, Siglo XXI, 1973.

21.   Néstor García Canclini, *Culturas híbridas. Estrategias para entrar y salir de la modernidad*, Buenos Aires, Editorial Sudamericana, 1992, p.121.

22.   Frederico Morais, *Artes plásticas na América latina : do transe ao transitorio*, Rio de Janeiro, Civilização brasilerra, 1979, p. 78 *sq.*

23.   Frederico Morais, « Reescrevendo a história da arte latino-americana », dans: Fundação Bienal de Artes Visuais do Mercosul, *Catálogo da primeira Bienal de Artes Visuais do Mercosul*, Porto Alegre, 1997, p. V.

En ce sens, il faut certes se garder de tout européo-centrisme, méditer modestement les propos de Rufino Tamayo sur l'universalité de l'art[24] (« L'art un est langage universel auquel nous pouvons seulement donner l'accent national, je ne crois pas à la création d'un art national »), et se rappeler que New York détrôna quelque peu Paris, même aux yeux des Latino-américains, après la deuxième guerre mondiale.

Il n'en reste pas moins que, toutes influences, divergences et résistances considérées, la peinture du continent latino-américain appartient à la tradition picturale occidentale, qu'elle décompose ou recompose en tonalités propres. Il est donc légitime d'affirmer, pour synthétiser ces tensions créatrices, que l'Amérique latine – ou Extrême-Occident, selon le terme heureux d'Alain Rouquié –, forte de ses racines européennes tout autant que de ses métissages turbulents, a développé et continue à développer sous nos yeux ce que nous pourrions appeler un art extrême de l'Occident.

Bibliographie

Ouvrages

Ades Down (dir), *Arte en Iberoamérica,* 1820-1980, Madrid, Quinto Centenario/Turner, 1990.
Bastos Kern Maria Lúcia, *Arte argentina, tradição e modernidade,* EDIPUCRS, Porto Alegre, 1996.
Bastos Kern Maria Lúcia et Bulhões, Maria Amélia, *Artes plásticas na América latina contemporânea,* Porto Alegre, Editora da Universidade, 1994.
Bayón Damián, *Aventura plástica de Hispanoamérica,* Mexico, FCE, 1991.
Bayón Damián et Pontual Roberto, *La peinture de l'Amérique latine au XXᵉ siècle,* Paris, Mengès, 1990.
Billeter Erika (dir.), *Bilder und Visionen, Mexikanische Kunst zwischen Avantgarde und Aktualität,* Berne/Sigmaringen, Benteli/ Thorbecke, 1995.
Castedo Leopoldo, *Historia del Arte iberoamericano,* tome 2, Madrid, Alianza, 1988.
Cervantes Miguel et Merewether Charles, *Mito y magia en América : los ochenta,* Monterrey, Marco, 1991.
Carpentier Alejo, *El Reino de este mundo,* Buenos Aires, Edhasa, 1975 (1948).

---

24. « El arte es un lenguaje universal al que nosotros podemos dar solamente el acento nacional : yo no creo en la creación de un arte nacional. », Rufino Tamayo, cité dans Raquel Tibol, *op. cit.,* p. 105.

Charlot Jean, *El renacimiento del muralismo mexicano, 1910-1925,* México, Domés, 1985.

Covantes Hugo, *Pintura mexicana de la ingenuidad,* Mexico, Galerie Maren, 1984.

Dagen Philippe et Hamon Françoise (dir.), *Histoire de l'Art. Epoque contemporaine,* Paris, Flammarion, 1995.

Fundación Bienal de Artes Visuais do Mercosul, *Catálogo da primeira Bienal de Artes Visuais do Mercosul,* Porto Alegre, 1997.

García Canclini Néstor, *Culturas híbridas. Estrategias para entrar y salir de la modernidad,* Buenos Aires, Editorial Sudamericana, 1992.

Kalfon Pierre et Leenhardt Jacques, *Les Amériques latines en France,* Paris, Gallimard, 1992

Lucie-Smith Edward. *Arte latinoamericano del siglo XX,* Barcelona, Destino, 1994.

Morais Frederico. *Artes plásticas na América latina : do transe ao transitorio.* Rio de Janeiro, Civilização brasilerira, 1979.

Neruda Pablo. *Confieso que he vivido, Memorias,* Barcelone, Seix-Barral, 1976.

Scheps Marc (dir.). *Lateinamerikanische Kunst im 20. Jahrhundert,* Munich, Prestel, 1993.

Tibol Raquel. *Textos de Rufino Tamayo. Recopilación, prólogo y selección de viñetas,* Mexico, Unam, 1987.

Articles, revues, catalogues, manifestes

Contensou Bernadette (coord.), *Lam,* Catalogue d'exposition, Paris, Musée d'Art Moderne, 1983.

De Andrade Oswaldo, « Manifiesto antropófago », dans Ades, Down (comp.) *Arte en Iberoamérica, 1820-1980,* Madrid, Quinto Centenario/ Turner, 1990.

Gullar Ferreira, « Manifesto neoconcreto » (1959), dans *Continente Sul / Sur, Revista do Instituto Estadual do Livro,* n° 6, Porto Alegre, nov. 1997.

Kalenberg Angel, « Barradas : el tránsito », dans Glusberg et Kalenberg, *Barradas / Torres García,* Catalogue d'exposition, Buenos Aires, Museo Nacional de Bellas Artes, 1995.

Kosice Gyula, « Manifiesto Madí », dans *Continente Sul / Sur, Revista do Instituto Estadual do Livro,* n° 6, Porto Alegre, nov. 1997.

Monsivais Carlos, « Carlos Mérida. Chronik eines lateinamerikanischen Künstlers », dans Billeter, Erika (dir.), *Bilder und Visionen. Mexikanische Kunst zwischen Avantgarde und Aktualität,* Berne/Sigmaringen, Benteli/Thorbecke, 1995.

Morais Frederico, « Reescrevendo a história da arte latino-americana », dans Fundación Bienal de Artes Visuais do Mercosul, *Catálogo da primeira Bienal de Artes Visuais do Mercosul,* Porto Alegre, 1997.

Pontual Roberto, « Zwischen Hand und Lineal : die konstruktivische Strömung in Lateinamerika », dans Scheps, Marc (dir.), *Lateinamerikanische Kunst im 20. Jahrhundert*, Munich, Prestel, 1993.

Rothfuss Rhod, « El marco : un problema de la plástica actual », in *Continente Sul / Sur Revista do Instituto Estadual do Livro*, n° 6, Porto Alegre, nov. 1997.

Sullivan Edward J. « Lateinamerikanische Künstler des 20. Jahrhunderts », dans Scheps, Marc (dir.), *Lateinamerikanische Kunst im 20. Jahrhundert*, Munich, Prestel, 1993.

Rith-Magni Isabel, « La obra de Gustavo Medeiros en el contexto de la pintura latinoamericana del siglo XX », dans Rith-Magni, Isabel et Puppo, Giancarla, *Gustavo Medeiros Anaya, una visón pictórica del ámbito andino*, La Paz, Nueva Visión, 1990.

Traba Marta, « Dos décadas vulnérables de las artes plásticas latinoaméricanas : 1950-1970 », Mexico, *Siglo XXI*, 1973.

Le Paraguay métis : langue et culture

Rubén BAREIRO SAGUIER

Chaque situation de plurilinguisme constitue en elle-même une particularité ; chacune possède des caractéristiques propres et diverses qui font qu'elles ne peuvent se reproduire, les mesures à prendre pour les prévenir ou les stimuler devant être étudiées selon chaque cas spécifique. Mais ces situations de proximité spéciale linguistique, de convivialité – harmonieuse ou conflictuelle – ont un point en commun : l'élément de l'affirmation identitaire.

Je vais donc essayer de résumer le processus du bilinguisme paraguayen, celui-ci se confondant avec l'apparition de l'entité politique connue sous le nom de « Paraguay , province coloniale d'Espagne » depuis le début du XVIᵉ siècle, république indépendante depuis 1811.

Surgie en une zone « périphérique », à l'intérieur du continent, elle constitue ce que j'appelle un cas « marginal » de colonisation. Et cela pour des raisons économiques, sa carence en pierres ou métaux précieux n'ayant pas attiré l'affluence des métropolitains. Quant à l'arrivée des femmes, elle ne se fit qu'à partir du milieu du XVIᵉ siècle.

En voyant s'évanouir sur place le rêve de l'El Dorado, les conquistadors se convertirent en colons, exploitant la terre et le travail des indigènes à travers le système de semi-esclavage connu sous le nom d'*encomiendas*. Le manque de femmes péninsulaires eut pour conséquences le métissage généralisé ainsi qu'un égalitarisme relatif, généré par un certain nivelage dû à l'inexistence de richesses et par les liens de parenté résultant du mélange. Celui-ci ne fut pas seulement d'ordre biologique, le résultat essentiel est d'ordre culturel. En effet, la faible implantation d'Espagnols – occupés de surcroît aux tâches de la conquête – fut déterminante pour la conservation de l'usage quasi exclusif de la langue indigène, le guarani, puisque la mère indienne élevait l'enfant métis dans sa langue. Le guarani est ainsi une langue maternelle, au sens propre et figuré de l'expression. Cette circonstance initiale ne s'est pas seulement maintenue tout au long de trois siècles de colonisation, elle fut de surcroît stimulée par l'expérience des missions jésuites du Paraguay, installées au début du XVIᵉ , jusqu'à l'expulsion de l'ordre, en 1767. Réalisées seulement avec les indigènes, les *reducciones* utilisèrent le guarani comme idiome exclusif durant tout ce temps. Les pères de la compagnie de Jésus, séduits par la langue – et par le profit qu'ils pouvaient en tirer – s'appliquèrent à l'étudier et la « normalisèrent ».

Le père Antonio Ruiz de Montoya, excellent linguiste, publia, en plus du catéchisme classique, une grammaire et un dictionnaire, opérant ainsi ce que l'on appelle la normalisation. De l'oral on passa à l'écriture, qui devait servir, en priorité, à « re-sémantiser » les structures mentales, à conditionner, fausser les valeurs, christianiser les concepts, imposer – en somme – aux indigènes « la vraie foi », en les tenant à l'écart des « superstitions païennes », voire même « diaboliques ». En substance, les jésuites « réduisirent » la langue en lui donnant l'élément – ou le vernis – de prestige qu'accorde l'écriture, la normalisation.

À la suite de l'expulsion des jésuites, une partie des indigènes des missions retournèrent à la vie sylvestre, tandis que l'autre s'installait dans les centres urbains ou dans les régions rurales habitées par la population métisse, qui continua à parler guarani, avec une forte imprégnation lexicale espagnole, mais sans variation dans la structure de la langue amérindienne.

C'est de la fusion de ces deux modes d'expression que naquit ce que nous appelons aujourd'hui le « guarani paraguayen ». Sa continuité, la grande vigueur avec laquelle il s'est maintenu jusqu'à ce jour sont dues à son fonctionnement comme langue vivante ; celle-ci a su s'adapter aux contingences et aux évolutions de la société, en incorporant et en adaptant les éléments d'autres langues, en particulier, naturellement, l'espagnol.

Cette force de la langue s'est maintenue au cours de plus de cinq siècles et demi, sans qu'elle ait jamais été incorporée au système de l'éducation scolaire. En outre, malgré son usage généralisé, sans distinction de groupes ou classes sociales, elle n'a pu échapper à certaines pratiques discriminatoires, sans qu'il soit possible, pour autant, de réduire sa vigueur ni d'amenuiser la force de son évolution, toujours d'actualité.

Le recensement de 1992 a donné les pourcentages suivants :

- monolingues en guarani : 37 %
- monolingues en espagnol : 7 %
- bilingues : 50 %
- autres : 6 %

Une remarque s'impose au sujet de l'utilisation permanente du guarani par la population paraguayenne : ce n'est pas seulement une langue parlée par les indigènes (il n'y a plus que 18 000 Indiens guaranis sur tout le territoire), c'est une langue de la communauté métisse nationale, pratiquée par 87 % des 5 millions et demi d'habitants que compte le pays.

Comme la langue guaranie a été absente de l'enseignement, l'empreinte de l'oralité l'a marquée. Par le biais de la chanson, la poésie fut son expression majeure. D'autres genres liés à la parole vivante, comme le théâtre et le récit bref, ont eu recours, en priorité, au guarani. En 1940, un congrès international adopta un alphabet cohérent et logique, faisant correspondre à chaque son un signe graphique. Cette nécessaire mesure mit un terme à l'anarchie qui régnait auparavant dans la transcription du guarani. Durant cette même décennie commença son enseignement au sein du cours de littérature de l'Université nationale.

La dictature, vers les années 1960, l'incorpora, à des fins démagogiques et avec ambiguïté, aux programmes scolaires, à l'intérieur du modèle de transition (utilisation exclusive pour passer à l'espagnol). La Constitution dictatoriale de 1967 stipule, selon le même critère, que le guarani est la langue « nationale », attribuant à l'espagnol le caractère de langue « officielle ».

Le retournement qualitatif se produisit après la chute de la dictature (1989). Le régime de transition démocratique engagea une réforme éducative, d'une urgente nécessité, étant donné l'état lamentable dans lequel se trouvait l'éducation dispensée par les écoles aux couches populaires durant, approximativement, un demi siècle.

Le diagnostic d'étude et d'élaboration du projet commence en 1991 et le début de son application en 1994. Dans l'intervalle, la nouvelle Constitution Nationale démocratique, adoptée en juin 1992, déclare à l'article 140, que le « Paraguay est un pays pluriculturel et bilingue » et consacre, par voie de conséquence, le caractère officiel de l'espagnol et du guarani, en les plaçant au même niveau. L'article 77 stipule l'utilisation obligatoire de la langue maternelle au début de la scolarité, introduisant simultanément et progressivement l'enseignement de l'autre langue officielle. Le cadre légal était ainsi fixé dans la loi suprême de la nation, cas unique en Amérique latine.

Le Conseil assesseur de la réforme éducative, organisme qui a élaboré le projet, mit en œuvre la prescription de l'article 77 en assurant l'enseignement initial en guarani pour les enfants dont c'est la langue maternelle, et de même, en espagnol pour ceux qui le possèdent et l'utilisent comme langue courante. Le modèle adopté est celui du maintien (*mantenimiento*) : on n'étudie pas les langues en tant que matières, mais en les utilisant. Le système établit l'emploi, au début de la scolarité, de la « première langue » à 85 % et de la « seconde langue » à 15 %. Le pourcentage change de 5 % au cours de chaque passage dans l'année supérieure, afin qu'au bout de neuf ans – laps de temps correspondant à l'« éducation de base » – existe un équilibre de 50 % dans chaque langue. Ce qui permet de former des bilingues coordonnés dans l'espace de temps indiqué.

Le plan adopté ne privilégie ni n'exclut aucune des deux langues. Loin de soulever conflits ou revendications de caractère unilatéral et, encore moins, « séparatiste », il harmonise les composants linguistiques d'une culture enrichie par le métissage, et vise à rendre effective la réalité d'un Paraguay « pays pluriculturel et bilingue », comme l'établit bien la Constitution. Ainsi est consacré un acte de réparation historique qui tente de rendre toute sa dignité à la société dans son ensemble, assumant la condition plurielle de la culture, le double versant de son expression linguistique. En un mot, c'est l'identité nationale qui se réaffirme pleinement.

Le jour où s'ouvrirent officiellement les classes en guarani fut, pour moi, un jour d'allégresse, d'immense satisfaction : j'avais participé activement à la superbe aventure, en proposant à l'Assemblée constituante les articles évoqués plus haut et j'avais travaillé, au sein du Conseil assesseur de la réforme éducative en tant que responsable du projet de l'éducation bilingue. Lors de l'acte inaugural, il m'incombait de dire les premiers mots. J'ai commencé mon allocution – en référence au bourgeon qui venait d'éclore – par ce vers d'un poète guarani :

Aníke ipiru pendehegui
chokokue kéra yvoty

Que ne se fane pas dans nos mains
l'argileuse fleur du rêve.

Le processus que j'ai évoqué ici est en plein essor et constitue un élément irréversible dans une communauté nationale et métisse qui a conservé, pendant cinq siècles et demi, les racines de son identité : la langue et la culture guarani, qui seront renforcées par leur intégration dans le système scolaire.

L'Espagne et la coopération éducative
entre l'Europe et l'Amérique latine

Pablo BERCHENKO

Depuis 1986, avec l'entrée de l'Espagne et du Portugal dans la CEE, devenue depuis lors Union européenne, le Vieux Monde se présente progressivement en Amérique latine comme une alternative politique. Il voudrait incarner un changement par rapport à la longue et quasi-exclusive présence de l'Amérique du Nord dans le sous-continent.

D'autre part, l'Union européenne souhaite préserver ses intérêts face à la récente implantation commerciale de certains pays d'Asie dans la région.

Dans ce contexte, l'Europe propose aux gouvernements latino-américains de vastes et complexes politiques dans le champ des rapports diplomatiques, commerciaux, culturels et éducatifs. Quand on sait qu'en 1995, 62 % de l'aide au développement que reçoivent les pays latino-américains proviennent de l'Union européenne[1], on peut mesurer l'importance de cette nouvelle volonté[2]. Cet effort sur le plan politique et culturel prétend reconstituer un espace hispano-portugais dans le sous-continent pour qu'il devienne un partenaire doté d'une identité affirmée face au monde et, en particulier, face au système inter-américain issu de la conférence de Chapultepec de 1945. C'est dans cette conjoncture que l'Espagne et, en second lieu, le Portugal jouent un rôle essentiel.

Aujourd'hui, l'Espagne est sans doute le pays de l'Union européenne le plus présent en Amérique latine. Il est aussi le pays qui manifeste le dynamisme le plus marqué dans cet effort de réimplantation de l'Europe dans l'espace régional latino-américain.

---

1. J.-L. Dicenta, « Iberoamérica : cinco buenas razones », *El País*, Madrid, éd. int., 22/11/95, p. 10.

2. En février 2000, l'Amérique latine a dépassé l'Asie comme destination des investissements espagnols à l'étranger. A cette date, les capitaux européens qui traversent l'Atlantique pour s'investir en Amérique latine sont plus importants que ceux d'origine nord-américaine, cf. I. Cembrero, « El triple riesgo español en Latinoamérica », *El País*, Madrid, 6 février 2000, p. 20.

Depuis les années 1940, la diplomatie espagnole avait été marquée par un hispanisme teinté de national-catholicisme dont la portée resta très limitée en Amérique latine. Plus tard, dans les années 80, les accords bilatéraux sur un vaste éventail de programmes de coopération en matière de développement économique, politique et social avec les pays d'Amérique latine essaient d'aller beaucoup plus loin. À partir de 1991, et sur un plan plus large, la diplomatie espagnole trouve une nouvelle expression dans les Sommets Ibéro-américains de chefs d'État dont sont issus des accords multilatéraux concernant une vingtaine de pays.

Dans cette vaste opération, on peut se demander ce qu'il en est de la politique espagnole en matière de coopération éducative avec les pays d'Amérique latine. Si l'on considère qu'aujourd'hui l'Espagne est le principal investisseur européen en Amérique latine[3], aussi bien dans les secteurs des banques[4] et des télécommunications[5] que dans ceux du transport aérien, de la production et de la distribution de l'électricité, du tourisme ou de l'exploitation forestière, on peut s'interroger sur la motivation de la coopération en matière d'éducation. Répond-elle à un intérêt purement solidaire ou n'est-elle qu'un élément de l'image que l'Espagne veut projeter sur l'Amérique hispanique ? Ce n'est pas par hasard que la presse espagnole elle-même parle aujourd'hui d'une véritable «deuxième conquête»[6] de l'Amérique latine. Il est évident que des relations commerciales aussi intenses sont concordantes avec la vitalité de la diplomatie espagnole de ces dernières années[7]. Qui sont les acteurs qui déterminent les politiques de coopération en éducation ? Sont-ce seulement les institutions d'État ? Quel est le rôle exact de l'Église dans une région où reste forte la présence de nombreuses universités catholiques et de congrégations d'origine espagnole vouées à l'éducation ? Quel poids ont les mouvements sociaux qui s'expriment à travers les ONG ? Quel est son degré d'organisation et quelle est la nature

---

3.   Entre 1990 et 1998, l'Amérique latine a reçu 55,6 % de la totalité des investissements directs de l'Espagne à l'extérieur. En 1990, elle a reçu 2.387 milliards de dollars d'investissement espagnol, et en 1998, 13 246 milliards de dollars. Ainsi, les investissements se sont multipliés par cinq et demi en huit ans. Source : *ibidem*.

4.   Au début 1997 et par ordre d'importance, la Banque de Santander et la Banque de Bilbao et de Vizcaya sont respectivement les troisième et quatrième banques de la région, *El País*, Madrid, ed. int., éditorial, « La hora americana », 31/3/97, p. 6.

5.   Telefónica Española exploite aujourd'hui plus de lignes en Amérique latine qu'en Espagne. Elle est implantée en Argentine, au Brésil, au Chili, au Pérou, au Venezuela, à Porto Rico et au Salvador.

6.   Par exemple, le supplément « Domingo » du quotidien madrilène *El País*, qui titre, le 23 avril 2000, en première page et en gros caractères « La segunda conquista de América ».

7.   Les fréquents voyages en Amérique hispanique depuis 1990 du roi Juan Carlos, de la reine Sophie et du prince Felipe d'Asturies sont la preuve de ce dynamisme. Les chefs du gouvernement espagnol (F. González et J.-M. Aznar) ont réalisé eux aussi de nombreux voyages en Amérique latine durant la même période.

des buts poursuivis ? On peut finalement se demander quelle est la véritable portée de la coopération en matière d'éducation dans une région où les niveaux d'enseignement sont extrêmement différenciés d'un pays à l'autre. Nous tenterons de répondre à ces questions dans une perspective historique, depuis les années 1940, et à partir de quatre types d'acteurs : l'État, les réseaux de coopération académique, les entreprises privées et leurs efforts de formation de personnel qualifié, enfin les ONG et les fondations privées.

L'évolution de la politique de l'État espagnol

Au cours de la deuxième guerre mondiale, dans l'après-guerre et jusqu'aux années 1970, invoquant l'existence d'une base linguistique commune, ainsi qu'un substrat historique, culturel, moral et religieux partagé, l'Espagne de Franco essaie de maintenir sa présence dans l'éducation et la culture hispano-américaine, en faisant appel aux secteurs sociaux les plus élitistes et à l'Église catholique dans la région latino-américaine. Mais l'État espagnol a dû faire face à la diplomatie des États-Unis jusqu'aux années 1950 et à l'opposition d'une vaste diaspora républicaine. Sa coopération éducative et culturelle en Amérique latine va se concrétiser par la création de deux organismes : l'Institut de culture hispanique (*Instituto de Cultura Hispánica*) et le Bureau d'éducation ibéro-américaine (*Oficina de Educación Iberoamericana*, OEI).

L'Institut de culture hispanique est l'héritier du *Consejo de la Hispanidad* créé en 1940 par Franco comme instrument du ministère des Affaires Étrangères[8]. Cet Institut propose un type de diffusion culturelle et de formation qui s'adresse essentiellement à une étroite élite d'intellectuels liée aux secteurs catholiques et conservateurs des sociétés latino-américaines. Il octroie des bourses aux écrivains, historiens et philosophes hispano-américains, afin qu'ils parachèvent leur formation en Espagne. Les intellectuels séjournent à Madrid, ils sont logés dans le *Colegio Mayor Nuestra Señora de Guadalupe* et ont le droit d'assister aux cours des universités espagnoles. Ainsi, par exemple, en 1948, on y trouve les écrivains nicaraguayens Pablo Antonio Cuadra, Carlos

---

8. Lié à l'Academia de la Lengua, à l'Instituto de Investigación Científica, à la Real Academia de Historia et aux universités espagnoles, il prétend resserrer les liens entre les humanistes espagnols et ibéro-américains. En 1948, l'Institut de culture hispanique s'installe au Mexique. Cf. Ricardo Pérez Montfort, *Hispanismo y Falange. Los sueños imperiales de la derecha española*, Mexico D.F., Fondo de cultura económica, 1992.

Martínez Rivas et José Coronel Urteche, le Salvadorien Hugo Lindo ou le critique chilien Hugo Montes[9].

En 1946, l'Institut recrute des jésuites pour les intégrer à l'enseignement privé au Mexique et participe à l'envoi de missionnaires vers ce même État anticlérical et laïque. Au cours des années 50, l'action de l'hispanisme deviendra de plus en plus terne. Aujourd'hui l'*Instituto de Cooperación Iberoamericana* accomplit certaines de ses fonctions et d'autres sont assurées par *l'Institut Cervantes*. Le premier s'occupe surtout de la culture et le deuxième de la diffusion de la langue espagnole.

Bureau d'éducation ibéro-américaine

Le Bureau d'éducation ibéro-américaine (OEI), créé en 1949[10], est devenu aujourd'hui, avec le même sigle, l'Organisation des états ibéro-américains pour l'éducation, la science et la culture. Il se met en place progressivement, à travers la réalisation des Congrès ibéro-américains d'éducation[11].

Actuellement, l'OEI est un organisme international à caractère gouvernemental, qui compte 23 États membres (soit les 18 pays hispanophones de l'Amérique, ainsi que le Brésil, la Guinée Équatoriale, Porto Rico, l'Espagne et le Portugal). Elle a des bureaux régionaux en Argentine, en Colombie, au Salvador, au Mexique et au Pérou, et son siège central se trouve à Madrid. L'Assemblée générale, composée par les ministres de l'éducation des États membres, est l'organe de direction de l'OEI. Le Secrétariat général est son organe exécutif. Depuis janvier 1999, l'OEI est dirigée par le sociologue Francisco Piñón, qui est le premier Argentin à sa tête.

Depuis la fin des années 1950, dans le champ de l'éducation, l'Espagne coopère, à travers l'OEI, avec les pays de la région et les bureaux régionaux de l'UNESCO, la Convention « Andrés Bello », et quelques centres privés de recherche et de formation. En juin 1984, l'OEI

9.   Hugo Montes, "Cartas del 27 », *Revista Chilena de Literatura*, Santiago du Chili, n° 56, avril 2000, p. 141.
10.   Edwin Harvey, *Relaciones culturales internacionales en Iberoamérica y el mundo*, Madrid, Tecnos/Sociedad Estatal Quinto Centenario, 1991, p. 116-121.
11.   À Madrid, en 1949, au 1er Congrès ibéro-américain d'éducation est mis en place un Bureau d'éducation ibéro-américaine. Au congrès de Quito (1954) il est décidé de transformer le bureau en organisme intergouvernemental. Au 3e congrès de Saint Domingue (1957) cette transformation est approuvée et elle s'applique lors des congrès de Madrid (1979) et de Lima (1983). En 1985, le 6e congrès se transforme en Assemblée générale. En 1991, convoquant les ministres de l'Éducation, l'OEI devient un organe des Sommets des chefs d'État ibéro-américains. Finalement, la 7e conférence des ministres de l'éducation, se tient à Sintra en juillet 1998, parallèlement au Sommet des chefs d'État.

a confirmé l'accord de 1957 concernant la coopération avec l'UNESCO[12]. L'Espagne soutient en effet le Projet principal d'éducation en Amérique latine et dans les Caraïbes. L'OEI participe, tout d'abord en tant qu'observateur, aux réunions que l'UNESCO organise dans la région. Plus tard, elle soutiendra financièrement son Bureau d'éducation pour l'Amérique latine et les Caraïbes. Cette aide se matérialise notamment par la publication du bulletin sur le développement dudit Projet[13]. Pour sa part, l'OEI publie la *Revista Iberoamericana de Educación*, une revue à caractère monographique sur des questions concernant l'enseignement en Amérique latine. L'OEI a déjà édité une vingtaine de numéros depuis 1993.

La fonction centrale de l'OEI est de convoquer des réunions de responsables et d'experts de l'éducation de chaque pays, de rassembler, traiter et diffuser les informations concernant les projets et programmes mis en place, former le personnel chargé de les appliquer et les financer en partie. Actuellement, l'OEI a huit programmes pour la région concernant l'éducation et le travail, la qualité et l'équité de l'enseignement, l'unité et la diversité ibéro-américaine, l'enseignement supérieur, l'éducation et les valeurs sociales, l'administration de l'enseignement, la société et l'innovation, et la création de l'Observatoire de l'éducation[14].

L'Observatoire de l'éducation est une banque de données accessible sur le site web de l'OEI. On y trouve des données sur l'éducation dans le monde ibéro-américain, des documents destinés à incorporer à la discussion les spécialistes de différents pays, des rapports sur des expériences novatrices et de l'information bibliographique. L'OEI doit publier un premier rapport sur l'enseignement dans la région[15].

D'autre part, en Amérique centrale et dans les Caraïbes, l'OEI coopère à la réalisation d'études et d'inventaires des institutions et des programmes existants[16]. L'OEI participe aussi au projet d'éducation sur l'environnement, qui propose une formation continue pour les enseignants du secondaire[17].

---

12. « Congreso OEI », *Boletín Proyecto Principal de Educación en América Latina y el Caribe*, Santiago du Chili, sept. 1985, n° 7, p. 23.
13. Ce bulletin est édité à Santiago du Chili, par l'OREALC, depuis 1982.
14. Mónica Beltrán, « La educación en el Cono Sur, con una mirada argentina », *Clarín digital* (www.ar/diario/), Buenos Aires, 27/03/2000.
15. *Ibid*. Consulter aussi www.oei.es.
16. *Boletín Proyecto Principal de Educación en América Latina y el Caribe*, Santiago du Chili, « Congreso OEI », sept. 1985, n° 7, p. 8, et « Consulta técnica Iberoamericana sobre analfabetismo funcional (Salamanca, España, 17-21 octubre 1988) », Santiago du Chili, déc. 1988, n° 17, p. 65.
17. M. del C. Gonzalez, « Características de la formación continuada en Educación Ambiental del profesorado del nivel medio », *Revista Iberoamericana de Educación*, Madrid, n° 16, s.d. (www.campus-oei-org/oeivirt/).

Aujourd'hui, l'OEI devient une instance de préparation et d'exécution des programmes en matière d'éducation, science et culture dérivés des Sommets des chefs d'État ibéro-américains, mais elle cherche également son propre terrain de travail. L'OEI tente d'une part de se différencier des actions de l'UNESCO et d'autre part de servir la dimension stratégique de la diplomatie espagnole.

Les Sommets de chefs d'État ibéro-américains

Au cours de ces dernières années s'est mise en place une politique des plus actives dans le domaine de l'éducation. Avec la multiplication des Sommets de chefs d'État, elle s'est concrétisée par des projets précis dotés d'un financement. Ceci débouche sur une situation de relative concurrence avec la politique extérieure des États-Unis. L'Union européenne soutient ainsi Madrid, qui a démontré pleinement sa capacité d'implantation économique et commerciale et qui, de surcroît, a la possibilité d'exercer un contrepoids au traité de libre-échange nord-américain (ALENA). L'Espagne constitue, par voie de conséquence, un mur défensif face à l'«Initiative pour les Amériques», le projet présenté en 1990 par George Bush.

L'éducation et la culture ont été des sujets importants lors des débats des Sommets de chefs d'État. Ainsi celui de Séville, en 1992, fut axé sur la culture et la coopération scientifique. Celui de Salvador de Bahia, en 1993, fut consacré au développement social (problématique dont l'un des éléments les plus importants est justement l'éducation). En 1994, le Sommet de Carthagène des Indes aborda le problème du commerce et de l'intégration et soumit à discussion le Projet de développement de la jeunesse en Amérique latine (PRAJDAL). En octobre 1995, à San Carlos de Bariloche (Argentine), eut lieu le 5e Sommet, entièrement consacré cette fois-ci à l'éducation. Dans la deuxième partie de la Déclaration finale, les chefs d'État et de gouvernement affirment l'idée que les programmes de coopération doivent constituer des instruments de premier ordre parce qu'ils contribuent à renforcer l'identité ibéro-américaine[18].

Parmi les projets en cours issus des Sommets précédents et ayant une incidence en matière d'éducation figure le programme MUTIS[19]. Signé lors du deuxième Sommet ibéro-américain il traite de la mobilité des étudiants de troisième cycle, dont les études de spécialisation sont les plus importantes pour le développement de la communauté ibéro-américaine. Entre 1993 et 1996, l'Espagne a financé 1020 bourses pour

---

18. *Ibid.*
19. Programa de Cooperación en el Desarrollo de Programas de Doctorado y en la Dirección de Tesis Doctorales.

une année ou plus[20]. L'Agence espagnole de coopération internationale (AECI) participe à ce programme et accorde, chaque année, aux diplômés latino-américains des bourses de doctorat ou de recherche. Pour l'heure, seul le Mexique a mis en route son propre programme d'octroi de bourses. La réalisation de programmes de doctorats conjoints entre deux (ou plusieurs) universités ibéro-américaines et les programmes de mobilité (pour des périodes brèves) de doctorants en cours de rédaction de leurs thèses, montre la faiblesse de MUTIS. Il a débuté comme un programme bénéficiant d'un financement multilatéral pour devenir aujourd'hui un programme exclusivement espagnol. L'Espagne a, en effet, contribué à sa réalisation par un apport de 1 500 millions de pesetas.

Pour sa part, le Programme ibéro-américain de coopération en science et technologie pour le développement (CYTED) bénéficie de la participation de plus de 10 000 scientifiques et techniciens des universités et des centres de recherche et développement. Il est actuellement actif dans 65 réseaux thématiques, 85 projets de recherche et 124 projets d'innovation.

Par ailleurs, IBEROEKA, qui concerne essentiellement les entreprises, gère des projets d'une valeur de 200 millions de dollars. Ainsi, les Sommets de chefs d'État ibéro-américains mettent en oeuvre depuis 1991 des actions destinées à la formation de ressources humaines de haut niveau dans 19 pays de l'Amérique latine, l'Espagne et le Portugal. Aujourd'hui CYTED est perçu comme un programme consolidé avec un important potentiel de croissance[21].

Parmi les projets qui visent l'ensemble de la population ibéro-américaine, on note la production de programmes pour la Télévision éducative ibéro-américaine (TEI). Cette dernière est dirigée par une association d'usagers. Elle bénéficie actuellement de la participation de 250 institutions et se trouve pleinement engagée dans les actions des ministères de l'Éducation et de quelques universités hispano-américaines. Ce projet a permis la coproduction de films documentaires réalisés sur place. L'Espagne a contribué en 1993, par l'apport de 300 millions de pesetas, à la mise en place de ce projet. Depuis lors, la diffusion des émissions qu'elle produit se fait par satellite (Hispasat) à raison de deux heures par jour[22]. Aujourd'hui, le ministère des Affaires Étrangères espagnol lance un appel pour financer des créateurs de programmes audiovisuels concernant l'Espagne et l'Amérique latine[23].

---

20. Jesús Seabastián, *Informe sobre la cooperación académica y científica de España con América Latina*, Madrid, Conferencia de Rectores de las Universidades Españolas, 2000, p. 26 et 79.
21. *Ibidem.*
22. *Cuadernos Iberoamericanos*, Madrid, n° 563, mai 1997, p. 149.
23. cf. *El País*, Madrid, 13 août 2000, supplément « Negocios », p. 8.

D'autre part, le Programme d'alphabétisation et d'éducation élémentaire pour adultes (PAEBA)[24] a pour but d'éradiquer au moins 25 % de l'analphabétisme dans les zones d'intervention. En 1993, ce programme comptait un total de 3 500 experts en alphabétisation, 33 000 élèves au Salvador, et 40 000 en République Dominicaine. En 1995, le Paraguay sollicita, à son tour, son incorporation à ce programme d'alphabétisation. L'Espagne participe au PAEBA à travers les actions de l'Agence espagnole de coopération internationale au Salvador et en République Dominicaine.

Le Programme du centre ibéro-américain de développement stratégique urbain (CIDEU) est également une création des Sommets des chefs d'État. En 1995, il intégrait déjà 29 villes faisant partie de 15 pays différents. Pour sa mise en œuvre, des accords avec la Banque interaméricaine de développement ont déjà été signés. Depuis lors, la formation de hauts fonctionnaires d'État compétents en planification et élaboration de politiques sociales urbaines a significativement augmenté. La participation des ONG espagnoles et de l'AECI est un facteur important de la coopération hispanique dans ce programme.

Le Fonds pour le développement des peuples indigènes[25] est un programme destiné à établir un mécanisme de soutien des processus de développement des peuples autochtones. Il a été signé en 1995 par les 11 pays membres concernés. L'OEI a mis en marche un projet sur les politiques éducatives gouvernementales pour les peuples indigènes[26].

Le programme de modernisation des administrations en éducation (IBERMADE) est, lui aussi, issu des Sommets des chefs d'État. Dans ce cadre, l'OEI propose un certain nombre de cours et de séminaires pour la formation du personnel dans les champs de la planification, de l'administration et de la supervision des systèmes éducatifs. Enfin, il faut signaler le programme de coopération pour le développement des systèmes nationaux d'évaluation de la qualité de l'éducation[27] et le programme de coopération dans les secteurs de la formation professionnelle (IBERFOP).

La stratégie hispanique essaie donc d'implanter une coopération éducative qui touche les élites mais aussi les masses longtemps

---

24.   Programa de Alfabetización y Educación Básica de Adultos.
25.   Fondo para el Desarrollo de los Pueblos Indígenas de la América Latina y del Caribe.
26.   « Políticas gubernamentales educativas para los pueblos indígenas », *Revista Iberoamericana de Educación*, Madrid, n° 13, s.d. Pour les conclusions et recommandations de la réunion de consultation technique à Querétaro (Mexique) des 9-11 oct. 1995 et la déclaration issue de la réunion à Santa Cruz de la Sierra (Bolivie) sur la formation et le recyclage des enseignants en éducation interculturelle et bilingue (25-27 mars 1996), consulter : www.campus-oei-org/oeivirt/
27.   Programa de Cooperación para el Desarrollo de Sistemas Nacionales de Evaluación de la Calidad Educativa.

défavorisées. Il est également intéressant de remarquer que les fondements mêmes des programmes mettent l'accent sur le rôle déterminant de la langue, la culture et l'identité, pour les rapports entre l'Espagne et l'Amérique latine

Agence espagnole pour la coopération internationale

Créée en 1988 par le gouvernement socialiste de Felipe González, l'Agence espagnole pour la coopération internationale (AECI) est l'organe exécutif d'une politique de coopération qui met en avant les valeurs d'entraide et de solidarité propres aux mouvements sociaux de l'époque. Elle fait partie du ministère des Affaires Étrangères du fait de son rattachement au Secrétariat d'État pour la coopération internationale et ibéro-américaine (CECIPI). La coopération de l'AECI se fait à travers des accords bilatéraux de deux ou trois ans concernant la coopération technique, scientifique, éducative et culturelle. L'intérêt pour les pays ibéro-américains est attesté par le fait que l'AECI a consacré en 1996 42,7 % de l'aide bilatérale espagnole aux pays situés au sud du Rio Grande.

Avec le même objectif de formation des élites et des nouvelles générations, la Coopération espagnole (organisme d'État pour l'aide au Tiers-Monde) et les ministères des Affaires Étrangères, de l'Éducation et des Affaires sociales de l'Espagne soutiennent depuis 1992 le Centre euro-latino-américain de la jeunesse (CEULAJ). La fonction de ce dernier est de canaliser les rapports entre les jeunes de l'Amérique hispanique et ceux de l'Europe. À cette fin, il organise des rencontres, des forums et des projets dans le cadre du volontariat et de la coopération. Le CEULAJ a installé ses sièges sur les deux continents, à Malaga (Espagne) pour l'Europe et à Santiago du Chili pour l'Amérique latine. Il est en relation avec l'Organisation ibéro-américaine de la jeunesse (OIJ), organisme fondé à Buenos Aires en août 1996. Ce projet est né en 1994 lors du 4ᵉ Sommet de la communauté ibéro-américaine de Carthagène des Indes (Colombie). L'objectif de l'OIJ est de promouvoir le Programme régional d'action pour le développement de la jeunesse en Amérique latine. L'Espagne y participe et son aide concerne notamment le développement du programme pour les jeunes coopérants diplômés et licenciés qui bénéficient d'un séjour de six mois en Amérique latine[28].

D'autre part, l'Agence espagnole de coopération internationale finance (à hauteur de 60 millions de pesetas par an) la formation de nouveaux cadres de la justice en Bolivie. L'AECI participe avec l'*Audiencia Nacional Española* à la formation des juges et procureurs

---

28.   « El CEULAJ abre su sede iberoamericana en Chile », *El País*, Madrid, éd. int., 28/4/1997, p. 19 et 17/11/96, p. 17.

ainsi qu'à la régulation du recrutement et de la promotion du personnel des deux magistratures. La première promotion de juges a achevé sa formation[29] au cours de l'année 2000. La Télévision éducative ibéro-américaine (TEI) qui fait partie du programme IBERMEDIA, né lui aussi des Sommets de Chefs d'État, relève également des actions de l'AECI.

Dans le cadre du programme de préservation du patrimoine culturel, l'AECI collabore avec le ministère espagnol de la Culture à la création des écoles-ateliers de restauration de monuments à Carthagène des Indes et Popayan en Colombie, à Quito, Mexico, Asunción, Lima, Cuzco, La Havane et Granada au Nicaragua. L'AECI soutient en outre des centres culturels dans une douzaine de grandes villes de l'Amérique latine et a créé des centres de formation à Santa Cruz de la Sierra (Bolivie), Cartagena de Indias (Colombie) et à Antigua (Guatemala).

Enfin, l'Agence espagnole de coopération internationale coordonne et finance en partie l'action d'un certain nombre d'ONG espagnoles intervenant en Amérique latine dans des projets qui coïncident avec ses programmes.

La Commission d'État cinquième centenaire

La *Comisión Estatal Quinto Centenario* d'Espagne a été constituée pour préparer les célébrations du cinquième centenaire de la découverte de l'Amérique. C'est dans ce cadre que la *Ruta Quetzal* fut créée en 1989 par le roi d'Espagne (sous le nom d'*Aventura 92*). Au début, *Ruta Quetzal-Argentaria* a été soutenu par le ministère des Affaires Étrangères et financé par le consortium bancaire Argentaria. Aujourd'hui, il est patronné par le groupe bancaire BBVA (Banco de Bilbao, Vizcaya y Argentaria) qui figure parmi les trois premières banques de la région ibéro-américaine[30]. Après 1992, ce programme va dépendre du Secrétariat d'État à la coopération ibéro-américaine (AECI) du ministère des Affaires Étrangères. Il organise chaque année la rencontre et le voyage à travers l'Espagne et l'Amérique latine de quelques 300 à 400 jeunes des pays de la Communauté ibérique et ibéro-américaine. Au cours des quatorze éditions, 8 000 jeunes entre 15 et 16 ans ont parcouru la *Ruta Quetzal*. Le programme académique qui complète la *Ruta* est coordonné par l'Universidad Complutense de Madrid, en collaboration avec des

---

29. Jorge Marirrodriga, « El rey destaca en Bolivia la colaboración española en la formación de jueces andinos », *El País*, 19 juillet 2000, p. 32. À noter que les juges et procureurs chiliens sont formés par l'Allemagne et ceux du Paraguay par la France.
30. « Bases 2000 », *El País* digital, Madrid, 25/07/00 (http//:www. es/p/especial/ queztal/inicio/c.htm)/

universités des pays ibéro-américains[31]. On voit bien qu'il s'agit d'une opération destinée à reconstituer l'image d'une Espagne qui se veut fraternelle et qui reconnaît la valeur d'une culture à la fois commune et différente. La *Ruta Quetzal* prétend donc surmonter le conflit historique qui opposa l'Espagne aux élites du sous-continent. Sans doute la quête d'une nouvelle image, celle d'une Espagne monarchique, moderne et solidaire, vient-elle en aide aux intérêts financiers des entreprises espagnoles dans la région.

Les réseaux de la coopération académique

Dans ce contexte, les actions de formation de ressources humaines de haut niveau sont considérées par la diplomatie espagnole comme prioritaires. Ainsi, outre le programme ibéro-américain de coopération en science et technologie (CYTED) et le programme MUTIS qui concerne la coopération au niveau des doctorats et de la direction de thèses que nous avons déjà examinés, existent ceux qui ne concernent pas directement les Sommets Ibéro-américains, mais qui font partie d'une stratégie globale. Par exemple, le programme de bourses de l'AECI qui, entre 1991 et 1997, a octroyé 8000 bourses de troisième cycle.

Il existe aussi les programmes sabbatiques, des stages et IBERCUE qui concernent toutes les universités espagnoles et la plupart des universités latino-américaines. Ponctuels et sporadiques, ils ont toutefois permis la mobilité pour de courtes périodes de quelques 15 000 étudiants, professeurs et gestionnaires entre 1994 et 1998. Quant au programme de coopération scientifique avec la région ibéroaméricaine, il développe les projets de recherche bilateraux et a financé 530 activités pendant les années 1991-1997.

La participation de l'Espagne aux accords de coopération académique de l'Union européenne se caractérise avant tout par son rôle prédominant dans le programme *Alfa* (Amérique latine formation académique). Créé en mars 1994 par la Commission européenne en accord avec les pays et régions d'Amérique latine pour une période de cinq ans, il est doté d'un

---

31. La Commission a soutenu également en 1990 le programme Columbus pour la réalisation du séminaire sur la coopération université-secteur public, sous les auspices de la Conférence permanente des recteurs, présidents et chanceliers des universités européennes, de l'UNESCO et de l'Université centrale du Venezuela, séminaire auquel participèrent 26 établissements de l'enseignement supérieur latino-américain. Voir « Coopération Université-secteur public », *Alizés*, Réseau Amérique latine, CNRS, AFSSAL, Toulouse, n° 7, avril 1991, p. 48. Voir aussi Magistère des relations internationales. DESS coopération et développement, *Amérique latine ; État des lieux*, Paris, L'Harmattan, coll. « Horizons Amériques latines », 1996, p. 499 et suivantes.

budget de 40 millions d'euros, dont l'Union européenne finance près de 80 %[32]. *Alfa* vise à promouvoir l'amélioration du potentiel scientifique et technologique et, en général, du contexte économique, social et culturel, par des actions de formation et de transfert de connaissances[33]. Il s'agit ainsi de favoriser la coopération régionale dans le cadre de la formation et de la recherche en mettant l'accent sur le rôle déterminant de la langue, de la culture et de l'identité dans les rapports entre l'Europe et l'Amérique latine[34].

Le programme *Alfa* est destiné à développer l'intégration latino-américaine par la création de «réseaux». Chacun de ceux-ci regroupe en effet un minimum de deux pays latino-américains différents, évitant de la sorte le caractère européocentriste et bilatéral des accords précédents[35]. Les sept appels à candidatures se sont traduits par l'acceptation de 842 projets de réseaux auxquels participent 903 institutions. Or l'Espagne intervient dans 80 % des projets acceptés, et 253 projets sont gérés par des universités et des institutions espagnoles[36]. Ainsi, le programme *Alfa* devient un espace essentiel de la coopération multilatérale hispanique en Amérique latine.

L'Espagne a souscrit des accords bilatéraux avec tous les pays de l'Amérique latine. Dans ce cadre, la participation des universités hispaniques est relativement réduite, les 48 universités espagnoles ayant signé des accords avec 1 459 institutions latino-américaines.

Mais il existe d'autres formes de coopération entre les universités, les centres de formation supérieure hispaniques et les centres académiques latino-américains. Par exemple, l'École d'administration et de direction des entreprises de Barcelone (ESADE) et Polytechnique de Madrid participent avec l'École des hautes études commerciales de Paris, la London School of Economics et l'université de Nova Lisboa à un programme de la Commission européenne pour la formation d'une centaine de directeurs des entreprises d'État cubaines. Il s'agit de cours d'administration et de direction des entreprises d'une durée de douze semaines qui ont lieu à La Havane et à Santiago de Cuba. Les cours sont destinés à donner une formation aux futurs cadres des entreprises mixtes

---

32.   Soit 32 millions apportés par l'Union européenne et 8 millions par les institutions engagées dans le programme *Alfa* ou par des tiers.

33.   Commission européenne, Direction Générale I, Relations économiques extérieures, *ALFA Guide du programme*, p. 2/24.

34.   *Programa para la armonización de los curricula universitarios, Alfa*, Comisión Europea, Organización de Estados Iberoamericanos, Madrid, p. 5 ; Commission européenne, Direction Générale I, Relations écono-miques extérieures, *ALFA Guide du programme*, p. 2/24.

35.   Commission européenne, Direction Générale I, Relations économiques extérieures, *ALFA Guide du programme*, p. 2/24.

36.   Jesús Seabastián, *op. cit.*, p. 50-55.

ou d'État, des centrales sucrières, ou aux directeurs d'hôtels. En février 2000 a été organisée la troisième session de cette formation[37].

Aujourd'hui, un projet de l'Université des îles Baléares (UIB) vise à la création d'une chaire ibéro-américaine. L'initiative est de José Luis Dicenta, ancien Secrétaire à la coopération internationale et ibéro-américaine, et est appuyée par le Banco de Santander, Telefónica, Sol Hoteles et Viajes Barceló entre autres. Les premiers programmes d'enseignement prévus concernent la formation en administration publique, tourisme, coopération et culture. Des contacts ont été déjà établis avec l'université autonome du Mexique, l'Université de La Havane et le Centre de formation au tourisme de Barcelone[38].

Enfin, l'*Universidad Nacional de Educación a Distancia* (UNED) a signé un accord avec le Banco Santander Central Hispano (BSCH) pour améliorer la qualité pédagogique et de recherche ainsi que les relations financières, technologiques et opérationnelles. La banque soutiendra un certain nombre de programmes de coopération avec des universités ibéro-américaines. Elle aidera aussi à créer un site d'éducation à distance sur Internet, une bibliothèque virtuelle « Miguel de Cervantes » accessible sur le réseau et aidera à la création d'un campus virtuel[39].

Les adaptations de l'entreprise privée

Dans un contexte de rapide mondialisation des économies latino-américaines, l'intérêt des entreprises espagnoles pour le marché ibéro-américain se traduit sur le plan de l'éducation par une série d'initiatives. Celles-ci concernent essentiellement la formation des cadres par l'utilisation des nouvelles technologies. Mais ces dernières sont aussi actuellement l'objet d'une attention particulière du fait du potentiel d'expansion du marché des usagers d'Internet en langue espagnole et portugaise en Amérique latine.

Ainsi, le *Grupo Santillana* de Madrid, dont la maison d'édition de manuels scolaires est fortement implantée dans les pays hispano-américains, se présente aujourd'hui comme le leader du secteur de l'enseignement en Espagne et en Amérique latine. Santillana a mis en route un projet d'expansion de ses activités en matière d'éducation des jeunes et des adultes à travers le réseau *Educación en la red* (@santillana.es) pour répondre à la demande du marché hispanophone. Il

---

37.   Mauricio Vicent, « La UE enseña capitalismo en Cuba », *El País*, 27 février 2000, p. 64.
38.   Miguel Vicens, « La UIB contará con la primera cátedra iberoamericana », *Diario de Mallorca*, 20/04/2000, p. 82.
39.   « En breve », *El País*, Madrid, « Negocios », 28/05/2000, p. 28.

concerne, d'une part, la création de programmes et de produits *on-line* destinés à la formation d'adultes, et, d'autre part, la création d'un réseau s'adressant aux parents, étudiants et professeurs. L'appel de candidatures pour le recrutement des directeurs de programmes a eu lieu en mars 2000[40]. Dans le même temps et comme en toile de fond, la politique gouvernementale propose la libre circulation, la diffusion et la création d'instruments destinés à promouvoir le livre dans l'espace ibéro-américain, en ne perdant pas de vue les potentialités d'un marché de près de cinq cents millions de lecteurs hispanophones et lusophones. Pour appuyer cette politique ont été créés le projet du répertoire intégré des livres en vente (ISBN) et le centre régional pour la promotion du livre en Amérique latine et dans les Caraïbes (CERLAC).

Dans le même ordre d'idées, l'École de finances BBVA (*Escuela de finanzas Banco de Bilbao, Vizcaya y Argentaria*) a ouvert au mois de mai 2000 un appel à candidatures pour les cours destinés à la formation de gestionnaires des banques corporatives, l'enseignement d'*e-business* et la formation d'actuaires d'assurances pour le mois de septembre 2000, à Bilbao et Madrid. Les sélectionnés ont eu droit à une bourse, et BBVA a ouvert un crédit équivalent au prix de l'inscription et de l'enseignement. L'étudiant rembourse ce crédit sur trois ans et la banque s'engage à incorporer à ses services les étudiants qui compléteront ainsi leur formation. Le concours est ouvert aux candidats de toutes les nationalités. Mais préférence sera donnée aux candidats européens et originaires des pays ibéro-américains où opère le groupe BBVA.

Par ailleurs, *Tecnoland RTT* se présente comme la plus grande entreprise du monde latino-américain pour le développement de *l'e-business*. Cette entreprise a une école de formation continue dont le nom est *Talento*. Elle s'adresse à des clients qui se trouvent en Argentine, au Chili, au Mexique, au Pérou, en Espagne, au Portugal et aux États-Unis.[41]

Quant à l'entreprise espagnole *Off Campus*, elle a signé des accords avec des universités aux États-Unis pour obtenir le droit de traduction en espagnol de ses cours, les offrir sur le réseau Internet et délivrer des diplômes des universités de Berkeley (Californie), Chicago et Columbia (New York). L'offre concerne la formation continue et s'adresse aux professionnels qui veulent renforcer leur formation dans une branche précise de connaissance. L'entreprise s'adresse au marché hispanophone, sur lequel 4,6 millions d'Espagnols et trois fois plus de Latino-américains ont accès à Internet[42].

Enfin, l'*Escuela Virtual de Empresa* (EVE) offre actuellement aux Latino-américains la possibilité de suivre une cinquantaine de cours, sans

---

40. *El País*, Madrid, « Negocios », 26/03/2000, p. 46.
41. www.teknoland.com. Deux pages entières de publicité de cette entreprise dans *El País*, Madrid, 12/02/2000.
42. A. I., "Títulos USA de habla hispana », *El País*, Madrid, « Negocios », 9/06/2000, p. 38.

exiger aucune présence de la part des intéressés. Dans le cas d'un diplôme de *Master*, l'école demande néanmoins aux candidats une présence au moment des examens et de la présentation du projet final.

L'ambition des entreprises privées espagnoles va donc bien au-delà de la possibilité de délivrer des diplômes et des titres des écoles et des universités espagnoles. Ces entreprises ont la prétention de devenir les intermédiaires entre la formation des cadres assurée dans les universités aux États-Unis et celles de l'Amérique hispanique.

La modernisation des ONG

Le déploiement des ONG en Espagne naît avec leur entrée dans la CEE en 1986. Auparavant, il n'y avait de place que pour la Croix-Rouge et les initiatives de l'Église catholique, à caractère missionnaire, d'aide au Tiers monde[43]. C'est après la restructuration du ministère des Affaires Étrangères et la création de l'AECI, à partir de 1988, que se produit l'éclosion d'un grand nombre d'ONG ayant une conception plus moderne de la coopération. Ceci s'explique par l'ouverture du cofinancement apporté par l'État et la CEE[44]. Aujourd'hui 41 % des ONG ont encore des liens avec l'Église catholique ou avec des mouvements chrétiens, 18 % sont liées au secteur politico-social (partis de gauche ou syndicats) et 15 % peuvent être considérées dans un sens très large comme laïques. Enfin, 25 % ont des liens avec le secteur des services ou des organisations professionnelles. Mais ces pourcentages ne prennent pas en compte un autre caractère propre à la réalité espagnole : certaines ONG sont rattachées aux initiatives nées dans les Communautés Autonomes. Du point de vue légal, 76 % d'entre elles se définissent comme ONG de développement, les autres sont des fondations à caractère culturel et éducatif[45]. En réalité, toutes les ONG (même celles qui font des

---

43.   C'est le cas, par exemple, de la Federación Española de Religiosas de la Enseñanza (FRERE), créée en 1956, ou de l'Obra de Cooperación Apostólica Seglar Hispanoamericana (OCASHA). Fondée en 1957, elle est destinée à oeuvrer dans les diocèses des pays hispanophones ayant les plus forts besoins en matière d'enseignement.

44.   Le financement des ONG par le ministère des Affaires Étrangères et la distribution de l'Asignación Tributaria del Impuesto a la Renta de las Personas Físicas passe de 32 millions en 1986 à 347 millions en 1987 et à 2 024 millions en 1992. Cf. M. L., Ortega Carpio, *Las ONG y la crisis del desarrollo. Un análisis de la cooperación con Centroamérica*, Madrid, IEPALA/Publicaciones ETEA, coll. « Cooperación y desarrollo » n° 10, 1994, p. 155.

45.   S. Baiges, D. Dusster, E. Mira, et R. Viladomat, *Las ONG de desarrollo en España. Dilemas de la cooperación*, Barcelone, Flor del Viento Ediciones, 1996, p. 96-99 et 150.

interventions d'urgence) effectuent des tâches de formation du personnel local, d'éducation des populations concernées ou des travaux d'équipement qui ont un rapport avec l'enseignement.

De ce point de vue, il faut remarquer qu'un nombre important d'ONG religieuses sont liées aux congrégations catholiques qui se consacrent à l'enseignement et ont une forte implantation en Amérique latine. Ainsi, les Salésiens ont créé les ONG *Madreselva* et *Jóvenes del Tercer Mundo*, les Frères de La Salle ont fondé *Promoción y Desarrollo* (PROYDE)[46], les Jésuites ont des liens avec *Fe y Alegría*[47], la Congrégation mariste avec *Solidaridad Educación y Desarrollo* (SED)[48]. Quant aux ordres missionnaires, ils ont constitué *Promoción Claretiana de Desarrollo* (PROCLADE), *Pueblos Hermanos* et *Organización de Cooperación y Solidaridad Internacional* (OCS/AMS)[49].

Par ailleurs, *Edificando Comunidad de Nazaret*, ONG de la *Fundación Internacional de Solidaridad Compañía de María* (FISC), est liée à l'ordre des religieuses de la Compagnie de Marie[50]. Ces dernières ont opéré, dès les années 1980, une véritable «reconversion», faisant tout leur possible pour se débarrasser de l'image du franquisme qui leur était associée. Elles ont changé leurs discours (qui devient plus social et critique) et mènent, de façon moins visible, leur évangélisation à travers l'aide à l'éducation et au développement. Il existe également d'autres ONG d'affiliation catholique mais qui ne sont pas rattachées directement à la hiérarchie de l'Église. C'est le cas d'*Equipo de Comunicación Educativa* (ECOE), qui s'intéresse à l'éducation populaire par l'utilisation de moyens audiovisuels.

D'autre part, *Servicio al Tercer Mundo* (SETEM) s'occupe d'éducation et de développement, et son implantation en Amérique latine est très importante[51]. Elle s'appuie sur les archevêchés, les structures

---

46. Promoción y Desarrollo (PROYDE), en liaison avec PROEGA.
47. Fe y Alegría, qui s'occupe de l'éducation intégrale, est liée au Secretariado Latinoamericano de la Compañía de Jesús. Elle est présente en Équateur (1964), au Panama (1965), au Pérou (1966), en Bolivie (1966), au Salvador (1968), en Colombie (1972), au Nicaragua (1974), au Guatemala (1976), au Brésil (1980), en République Dominicaine (1991) et au Paraguay (1992). Fe y Alegría a des liens avec 135 congrégations religieuses, compte 18 000 enseignants laïques et 2 000 administratifs.
48. Solidaridad Educación y Desarrollo (SED) est implantée en République Dominicaine, au Guatemala, au Honduras, au Mexique, en Bolivie, au Pérou.
49. La crise et la transformation de l'Asociación Misionera Seglar (créée en 1947) ont donné naissance à l'Organización de Cooperación y Solidaridad Internacional (OCS/AMS), qui veut se détacher de la hiérarchie ecclésiastique.
50. Elle finance avec l'aide de l'AECI la construction d'une école dans un quartier de Managua (fiscongd@euskalnet.net). Cf. Ignacio Carrion, « El verde oculta la pobreza », *El País*, « Domingo », 6 août 2000, p. 10-11.
51. SETEM a publié un guide destiné aux volontaires qui veulent réaliser une expérience « solidaire » au cours de l'été. Ils doivent payer les frais de voyage et de

paroissiales, les centres d'études et de recherches liés à l'Église, les écoles, les centres de formation catholiques et les communautés chrétiennes.

En revanche, *Solidaridad para el Desarrollo y la Paz* (SODEPAZ) correspond à une ONG qui peut être considérée comme laïque et engagée politiquement. Elle propose, par exemple, des projets d'énergie alternative dans des centres de santé et dans les écoles à Cuba, coopère avec des organisations comme *Maestros Populares* au Salvador et réalise notamment des projets au Chiapas, au Nicaragua et au Brésil. C'est aussi le cas *d'Entrepueblos*, qui naît de la transformation d'un comité de solidarité avec la révolution sandiniste au Nicaragua et qui travaille sur des projets de développement intégral et de protection des enfants et des adolescents au Guatemala, au Nicaragua et en Équateur.

Un bon exemple d'ONG liée au secteur professionnel[52] est *Educación sin Fronteras*. Créée en 1988, c'est une ONG de développement, à vocation non confessionnelle, indépendante et solidaire avec les populations les moins favorisées et les plus marginalisées. Elle conçoit l'éducation comme un besoin de base, un droit essentiel et un moyen clé du développement[53]. Elle a des programmes au Guatemala, en Bolivie, en Équateur, au Salvador et en Colombie. Ce dernier pays bénéficie d'un programme d'éducation intégrale, qui s'adresse à 300 enfants de la maternelle (bibliothèque et ludothèque) et à 180 jeunes (ateliers productifs de formation) d'un quartier de Medellin[54]. En Bolivie, elle a mis en place un programme, sur deux ans, avec une communauté paysanne de Cochabamba. Il s'agit d'une école *desgraduada* (sur le modèle de Summerhill) comportant tous les niveaux jusqu'au baccalauréat et une option de formation professionnelle. En Équateur, dans la province d'Azuay, l'ONG développe un programme sur trois ans qui s'adresse aux enfants des 1er et 2ème degrés, aux enfants handicapés, à ceux qui travaillent (de 14 à 16 ans), à ceux qui vivent dans des communautés éloignées et aux maîtres d'école. En tout, 400 personnes sont concernées par ce programme. Au Pérou, *Educación sin Fronteras* a trois projets. L'un se réalise en collaboration avec l'Association ARIRAWA pour la promotion technique et culturelle en faveur de la création d'emplois à Urubamba. Un deuxième à Piura est destiné aux enfants des communautés rurales plus éloignées. Et un troisième a été mis

---

séjour, ce qui leur permet de participer aux activités des ONG. Cf. SETEM Cataluyna, *Guía del viaje solidario*, Barcelone, Salvat, 2000.
52. En réalité, presque toutes les ONG travaillent dans le secteur de l'éducation. Par exemple, Vertemon (Veterinarios sin Fronteras) cherche dans ses projets de coopération pour l'élevage à créer une situation d'auto-suffisance des populations concernées à travers la formation technique.
53. C'est une ONG implantée en Espagne à Badajoz, Barcelone, Ciudad Real, Madrid, Oviedo, Séville, Vigo et Saragosse.
54. Ignacio Carrion, « Entre mises y matanzas », *El País*, « Domingo », 30 juillet 2000, p. 14-15.

en place pour la création d'un système d'enseignement technique au niveau du secondaire dans la province d'El Dorado[55].

Aujourd'hui, l'Espagne, dans le cadre de la mondialisation, revendique un rôle important dans la coopération entre l'Europe et l'Amérique latine. Sa dimension n'est pas seulement hispanique mais aussi ibéro-américaine, et le gouvernement espagnol entend se réserver une place significative dans la coopération en matière d'éducation. Ce vaste éventail des programmes de coopération au développement économique, politique et social a une incidence, directe ou indirecte mais difficile à évaluer, sur l'éducation en Amérique latine. Mais on peut constater que la coopération éducative fonctionne plus activement dans les régions où les investissements sont les plus faibles (Amérique centrale, pays andins ou Caraïbes). Elle est presque absente dans des pays comme le Chili ou l'Argentine, par exemple, où l'Espagne est devenue le premier investisseur étranger. La coopération espagnole dans le domaine de l'éducation est un phénomène complexe. Les instances supranationales, les organismes d'État, les ONG, les fondations et les initiatives des entreprises privées ciblent leurs propres terrains d'action mais aussi s'entremêlent et parfois se superposent dans les mêmes programmes et les mêmes aires géographiques. Dans le cas de l'Espagne, un certain nombre de facteurs viennent accroître cette complexité : l'importance des intérêts commerciaux des entreprises hispaniques dans la région, l'histoire espagnole récente et la présence significative de l'Église catholique dans la coopération. Sans oublier l'incidence des organismes qui sont l'expression des autonomies régionales. Car en dehors des 67 % d'ONG qui ont leur siège à Madrid, 21 % ont été créées en Catalogne, 6 % au Pays Basque, 3 % à Valence, 1 % en Andalousie et 1 % en Extremadure[56]. Ainsi, s'éloignant de la pesante image du franquisme, aujourd'hui réactivés et transformés, le ministère des Affaires Étrangères, l'Agence espagnole de coopération internationale, l'Institut de coopération ibéro-américaine et l'Organisation des États ibéro-américains pour l'éducation, la science et la culture deviennent des instruments modernes au service de la «deuxième conquête» du monde ibéro-américain. La coopération espagnole est ainsi marquée aujourd'hui par le négoce, la catéchèse et la solidarité.

---

55.   Consulter: www.educacionsinfronteras.org
56.   S. Baiges et al, *op. cit.*

Les dynamiques de coopération
entre l'Europe et la Caraïbe
dans un contexte de mondialisation

François Taglioni[*]

Le Bassin caraïbe est l'exemple même d'un espace géographique et économique hétérogène. Sa problématique commune d'insertion régionale et internationale lui permet cependant de définir une certaine unité. Ainsi, les diverses organisations régionales en place dans la Caraïbe tentent de s'adapter aux évolutions induites par la mondialisation. On essaiera de cerner leur autonomie d'action face à l'ambitieuse politique des États-Unis de finaliser une zone de libre-échange à l'échelle des Amériques. Puis on étudiera les liens de la Caraïbe avec une Europe qui connaît des évolutions et des priorités d'intervention dans sa politique de coopération avec les pays en développement et en transition (Pays d'Europe centrale et orientale, PECO). La place de la région caraïbe, dans la stratégie mondiale d'une Europe qui se débat entre ses contradictions, reste à définir. L'entrée en vigueur du nouvel accord entre l'Europe et les pays caraïbes constitue un enjeu de première importance pour les vingt prochaines années. On s'attachera à analyser les conséquences politiques, commerciales et sociales pour une région caraïbe particulièrement tributaire de ce partenariat.

---

[*]   Je remercie tout particulièrement M. Henry Godard, professeur à l'université de la Martinique, pour ses précieux conseils lors de la relecture de ce manuscrit.

Carte 1 : Le poids économique et démographique du Bassin caraïbe en 2000

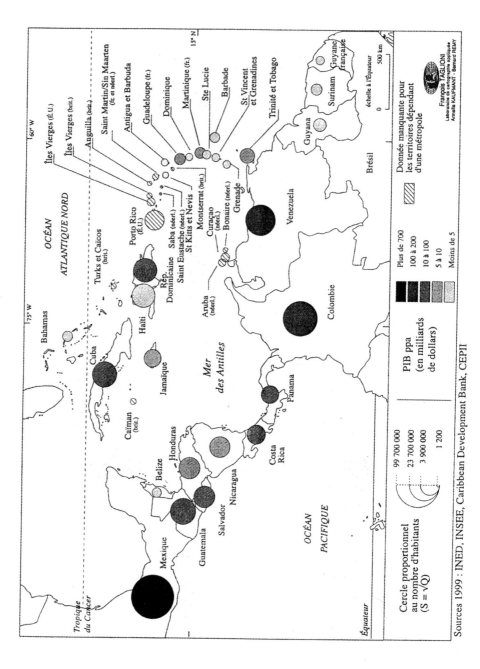

Sources 1999 : INED, INSEE, Caribbean Development Bank, CEPII

La Caraïbe, un espace géographique et économique hétérogène

Les États et territoires de la région caraïbe se caractérisent par des niveaux de développement économique, social et démographique très différenciés. En 1999, les "poids lourds" que sont le Mexique, la Colombie et le Venezuela produisent 85 % des richesses et représentent 70 % des 237 millions d'individus que compte la zone (carte 1). Puis viennent les pays continentaux d'Amérique centrale (15 % de la population totale et 7 % du PIB). Cuba, la République Dominicaine, Haïti et la Jamaïque sont la troisième composante démographique (13 %) du bassin, aux fortunes économiques inégales (5 % du PIB). De Porto Rico à Trinité se constitue un ensemble d'États et de territoires aux faibles poids territorial, démographique et économique. Par ailleurs, en 1999, environ 20 % de la population de l'Amérique latine et des Caraïbes vivait avec moins d'un dollar USD par jour (Banque Mondiale, 2000). Le niveau de développement humain (carte 2) permet de préciser ces disparités avec son indice (IDH). Certains pays comme la Barbade, les Bahamas, Antigua ou le Costa Rica ont atteint des niveaux de développement proches de ceux des pays développés alors que le Salvador, le Honduras, le Guatemala, le Nicaragua sont dans des situations économiques difficiles, voire critiques dans le cas d'Haïti. Entre ces extrêmes, de la Guyana au Mexique en passant par Cuba, la Colombie, le Venezuela et l'archipel des Petites Antilles, existent des situations intermédiaires et variées. Nous ne reviendrons pas sur les causes de ces différences de niveau de développement ni sur la variété des situations ethno-culturelles et politiques observables dans la région[1].

Une des conséquences de cette grande hétérogénéité est une variabilité des degrés d'intégration des États du Bassin caraïbe à l'économie mondiale et à ses centres décisionnels. Par exemple, la situation des Bahamas ou du Mexique n'est en rien comparable à celle d'Haïti. Dans ces conditions, la politique de coopération de l'Union européenne devrait évoluer vers une approche différenciée capable de s'adapter aux besoins spécifiques de certains pays ou de sous-régions du Bassin caraïbe. Dans les faits, c'est exactement le contraire qui se produit. C'est sans doute un dérapage réducteur, mais confortable pour l'administrateur, que de vouloir normaliser afin d'appliquer une gestion globale qui ignore les différences. Ainsi, c'est à l'État en quête de fonds pour son développement et de marchés pour ses exportations de s'adapter aux règles émanant d'un pays ou d'un groupe de pays pensant détenir les fondements de la gouvernance optimale.

---

1.   F. Taglioni, « Les enjeux internationaux et régionaux dans la Caraïbe depuis la fin de la guerre froide » , *RAMSES 1999*, 1998, p. 117-127, et « Le Bassin caraïbe : un espace organisé en flux et en réseaux atlantiques », *Historiens et Géographes*, n° 363, 1998, p. 245-256

Carte 2 : Indice de développement humain (IDH) des États et territoires du Bassin caraïbe en 1997

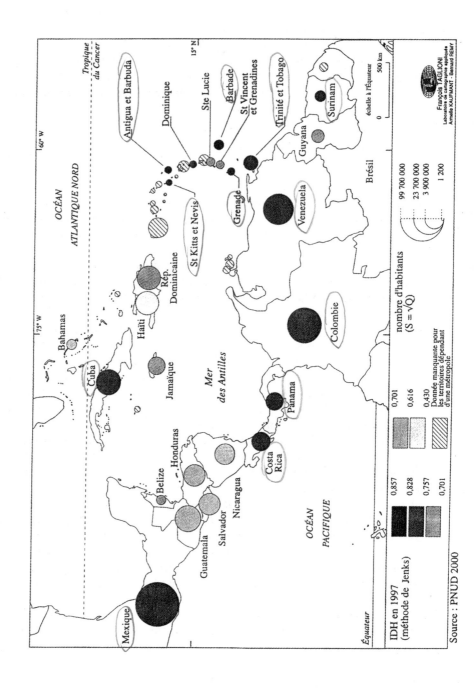

Source : PNUD 2000

Autrefois d'ailleurs, le colonisateur britannique avait tenté, pour des raisons d'économie d'échelle et de moyens, de confédérer ses territoires de la Caraïbe. De la fédération des îles Sous-le-Vent (1674-1798) à la fédération des Indes occidentales (1958-1962) en passant par la fédération des îles Au-Vent (1833-1885), l'histoire nous rappelle que les modèles assimilateurs connaissent les avatars de leurs limites réductrices et "globalisantes". À l'inverse, la politique au coup par coup, telle que celle mise en œuvre, en 1984, sous la présidence Reagan et son *Caribbean Basin Initiative*, a aussi montré ses limites avec un bilan économique très variable selon les pays de la Caraïbe. D'autant que l'Accord de libre-échange Nord-américain (Alena) pousse à la primauté régionale du Mexique, réduit les avantages du CBI pour les pays caraïbes et mécontente l'opinion publique aux États-Unis. En effet, les syndicats et les ouvriers voient dans les délocalisations de leurs entreprises vers le Mexique une source de chômage et de fuite des capitaux. Avec l'*Enterprise for the Americas Initiative* de 1990, Washington accentue cependant ses ambitions de libéralisation du commerce et des échanges en préparant à l'échelle caraïbe ce qui va devenir demain, à une autre échelle, la Zone de libre-échange des Amériques (ZLEA).

Une région dépendante des États-Unis et de l'Union européenne

Par sa situation géographique et son passé, la Caraïbe entretient des liens privilégiés avec les États-Unis et l'Union européenne. Ces relations extérieures fort complexes alimentent les flux croisés indispensables au développement de la région. On observe, de part et d'autre de l'Atlantique, des flux humains de migrations vers l'Europe occidentale et l'Amérique du Nord, des déplacements touristiques, des flux commerciaux et d'investissements financiers, des flux d'aide au développement, des flux d'informations, mais aussi des trafics en tout genre et des services *offshore* à la transparence douteuse. Afin de saisir la mesure de l'intensité des relations économiques et commerciales entre la Caraïbe et les blocs européen et nord-américain, prenons pour exemple les échanges commerciaux et les volumes d'Aide publique au développement (APD).

La plus grande part (carte 3) du volume global des échanges commerciaux, de la période 1990-1997, s'effectue entre les États-Unis et la Caraïbe, pour des volumes d'importation et d'exportation quatre fois supérieurs à ceux pratiqués avec l'Union européenne. À l'exception de Cuba (embargo oblige) et de quelques îles des Petites Antilles, exportatrices de bananes et de sucre, les échanges bilatéraux avec les États-Unis sont toujours largement supérieurs à ceux entretenus avec

Carte 3 : Échanges commerciaux des États et territoires du Bassin caraïbe avec l'Union européenne et les États-Unis, 1990-1997

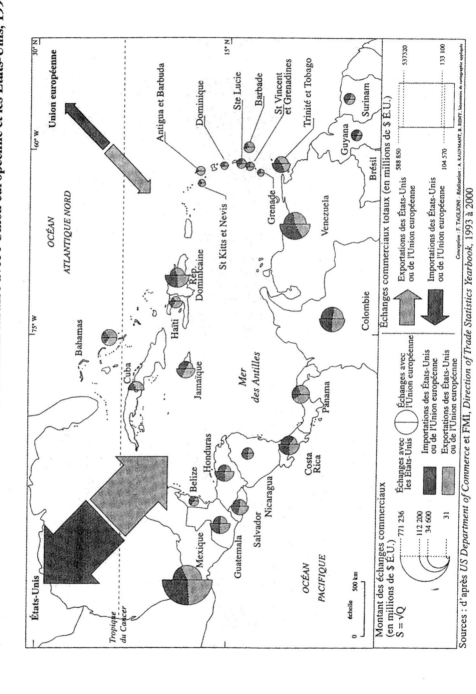

Sources : d'après US Department of Commerce et FMI, *Direction of Trade Statistics Yearbook*, 1993 à 2000

l'Union européenne. En revanche, les balances commerciales avec les États-Unis ou l'Union européenne sont équilibrées dans leur ensemble avec, bien entendu, des nuances en fonction des pays considérés. La proximité géographique, les accords commerciaux, ainsi que les structures économiques des pays caraïbes expliquent en grande partie la domination commerciale des États-Unis. Il en est de même pour l'investissement direct étranger qui renforce la présence des États-Unis dans les économies caraïbes. L'Union européenne occupe cependant la deuxième place loin devant le Japon.

En ce qui concerne l'Aide publique au développement (APD), il en va tout autrement (carte 4). Sur la période 1990-1998, le volume global de l'APD de l'Union européenne est le double de celui des États-Unis. Ce constat semble paradoxal, mais traduit le désintérêt progressif des États-Unis pour la zone depuis la fin de la guerre froide. Les enjeux se sont déplacés du terrain géopolitique[2] vers celui de la géoéconomie et de l'idéologie politique. Washington poursuit ainsi sa croisade pour la démocratie et la libéralisation des échanges à son profit et à l'échelle des Amériques. Les États-Unis préfèrent par ailleurs recentrer leurs actions sur la sécurité, comme le contrôle de l'immigration, la lutte contre les trafics d'armes et les stupéfiants, l'élimination de la corruption et la prévention des catastrophes naturelles. Dans ces conditions, leur APD accuse une tendance à la baisse depuis plusieurs années car les objectifs évoqués sont principalement de leur responsabilité et ne nécessitent que ponctuellement la participation des pays de la zone. D'une façon générale, les États-Unis préfèrent traiter avec les pays de la Caraïbe de façon bilatérale et assortir leur aide de conditionnalités qui la font sortir du champ de l'APD.

Pour l'Union européenne, les objectifs diffèrent. Il s'agit d'assurer sa présence dans la Caraïbe par le biais de ses politiques de développement et de conclure des accords de partenariat politique et économique avec des états ou des organisations régionales[3] (Groupe de Rio, Communauté andine, Mercosur, Caricom, Marché commun de l'Amérique centrale, Mexique, Chili). Notons que les états ayant le plus faible poids démographique sont ceux qui obtiennent l'APD par habitant la plus élevée.

---

2.   Cependant le problème des revendications des frontières maritimes persiste toujours. À ce sujet, voir F. Taglioni. « Les revendications frontalières maritimes dans le Bassin caraïbe », *Norois*, vol. 45, n° 180, 1998, p. 617-630.

3.   On retrouve, avec un effet miroir, le même type de situation dans la Méditerranée où, cette fois-ci ce sont les États-Unis qui apportent davantage d'aide au développement que l'Union européenne alors que cette dernière est le principal partenaire commercial de la zone. Ce chassé-croisé entre les Méditerranées est bien évidemment plus complexe, ainsi que nous avons essayé de l'esquisser dans une étude antérieure.

Carte 4 : L'aide publique au développement par habitant versée par l'Union européenne et les États-Unis dans le Bassin caraïbe, 1990-1998

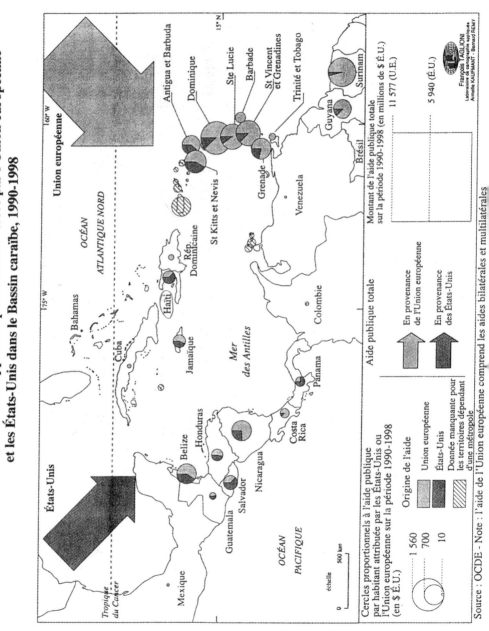

Source : OCDE - Note : l'aide de l'Union européenne comprend les aides bilatérales et multilatérales

Ainsi, l'archipel des Petites Antilles ou le Surinam sont les mieux lotis alors que des pays comme le Venezuela, la Colombie ou le Mexique perçoivent des aides importantes en valeur absolue, mais qui sont diluées par le nombre d'habitants. Ce constat se vérifie aisément dans d'autres parties du monde et notamment dans les petits États insulaires du Pacifique. C'est sans doute une des spécificités des petits états que d'accéder, sauf situations politiques extrêmes (guerres, dictatures), à un niveau de développement sans commune mesure avec les plus grands pays voisins. À l'exception de "zones politiquement sensibles" comme le Guatemala, El Salvador, le Panama ou Haïti, les aides par habitant de l'Union européenne sont toujours supérieures à celles des États-Unis. Enfin, Cuba ne perçoit évidemment aucune aide officielle de son voisin.

L'analyse de la dette publique par habitant en 1998 (carte 5), montre qu'il n'y a pas de corrélation forte entre le niveau d'endettement des pays de la Caraïbe et les aides publiques qu'ils reçoivent. Cela s'explique en partie par le fait que l'APD européenne, et dans une moindre mesure celle des États-Unis, s'effectue sous forme de dons qui n'entrent donc pas dans le calcul de la dette. Alors que les prêts remboursables sont davantage le fait des organisations multilatérales comme la Banque Mondiale, le FMI ou les banques de développement (Banque de développement des Caraïbes ou Banque interaméricaine de développement par exemple). Par ailleurs, les pays les plus "mal développés" ne sont pas les plus endettés ; Haïti et les Bahamas en sont des exemples les plus extrêmes. Il est bien évident que ces deux pays ne présentent pas les mêmes garanties de stabilité politique ou économique pour les organismes de prêts.

Les constats précédents soulignent le bien-fondé des tentatives d'intégration et de coopération régionales dans le Bassin caraïbe, qui tente d'acquérir une autonomie face aux deux blocs européen et américain qui se surimposent à lui. La région Caraïbe peut-elle échapper à sa dépendance séculaire ?

Les tentatives de regroupements et d'intégration économique de la Caraïbe pour répondre à la mondialisation

Le nombre important d'organisations de coopération régionale dans le Bassin caraïbe est le reflet d'une dynamique de regroupement initiée depuis des siècles[4].

---

4.   Sur ce point, voir A. Bryan, R. Bryan, « The new face of regionalism in the Caribbean », *The North-South Agenda*, n° 35, Miami, The Dante B. Fascell, 1999, 20 p., et François Taglioni, « The Caribbean Regional Integration Process : What developments ? », *in* S. Calleya (dir), *Regionalism in the Post-Cold War World*, Aldershot, Asghate Publishing Limited, 2000, p. 211-231.

Carte 5 : Dette publique par habitant des États et territoires du Bassin caraïbe en 1998

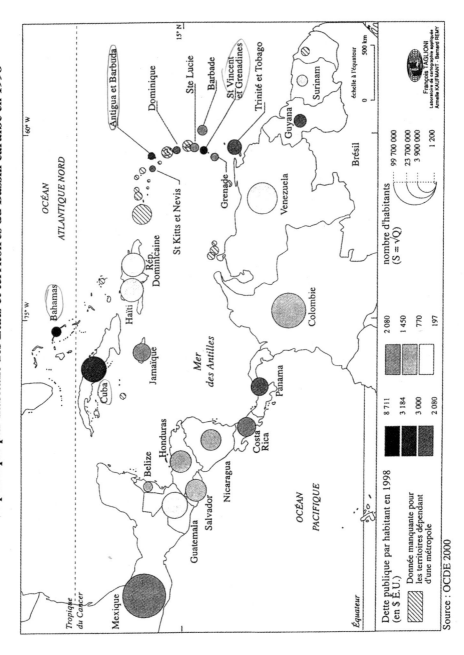

Source : OCDE 2000

Il s'agit aujourd'hui, par ordre démographique décroissant (carte 6), de l'Association des États de la Caraïbe (AEC), du Groupe des Trois, du Marché commun d'Amérique centrale (MCCA), de la Communauté et marché commun de la Caraïbe (CARICOM) et de l'Organisation des États de la Caraïbe orientale (OECS). Les États sont différemment représentés dans ces organisations. Dans le cas des pays indépendants des Petites Antilles, qui sont à la fois les plus dynamiques mais aussi les plus économiquement vulnérables, on peut parler de surreprésentation. À l'inverse, Porto Rico et les Iles Vierges américaines sont à l'écart de ces organisations car les États-Unis ne partagent évidemment pas les mêmes objectifs que les pays de leur « arrière-cour ». De plus, il existe les accords de coopération de l'Union européenne avec l'ensemble des pays du Bassin caraïbe insulaire à l'exception de Cuba.

Cet État a d'ailleurs retiré sa candidature, en avril 2000, au moment de la signature de la nouvelle convention ACP-UE, pour des raisons "d'ingérence"[5] supposée de l'Union européenne dans sa politique intérieure. Dans les faits, Cuba n'était pas politiquement prêt à s'engager dans un partenariat qui lui imposerait de respecter un certain nombre de règles démocratiques. Finalement, le 14 décembre 2000, Cuba a été admis comme 78e membre du groupe ACP. Cependant, Cuba n'est pas signataire de l'accord de Cotonou et ne participe donc pas à la coopération avec l'Union européenne. Cette demi-mesure permet de ne pas mettre en porte-à-faux les décisions politiques de l'Union européenne à l'égard de Cuba, de respecter la position commune de l'Union européenne et des États-Unis à l'égard de Cuba, de conserver une certaine latitude vis-à-vis de l'Europe tout en restant solidaire des autres ACP.

La multiplicité des organisations régionales dans le Bassin caraïbe pose la question de la participation aux différentes réunions, en termes de coûts financiers et de ressources humaines, des États les plus petits ou les plus pauvres. Tous les pays membres de l'OECS, par exemple, adhèrent aussi à la Caricom, à l'AEC et à l'accord de partenariat ACP-UE. La quantité impressionnante de réunions annuelles, étant donné le nombre de commissions que comprend chacune de ses organisations, génère des problèmes de logistique de plus en plus préoccupants. Le manque de ressources humaines est le frein le plus important pour des États qui comptent moins de 100 000 habitants comme Antigua-et-Barbuda, la Dominique ou encore St-Kitts-et-Nevis. Et pourtant, assister à ces réunions est une manière directe de se faire entendre, en premier lieu, dans les organisations locales pour ensuite parler d'une voix commune dans les négociations mondiales.

---

5.   Sur ce sujet, voir l'article de Janette Habel dans cet ouvrage.

Carte 6 : La participation en 2001 des États et territoires de la Caraïbe aux processus d'intégration régionale

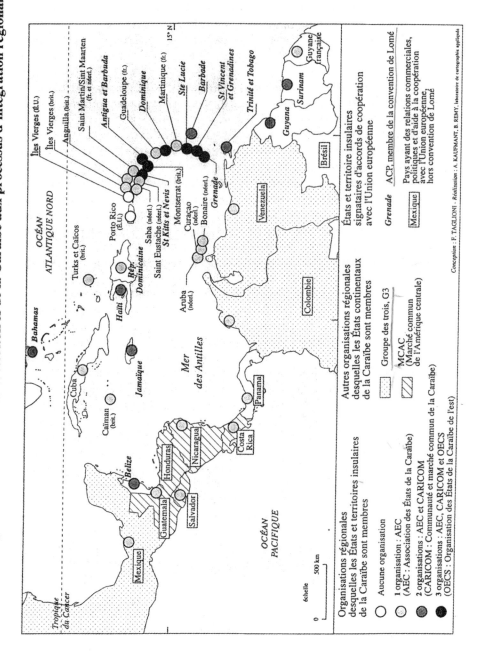

Conception : F. TAGLIONI - Réalisation : A. KAUFMANT, B. RÉMY, laboratoire de cartographie appliquée

Pour le coût financier de ces participations, la difficulté est moins grande car les donateurs internationaux financent souvent les déplacements des représentants nationaux. En effet, les organismes multinationaux encouragent la régionalisation pour ne pas avoir à traiter ensuite de manière bilatérale. Ils réalisent ainsi des économies de moyens et renforcent leur prestige sur la scène mondiale par des actions d'envergure comme la réduction de la dette à l'échelle de la région ou encore la réalisation de projets de développement qui concernent plusieurs pays.

De fait, l'intégration économique progresse dans la Caraïbe, et la Caricom veut établir, enfin, un marché unique ainsi que la mise en place d'une zone de libre-échange avec la République Dominicaine. Cette dernière assurera à brève échéance le lien entre la Caricom et le MCCA afin de créer un bloc économique de plus de 55 millions de consommateurs. Pour le moment, ce projet est toujours conditionné au règlement délicat du contentieux de la banane contrôlée en Amérique centrale par les transnationales des États-Unis. D'autant que le protocole sur la banane n'a pas été renouvelé dans le nouvel accord de partenariat ACP-UE, qui prévoit simplement un accès préférentiel conforme aux principes généraux régissant les autres produits d'Afrique, de la Caraïbe et du Pacifique (ACP). Néanmoins, le refus des États-Unis d'accorder aux pays de la Caricom une parité commerciale avec le Mexique pour leurs exportations a marqué le début d'une politique d'élargissement de la Caricom. Celle-ci entend ainsi lutter contre la balkanisation économique de la région et apparaître unie pour se positionner le mieux possible dans la future Zone de libre-échange des Amériques (ZLEA). L'étape suivante sera un accord de coopération économique entre la Caricom et les pays du Pacte andin ; des pourparlers sont déjà en cours avec le Venezuela. D'autre part, la création, en 1994, de l'Association des États de la Caraïbe (AEC), qui compte plus de 230 millions d'habitants et 25 pays indépendants, donne un cadre institutionnel à la création d'un bloc économique qui pourrait, le moment, venu négocier dignement avec les États-Unis sur les modalités de fonctionnement de la ZLEA.

À l'échelle de l'AEC, l'espace économique est déjà bien structuré. Si l'on y inclut géographiquement le sud des États-Unis avec Miami, sa "capitale des Amériques[6]", on observe une région Caraïbe-Amérique centrale aux réseaux de transports et de communications performants et bien hiérarchisés. Sur son pourtour, cette Méditerranée, ouverte sur l'Atlantique et qui communique avec le Pacifique, présente un important réseau de ports et d'aéroports (carte 7). Les ports assurent une circulation des marchandises et des matières premières à travers des routes maritimes qui suivent des canaux et des détroits. Les terminaux pétroliers du

---

6.   C. Girault, « Miami et les nouvelles relations interaméricaines », *Les études du CERI*, n° 41, 1998, 38 p.

Carte 7 : Les réseaux de transports maritimes et aériens dans le Bassin caraïbe en 1999

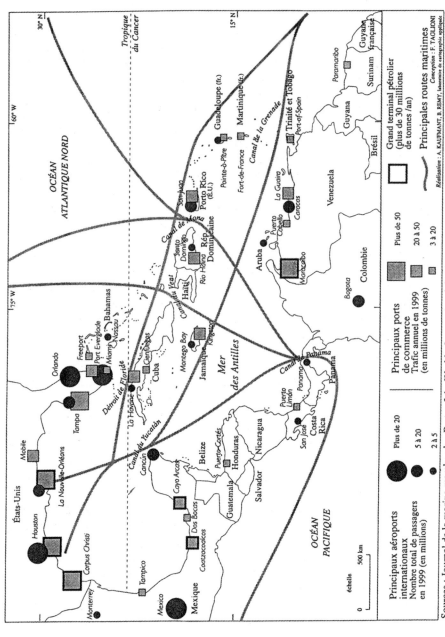

Sources : Journal de la marine marchande ; Ports of the World ; *International Civil Aviation Organisation* ; Vigarié, A. 1992

Venezuela, qui est le fournisseur principal des États-Unis en pétrole brut, sont de premier ordre comme ceux du Mexique, du Texas et de la Nouvelle-Orléans. Les lignes aériennes internationales desservent chaque État avec des *hubs* d'importance mondiale comme les aéroports de Miami, Houston, Mexico, Caracas et San Juan. En ce qui concerne les lignes aériennes régionales, il subsiste toujours des problèmes de coût élevé et de lenteur. Dans cet ensemble, c'est l'Amérique centrale, avec peu de ports ou d'aéroports, qui est la plus marginalisée. Son histoire, tourmentée politiquement et économiquement, la place en position périphérique au sein de la région bien qu'elle fasse le lien terrestre entre l'Amérique du nord et l'Amérique du sud.

Néanmoins, la ligne de force économique et politique de cet ensemble est bien évidemment au nord. Le sud des États-Unis, de Miami à Corpus Christi, possède des atouts incomparables par rapport à ceux des membres de l'AEC, mais les États-Unis ne sont pas membres de l'AEC. Ce constat relativise donc grandement les chances de réussite de l'AEC dans son ambition de résister à la ZLEA. D'autant que les structures économiques des pays membres de l'AEC induisent davantage de compétition que de complémentarité. L'exemple, déjà évoqué, de la concurrence entre les "bananes-dollars" et celles des Antilles en est l'illustration. Pour les activités industrielles et tertiaires (carte 8), les situations ne sont pas meilleures. Hormis la production de pétrole aux mains des États-Unis, du Mexique et du Venezuela, les autres activités sont généralisées à tous les pays avec des réussites variables. Le tourisme dans la Caraïbe insulaire, bien qu'occupant moins de 3 % des arrivées internationales en 1999, est quasiment partout un des piliers économiques nationaux. La mise en œuvre de programmes régionaux touristiques pourrait présenter des avantages lorsqu'il s'agit de séjours de croisières mais les retombées économiques pour les États concernés sont faibles. Pour les séjours balnéaires, seules quelques destinations phares, comme Porto Rico, la République Dominicaine, Cancun, les Bahamas ou Cuba, occupent les premières places, et la concurrence est la règle. Toutefois, pour les autres pays, le tourisme, en termes d'emplois et de devises, constitue une option de développement incontournable. Quant aux zones franches industrielles ou commerciales et paradis fiscaux, le nombre de leurs implantations dans la région est impressionnant. Cependant, ces activités *offshore* sont un défi à la souveraineté des États et vont à l'encontre des règles des organisations internationales (l'OMC en tête). En tout état de cause, elles donnent aux États-Unis une "légitimité" d'ingérence régionale pour lutter contre les trafics de stupéfiants et le blanchiment de l'argent de la drogue. Les *shiprider agreements* et le "plan pour la paix, la prospérité et le renforcement de l'État" mis en œuvre en Colombie par les États-Unis sont à ce sujet éloquents.

Carte 8 : Les activités économiques industrielles et tertiaires dans le Bassin caraïbe en 1999

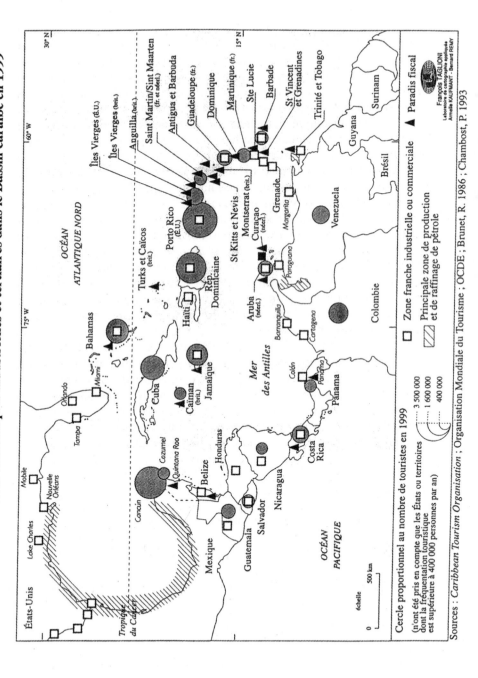

Sources : *Caribbean Tourism Organisation* ; Organisation Mondiale du Tourisme ; OCDE ; Brunet, R. 1986 ; Chambost, P. 1993

L'Europe et la mondialisation : conséquences sur la coopération au développement

En matière de coopération régionale, l'Union européenne est un bon exemple de regroupement d'États qui tendent vers des ambitions collectives. C'est aujourd'hui la forme la plus aboutie d'union économique avec comme prochaine étape l'intégration économique. La dimension politique des Quinze est, en revanche, plus floue et plus difficile à mettre en œuvre car elle cristallise les contradictions et les particularismes de ses membres. Au-delà d'un premier objectif intra-communautaire, maintenant acquis, d'établir une zone de stabilité démocratique, les objectifs de sa politique extérieure[7] restent toujours à affirmer. Comment, en effet, mettre en adéquation une politique de développement à l'égard des pays les plus démunis (les deux tiers de l'humanité), tout en assumant son rôle de bloc industrialisé et être ainsi partie prenante de la mondialisation ? Comment honorer ses préférences commerciales avec les pays en développement, acquises autour d'une table de négociations réunissant la Commission et le Conseil des ministres ACP, et participer à la même heure aux réunions de l'OMC ? Et pourtant, depuis 1957, l'Union européenne mène avec plus ou moins de réussite une politique en faveur des pays les plus pauvres. De la Convention de Yaoundé en 1963 au renouvellement des accords ACP-UE de juin 2000, l'Europe a essayé de participer à la réduction des inégalités dans le monde. Elle entretient ainsi des relations extérieures de coopération avec les pays en développement et les pays dits « d'économies en transition » par le biais d'accords qui différent selon les groupes de pays considérés. La forme la plus aboutie est l'actuel partenariat ACP-UE, qui associe 77 États d'Afrique, Caraïbe et Pacifique (ACP) aux 15 pays de l'Union. D'autres types de partenariat ont vu le jour au fil des années. Il s'agit principalement de ceux avec les pays tiers méditerranéens, avec les pays d'Amérique latine, avec certains pays d'Asie et avec la plupart des pays européens de l'ancien bloc de l'Est (PECO) candidats à l'adhésion à l'Union. Ces diverses relations extérieures mettent en œuvre des instruments de coopération plus ou moins élaborés qui comportent cependant tous des volets financiers, techniques, commerciaux ainsi que des lignes budgétaires thématiques. Il semble cependant qu'aujourd'hui les contraintes de la mondialisation deviennent si fortes et si complexes que l'Union européenne est obligée de se fixer des priorités de coopération et d'en accepter les conséquences politiques, économiques et sociales, pour les pays en développement et notamment ceux du Bassin caraïbe.

---

7.   Il s'agit de la politique commerciale, de la dimension politique et de la politique de développement.

Le nouvel environnement international a conduit l'Union européenne à redéfinir ses intérêts politiques tant à l'intérieur de ses frontières, et futures frontières, qu'à l'extérieur. Il est certain que l'effondrement du bloc de l'URSS et des pays de l'Est, la fin de la guerre froide, la création de l'OMC, qui accélère le processus de mondialisation économique, financière, sociale et environnementale, ont accru l'interdépendance et font perdre de leur efficacité aux politiques nationales voire multilatérales. D'autant que ce contexte est aussi largement générateur d'exclusions et de fractures économiques et sociales, que ce soit dans les pays développés ou au sein des pays en développement. À ce titre, il est symptomatique que le PNUD définisse et utilise depuis 1997 un nouvel indice : l'Indicateur de pauvreté humaine (IPH) pour les pays en développement (IPH-1) et pour les pays industrialisés (IPH-2). Certes, l'Europe reste un acteur mondial, économique, politique, culturel et social, de premier ordre. Certes, sa politique de coopération, dont le traité instituant la Communauté économique européenne de 1957 est une base institutionnelle, a peut-être contribué à l'amélioration des conditions de vie des populations des pays pauvres. Cependant, face à un bilan global mitigé de la coopération entre l'Union européenne et les pays en voie de développement et à un scepticisme quant aux possibilités de développement de certains de ces derniers, on peut légitimement se poser, à l'aube du XXIᵉ siècle, quelques questions sur l'avenir de sa politique de coopération au développement. L'élargissement de l'UE vers les pays de l'Est et le passage à la monnaie unique, longtemps mis en avant pour justifier la diminution de son aide multilatérale, masquent l'urgence d'une coopération renforcée avec les « Sud ». D'autant que l'espace de l'Union européenne (UE) est déjà un peu étriqué en comparaison de l'aire de la future Zone de libre-échange des Amériques (ZLEA). Précisons toutefois que l'Union européenne existe, alors que la ZLEA est toujours en projet, que l'UE est économiquement et socialement « homogène », alors que la ZLEA sera fortement « hétérogène » et qu'enfin l'UE est membre de la Triade, ce qui ne sera pas le cas de la ZLEA dans son ensemble.

C'est dans ce contexte que l'Union européenne, bien que centrée sur l'objectif politique prioritaire d'aide à la stabilité et au développement des pays voisins de l'Europe de l'Est, conclut toujours de nouveaux accords de coopération avec les régions du monde. La contradiction est flagrante : il s'agit de mener de front une politique d'envergure mondiale qui s'inscrit dans la mondialisation et, parallèlement, d'atteindre des objectifs de politique intérieure pour faire face aux dangers de cette même mondialisation. L'Europe a aujourd'hui les yeux tournés vers l'Amérique latine[8]

---

8.   À ce propos, le premier sommet des chefs d'État et de gouvernement de l'Union européenne et des pays d'Amérique latine et des Caraïbes qui s'est tenu à Rio en juin 1999 apparaît comme une pâle copie du sommet des Amériques (associant les

ou l'Asie[9] qui présentent des opportunités économiques et des gages de performances pour certains pays.

La région caraïbe, qui n'a jamais constitué une priorité de l'Union européenne dans ses relations extérieures, n'est qu'une pièce mineure du puzzle de la stratégie internationale de sa politique de développement. D'autant que la réduction des budgets d'aide implique, bien entendu, des choix et que ceux-ci ne favorisent pas la région caraïbe. Il apparaît ainsi que la répartition géographique de l'aide de l'Union européenne a considérablement évolué durant la dernière décennie. Que ce soit pour des raisons évidentes de géostratégie (fin de la guerre froide et démantèlement du bloc soviétique) ou de géoéconomie (mauvaises performances économiques et commerciales des pays ACP), des régions « gagnent » et d'autres « perdent ». Ainsi, entre 1988 et 1998[10], les pays du partenariat euro-méditerranéen voient leur part d'aide augmenter de 13 %, les PECO de 9 %, contre 3 % de plus pour les pays d'Asie et ceux d'Amérique latine. Dans le même temps, les pays ACP, c'est-à-dire généralement les moins développés[11], accusent un déclin de 27 %. Pourtant, l'Union européenne et ses états membres assurent toujours plus de 50 % de l'aide publique au développement (APD) mondiale. L'Union européenne, à elle seule, pèse 10 % de cette APD contre 5 % en 1985, mais son apport a chuté de 0,34 % de son PNB en 1988 à 0,23 % en 1998. Cette diminution de l'aide de l'UE, en termes relatifs, s'inscrit dans un mouvement plus général des pays de l'OCDE qui affichent au début de 2000 le niveau le plus faible de leurs efforts. D'ailleurs, en valeur absolue, les flux d'APD de l'OCDE sont passés de 60 milliards de dollars USD en 1990 à 52 milliards en 1998. Il semble que l'Union européenne n'ait plus la volonté politique de se démarquer des autres donateurs et qu'elle se conforme à la stratégie adoptée par le Comité d'aide au

---

États-Unis, le Canada, l'Amérique latine et les Caraïbes) qui existe déjà depuis plusieurs années. Néanmoins, l'accord-cadre interrégional de coopération économique et politique signé avec le Mercosur et son union douanière en décembre 1995 semble prometteur. L'UE est d'ailleurs le premier partenaire commercial du Mercosur, devant les États-Unis. Sur ce point, voir Daniel van Eeuwen, « Union-européenne-Mercosur : la coopération interrégionale à l'épreuve », *in* Daniel van Eeuwen (dir.), *Les nouvelles intégrations latino-américaines et caraïbes. Régionalisme ouvert et mondialisation*, Annales du CREALC, n° 14-15, Aix-en-Provence, 1997, p. 255-278.

9.   L'Union européenne ébauche le dialogue d'un futur partenariat qui se formalise autour de l'Asia-Europe Meeting (ASEM), qui réunit à sa table les membres de l'UE, de l'Asean ainsi que la Chine, la Corée du Sud et le Japon. Enfin, le sommet euro-africain du Caire en avril 2000 indique la volonté de l'Union européenne de renouer avec une Afrique vers laquelle, depuis le désengagement progressif des États nations européens, les États-Unis amorcent des rapprochements pour le moins politiques.

10.   Source : Overseas Development Institute (ODI), Londres, 1999.

11.   Sur les 78 pays ACP, 40 figurent parmi les 49 pays les moins avancés (PMA) définis par la Banque mondiale.

développement (CAD) de l'OCDE, la Banque mondiale et le FMI. L'UE s'inscrit donc dans une logique générale d'austérité dictée par les impératifs économiques de la mondialisation mais aussi par les intérêts divergents de ses 15 membres.

Ces intérêts ne sont pas de même nature et ne présentent pas les mêmes enjeux. Dans la Caraïbe, hormis la France, le Royaume-Uni, les Pays-Bas et l'Espagne, les pays de l'Union hésitent à soutenir des actions dont ils ne tirent pas d'avantages. La question exemplaire de la banane a dégagé des clivages profonds entre les pays producteurs de l'Union européenne (France, Espagne, Portugal et Grèce) et les pays consommateurs (Allemagne, Belgique, Danemark, Irlande, Luxembourg, Pays-Bas). Les premiers, pour sauvegarder les acquis de leurs régions ultra-périphériques et de leurs fournisseurs caraïbes traditionnels, se sont heurtés aux seconds qui ne voulaient pas défendre le « protocole banane », qu'ils estimaient aller à l'encontre de la tendance à la libéralisation du prix des échanges et qui maintenaient un prix élevé de la banane sur le marché communautaire. Cet exemple souligne le manque de cohésion de la politique de développement, et plus largement de la politique extérieure, de l'Union européenne. Pour pallier ce manque, la Commission européenne ne cesse de rappeler, sans succès véritable, le concept de complémentarité entre l'Union européenne et ses états membres dans leurs actions d'aide au développement. Il demeure que les résultats économiques obtenus par les pays en développement sont globalement peu satisfaisants et découragent les donateurs européens. De l'analyse des statistiques des aides européennes dans la Caraïbe il se dégage, à la décharge des pays concernés, une sous-utilisation des lignes budgétaires d'aide en raison de la lourdeur administrative des procédures européennes de gestion.

Cependant, l'Union européenne a besoin de réaffirmer son intérêt pour la coopération au développement afin de donner du poids à sa politique extérieure mise à mal durant la guerre en ex-Yougoslavie. Le fer de lance de ses actions de coopération est la politique intégrée du partenariat ACP-UE. Tous les pays de la Caraïbe insulaire, à l'exception de Cuba, sont signataires de ce partenariat, longtemps appelé la Convention de Lomé. Depuis le 23 juin 2000, et après plusieurs mois de négociations, un nouvel accord de partenariat ACP-UE a été signé à Cotonou (Bénin). Il est d'une durée de 20 ans, avec une clause de révision tous les 5 ans et un protocole financier pour chaque période. En dépit de la baisse du budget[12]

---

12. Globalement, le montant alloué au nouveau Fonds européen de développement (2000-2007) est le même que le précédent (1996-2000), soit environ 13 milliards d'euros. On note donc une baisse en monnaie constante, d'autant que la période est plus longue (7 ans alors qu'auparavant il s'agissait de 5 ans) et que le nombre d'ACP passe de 71 à 77 (6 nouveaux pays du Pacifique ont été intégrés au partenariat).

affecté aux ACP, mentionnée précédemment, le nouvel accord apporte des changements ou, pour le moins, de nouveaux objectifs et procédures.

Il s'agit d'abord de rendre la dimension politique partie intégrante du processus de développement. Ce n'est pas vraiment nouveau puisque depuis Lomé IV sont pris en compte, avant l'octroi de l'aide, le bon fonctionnement des droits de l'homme et l'existence d'un État de droit et de la démocratie. En Haïti, par exemple, l'Union européenne avait suspendu son aide en 1991-1992 en réprobation du coup d'État contre le président Aristide. Elle avait ensuite condamné les violations des droits de l'homme en 1993 et l'investiture de Jonassaint comme président du pays en 1994. Ces déclarations avaient été suivies, dès 1993, de mesures d'embargo international jusqu'à ce que le pays puisse organiser des élections. En 1995, la Commission avait contribué financièrement à la préparation de cette élection. Depuis, la coopération entre Haïti et l'UE a pu reprendre et s'intensifier. Aux élections législatives de mai-juin 2000, le parti d'Aristide (famille Lavalas) a renforcé son contrôle au parlement (2/3 des sièges) ainsi que sa position au sénat avec 16 des 26 sièges. Les conditions de l'élection du président Aristide en janvier 2001 ne donnent pas à ce jour les garanties d'un respect de la démocratie. Haïti est un cas particulier parmi les pays ACP de la Caraïbe, car c'est non seulement le plus pauvre mais aussi le plus politiquement instable. Il n'en reste pas moins vrai qu'il « est plus facile de poser des conditionnalités strictement politiques, telles que des réformes macroéconomiques ou la tenue d'élections, que d'aider une société à s'inventer des bases nouvelles[13] ». Haïti en est la triste illustration.

Une participation plus importante de la société civile, du secteur privé, des ONG et des acteurs économiques et sociaux au nouveau partenariat ACP-UE est une autre évolution souhaitée par l'UE. Cette volonté d'une coopération plus décentralisée est un signe des temps, mais aussi le reflet des efforts de la société civile pour sa reconnaissance en tant qu'acteur de terrain. Le projet « Promotion du dialogue social dans la région des Caraïbes », financé par la Commission européenne, est un exemple de prise de participation d'acteurs non gouvernementaux. Il a pour ambition de mettre en place un dialogue entre les partenaires sociaux, tant nationaux que régionaux, sur les relations industrielles et les questions économiques et sociales.

La lutte contre la pauvreté est sans doute le point le plus récurrent mais aussi le plus crucial, le plus central et le plus difficile à réaliser. Éliminer la pauvreté est le *leitmotiv* de toutes les organisations nationales et internationales depuis 50 ans mais sans véritables avancées. Cet objectif fait partie des bonnes intentions, sans doute sincères, que l'Union européenne et d'autres défendent, mais il semble bien éloigné du système

---

13.   P. Calame, *Mettre la coopération européenne au service des acteurs et des processus de développement*, Paris, Fondation Ch. L. Mayer, 1999, 33 p.

économique mondial. Quoi qu'il en soit, c'est une priorité internationale et il est prévu que 40 % de l'APD mondiale soit consacrée à ce volet dans les années 2000. Dans la Caraïbe, la pauvreté, on l'a vu, varie selon les pays (carte 2) et reste le plus souvent liée davantage à de graves problèmes de gouvernance qu'à des dysfonctionnements économiques structurels.

La réforme des instruments[14] du Fonds européen de développement (Fed), afin de simplifier les procédures et d'accélérer le déboursement des aides, semble aujourd'hui nécessaire. Il faut observer que dans la Caraïbe et dans les autres pays ACP, les fonds du VIIe Fed (1991-1995) et du VIIIe Fed (1996-2000) ne sont que très partiellement utilisés. D'ailleurs, les ACP disposent d'une enveloppe de 10 milliards d'euros au titre des reliquats des Fed précédents. Les lourdeurs et autres « tracasseries » administratives d'engagement et de paiement des fonds sont à l'image de la machine procédurière que représente la Commission de l'Union européenne.

Le nouvel objectif du partenariat ACP-UE est d'établir un cadre économique et commercial rénové. Ce nouveau cadre est, malheureusement pour les pays ACP, largement tributaire de la libéralisation des échanges prônée par l'OMC. La dérogation de l'OMC, auparavant accordée au régime commercial de la Convention de Lomé, a expiré en février 2000. L'Union européenne ainsi que les États ACP ont demandé, au Conseil pour le commerce des marchandises de l'OMC, une prorogation jusqu'en 2008, afin de permettre aux ACP de continuer à bénéficier des préférences commerciales unilatérales qui ne sont plus conformes aux règles du commerce mondial. Si cette dérogation est acceptée par l'OMC, les ACP s'engagent à introduire une réciprocité commerciale avec l'ensemble des pays industrialisés. Il est certain que les préférences commerciales accordées aux ACP, déjà érodées car généralisées aux autres pays en développement, subissent de nouvelles attaques. Il est curieux que 55 des 77 pays ACP ainsi que les 15 de l'UE soient membres de l'OMC et qu'en dépit de leur nombre (70) au sein de cette organisation, ils semblent en subir le *diktat*. On assiste au grand écart de l'Union européenne entre une OMC incontournable qui la lie aux autres pays industrialisés et la politique commerciale « hors-la-loi » qu'elle tente de sauvegarder.

Au terme de cette étude, il apparaît que les impératifs économiques de la mondialisation, ainsi que les nouvelles donnes de la politique internationale, conduisent les pays de la Caraïbe à adopter des positions communes. Les dynamiques régionales s'articulent autour de la mise en œuvre d'une zone de libre-échange à l'échelle du Bassin caraïbe. Il s'agit donc d'approfondir et d'élargir l'actuelle Caricom à l'ensemble des

---

14.   Les instruments ont été regroupés par deux (au lieu de six). Il y a maintenant une enveloppe qui regroupe les aides non remboursables et une enveloppe pour les capitaux à risques et des prêts au secteur privé (abandon du Stabex et du Sysmin).

membres de l'Association des états de la Caraïbe pour former un bloc économique cohérent. La route est longue et le temps presse, car l'Amérique du nord, États-Unis en tête, entend bien étendre son emprise économique sur les Amériques à son profit. Dans cette stratégie, la Caraïbe ne présente que bien peu d'atouts pour négocier avec son grand voisin.

Sur l'autre rive de l'Atlantique, l'Union européenne achève sa construction et recentre ses actions vers ses voisins de l'est et du sud. La région caraïbe n'est bien évidemment pas une préoccupation majeure pour l'Europe. Elle s'insère simplement dans une politique d'aide au développement qui se résume en trois lettres : ACP. Ces pays d'Afrique, de la Caraïbe et du Pacifique ne sont d'ailleurs que des partenaires de deuxième ordre dans l'ensemble des pays en développement. L'Union européenne est davantage encline à développer des relations avec les pays de l'Amérique latine ou de l'Asie qui sont économiquement plus porteurs d'opportunités grâce à leurs marchés structurés comme le Mercosur, l'Ansea ou le Groupe des trois. Force est de constater que les pays les moins avancés, c'est-à-dire la majorité des ACP, s'inscrivent de moins en moins dans l'agenda de bienveillance de l'Europe. Celle-ci se trouve en porte-à-faux entre les contraintes contemporaines de l'OMC et une philanthropie qui plonge ses racines dans des relations historiques. Le nouvel accord de partenariat entre l'Europe et les ACP ne masque pas cette dichotomie. « La coopération ne résulte pas d'une demande mais d'une offre. Tout l'art des bénéficiaires est de formuler une demande compatible avec les termes de l'offre[15] ». Il semble, hélas, que les termes de l'offre pour les pays de la Caraïbe se résument à se plier aux exigences qui régissent les relations économiques et politiques internationales.

Bibliographie

Ouvrages et articles

Barahona de Brito (éd.), « The European Union and Latin America : Changing Relations », Special issue of *Journal of Interamerican Studies and World Affairs*, 42 (2), 2000, 177 p.

Barfleur L. et Jos E., *Coopération et intégration économique régionale dans la Caraïbe*, Paris, Montchrestien, 1997, 267 p.

Bonnemaison J., « L'espace réticulé », dans *Tropiques, lieux et liens*, Paris, ORSTOM, 1990, p. 500-510

---

15. P. Calame, *op. cit.*

Bossuyt J. *et al.*, « Assessing Trends in EC Development Policy », *ECDPM, Discussion Paper*, n° 16, 2000, 29 p.

Brunet R., *Zones franches et paradis fiscaux*, Paris, Fayard/Reclus, 1986, 79 p.

Bryan A. et Bryan R., « The new face of regionalism in the Caribbean », *The North-South Agenda*, n° 35, Miami, The Dante B. Fascell, 1999, 20 p.

Bulmer-Thomas V., « The European Union and Mercosur : Prospects for a Free Trade Agreement », *Journal of Interamerican Studies and World Affairs*, 42(1), 2000, p. 1-22

Calame P., *Mettre la coopération européenne au service des acteurs et des processus de développement*, Paris, Fondation Ch. L. Mayer, 1999, 33 p.

Chambost P., *Guide des paradis fiscaux*, Genève, Éditions Sand, 1993, 440 p.

Cohen E., *La tentation hexagonale. La souveraineté à l'épreuve de la mondialisation*, Paris, Fayard, 1996, 460 p.

Commission des communautés européennes, *La politique de développement de la Communauté européenne*, COM (2000) 212 final, Bruxelles, 2000, 48 p.

Commission Européenne, *La coopération UE-ACP en 1998*, Direction générale du développement, Bruxelles, 1999, 205 p.

Commission Européenne, *Union européenne, Amérique latine et Caraïbes – Une progression commune*, Office des publications officielles des Communautés européennes, Luxembourg, 1999, 38 p.

Cox A. et Konin A., *Understanding European Community Aid*, Londres, Overseas Development Institute/European Commission, 1997, 125 p.

Dollfus O., Grataloup C., Levy J. *et al.*, *Mondialisation : les mots et les choses*, Paris, Karthala, 1999, 358 p.

Eeuwen (van) D., « Union-européenne-Mercosur : la coopération interrégionale à l'épreuve », in Daniel van Eeuwen (dir.), *Les nouvelles intégrations latino-américaines et caraïbes. Régionalisme ouvert et mondialisation*, Annales du CREALC, n° 14-15, Aix-en-Provence, 1997, p. 255-278

Gabas J.-J. (édit.), *L'Union européenne et les pays ACP, un espace de coopération à construire*, Karthala/GEMDEV, Paris, 1999, 459 p.

GEMDEV, *La Convention de Lomé en questions*, Karthala/GEMDEV, Paris, 1998

Girault C., « Miami et les nouvelles relations interaméricaines », *Les études du CERI*, n° 41, 1998, 38 p.

Gonzales A., « Caribbean-EU Relations in a Post-Lomé World », *Working Papers on EU Development Policy*, Friedrich Ebert-Stiftung, Bonn, 1996, 30 p.

Gonzales A., « *Reciprocity in future ACP/EU trade relation with particular reference to the Caribbea* », Paper presented at the conference

Diplomacy after 2000, organized by the University of the West Indies, Institute of International relations, Trinidad, 1996.

Griffith I., *Drugs and security in the Caribbean*, PA, Penn State University Press, 1997, 320 p.

Griffith I., « Caribbean security on the eve of the 21st century », *National Defense University*, McNair paper 54, 1996, 81 p.

Huggins G., « Commentary on the green paper on relations between the European Union and the ACP Countries », *ECDPM*, Working paper n° 28, May 1997, Maastricht, 16 p.

Jos E. et Perrot D. (dir.), *La Caraïbe face au défi de la mondialisation. Marchés et nations dans l'aire Caraïbe/Amérique*, Paris, Montchrestien, 1999, 367 p.

Ministry of Foreign Affairs, *DAC Memorandum of the Netherlands 1996*, La Haye, 1997, 63 p.

Montbrial (de) T., *Observation et théorie des relations internationales*, Paris, IFRI, 2000, 160 p.

Musset A., *Le Mexique, économies et sociétés*, Paris, Ellipses, 1997, 87 p.

OCDE, *Geographical Distribution of Financial Flows*, Paris, 2000, 322 p.

Our global neighborhood : the report of the commission on global governance, Oxford, Oxford University Press, 1995.

Pangeti E., « Reactions on the green paper on relations between the European Union and the ACP countries on the Eve of the 21st Century", *ECDPM*, Working paper n° 27, May 1997, 9 p.

PNUD, *Rapport sur le développement humain*, Bruxelles, De Boeck et Larcier, 1999, 262 p.

Rugumamu S., « The green paper : myths, facts and neglected details », *ECDPM*, Working paper n° 24, May 1997, 8 p.

Sebahara P., « La coopération politique entre l'UE et les États ACP », *ECDPM*, Document de réflexion n°7, 1998, 30 p.

Siroën J.-M., *L'OMC et la mondialisation des économies*, Paris, IRES-CGC, 1998.

Taglioni F., « Les méditerranées eurafricaine et américaine : essai de comparaison », A. L. Sanguin (dir.) *Mare Nostrum, dynamiques et mutations géopolitiques de la Méditerranée*, Paris, L'Harmattan, 2000, p. 73-88.

Taglioni F., « The Caribbean Regional Integration Process : What developments ? », *in* S. Calleya (dir.), *Regionalism in the Post-Cold War World*, Aldershot, Asghate Publishing Limited, 2000, p. 211-231.

Taglioni F., « Les revendications frontalières maritimes dans le Bassin caraïbe », *Norois*, vol. 45, n°180, 1998, p. 617-63

Taglioni F., « Les enjeux internationaux et régionaux dans la Caraïbe depuis la fin de la guerre froide« , *RAMSES 1999*, 1998, p. 117-12

Taglioni F., « Le Bassin caraïbe : un espace organisé en flux et en réseaux atlantiques », *Historiens et Géographes*, n° 363, 1998, p. 245-256.

Vigarié A., *Géostratégie des océans*, Caen, Paradigme, 1992, 405 p.
Vigarié A., La *mer et la géostratégie des nations*, Paris, Economica, 1995, 428 p.

Articles collectifs

« Après Lomé. Solidarité ou dérive des continents ? », *Courrier de la Planète*, 42 (5), 1997, 59 p.

« L'avenir des relations ACP-UE », *Le Courrier ACP-UE*, n° 162, mars-avril 1997, p. 7-31.

« La Convention de Lomé : diagnostics, méthodes d'évaluation et perspectives », *Cahiers du GEMDEV*, n°25, juin 1997, 333 p.

« La Convention de Lomé IV », *Le Courrier ACP-UE*, n° 154, janvier-février 1996, 207 p.

« Le nouvel accord ACP-UE », *Le Courrier ACP-UE*, n° 181, juin-juillet 2000, p. 3-26.

« Les réalités de Lomé », *Défis Sud*, n°34, 1998, 42 p.

« Politiques de coopération », *Les Cahiers de la solidarité*, octobre 1997, 24 p.

L'Union européenne et la construction du nouveau régionalisme caribéen

José BRICEÑO RUIZ

À la fin des années 1980, les pays du Bassin caraïbe ont mis en œuvre diverses initiatives de coopération et d'intégration régionale qui visaient à augmenter leur interdépendance politique et économique. Ce processus a été décrit de plusieurs manières. Rita Giacalone[1] l'a conçu comme la construction d'un nouveau concept de région dans la Caraïbe. Andrés Serbin[2] l'a originellement décrit comme une régionalisation du Bassin caraïbe mais, plus récemment, cet auteur parle d'une régionalisation intra-sociétale et d'une régionalisation intergouvernementale[3]. Une autre interprétation considère les récentes initiatives dans le Bassin caraïbe comme un nouveau régionalisme qui, du moins jusqu'ici, a été encouragé par les états de la région en réponse à l'internationalisation de l'économie[4].

Ces nouvelles initiatives d'intégration et de coopération ont produit un rapprochement presque sans précédent entre les diverses régions du Bassin caraïbe, qui ont été traditionnellement classées en groupes sous-

---

1. Rita Giacalone, « La Asociación de Estados del Caribe : una institución para un proyecto político de región », *Mundo Nuevo*, XVIII (1), enero-marzo 1995, Caracas, p. 51-72.
2. Andres Serbin, « ACS: future of the region », *Caribbean Affairs*, 7 (2), 1994, p. 10-26.
3. Andrés Serbin, « Entre la dinámica intergubernamental y el impulso intrasocietal : sociedad civil e integración en el Gran Caribe », *Pensamiento Propio*, 6, mars-avril 1998 ; Andrés Serbin, « Globalización, regionalismo e integración regional : Tendencias actuales en el Gran Caribe », *Anuario de la Integración Regional en el Gran Caribe* », 1, 2000, p. 11-36.
4. José Briceño Ruiz, « Regionalismo y regionalización en la Cuenca del Caribe. Un análisis crítico desde la perspectiva de la identidad », *Tierra Firme*, 16 : XVI (63), octobre 1998 ; Anthony Bryan et Roget V. Bryan, "The New Face of Regionalism in the Caribbean : The Western Hemisphere Dynamic", *The North-South Agenda Papers*, 35, mars 1999, North South Center, University of Miami.

régionaux fondés sur des perceptions ethno-historiques différentes[5] et des intérêts politiques contradictoires[6]. Ce processus de création d'un nouveau régionalisme dans le Bassin caraïbe a connu diverses étapes et a été développé dans le cadre de plusieurs stratégies.

La première étape a commencé au début des années 1990 pour aboutir à la création de l'Association des États de la Caraïbe (AEC) en 1994. Les pays du Groupe des Trois (G-3)[7] et la Communauté de la Caraïbe (CARICOM)[8] sont les principaux acteurs de cette période. Les pays du G-3 ont alors mis en place une stratégie de promotion des rapports commerciaux avec l'Amérique centrale et la CARICOM[9] et la signature d'un accord de libre-échange intra-G-3 en juin 1994[10]. Par ailleurs, la Caraïbe anglophone a décidé de surmonter la vision indo–occidentale traditionnelle, caractéristique de la CARICOM[11]. Dans le rapport *Time for*

---

5. Sur cette question voir Francine Jácome, « Las relaciones entre América Latina el Caribe y Europa : la influencia de los factores etno-raciales », *Síntesis*, 17, 1992, p. 35-61.

6. Voir Daniel van Eeuwen et Yolande Pizetty-van Eeuwen, « Intégrer ou séparer. La question des indépendances, enjeu politique dans la Caraïbe ? » *in* Daniel van Eeuwen (dir.), *La transformation de l'État en Amérique latine. Légitimation et intégration*, Paris, Karthala-CREALC, 1994, p. 209-234 ; Paul Sutton et Anthony Payne, « The Contours of Modern Caribbean Policy », *in* Paul Sutton et Anthony Payne, *Modern Caribbean Policy*, p. 1-27.

7. Le G-3 est un schéma de coopération politique et d'intégration économique établi en mars 1989 par la Colombie, le Mexique et le Venezuela. Alors que ses objectifs ont été originellement la coordination et la concertation des politiques étrangères à l'égard de l'Amérique centrale et de la Caraïbe, le G -3 est devenu un processus d'intégration en 1994 lorsque les trois pays ont signé un accord de libre-échange.

8. La CARICOM constitue le processus d'intégration le plus important de la Caraïbe insulaire. Créée en 1973, la CARICOM inclut presque tous les anciens territoires britanniques de la Caraïbe. Ses buts sont la création d'une zone de libre-échange et d'un marché commun, la promotion du développement régional et de la coopération fonctionnelle en matière de politique étrangère, de tourisme ou d'éducation. À partir du sommet de Grand Anse, dans l'île de Grenade en 1989, la CARICOM a élargi ses objectifs en se proposant de créer un marché unique et une union monétaire. Récemment, la CARICOM s'est élargie au-delà des pays anglophones en acceptant l'admission du Surinam en 1995 et d'Haïti en 1997.

9. Ainsi le Venezuela a conclu un partenariat non réciproque de libre échange avec la CARICOM en 1993, et la Colombie a signé un accord prévoyant une réciprocité partielle avec la CARICOM en 1994. Les deux pays ont souscrit un accord-cadre de commerce et d'investissement avec l'Amérique centrale en 1993. Le Mexique a entamé un rapprochement politique et économique avec l'Amérique centrale dans le cadre du processus de Tuxtla Gutiérrez qui a commencé en 1991.

10. Voir José Briceño Ruiz, « La evolución política y económica del Grupo de los Tres y su crisis de expectativas » *in* Rita Giacalone, *El Grupo de los Tres. Análisis de sus aspectos económicos, políticos y sociales*, Caracas, PANAPO, 1999, p. 33-60.

11. Voir Fred Constant, « Construction communautaire, insularité et identité politique dans la Caraïbe anglophone », *Revue française de science politique*, 42 (4), août 1992, p. 618-635.

Action, publié en 1992 par la *West Indian Commission*[12], la CARICOM a favorisé l'élargissement de l'intégration caribéenne par le projet de création d'une Association des états de la Caraïbe. De même, les pays de la CARICOM ont mis en œuvre des politiques qui visent à augmenter leurs relations politiques et commerciales avec leurs voisins du Bassin caraïbe.

La deuxième étape du nouveau régionalisme caribéen commence avec la création en 1994 de l'AEC à Carthagène, en Colombie. Cette période peut être décrite comme la naissance d'un multilatéralisme caribéen autour de l'AEC, perçue comme l'institution au sein de laquelle les pays de la région peuvent établir des mécanismes de coopération à l'égard du reste du monde. L'AEC est conçue également comme un espace régional permettant la mise en place d'un accord de libre-échange caribéen. Cette dernière proposition, difficile à mettre en œuvre, a été, en fait, remplacée par le projet visant à établir une Préférence tarifaire régionale (PTR) entre les pays membres de l'AEC. Cependant, les négociations de cette PTR ont été extrêmement complexes. En particulier, les objections de certains pays comme le Mexique ou d'autres états d'Amérique centrale ont compliqué le processus de négociation de la PTR[13].

Les problèmes apparus lors des négociations de la PTR et les limitations de l'AEC comme mécanisme de coopération ont permis le passage à la troisième étape du nouveau régionalisme caribéen. La République dominicaine a joué un rôle important dans cette dernière période en proposant la mise en œuvre d'une *Alliance Stratégique entre l'Amérique centrale, la CARICOM, Panama et Cuba*. Même si la proposition dominicaine n'a pas trouvé de soutien inconditionnel auprès des gouvernements de la région, elle a suscité un intérêt pour encourager la coopération et l'intégration sans inclure les pays du G-3, perçus comme les responsables de la crise de l'AEC. Une autre manifestation de cette coopération est l'importance acquise par le CARIFORUM[14], devenu un noyau de coopération entre la CARICOM et la Caraïbe hispanophone.

---

12. La West Indian Commission a été créée lors du sommet des chefs de gouvernements de la CARICOM, qui s'est tenu en 1989 à Grand Anse, dans l'île de Grenade. Ses objectifs étaient d'analyser l'évolution du processus d'intégration de la Caraïbe anglophone et de présenter des propositions destinées à approfondir et élargir l'intégration dans la région.

13. Voir José Briceño Ruiz, « The Caribbean Basin and the Free Trade Area of the Americas : Reactive Regionalism or Strategic Regionalism ? », *Ibero Americana, Nordic Journal of Latin American Studies*, LAIS, Stockholm, XXX (2), 2000, p. 9-22.

14. Le CARIFORUM, qui regroupe les pays de la CARICOM, Haïti, la République Dominicaine et Cuba, a été créé en 1993 afin de coordonner les politiques des pays caribéens membres de l'Accord de Lomé. Le CARIFORUM a stimulé la coopération régionale sur la base de l'élaboration et de la sélection de projets régionaux par le Fonds européen de développement (FED) de l'Union européenne.

Nous nous intéresserons plus particulièrement à l'impact des politiques de l'Union européenne (UE) envers la Caraïbe sur ce nouveau régionalisme. Les siècles de présence coloniale de l'Espagne, de la France, des Pays-Bas et du Royaume-Uni ont déterminé la structure politique et économique des pays de la région. Après l'indépendance de la plupart des territoires, une nouvelle relation a été établie avec l'Europe à travers les accords de Lomé ou le processus de San José[15]. Étant donné l'importance de l'assistance financière et des régimes de préférences découlant des accords de Lomé, l'UE est un acteur politique extra-régional très important dans le Bassin caraïbe. Nous nous attacherons à analyser la diversité des politiques européennes dans la région et la manière dont ces dernières peuvent favoriser ou empêcher l'évolution d'un nouveau régionalisme caribéen.

Les politiques européennes dans le Bassin caraïbe

Le Bassin caraïbe n'a pas été un concept utilisé par les hommes politiques ou les décideurs de l'UE, et la mise en œuvre d'une politique unique pour tous les pays de la région n'a donc jamais été envisagée par les fonctionnaires communautaires. En revanche, comme le souligne Paul Sutton[16], l'UE a élaboré diverses politiques étrangères visant chacune des sous-régions du Bassin caraïbe. Ainsi les relations avec la CARICOM se sont développées dans le cadre des accords de Lomé. La Caraïbe anglophone a bénéficié d'un accès préférentiel au marché de l'UE, d'une aide financière et de systèmes communautaires de stabilisation des prix des exportations des pays ACP (STABEX et SYSMIN). De même, ces pays ont signé les protocoles des accords de Lomé sur le rhum, le sucre et les bananes, qui ont garanti un débouché pour ces produits sur le marché européen. La République dominicaine et Haïti ont signé les accords de Lomé durant les années 1990, et ils ont bénéficié d'un traitement similaire à celui de la CARICOM.

Les relations entre l'UE et l'Amérique centrale se sont développées selon des critères différents. Contrairement aux pays ACP de la Caraïbe, ceux de l'Amérique centrale n'ont bénéficié de presque aucune préférence commerciale jusqu'au début de la décennie quatre-vingt-dix. Le processus de San José a surtout privilégié la coopération politique au détriment des questions économiques. Malgré les demandes des pays

---

15. Le processus de San José a été mis en place en 1984 pour réglementer les relations bi-régionales entre l'UE et les pays de l'isthme dans le contexte du conflit politique et militaire de cette décennie.
16. Paul Sutton, « The New Europe and the Caribbean », *European Review of Latin American Studies*, 59, juin 1995.

centraméricains visant à obtenir des avantages commerciaux au-delà du Système généralisé des préférences (SGP) et de programmes similaires à SYSMIN et STABEX, la relation euro-centraméricaine est resté centrée sur la primauté du politique par rapport à l'économie.

Les relations entre les pays du G-3 et l'UE se fondent, au niveau politique, sur le dialogue instauré en 1990 entre l'UE et le Groupe de Rio. Au plan économique, dans le cadre du SGP, les pays du G-3 bénéficient d'un traitement préférentiel de la part des pays européens. En d'autres termes, il n'existe pas entre l'UE et le G-3 un cadre de coopération similaire à celui que mettent en place les accords de Lomé ou du processus de San José. La négociation collective du G-3 avec les pays tiers n'est pas envisageable et, pour l'UE, le G-3 n'est pas considéré comme un acteur participant à une éventuelle politique caribéenne unifiée[17].

Cuba constitue à l'heure actuelle un cas particulier. Les pays de l'UE y sont, depuis la fin de la guerre froide, les principaux investisseurs étrangers, essentiellement dans des secteurs comme le tourisme. C'est dans ce contexte que l'UE et Cuba se sont rapprochés afin d'établir un accord-cadre réglementant leur coopération réciproque, tentative qui a échoué pour l'heure, en raison de l'opposition cubaine à l'inclusion de la clause démocratique dans un tel accord.

Enfin, il faut rappeler que les territoires britanniques (Anguilla, les îles Vierges britanniques, les îles Cayman, Turks et Caïcos et les Bermudes) et les Antilles néerlandaises ont un statut de Pays et territoires d'outre-mer associés à l'Union européenne (PTOM). Les Départements français d'outre-mer (DOM) sont membres de plein droit de l'UE, comme tout département français. Les PTOM et les DOM ont été traditionnellement isolés du reste de leurs voisins. Les PTOM britanniques ont maintenu des relations avec la CARICOM mais ils n'ont pas entretenu des rapports étroits avec les autres pays de la région. Les PTOM néerlandais (en particulier Aruba, Bonaire et Curaçao) ont traditionnellement développé des rapports commerciaux avec le Venezuela, sans avoir de relations étroites avec le reste des pays caribéens. Les DOM ont récemment élaboré un programme de coopération avec certaines îles de la Caraïbe orientale, mais cela n'a pas changé leur relatif isolement dans la région.

Ces diverses politiques de l'UE ont été progressivement modifiées depuis le début des années quatre-vingt-dix. La mise en œuvre du Marché Unique européen, la signature du traité de Maastricht, la fin de la guerre froide et les négociations internationales sur la libéralisation du commerce au sein de l'*Uruguay round*, de l'Accord général sur les droits de douane et le commerce (GATT), ont amené l'UE à réviser ses

---

17. José Briceño Ruiz, « European Union and Regionalisation in the Caribbean Basin », *Journal of Eastern Caribbean Studies*, 22 (2), juin 1997, p. 5.

relations politiques et commerciales avec le reste du monde[18]. Les résultats de ce processus sont fort divers et ses implications pour la dynamique politique du Bassin caraïbe sont assez significatives.

La politique à l'égard des pays ACP-Caraïbes a été soumise aux transformations de la politique européenne quant aux accords de Lomé. La libéralisation du commerce international et le processus de mondialisation empêchent le maintien du système des préférences commerciales prévues dans le cadre de ces accords. Un débat sur la future relation commerciale entre l'UE et les pays ACP a donc eu lieu depuis le milieu des années 1990. En 1996, la Commission européenne a publié un *Livre vert sur les relations entre l'Union européenne et les pays ACP à l'aube du XXIe siècle*. Dans ce document, la Commission souligne l'incompatibilité des accords de Lomé avec le régime de la nation la plus favorisée (NPF), qui est le fondement de l'Organisation mondiale du commerce (OMC). Et, le *Livre Vert* reconnaît que la libéralisation du commerce international tendra à miner les préférences tarifaires des accords de Lomé. Ainsi l'UE propose quatre options pour réglementer les relations entre elle et les pays ACP :

1. Le maintien des accords de Lomé et des préférences non réciproques.
2. L'intégration graduelle des pays de Lomé au SGP. La création d'un SGP normal applicable aux pays les plus développés et celle d'un « SGP renforcé » accordé aux pays moins avancés sont envisagées.
3. La réciprocité entre l'UE et les pays ACP.
4. La réciprocité différenciée par la signature d'accords de libre-échange entre l'UE et divers pays ou régions[19].

La proposition d'établir une réciprocité différenciée implique, en fait, la fin des pays ACP en tant que groupe homogène. Pour les pays de la Caraïbe, cette situation pourrait encourager de nouvelles alliances avec d'autres régions du Tiers-monde, voire avec leurs voisins du Bassin caraïbe. Cependant, plusieurs gouvernements caribéens considèrent que cette différenciation entraîne le risque d'une fragmentation du groupe des pays ACP. Cette affirmation est devenue la position officielle des pays caribéens ACP avant que ne débute la renégociation de l'accord de Lomé IV.

Cette négociation a commencé en septembre 1998 et s'est terminée en juin 2000, avec la signature d'un nouvel accord à Cotonou, au Bénin, par

---

18. Une critique de ce processus a été faite par Ana Dickson, « The EC and its Associates : Changing Priorities », *Politics*, 15 (3), 1995, p. 147-152.
19. European Commission, *Green Paper on relations between the European Union and the ACP countries on the eve of the 21-century*, Bruxelles, European Commission, 1996.

les dirigeants de l'UE et des pays ACP. Cet accord est en réalité un compromis, qui décide de remplacer le régime non préférentiel actuel par la conclusion d'accords réciproques entre l'UE et les pays ACP[20]. La proposition du *Livre Vert* d'établir une réciprocité différenciée a ainsi été reconnue dans le nouvel Accord de Cotonou.

Celui-ci prévoit tout d'abord que l'UE demandera à l'OMC une dérogation qui lui permette de maintenir les préférences commerciales jusqu'en 2008. En septembre 2002 reprendront les négociations des « Accords de partenariat économique » (APE) avec les pays les plus avancés du groupe ACP. À partir de 2004, les pays ACP les moins avancés commenceront à discuter avec l'UE des mécanismes leur permettant de négocier des accords alternatifs s'ils décident que leur situation ne leur permet pas de signer des APE. En 2008, les APE seront mis en œuvre, ce qui entraînera en même temps la fin du régime de Lomé applicable à "tous les pays ACP". À partir de cette date, les pays ACP ouvriront leurs marchés aux produits de l'UE. Les pays les plus avancés, qui ont choisi de ne pas négocier l'APE, avec l'UE, seront inclus dans la catégorie du SGP. En revanche, les pays les moins avancés, qui n'ont pas souscrit à l'APE conserveront leurs préférences jusqu'à 2020. Entre 2018 et 2020, les pays ACP signataires des APE et l'UE vont conclure des accords de libre-échange[21], ce qui entraînera la fin de la politique fondée sur la non–réciprocité et l'assistance financière unilatérale qui a caractérisé les relations entre l'UE et les pays ACP-Caraïbes.

La politique envers l'Amérique centrale est aussi en cours de modification. C'est là le résultat de la mise en œuvre du traité de Maastricht, qui se propose d'éliminer la traditionnelle séparation entre les politiques de coopération, normalement considérées comme une partie de la politique étrangère européenne, et la politique de développement. Ces deux aspects sont inclus dans le concept plus large de la Politique étrangère et de sécurité commune (PESC). La politique de développement ne peut pas être en contradiction avec des objectifs de la PESC, comme la promotion du développement économique et social durable et de la démocratie, la lutte contre la pauvreté, le respect de l'état de droit et des droits humains fondamentaux. En d'autres termes, l'assistance financière et la concession de préférences commerciales seront de plus en plus subordonnées à des conditions politiques.

L'UE a abandonné son traditionnel manque d'intérêt économique pour l'Amérique centrale à partir de 1991, date à laquelle un SGP spécial a été mis en place pour cette région[22]. De même, les pays de l'isthme sont

20.   Voir Commission Européenne, *Le nouvel accord de partenariat ACP-UE*, Bruxelles, Commission 2000.
21.   Accord de Cotonou, partie III, titre II, chapitre 2.
22.   Victor Bulmer-Thomas et Fernando Rueda-Junquera, « The co-operation agreement between Central America and European Union : a case of study of the special GSP », *Bulletin of Latin American Research*, 15 (3), p. 322-340.

désormais éligibles aux crédits de la Banque européenne d'investissement à partir de 1993. Sans aucun doute, il s'agit de deux transformations importantes de la politique communautaire traditionnelle à l'égard de l'Amérique centrale. Cependant, l'UE a conditionné sa nouvelle politique à la poursuite de la promotion de la démocratie et au respect des droits de l'homme, objectifs qui sont inclus dans presque toutes les déclarations finales des sommets du processus de San José. L'Accord de coopération entre l'UE et les pays centraméricains, signé en mars 1999, attache une importance particulière au commerce interrégional et aux relations économiques mais, en même temps, il propose des buts politiques et économiques, comme l'insertion de la région dans le marché mondial, la réforme économique, la lutte contre le trafic de drogue[23].

Une politique similaire a été mise en œuvre en ce qui concerne Cuba. L'UE a développé une stratégie de rapprochement avec l'instauration par la Commission d'un programme d'assistance humanitaire, qui vise à favoriser les secteurs les plus durement frappés par la crise économique. L'UE a commencé le dialogue politique avec le gouvernement cubain en 1995, lorsqu'une troïka composée de représentants espagnols, français et italiens a effectué une visite officielle à Cuba. Elle a proposé cette même année la négociation d'un accord de commerce et de coopération économique, mais celle-ci a échoué en 1996 en raison du refus de La Havane d'accepter la « clause démocratique » dans l'accord de coopération. La mise en œuvre de la loi Helms-Burton en 1996 a réorienté l'intérêt de Bruxelles pour la recherche d'un accord de coopération économique avec Cuba vers la défense de ses investisseurs dans ce pays, qui pourraient être affectés par la clause d'extraterritorialité de la loi[24].

Les relations avec les pays du G-3 doivent être analysées dans le contexte de la nouvelle politique communautaire à l'égard de l'Amérique latine. Au milieu de la décennie quatre-vingt-dix, l'UE a reformulé la stratégie centrée sur le SGP pour privilégier la conclusion d'accords de coopération et de libre-échange avec les pays où elle a d'importants intérêts commerciaux et financiers, comme le Marché commun du sud (le MERCOSUR), le Chili et le Mexique. Ce dernier est une priorité communautaire en Amérique latine et l'UE a signé en juin 2000 un Accord d'association économique de coopération et de coordination politique qui vise à créer une zone de libre-échange euro-mexicaine.

La Colombie et le Venezuela, qui ont eu traditionnellement des relations étroites avec les États-Unis, ont une moindre importance aux yeux de Bruxelles. Ils ont donc bénéficié des avantages d'un SGP

23.   Instituto de Relaciones Europeo-Latinoamericanas, IRELA, « Las relaciones económicas Unión Europea – América Central : balance y perspectivas », *Informe del IRELA*, 20 de mayo 2000.

24.   Jessica Byron, « Cuba, CARIFORUM, The European Union and the United States », *European Review of Latin American Studies*, 68, avril 2000, p. 31-33.

particulier dans le cadre de l'"Initiative andine" mise en œuvre en 1990[25].
Il apparaît clairement que les pays du G-3 ne seront pas inclus dans une
politique globale visant l'ensemble du Bassin caraïbe.

Les pays de l'UE ont aussi encouragé les PTOM et les DOM à
s'intégrer dans la politique dynamique du Bassin caraïbe. Un exemple de
cette volonté apparaît dans la mise en œuvre du Programme d'options
spécifiques à l'éloignement et à l'insularité des départements français
d'outre-mer (POSEIDOM). Un des buts de ce programme est la
promotion de la coopération régionale entre les DOM, les PTOM et les
pays ACP de la Caraïbe. Ainsi le POSEIDOM encourage la réalisation de
projets commerciaux conjoints entre les DOM, les PTOM et les pays
ACP de la région. De même, le POSEIDOM a promu la coordination des
fonds communautaires à finalité structurelle et du FED pour financer des
programmes régionaux communs[26]. Ceci a permis le développement de
liens de coopération entre les DOM et certains pays du Bassin caraïbe,
notamment les pays membres de l'Organisation des états de la Caraïbe
orientale (OECO). Le processus a commencé lors de la conférence de
Cayenne en 1990, dont le but a été la promotion des relations entre les
DOM et leurs voisins. En septembre 1992, ces derniers et les DOM
français se sont réunis à Castries dans l'île de Sainte-Lucie. En juin 1993
s'est tenu un colloque sur la coopération régionale, auquel participaient
des représentants de l'UE, des DOM et des PTOM. En avril 1995 a été
créé un bureau pour le développement des échanges commerciaux et des
investissements entre les DOM et l'OECO, qui a été installé au Centre
international des affaires de la Chambre de commerce et d'industrie de la
Guadeloupe, à Baie Mahault[27]. En mars 1997, la Chambre de commerce
de la Martinique a organisé un partenariat Europe-Caraïbes-Amérique
latine à Fort-de-France, qui visait à évaluer les possibilités de mettre en
œuvre des projets communs dans des secteurs tels que l'agro-industrie, la
chimie, le tourisme et les services. Enfin, les entrepreneurs des DOM ont
amorcé un rapprochement effectif avec Cuba, Haïti et la République
dominicaine[28]. Toutes ces initiatives montrent la présence croissante des
DOM et des PTOM dans la dynamique régionale du Bassin caraïbe.

25.   Ce programme entraîne la concession de préférences commerciales aux pays de la
       Communauté andine, afin de contribuer à la lutte contre le trafic de drogue. Le
       programme avait originalement exclu le Venezuela, mais ce pays a été inclus en
       1995.
26.   Danielle Perrot, « Les formes de présence de la Communauté économique
       européenne dans le Bassin caraïbe », *Cahiers de l'Administration d'Outre-Mer*, 3,
       1990, p. 29.
27.   Marc Janus, « POSEIDOM et la coopération régionale », *Pouvoirs dans la Caraïbe.
       Revue du Centre de recherches sur les pouvoirs locaux dans la Caraïbe*, 8- 9, 1996-
       1997, p. 35-38.
28.   Nathalie Rubio, *L'avenir des départements antillais*, Paris, CERIC-La
       Documentation française, 2000, p. 302-303.

Les effets des politiques communautaires sur le nouveau régionalisme caribéen

La réforme des diverses politiques de l'UE à l'égard des différentes sous-régions caribéennes peut avoir des conséquences importantes sur le processus de coopération et d'intégration qui est en train de se développer dans le Bassin caraïbe.

Tout d'abord, l'accord de Cotonou entraîne l'élimination virtuelle de la non-réciprocité commerciale des accords de Lomé, facteur qui a empêché le développement de relations plus solides entre les ACP caribéens et leurs voisins. Les accords de Lomé ont toujours été considérés par les pays latino-américains comme discriminatoires[29]. L'élimination des préférences peut créer des conditions favorables à la mise en œuvre de nouvelles formes de coopération entre les pays du Bassin caraïbe. Ainsi, l'inclusion des pays ACP caribéens et de l'Amérique centrale dans une politique unique, comme cela a été proposé dans le *Livre Vert*, pourrait être envisageable. Il existe cependant aujourd'hui plusieurs obstacles à l'instauration d'une telle politique, surtout en raison du conflit entre ces deux sous-régions sur le régime communautaire relatif aux bananes.

L'élimination future des préférences de Lomé et le déroulement des négociations d'APE avec l'UE a déjà entraîné l'amélioration des relations entre la CARICOM et les pays ACP non anglophones. Le CARIFORUM, institution qui les regroupe, est devenue graduellement un des pôles les plus dynamiques du Bassin caraïbe en promouvant la coopération entre la CARICOM, Cuba, Haïti et la République dominicaine. Ainsi, les pays du CARIFORUM ont organisé des sommets afin de discuter de la nouvelle relation existant avec l'UE après Lomé, mais ils ont aussi développé des activités de coopération dans des secteurs tels que le commerce, le tourisme, l'agriculture, le transport, les communications et l'environnement. De même, le CARIFORUM peut devenir l'institution où la Caraïbe ACP négocie ses futures relations commerciales avec l'UE. Du fait des intérêts communs qui existent entre la CARICOM, Haïti, la République dominicaine et Cuba, les pays caribéens de l'accord de Cotonou pourraient encourager la signature d'un APE avec l'UE, en utilisant le CARIFORUM comme mécanisme de négociation. La plupart de ces pays tentent de s'organiser comme groupe régional face à l'UE, étant donné leur faible capacité de négociation unilatérale dans une éventuelle discussion avec cette dernière. C'est pourquoi la CARICOM a essayé de consolider le CARIFORUM pour assurer la participation de

---

29. Klaus Bodemer, « ¿Ampliar o profundizar? La encrucijada europea en los años noventa », *in* Lincoln Bizzozero et al. (eds), *Nuevos Regionalismos ¿Cooperación o Conflictos?*, Caracas, Nueva Sociedad, 1994, p. 91.

Cuba. Le potentiel économique de ce pays et son influence politique augmenteront le pouvoir de négociation du CARIFORUM, tandis que ce dernier renforce la capacité cubaine de résistance aux demandes de démocratisation formulées par l'UE, qui avaient conduit à l'échec de l'accord de coopération économique en 1996[30].

Cependant, la présence des pays de l'OECO constitue un obstacle à la négociation d'un APE entre l'UE et le CARIFORUM. Ils ont été inclus dans le groupe des pays les moins avancés qui peuvent conserver les préférences commerciales au-delà de 2008. Il paraît logique qu'ils veuillent se tenir à l'écart des discussions qui seront engagées par les pays les plus avancés à partir de 2004.

La révision de la politique de développement de l'UE peut aussi avoir des conséquences importantes pour le Bassin caraïbe. Elle peut notamment offrir une opportunité d'harmonisation des dispositions concernant l'Amérique latine et celles appliquées aux pays de la Caraïbe ACP. Ainsi, l'UE pourrait favoriser la signature d'un APE avec l'Amérique centrale, ce qui serait le premier pas vers la mise en œuvre d'une politique commune destinée à l'isthme centre-américain et à la Caraïbe insulaire. Cela pourrait éliminer les clivages qui ont empêché, par exemple, la coopération et l'intégration entre ces deux régions. L'exemple le plus notable de ces clivages est la réglementation du marché de la banane adoptée par la Commission européenne en 1993, discriminatoire pour les pays d'Amérique centrale.

Nous ne nous proposons pas d'analyser ce conflit[31], mais il est certain qu'il a eu des conséquences négatives sur le processus de coopération et d'intégration dans le Bassin caraïbe. Ainsi, les pays d'Amérique centrale ont demandé la modification des règles instaurées en 1993 ; le Guatemala et le Honduras ont soutenu les plaintes des États-Unis devant l'OMC, qui visaient à contraindre l'UE à adopter de nouvelles dispositions conformes aux règles de cette organisation internationale. L'OMC a conclu à cinq reprises que la réglementation de 1993 était contraire à ses normes, et le CARICOM à réagi favorablement à ces décisions. Mais lors du 17e Sommet des chefs de gouvernement du CARICOM, le secrétariat de l'organisation a publié un communiqué, reflétant la position commune, qui déplorait l'action entreprise par les États-Unis et leurs alliés à l'OMC et encourageait l'UE à soutenir les pays ACP en ce qui concerne la production des bananes[32].

Le programme POSEIDOM est, en revanche, un mécanisme communautaire qui peut favoriser le développement d'un nouveau régionalisme caribéen. POSEIDOM vise à dépasser les clivages

---

30. Jessica Byron, *op. cit.*, p. 34-38.
31. Paul Sutton, « El régimen bananero de la Unión Europea, el Caribe y América Latina », *Pensamiento Propio*, 4, mayo-agosto, 1997, p. 25-53.
32. « AgriScope : 'Bananes caraïbéennes'vs. 'bananes dollars' », *Croissance Économique*, 1 (34), 26 août 1996, Haïti.

traditionnels entre les DOM, les PTOM et les pays ACP de la Caraïbe. Son but est la promotion du dialogue et « la mise en œuvre de projets communs qui tiennent compte des complémentarités et des nécessités du développement des différents partenaires quel que soit leur statut »[33]. La nouvelle coopération et le rapprochement entre les DOM et l'OECO promus par POSEIDOM a commencé lors du sommet tenu à Castries, sur l'île de Sainte Lucie en 1992. Au cours de cette rencontre, la mise en place d'un programme de promotion touristique a été décidée. De même, les deux parties se sont engagées à développer le secteur du transport afin de favoriser les échanges de personnes, de biens et d'investissements, entre les DOM et l'OECO. Comme le souligne Justin Daniel, « les DOM sont en train de redécouvrir la Caraïbe »[34].

Un autre exemple de la nouvelle politique des états de l'UE à l'égard de la région caribéenne est la participation des PTOM et des DOM à l'AEC, même si celle-ci reste limitée. Bien que la France ait confié la représentation auprès de l'AEC aux autorités des DOM, il existe de nombreuses contraintes qui empêchent leur insertion dans la région. Ainsi, alors que la convention de Carthagène attribue aux représentants français le droit de participer et de voter sur les questions qui concernent directement les DOM, cette disposition ne s'applique pas à celles qui sont de la compétence de l'UE. Comme la politique commerciale est du ressort de l'UE, les DOM ne peuvent pas participer aux négociations et mettre en place une zone de libre-échange avec l'AEC[35]. Les PTOM hollandais, qui ont un statut d'associés à l'AEC, sont représentés par les Pays-Bas, état responsable de la gestion de la politique étrangère de ces territoires.

Conclusion

La réforme de la politique de développement de l'UE, dont les principaux exemples sont la signature de l'accord de Cotonou et la révision de la politique communautaire à l'égard de l'Amérique latine, peut participer à la création de conditions politiques qui encouragent la coopération et l'intégration entre les pays du Bassin caraïbe. En

---

33. Janus, op. cit., p. 43.
34. Justin Daniel, « Crise ou mutations des institutions : la quête de nouveaux modèles », in Fred Constant et Justin Daniel, Politiques et Développement dans les Caraïbes, Paris, L'Harmattan, 1999, p. 152.
35. François Taglioni, « L'Association des États de la Caraïbe dans le processus d'intégration régionale. Quelle insertion pour les Départements français d'Amérique ? », in Daniel van Eeuwen, Les nouvelles intégrations latino-américaines et caraibes. Régionalisme ouvert et mondialisation, Annales du CREALC, n° 14-15, Aix-en-Provence, 1997, p. 163.

particulier, l'élimination du régime de préférences commerciales prévu dans les accords de Lomé contribue à supprimer l'un des obstacles qui, aux yeux des pays non-ACP, principalement d'Amérique centrale, ont empêché d'accroître l'interdépendance entre les diverses sous-régions du Bassin caraïbe. Une politique commune destinée à l'ensemble de la Caraïbe insulaire sera certainement mise en œuvre à travers un APE entre le CARIFORUM et l'UE. Il est toujours envisageable que l'Amérique centrale soit incluse dans un tel accord, mais si ce dernier n'est pas conclu, les Centraméricains pourront signer un accord similaire avec l'UE. Les deux traités (celui de CARIFORUM et celui de l'Amérique centrale) pourraient à long terme converger vers un accord unique, qui serait le fondement de la nouvelle politique à l'égard de la région. Pour leur part, les pays du G-3 ne relèveront pas de cette politique caribéenne de l'UE mais bien de sa politique envers l'Amérique latine.

La contribution de l'UE au développement du nouveau régionalisme caribéen dépendra aussi de sa capacité à résoudre la question de la réglementation bananière et du succès des APE prévus dans l'Accord de Cotonou. Il est évident que l'UE a encore un rôle à jouer dans le Bassin caraïbe.

L'action humanitaire de l'Union européenne dans la région Caraïbe

Christian JOLY

L'examen du rapport annuel 1999 de l'Office humanitaire de la Communauté européenne (ECHO) montre que la zone Caraïbe ne figurait pas parmi les « points chauds » de l'action humanitaire de l'Union européenne (UE). Toutefois, afin de montrer la diversité et la richesse des rapports entre deux régions du monde, la zone Caraïbe et l'UE, il nous a paru utile d'inclure cette dimension, tant la fréquence des catastrophes naturelles et des désastres d'origine humaine ont amené les principaux acteurs humanitaires à y être présents depuis longtemps. L'UE, qui est aujourd'hui l'un des principaux pourvoyeurs d'aide humanitaire dans le monde, est intervenue à ce titre dans la zone Caraïbe.

L'Union a dépensé dans le monde 812,9 millions d'euros au titre de l'aide humanitaire en 1999, année particulièrement lourde ; au cours des précédentes années, ce montant a varié de 368 millions (1992) à 517,7 (1998)[1]. Si cette somme représente moins de 1 % du budget général des Communautés, l'action humanitaire, du fait notamment de l'éclairage permanent que les médias posent sur les situations de crise, est devenue une composante très visible des relations extérieures des Communautés. Il faut en outre rappeler que, dans ce domaine, l'UE est avant tout un bailleur de fonds. En 1992, la Commission européenne, avec la création d'Echo, s'est dotée d'un service qui gère l'ensemble des actions humanitaires de la Communauté. Concrètement, ce service décide de l'octroi de financements aux acteurs humanitaires dans le cadre de contrats portant sur des actions exécutées par ces derniers. L'UE définit donc une politique, mais n'en est l'exécutant que de manière marginale[2].

---

1. Source : Communautés européennes, rapports annuels d'ECHO sur l'aide humanitaire.
2. En moyenne, l'action directe de la Communauté représente moins de 10 % des dépenses totales d'aide humanitaire. Les principaux partenaires de l'UE pour la mise en œuvre de son action humanitaire sont des ONG et des institutions spécialisées des Nations-Unies, dont le Haut Commissariat aux Réfugiés.

Les caractéristiques des situations rencontrées dans la zone Caraïbe ont amené l'UE à y expérimenter de nouvelles approches, de telle sorte que, même si, telle ou telle année, la place de la zone Caraïbe dans le total de l'aide humanitaire de l'UE n'est que marginale en comparaison des grands terrains d'action (Afrique des grands lacs, ex-Yougoslavie), cette action présente un véritable intérêt non seulement pour la compréhension du contenu et de l'évolution de l'aide humanitaire de l'UE, mais aussi pour la structuration de la zone Caraïbe.

En effet, dans la zone Caraïbe, la contribution relative de l'Union est modeste, mais en réponse aux particularismes de la région, la Commission européenne a mis en place un projet humanitaire à effet structurant.

Une action relativement modeste

Le contexte général

Un certain nombre de caractéristiques doivent être brièvement rappelées pour situer l'action humanitaire de l'UE dans cette zone.

- En premier lieu, pour la Communauté européenne, sous l'angle juridique, la zone Caraïbe se présente sous le signe de la diversité : certains territoires sont placés sous la souveraineté de plusieurs États membres[3], certains sont liés à l'UE par la Convention de Lomé[4], enfin d'autres n'entretiennent pas avec l'UE de liens privilégiés. Cela a une incidence sur le financement de l'action humanitaire de la Communauté, puisque celle-ci est financée non seulement par le budget général des Communautés mais aussi par le FED[5], de telle sorte que les pays de la zone Caraïbe signataires de la Convention de Lomé[6] sont susceptibles de recevoir une aide humanitaire de l'UE en

---

3.   L'aide humanitaire de la Communauté ne s'adresse qu'aux États indépendants, en application des dispositions de l'article 1er du Règlement n° 1257/96 du Conseil, du 20 juin 1996, JOCE L 163/1 du 2 juillet 1996.

4.   L'actuelle convention est la Convention de Lomé IV, signée en 1990 ; une nouvelle convention a été signée à Cotonou, Bénin, le 23 juin 2000.

5.   Fonds européen de développement. Le FED finance la coopération entre les pays d'Afrique, des Caraïbes et du Pacifique (ACP) et la Communauté. Depuis la convention de Lomé III (1985), une disposition prévoit explicitement la possibilité d'utiliser des ressources du FED pour les actions humanitaires (article 254 de la Convention de Lomé IV).

6.   Ces États sont : Antigua et Barbuda, les Bahamas, la Barbade, la Dominique, Grenade, Haïti, la Jamaïque, la République dominicaine, Saint Kitts et Nevis, Sainte Lucie, Trinidad et Tobago.

application du règlement concernant l'aide humanitaire, mais aussi au titre de la Convention.

- En deuxième lieu, il s'agit d'une région du monde soumise à des risques naturels majeurs et dans laquelle les catastrophes d'origine humaine reviennent de façon récurrente (Haïti, Cuba). Il s'agit donc d'un espace où l'aide humanitaire joue un rôle important et il n'est pas surprenant de constater que de très nombreux acteurs humanitaires y sont présents.
- En troisième lieu, la zone apparaît comme une mosaïque fragile marquée par la non-continuité territoriale, ce qui peut être source de difficultés importantes notamment en matière d'acheminement de l'aide humanitaire (par exemple si un aéroport est touché par une catastrophe, de sérieux problèmes d'acheminement peuvent se produire) ; il en va de même en matière de coordination de l'usage de langues différentes entre les diverses îles.
- En quatrième lieu, la zone est également une zone d'intervention des pays industrialisés au titre de l'aide au développement ; depuis longtemps, en particulier dans le cadre de la Convention de Lomé, la Communauté y est présente de façon permanente à travers ses programmes de développement.

Des actions humanitaires classiques concentrées sur quelques pays

Depuis 1992[7], l'aide humanitaire de la Communauté dans la région Caraïbe s'est concentrée sur deux pays principalement : Cuba et Haïti. Ces actions ont pour objet de faire face aux besoins de groupes particulièrement vulnérables, par des programmes médicaux, alimentaires et sanitaires. En Haïti, la Communauté a voulu participer activement à la reconstruction du pays après le retour au pouvoir du président Aristide ; un programme d'un montant de 23 millions d'euros avait été adopté pour 1994-1995[8] comprenant plus de 20 projets dans les secteurs sanitaire, alimentaire ainsi que de la distribution et de l'épuration de l'eau. Echo y a poursuivi son action en matière de santé au cours de l'année 1996 alors que Haïti faisait face à une crise humanitaire générale. À Cuba, c'est la situation sanitaire qui a fait l'objet des principaux efforts de la Communauté avec, surtout, des projets de fournitures médicales et sanitaires de base, de denrées alimentaires pour les hôpitaux et de produits de purification destinés à prévenir les épidémies. En 1996 et

---

7. Avant 1992, il est difficile d'identifier en termes statistiques l'aide humanitaire de la Communauté, celle-ci se trouvant dispersée dans des cadres divers : aide au développement, aide alimentaire, relations extérieures, etc.
8. Source : Communauté européenne, rapports annuels d'ECHO sur l'aide humanitaire. Sauf indication contraire, les chiffres qui suivent sont extraits de ces rapports.

1997, l'action humanitaire de la Communauté s'est concentrée sur les populations les plus vulnérables (enfants, femmes enceintes, personnes âgées). Dans les autres pays de la zone, on ne relève que quelques actions ponctuelles, en particulier après la survenue d'un phénomène naturel (Montserrat, Antigua et Barbuda). Après avoir augmenté dans la première moitié de la décennie, pour atteindre 32 millions d'euros en 1994 et 28 millions en 1995, le montant de l'aide humanitaire de la Communauté à la zone Caraïbe a constamment diminué jusqu'à aujourd'hui. Depuis 1998, l'Union n'a mené qu'à Cuba des actions humanitaires d'urgence d'une certaine ampleur.

Ainsi aujourd'hui, au vu des chiffres de l'année 1999, l'action humanitaire dans la zone Caraïbe apparaît comme relativement limitée. La seule intervention significative a donc eu lieu à Cuba, pour un montant total de 11 millions d'euros. Il s'est agi principalement de faire face aux effets de la crise économique, dont la persistance de la détérioration des services sociaux et sanitaires. Echo a affecté 9 millions d'euros à l'aide alimentaire, aux médicaments et à une remise en état minimale des hôpitaux. Les autres dépenses ont été consacrées aux conséquences de l'ouragan Irène en octobre 1999. Au cours de cette même année, des actions de plus faible ampleur ont été menées aux Bahamas (300 000 euros) et en République dominicaine (177 000 euros). La région a reçu 1,41 % du total de l'aide humanitaire de la Communauté européenne.

Cette relative faiblesse de l'intervention humanitaire de la Communauté dans la zone Caraïbe ces dernières années est liée à l'absence de catastrophe naturelle majeure dans cette région du monde au cours de cette période. Ceci met en lumière l'une des caractéristiques de l'intervention humanitaire dans la région Caraïbe : il s'agit surtout d'apporter des secours face à des événements naturels, plutôt que face à des guerres civiles ou autres désastres causés par l'homme, alors que d'une manière générale, ailleurs dans le monde, aujourd'hui, l'aide humanitaire est majoritairement apportée en réponse à de tels désastres.

En fait, une double évolution s'est produite : d'une part Echo s'est retiré de certains pays du fait de l'évolution de la situation et/ou de la présence d'autres acteurs humanitaires, ce qui rendait moins nécessaire la présence de la Communauté à ce titre ; c'est le cas en particulier de Haïti où, à partir de 1998, l'aide au développement a pris le relais de l'action humanitaire proprement dite. D'autre part, la Communauté a mis en place, à la frange de l'aide humanitaire et de l'aide au développement, un programme de prévention et préparation aux risques humanitaires dans un cadre régional, et non plus national.

Une action humanitaire préventive à effet structurant

Les objectifs poursuivis

Dans les situations de crise humanitaire rencontrées dans la zone Caraïbe, il existe généralement une imbrication des problèmes : risques naturels, catastrophes d'origine humaine, situation politique, économique et sociale. Ce n'est donc pas un hasard si cette zone est l'une des régions du monde où la Communauté a mis en place une nouvelle approche de sa politique d'aide humanitaire en insistant sur la « prévention/ préparation ». Dès les origines de l'aide humanitaire de la Communauté européenne, l'idée de ne pas limiter cette aide à une attitude réactive était sous-jacente ; le règlement concernant l'aide humanitaire de 1996 l'a confirmé en stipulant que l'aide humanitaire « comporte aussi des actions de préparation préalable aux risques ainsi que des actions de prévention de catastrophes ou circonstances exceptionnelles comparables[9] ». En reconnaissant qu'une approche uniquement réactive n'est pas suffisante, la Communauté entend notamment faire en sorte que l'objectif de « prévention/préparation » soit pris en compte dans la politique de développement afin d'atténuer les effets des catastrophes naturelles. Ce faisant, cette approche a nourri le débat sur le lien entre politique d'aide au développement et aide humanitaire et, si la politique de « prévention/préparation » ne doit en principe pas se confondre avec l'aide au développement, on trouve là l'un des premiers exemples du « continuum » entre aide humanitaire et politique de développement que certains considèrent, aujourd'hui, comme une donnée fondamentale de l'action humanitaire[10].

Un nouveau programme a ainsi été élaboré au cours des années 1997-1998, sous le nom de DIPECHO[11] avec pour objectif général de rendre les populations moins vulnérables aux catastrophes, d'en éviter ou en limiter les effets. Il est apparu que la région Caraïbe devait être l'une des quatre régions prioritaires dans le monde pour la mise en œuvre de ce projet.

Après une phase d'analyse et d'identification, un plan d'action DIPECHO pour la Caraïbe a été adopté en juillet 1998. Mis en œuvre à partir des mois suivants, ce plan a fait l'objet d'une première évaluation

---

9. Article 1er du Règlement du 20 juin 1996 concernant l'aide humanitaire.
10. Voir notamment la communication de la Commission au Parlement européen du 30 avril 1996, COM (96) 153 final, sur le lien entre urgence, réhabilitation et développement.
11. DIPECHO, pour Disaster Preparedness ECHO. Ce projet, mis en œuvre à partir de 1998, a été conçu pour répondre aux problèmes rencontrés dans quelques régions du monde : les Caraïbes, l'Amérique centrale, l'Asie du sud-est et le Bangladesh.

au début de 2000 et un deuxième plan d'action DIPECHO est actuellement en préparation.

Les objectifs poursuivis par ces plans sont au nombre de quatre :

- Le premier objectif vise à renforcer la capacité de réponse aux catastrophes par une dynamique régionale dont tant les entités nationales que communautaires seront les bénéficiaires. La Commission est partie du constat que la région Caraïbe est caractérisée à la fois par une grande fragmentation et l'isolement entre les différentes îles, alors que celles-ci sont exposées aux mêmes phénomènes naturels avec, pour toutes, des conséquences catastrophiques. La région est considérée comme l'une des plus exposées du monde à tous les types de catastrophes naturelles : non seulement les cyclones, mais aussi les inondations, les éruptions volcaniques et les séismes, les raz-de-marée et les glissements de terrain.
- Le deuxième objectif vise à renforcer les services concernés à l'intérieur des gouvernements. Le message que la Communauté cherche à faire passer est celui de la nécessaire implication des structures nationales dans la démarche préventive ; la prévention doit faire partie intégrante de la gestion du pays, qu'il s'agisse d'aménagement du territoire, de l'adoption des règlements ou de systèmes de contrôle adéquats. Certes les situations sont variables, entre les pays des petites Antilles, relativement en avance dans ce domaine, et ceux des grandes Antilles, où beaucoup reste à faire. Les cas de Cuba et Haïti sont apparus comme une priorité.
- Le troisième objectif consiste à améliorer la sensibilisation, l'engagement et la capacité de réaction des populations dans la dynamique de la prévention. Il s'agit ici de prendre en compte le fait qu'en cas de catastrophe naturelle, les premières heures sont cruciales pour sauver des vies humaines. Il convient donc de donner aux communautés villageoises, sur les lieux ou à proximité de la catastrophe, les moyens de réagir au mieux et au plus vite.
- Le quatrième objectif n'est apparu qu'avec la première évaluation de l'action entreprise dans le cadre du premier plan d'action. Il vise à renforcer la complémentarité entre les trois objectifs précédemment définis. D'abord, en développant les rapports entre les gouvernements et les communautés villageoises, les uns ayant besoin des autres pour mener une action efficace. Ensuite, en stimulant plus encore la coopération régionale : l'échange d'expériences peut permettre de faire naître un sentiment d'unité et de solidarité dans la zone Caraïbe. Il faut, pour la Communauté, faire sortir certains pays de leur isolement, en particulier ceux qui vivent totalement repliés sur eux-mêmes, comme la République dominicaine, Haïti, Cuba.

Les actions entreprises en matière de prévention

Le premier plan d'action DIPECHO[12] comportait onze projets correspondant aux trois objectifs initiaux. Ces projets relèvent ainsi de quatre types d'action.

- Il y a d'abord des actions en matière de formation d'équipes susceptibles d'intervenir face aux phénomènes naturels. De telles actions ne peuvent pas être financées par les plus petits pays de la zone et plusieurs projets ont été mis en place, dans le cadre régional, dès le premier plan d'action. Dans le deuxième, il est prévu de poursuivre dans cette voie avec, notamment, un projet de formation à la gestion de l'aide humanitaire et à la logistique des approvisionnements.

- Un deuxième volet est celui de l'information : il s'agit surtout de l'accès à celle-ci qui, même si elle est parfois périmée ou incomplète, existe généralement en abondance. Mais isolés, de nombreux pays n'y ont tout simplement pas accès. Un projet a été mis en place, qui vise à rassembler, archiver et rendre accessibles toutes les connaissances disponibles sur ce qui concerne les phénomènes naturels, leurs risques, leurs conséquences et les actions entreprises par chacun pour se prémunir contre les catastrophes[13]. Un *Caribbean Disaster Information Network* a ainsi vu le jour. Actuellement, l'accent est mis sur la dissémination des connaissances scientifiques et techniques au niveau décisionnel. Enfin, un réseau entre la Jamaïque, Cuba et Haïti pour la préparation en cas d'inondations et la mise en commun d'expériences d'alerte précoce est en cours de constitution.

- Un troisième volet est constitué de projets de type institutionnel, avec la mise en place d'équipes et de procédures de gestion de crises dans les administrations. Il s'agit notamment de rendre opérationnelles des structures telles que le *Centro Latino-americano de Medicina de Desastres* à Cuba ou de renforcer la Direction de la Protection Civile à Haïti. Dans ce dernier cas, l'objectif est d'aboutir à la création, dans une région pilote, d'un système d'alerte précoce en cas d'inondation, en coopération avec la Jamaïque et Cuba.

- Une autre forme d'action vient compléter la précédente : il s'agit de projets menés au niveau des communautés villageoises, en cherchant à impliquer celles-ci dans les actions de prévention et à augmenter les capacités de réponse des communautés les plus vulnérables. Ainsi un programme baptisé *Caribbean Community Based Disaster*

---

12. Les informations utilisées ici proviennent, en dehors des Rapports annuels de ECHO sur l'aide humanitaire, de documents communautaires non publiés, en particulier le « plan d'action régional Caraïbe ».

13. C'est l'université des Indes Occidentales qui a été sélectionnée pour réaliser ce projet.

Preparedness a été lancé dès le premier plan et est poursuivi dans le second pour l'élargir à l'ensemble des pays de la zone Caraïbe.

Il ressort de cet ensemble d'actions que la politique humanitaire de la Communauté dans la zone Caraïbe peut avoir un effet structurant en incitant les états, mais aussi les communautés et les différents acteurs à travailler ensemble et à s'organiser sur un plan régional. Dans ce domaine sensible, la politique communautaire cherche à créer des interactions, des synergies, à provoquer une prise de conscience de l'unité de la zone à travers les projets qu'elle finance. Dans son action, d'ailleurs, la Communauté s'appuie sur ses partenaires habituels, en particulier les ONG, mais aussi des associations ou structures fédératives de la zone : l'Association des états de la Caraïbe (AEC), le Caribbean Disaster and Emergency Response Agency (CDERA) qui dépend de la CARICOM. Il ne peut s'agir ici que d'une contribution modeste, mais les plans d'action DIPECHO s'inscrivent dans une démarche de long terme, sans doute fragile, et qui pour cette raison, doit s'adosser à des activités de plus grande échelle telles que celles qui relèvent du développement économique et social. Ce peut être un moyen, parmi d'autres, de surmonter les obstacles à l'unité d'une région marquée à la fois par des similitudes et par une grande diversité.

La France dans la Caraïbe :
changement de paradigme politique
et nouveaux référentiels de l'action publique

Fred CONSTANT

À l'instar de ses homologues des Pays-Bas[1] et du Royaume-Uni[2], le gouvernement français s'est engagé dans un processus de révision de sa politique outre-mer[3]. Des deux côtés des océans, la politique de la France offre aujourd'hui l'image inhabituelle d'un chantier animé. En soi, cet *aggiornamento* n'a rien d'exceptionnel ; tous les gouvernants s'y résignent, avec plus ou moins bonne grâce, dans les contextes les plus variés. Par l'ampleur des consultations organisées, la méthode privilégiée et, dans une certaine mesure, le contenu des mesures préconisées, l'orientation actuelle de l'action des pouvoirs publics outre-mer paraît cependant outrepasser le cadre convenu des adaptations rituelles, plus ou moins liées aux cycles électoraux. De la Nouvelle-Calédonie à Mayotte en passant par la Polynésie, de Saint-Pierre et Miquelon aux Antilles sans oublier la Guyane, l'aspiration au changement semble suffisamment forte et unanime pour marquer un tournant décisif, d'autant que l'État, partiellement libéré des carcans du passé, en est, semble-t-il, désormais l'un des acteurs principaux.

Dans ce contexte, la politique caraïbéenne de la France ne pouvait rester à l'écart de cette redéfinition en cours des formes de la présence étatique outre-mer. Les autorités nationales ont ainsi engagé, en

---

1. Pour une excellente synthèse, on se reportera utilement à Carlyle Corbin Governance, Dependency and Constitutional Advancement *in* the Non-Independent Caribbean , St Thomas : USVI, 1999, 32 p. (inédit).
2. Lire le *British Government's White Paper on the Overseas Territories*, "Partnership for Progress and Prosperity", Londres, Foreign & Commonwealth Office, mars 1999.
3. Pour un résumé de l'actualité récente, voir Jean-Yves Faberon « Où va l'Outre-mer français ? Les évolutions statutaires de l'Outre-mer en l'an 2000 », *Pouvoirs locaux*, 46 (3) 2000, p. 115-123

Martinique, en Guadeloupe et en Guyane, des discussions souvent inédites tout en prenant parfois des initiatives sans précédent, qui ont suscité, dans certains cas, des alignements partisans originaux. Au-delà du jeu proprement politique et de ses inévitables effets d'annonce, des rapprochements, jusque-là improbables, s'opèrent et des orientations nouvelles s'esquissent[4]. Parmi d'autres, il convient de mentionner les pactes locaux d'orientation et de développement[5], les rapports d'Eliane Mossé[6] et Bertrand Fragonard[7] au Secrétaire d'état à l'outre-mer, les visites officielles[8] du président de la République et du Premier ministre, la Déclaration de Basse-Terre[9], le rapport parlementaire Lise et Tamaya[10] au Premier ministre et la loi n° 2000-1217 du 13 décembre 2000 d'orientation pour l'outre-mer[11], qui en est largement inspirée.

Sans doute encore trop récentes et dispersées, ces initiatives doivent être appréhendées avec nuance d'autant que, considérées isolément, elles ne semblent pas préfigurer des bouleversements radicaux. Quand on les rapporte les unes aux autres, elles dessinent pourtant, ensemble, les contours d'un nouveau paradigme politique, gouvernant au triple plan de l'orientation normative, des procédures d'élaboration et des mécanismes de mise en œuvre, tant les relations verticales entre les départements français d'Amérique (DFA) et la métropole que les relations horizontales avec les autres pays des Caraïbes. Parmi les nombreuses manifestations de ce changement postulé, trois sont particulièrement importantes. La première prend la forme d'une transformation de l'orientation normative de l'action gouvernementale avec l'émergence d'une nouvelle norme dominante, celle *d'une évolution institutionnelle à la carte*, qui conduit, inéluctablement, compte tenu de la diversité des projets concurrents, à une déstabilisation des politiques d'uniformisation jusque-là en vigueur.

---

4. Cette évolution ne concerne pas uniquement la France d'outre-mer ou encore le traitement de la « question corse » mais, d'une manière à la fois plus générale et diffuse, l'approche de problèmes « sensibles » comme les politiques anti-discriminatoires, les politiques d'intégration citoyenne, les politiques de la ville et d'aménagement du territoire.

5. Par ordre chronologique : Commission mixte – Document d'orientation de Guyane, Cayenne, Conseil Général de Guyane, 1999 ; délibération du Conseil Général de Guadeloupe – évolution statutaire, Basse-Terre, 1999 ; projet Martinique, Fort-de-France, Conseil Régional de Martinique, 2000.

6. Eliane Mossé, *Quel développement économique pour les départements d'Outre-mer ?*, Paris, Rapport au SEDETOM, 1999, 152 p.

7. Bertrand Fragonard *et al.*, *Les départements d'Outre-mer : un pacte pour l'emploi*, Paris, Rapport au SEDETOM, 1999, 81 p.

8. En particulier, en octobre 1999 (Lionel Jospin) et en mars 2000 (Jacques Chirac).

9. Antoine Karam, Alfred Marie-Jeanne, Lucette Michaux-Chevry, *Les Régions d'Outre-mer : le courage politique au service du développement – déclaration finale*, Basse-Terre, 1999, 12 p.

10. Claude Lise, Michel Tamaya, *Les départements d'outre-mer aujourd'hui : la voie de la responsabilité*, Paris, La Documentation Française, coll. des rapports officiels, 1999, 214 p.

11. *Journal Officiel de la République française*, 14 décembre 2000, p. 19 760-19 777.

La deuxième est la transformation des modes opératoires liée à l'apparition d'une nouvelle norme, celle de la *responsabilité locale*, qui ne pourra pas ne pas modifier, en profondeur avec le temps, les réflexes conditionnés du recours systématique au pouvoir central. La troisième est directement liée à la transformation en cours des attentes populaires, avec la montée croissante de la revendication d'une nouvelle norme du développement, celle d'un *développement durable et solidaire*, étroitement articulée à la précédente par l'aspiration unanime au renforcement de l'action internationale des exécutifs locaux, au-delà de l'appartenance à la République française et à l'Union européenne. Or, ces trois changements en cours convergent pour remettre en cause – au moins en théorie – la centralité de l'État dans la médiation sociale, en affectant à terme les chaînes de représentation corporatiste et les représentations qui leur sont corollaires. C'est au cours de la décennie 80 que ces changements ont progressivement pris corps au sein de l'élite politico-administrative nationale et de la classe politique locale. Ainsi, de même que, dans les années 1960, le parti gaulliste et ses relais locaux s'étaient identifiés au modèle français d'action publique, dans la mesure où c'était lui qui, dans le champ politique, était le porteur des représentations dominantes centrées sur le référentiel modernisateur, la centralité de l'État, le triomphe de la haute fonction publique et la dévalorisation de l'élu local, le Parti socialiste et ses alliés locaux ont pu être aujourd'hui associés à ce triple changement de normes postulé, même si celui-ci est également revendiqué, dans ces années 2000, par d'autres familles politiques.

Une évolution institutionnelle à la carte

En proposant cette formule d'une évolution institutionnelle différenciée, Louis Le Pensec, alors ministre des DOM/TOM, ne pouvait pas imaginer un seul instant qu'elle devienne un jour la valeur cardinale de la reconfiguration politique des rapports entre la France et les collectivités d'outre-mer. Et pourtant, près de dix ans plus tard, Jean-Jacques Queyranne, alors en charge de l'outre-mer, devait en faire le premier postulat gouvernant désormais les relations entre la métropole et l'outre-mer ; le « statut à la carte » est aujourd'hui perçu comme une condition du développement. La fin des années 1990 marque ainsi une véritable transition entre deux époques, au cours de laquelle les règles du jeu politique ne sont plus tout à fait les mêmes, sans pour autant être encore tout à fait nouvelles. Il n'est pas possible d'en décrire ici tous les détails mais il importe, en revanche, de prendre la mesure de l'ampleur du changement, tant du point de vue proprement politique que de celui de l'action publique.

Le déverrouillage politique d'un débat interdit

Dans ce domaine, hautement idéologique et à forte densité politique, le premier changement, peut-être le plus décisif, est la reconnaissance, des deux côtés de l'océan, de la nécessité politique d'une évolution statutaire spécifique à chacun des pays concernés. Il n'en a pas été toujours ainsi, loin s'en faut. Pendant cinquante ans environ, la diversité – non seulement géographique mais surtout proprement politique, économique et culturelle – de l'outre-mer en général – de la Polynésie à la Nouvelle Calédonie, de Wallis et Futuna à Mayotte – et des départements d'outre-mer en particulier – de la Réunion dans l'océan Indien aux Antilles dans les Caraïbes, sans oublier le « continent »guyanais – a été sacrifiée, avec la complicité tacite des élus locaux, au profit de la norme politique alors dominante, à savoir la rhétorique universelle de l'égalité républicaine. Le sigle administratif « DOM » et « TOM », souvent ramassé sous l'appellation « DOM/TOM », en dit long, jusque dans ses connotations musicales, sur l'état d'esprit[12] d'alors, où il était surtout question de poursuivre l'œuvre de « civilisation » commencée avec la colonisation en « assimilant » ces « fils et filles » lointaines de la République. Cette quête égalitaire, grisant jusqu'aux meilleurs esprits, a fourni l'horizon politique du pacte républicain passé entre élites nationales et locales. Chaque fois qu'elle était contrariée par des contre-pressions, la même coalition verticale entre élites nationales et locales, traversant les appartenances partisanes, parvenait à bloquer, en les stigmatisant, toutes propositions alternatives au statut orthodoxe de département français de la République. Les familles politiques de la droite nationale, relayées par leurs alliés locaux, s'opposaient ainsi résolument à toute adaptation ou dérogation institutionnelle des départements d'outre-mer – à la différence des territoires d'outre-mer – d'emblée dénoncée comme préfigurant l'indépendance des pays concernés. La vie politique locale gravitait alors autour de l'affrontement statique entre partis « départementalistes », formations « autonomistes » et organisations « indépendantistes », se partageant en postures de contestation pour les premiers, d'adhésion pour les deuxièmes et de rejet systématique pour les derniers. Dans ces conditions, comment expliquer ce ralliement récent des opposants d'hier, d'autant plus remarquable qu'il s'est produit en pleine période de cohabitation ? Sans entrer dans une explication trop détaillée, trois

---

12.   Parmi d'autres références, voir Fabienne Federini, *La France d'Outre-mer. Critique d'une volonté française*, Paris, L'Harmattan, 1996, 190 p.

facteurs, au moins, semblent avoir conjugué leurs effets. En premier lieu, les macro-changements des années 1980, intervenus au niveau international (de « l'implosion du bloc communiste » à la multiplication des transitions démocratiques) comme au niveau national (l'arrivée de la gauche au pouvoir et sa conversion rapide aux normes dominantes de la culture de gouvernement) n'ont pas été sans conséquences sur le cours de la vie politique locale (le célèbre « moratoire » proclamé par Aimé Césaire en 1981 en fournit une illustration exemplaire). En deuxième lieu, contrairement à une vision alors dominante tendant à la limiter à une simple répartition des compétences, la décentralisation a rapidement suscité l'émergence de nouvelles autorités politiques de plein exercice, dont la légitimité repose avant tout sur leur capacité à résoudre les problèmes les plus aigus de leurs régions monodépartementales respectives. En dernier lieu, le désarroi sinon l'impuissance, des autorités nationales comme des élus locaux, devant la montée de l'insatisfaction des populations antillo-guyanaises, malgré une implication importante de l'État qui n'a d'égale que la mobilisation des collectivités locales, a rendu possible la relance du débat statutaire, dans un contexte insolite où, des deux côtés de l'océan, la démarche préconisée visait également à donner à celles-ci une plus grande maîtrise de leur destin sur la voie d'une responsabilité locale accrue. À l'épreuve des choix concrets, l'expérience de la décentralisation outre-mer devait souligner la nécessité d'aller encore plus loin, vers un système de gestion plus autonome et diversifié, susceptible de tenir compte des attentes particulières et des priorités spécifiques de chaque société locale. La recomposition du référentiel des élites nationales et locales prend certainement sa source dans cette nécessité, intensément vécue et vivement ressentie localement, d'une rupture symbolique avec le passé de politiques standardisées et uniformisantes, élaborées par une élite politico-administrative triomphante, presque en court-circuit des réalités locales. Cette représentation du rôle de l'État va se trouver progressivement disqualifiée, au profit de nouvelles images de référence, qui mettent en avant la primauté revendiquée d'une gestion de proximité sous contrôle démocratique, censée conduire à une efficacité accrue de l'action publique. Bien entendu, le référentiel ne se transforme pas du jour au lendemain. Mais, à partir des années quatre-vingt-dix, on voit se mettre en place un nouveau système de normes, en rupture de plus en plus nette par rapport, à la fois, au réflexe conditionné d'appel à l'État et à une demande systématique d'égalité. Cette norme qui occupe désormais une place centrale au sein du référentiel des politiques publiques, c'est la norme du « statut à la carte » avec pour corollaire l'accroissement des responsabilités locales. Son émergence entraîne une modification progressive de la perception des élites politico-administratives, en permettant à de nouveaux critères d'action d'être mis en œuvre, au service d'une approche « différenciée» de chacun des départements concernés, ainsi que l'apparition de nouveaux modes opératoires.

Le « Congrès » : dynamique politique d'une innovation institutionnelle

Dans ce contexte insolite, le Premier ministre, Lionel Jospin, sur proposition de Jean-Jacques Queyranne, Secrétaire d'état à l'outre-mer , devait prendre l'initiative, en plaçant en mission temporaire (six mois) deux parlementaires martiniquais (Claude Lise) et réunionnais (Michel Tamaya). Pour la première fois dans l'histoire de la République, la préparation d'un projet de loi d'orientation pour l'outre-mer était directement adossée aux propositions de deux élus nationaux d'outre-mer, chargés de la rédaction d'un rapport au Premier ministre. Dans la lettre de mission[13], le chef du gouvernement devait préciser notamment les objectifs assignés à celle-ci :

> « (..) Je vous serais également reconnaissant de faire connaître vos propositions sur les points suivants : la possibilité de transférer des compétences de l'État, aux différents niveaux de collectivités territoriales, afin de tenir compte de la volonté d'approfondissement de la décentralisation exprimée par le Gouvernement ainsi que les élus des départements d'outre-mer ; l'opportunité de modifier la répartition des compétences entre les régions et les départements, avec le souci de la rendre plus cohérente et plus lisible ; les moyens d'obtenir une meilleure insertion des départements d'outre-mer dans leur environnement régional, grâce notamment à un nouveau partage des responsabilités entre l'État et les collectivités territoriales, en ce qui concerne la coopération avec les pays voisins. »

Au terme d'une large consultation des élus, des responsables professionnels et des représentants de la société civile, les rapporteurs remirent leurs conclusions au Premier ministre dans les délais. Alors que le texte de la future loi était encore en cours d'élaboration, le Premier ministre effectua une visite officielle en Martinique, à l'occasion des Rencontres sur la coopération régionale organisées en octobre 1999, pour en annoncer les grands axes inspirés par le rapport parlementaire, en particulier sur le plan institutionnel.

> « (..) Chacun des départements d'outre-mer, devait-il déclarer dans son discours de Madiana[14], constitue une entité qui a vu son identité

---

13.   Lionel Jospin, Lettre de mission, 10 décembre 1998, publiée dans Lise, Tamaya, *op. cit.*
14.   Discours de Madiana, clôture des rencontres sur la coopération régionale, Schoelcher, Martinique, 27 octobre 2000.

façonnée par sa propre histoire, sa géographie, et a noué au fil du temps une relation particulière avec la Nation et la République. Le gouvernement entend non seulement préserver ces identités mais plus encore œuvrer à les valoriser. Le projet de loi a également pour objectif de rendre possible, pour ceux qui y aspirent, qu'évolue le cadre institutionnel des départements d'outre-mer dans la République. Le Gouvernement a en effet choisi de rompre avec une vision traditionnelle consistant à percevoir et à traiter de façon uniforme les départements d'outre-mer ».

En visite officielle à son tour l'année suivante, le président de la République, Jacques Chirac devait tenir un discours largement convergent :

« (...) Les Antillais et les Guyanais, déclara-t-il[15], veulent être administrés au plus près de leurs attentes, au plus près des réalités locales. (...) Il faut pour cela de très larges délégations de compétences aux autorités décentralisées, ce qui correspond de surcroît aux exigences de la démocratie. Parce que vos départements sont géographiquement éloignés des centres de décisions nationaux, parce que les problèmes que vous rencontrez sont très spécifiques par rapport à ceux du reste du pays, parce que vous évoluez dans un environnement international particulier, tout cela justifie une politique très ambitieuse de transfert de responsabilités. Mais cette politique ne peut être appliquée de façon uniforme. L'outre-mer français est riche de ses diversités culturelles, économiques, sociales et statutaires ».

Sur la base de cette convergence au sommet, les deux parlementaires en mission devaient néanmoins éviter au moins deux écueils : d'une part, la jurisprudence du Conseil Constitutionnel, peu encline à une interprétation extensive de l'article 73 de la Constitution ; d'autre part, la diversité des projets de réforme institutionnelle disponibles[16] malgré une aspiration quasi-unanime au changement en la matière. Entre ces deux contraintes, juridique et politique, la marge d'innovation était étroite. C'est pourquoi, les rapporteurs ne pouvaient pas faire autrement que de combiner deux approches : la première consistant à approfondir la décentralisation en recensant un ensemble de matières susceptibles d'êtres transférées, sans délai, aux collectivités locales tandis que la deuxième déterminait les règles et modalités de tout changement statutaire éventuel. Dans cette perspective, la nouvelle instance préconisée, le Congrès, c'est-à-dire la réunion des assemblées, départementale et régionale, participe non seulement à la gestion courante

---

15. Allocution prononcée par Jacques Chirac, président de la République, Martinique, samedi 11 mars 2000

16. On en trouvera une présentation utile dans Claude Emeri *et al.*, *La Question statutaire en Guadeloupe, en Guyane et en Martinique. Eléments de réflexion*, Pointe-à-Pitre, Editions Jasor, 2000, 134 p.

des compétences partagées dans les domaines des transports, du logement, et de l'aménagement du territoire mais apparaît aussi comme l'organe chargé d'initier un éventuel processus de changement statutaire. Il ne s'agit pas que d'une rupture symbolique par rapport au passé récent. Ce dispositif à « double détente » permet d'offrir immédiatement la possibilité d'un transfert de nouvelles responsabilités aux élus locaux, en leur permettant d'en organiser une meilleure gestion concertée par les deux assemblées, départementale et régionale. Il y a là un moyen ingénieux de contourner les contraintes constitutionnelles, qui n'avaient pas permis l'adoption de la loi relative à l'assemblée unique en 1982, tout en rassurant les élus les plus réticents quant à leur maîtrise politique de la gestion des compétences supplémentaires qui leur seraient ainsi confiées. Quant à la possibilité d'initier un changement statutaire, la méthode retenue repose sur trois règles principales. Premièrement, les deux assemblées réunies en Congrès ne peuvent décider la proposition d'un nouveau cadre statutaire qu'en recueillant une majorité qualifiée des 3/5ᵉ de ses membres. Deuxièmement, aucun projet de loi portant nouveau statut ne peut être adopté sans qu'il ne précise le libellé de la question qui serait posée aux populations concernées et les modalités pratiques de leur consultation. Troisièmement, chaque département d'outre-mer reste libre d'engager ou non un tel processus : un département qui ne souhaiterait pas de modification statutaire ne saurait être entraîné sur un tel chemin sans l'assentiment de la majorité de ses élus et de sa population.

L'accroissement des responsabilités locales

Rompant avec une tradition multi-séculaire, la nouvelle loi d'orientation pour l'outre-mer pose, dès son article premier, les termes du second postulat gouvernant désormais les relations entre la métropole et l'outre-mer : l'accroissement des responsabilités locales est posée comme une condition du développement local. Cette équation, érigée en évidence politique, ouvre le texte législatif du 13 décembre 2000, en établissant clairement la relation entre les objectifs poursuivis et la dévolution nécessaire de pouvoirs accrus aux élus locaux :

> « (…) Ces priorités – développement économique, aménagement du territoire et emploi – qui visent également à promouvoir le développement durable (...) impliquent l'accroissement des responsabilités locales ainsi que le renforcement de la décentralisation et de la coopération régionale »[17].

---

17.   Loi n° 2000-1207 du 13 décembre 2000, *Journal Officiel de la République française*, 14 décembre 2000, p. 1.

Cette orientation nouvelle de l'action publique outre-mer traduit politiquement une triple évolution locale à l'épreuve de la décentralisation : en premier lieu, la dépolarisation idéologique du débat politique ; en deuxième lieu, la crise de l'administration déconcentrée de l'État ; en troisième lieu, le fractionnement de l'agenda politique et l'émergence des politiques publiques locales.

Le triomphe des gouvernements locaux

À l'instar des collectivités locales de la métropole, les communes, départements et régions d'outre-mer ont également bénéficié du mouvement de décentralisation des années quatre-vingt. Les retards parfois considérables, en matière d'infrastructures de base ou dans le niveau des services publics, par rapport à la métropole ont accru l'attente des populations par rapport aux élus. Sollicités de manière beaucoup plus pressante et appelés à faire face à une situation économique et sociale profondément dégradée, ces derniers ont été tentés d'amplifier le niveau de leurs interventions, en concurrençant parfois directement les services de l'État. Dès le début des années 1990, l'enthousiasme initial des autorités locales cédait à des désillusions croissantes, les compétences et les moyens financiers mis à leur disposition s'avérant largement insuffisants face à l'ampleur des chantiers locaux. La mise en œuvre de la décentralisation soulignait, en outre, l'inadaptation du régime de droit commun dans des régions monodépartementales, de fait handicapées par des situations dommageables d'enchevêtrement des compétences et de charges financières structurellement élevées. Dans ce contexte, on assista à un double phénomène : d'une part, la décentralisation, malgré ses limites souvent dénoncées par les élus, a contribué à affaiblir la fonction de médiation de l'administration de l'État ; d'autre part, elle a symétriquement favorisé l'affirmation d'une véritable logique de gouvernement local en rupture avec une tradition séculaire d'administration du territoire. Cette double tendance au désengagement relatif de l'État et à l'affirmation des autorités politiques sur les scènes locales a permis l'apparition d'un nouveau discours public favorable à la responsabilisation des élus outre-mer et à l'exploration de nouveaux transferts de compétences.

Cette évolution s'est accompagnée de changements en profondeur au sein du système politico-administratif local. Au plan idéologique, la mise en œuvre des lois de décentralisation a suscité une évolution partisane croisée[18] : d'un côté, les partis locaux de la métropole se sont

---

18.   Fred Constant « Les trois âges de la décentralisation outre-mer », dans Elisabeth Dupoirier (dir.), *Régions. La croisée des chemins. Perspectives françaises et enjeux européens*, Paris, Presses de Sciences Po, 1998, p. 123-141.

progressivement territorialisés ; de l'autre, les partis territoriaux ont peu à peu acquis une culture de gouvernement en faisant l'apprentissage de la gestion publique locale. Dans les deux cas, la quête d'une plus grande autonomie locale a permis de relativiser les présupposés politiques habituels associant pouvoir local et desserrement des liens avec la métropole. Des formations « départementalistes » aux partis « indépendantistes », des organisations « autonomistes » aux courants « socioprofessionnels », le renforcement des pouvoirs locaux est devenu une revendication commune dans les trois départements français d'Amérique. Sans progrès en la matière, il n'y a désormais guère à espérer, en termes d'élévation, de la performance publique.

En ce qui concerne les systèmes locaux de régulation, la crise de l'administration déconcentrée de l'État tend à exprimer la profonde transformation des rapports entre le préfet et les élus locaux, principalement les présidents de Conseil, général et régional. Alors que, jusque-là, la fonction d'intégration des politiques sectorielles était monopolisée par le préfet, ce rôle est de plus en plus nettement revendiqué par les élus. On voit donc s'affronter, avec des modalités différentes et selon des intensités variables suivant les départements, deux logiques de mise en cohérence locale de l'action publique, l'une fondée sur une légitimité de type techno-bureaucratique, l'autre sur une légitimité politique. Dans certains domaines, comme les conflits du travail, la formation professionnelle, la protection de l'environnement ou encore l'éducation, cet affrontement prend la forme d'une concurrence – là encore, selon des modalités différentes en fonction des départements – pour la mise en œuvre des politiques locales. Mais les ressources utilisées par le préfet ou par les élus sont différentes. Alors que le préfet aura tendance à s'appuyer sur la réglementation technique et/ou le recours à l'expertise, les élus vont tenter de faire la preuve de leur capacité en jouant de leur légitimité locale et/ou de leur pouvoir en matière d'affectation des crédits. Dans la plupart des configurations, les Conseils généraux et régionaux entrent en concurrence directe avec le préfet en ignorant, parfois superbement, la répartition juridique des compétences décentralisées, prenant la population à témoin de l'inertie des services de l'État.

Cette transformation du système administratif local a débouché sur l'apparition d'un véritable système de gouvernement local. Cette évolution, dont on commence seulement à mesurer les conséquences, se traduit par un certain nombre de ruptures par rapport au modèle traditionnel de relations centre-périphérie, qui caractérisait, depuis un siècle au moins, la relation post-coloniale entre la France et son appendice américain : celui du « jacobinisme apprivoisé ». On constate aujourd'hui une tendance au fractionnement de l'agenda politique. Alors que, jusqu'ici, les mécanismes de définition des problèmes devant faire l'objet de politiques publiques étaient, pour l'essentiel, situés au niveau national, on voit, de plus en plus, se constituer des agendas politiques régionaux, départementaux ou même municipaux, chaque entité territoriale définissant de manière relativement autonome une structure de problèmes spécifiques : en Guyane, on mettra davantage l'accent sur la quête d'effet d'entraînement des activités spatiales sur le reste de l'économie, alors qu'en Martinique ou en Guadeloupe, il s'agira davantage de recycler les activités agricoles tout en investissant le secteur nouveau des services à haute valeur ajoutée. Tout va dépendre de la nature et du jeu des élites locales (milieux patronaux, syndicats, réseaux associatifs..) et de la capacité du pouvoir local à articuler les différentes politiques de la commune, du département ou de la région. Cette situation, par rapport à celle de l'avant-décentralisation, est génératrice de dynamisme, de diversité mais aussi d'inégalité dans le traitement des problèmes politiques, d'une collectivité à l'autre. Elle a aussi favorisé une plus forte politisation de la gestion publique locale, car ce qui importe avant tout est de démontrer au plus vite sa capacité à lancer des politiques publiques, en entrant en conflit ou en concurrence, si nécessaire, avec le préfet. Combien de fois n'a-t-on pas entendu les élus prendre la population à témoin en stigmatisant leur impuissance faute de compétences élargies ou exclusives dans certains secteurs de l'action publique ? Quelles que soient leurs compétences juridiques, les présidents des assemblées départementale ou régionale se saisiront d'un problème dès lors que celui-ci se charge suffisamment de densité sociale sur l'agenda politique local. À partir du moment où un problème social devient un objet majeur du débat public, il y a toutes les chances pour qu'on assiste à une mobilisation des élus locaux soucieux de démontrer à l'occasion leur promptitude à lui trouver une solution. Dans cette perspective, la décentralisation – dont on a pu critiquer la faible portée politique en termes de dévolution de pouvoirs à des conseils élus – n'en a pas moins favorisé la naissance de nouvelles autorités politiques de plein exercice, qui fondent leur légitimité sur leur capacité à produire des politiques locales de régulation des conflits sociaux. En consacrant cette évolution des systèmes d'administration vers des systèmes de gouvernement local, le Gouvernement ne pouvait pas ne pas valider également les demandes croissantes des élus locaux en matière de coopération régionale et d'action internationale.

Vers un renforcement de l'action internationale et de la coopération régionale

Dans leur rapport au Premier ministre, les parlementaires Lise et Tamaya[19] ont recensé les trois principaux obstacles (internes) au

---

19. Lise, Tamaya, *op. cit.*

développement de la coopération régionale. Tout d'abord, le cadre législatif dans lequel s'inscrit l'action extérieure des collectivités locales des départements d'outre-mer n'est pas favorable, dans la mesure où il les prive de la possibilité de passer des accords, même portant sur des matières relevant de leurs compétences, avec un État étranger. Seule la France, par l'intermédiaire de ses relais déconcentrés (préfets et ambassadeurs de zone) est habilitée à traiter des questions particulièrement sensibles, comme la délimitation des zones de pêche, la conclusion de conventions fiscales, la négociation d'accords sectoriels ou encore la politique de délivrance des visas. Ensuite, les collectivités locales sont encore insuffisamment associées aux actions de coopération conduites par l'État. En effet, l'expérience du fonctionnement du comité interministériel de la coopération régionale Caraïbe-Guyane (décret du 18 juillet 1990, supprimé par le décret du 23 mai 1996) s'est avérée peu concluante. En pratique, les élus locaux ne sont pas informés en détail des projets de coopération développés par les administrations de l'État ou par les organes qui leur sont rattachés. Ils ne sont d'ailleurs pas plus associés à la conception et à la mise en œuvre de ces programmes, alors que l'intervention de jeunes Antillais ou Guyanais serait de nature à en accroître la qualité en même temps qu'elle permettrait de développer leurs actions dans la région. Enfin, la place des départements français d'Amérique au sein des organisations régionales reste, encore aujourd'hui, incertaine. D'un côté, la France n'étant pas membre de certaines d'entre elles (CARICOM ou CBI), les élus locaux en sont formellement exclus. De l'autre, lorsqu'elle en est membre (AEC), le statut des départements concernés n'est pas de droit commun, la France étant en réalité la seule autorité compétente, même si elle est de fait représentée au Conseil des Ministres par un des trois présidents de Conseils régionaux qui s'exprime en son nom sur la base des instructions qui lui sont remises par le ministre des Affaires étrangères.

   Sur la base de ce constat, le gouvernement a reconnu la nécessité d'aller plus loin en déléguant, sous conditions, davantage de pouvoirs aux Conseils régionaux et généraux. Cette véritable « révolution culturelle » – la Constitution de la France attribuant à l'État une pleine et exclusive compétence en la matière – répond à une double nécessité politique : d'une part, accroître la visibilité régionale des départements français d'Amérique en favorisant l'expression de leur identité propre auprès de leurs voisins ; d'autre part, élargir le champ du possible dans le cadre de la quête d'un développement solidaire et durable. Dans cette perspective, le titre V de la loi d'orientation sur l'outre-mer relatif à l'action internationale de la Guadeloupe, de la Guyane et de la Martinique dans leur environnement régional prévoit deux types de dispositions complémentaires, relevant respectivement d'une meilleure participation des collectivités locales à l'action internationale et d'un renforcement des instruments de coopération régionale. Sur le premier point, les articles quarante-deux et quarante-trois permettent désormais aux Conseils généraux et régionaux, pour toute matière de leur compétence, de faire des propositions au Gouvernement en vue de la conclusion d'engagements internationaux concernant la coopération régionale entre la France et les États voisins ou organismes régionaux, tout en offrant aux autorités de la République la possibilité de charger leurs exécutifs locaux de les représenter au sein de tels organismes ou d'engager des négociations, dans le respect des engagements internationaux de la France, avec un ou plusieurs États, territoires ou organismes régionaux. Sur le second point, l'article quarante-trois, dans ses deux avant-derniers alinéas, renforce, en les modifiant, les instruments de coopération régionale. Dans chaque département, il est institué un fonds de coopération régionale, alimenté par des crédits de l'État et, auprès du préfet, un comité paritaire, composé des représentants de l'État et de représentants des Conseils régional et général. Ce comité arrête la liste des opérations éligibles au fonds de coopération régionale ainsi que le taux de subvention applicable à chacune d'elles. Afin d'assurer la coordination des actions de coopération régionale, il est également créé une instance de concertation des politiques de coopération régionale dans la zone Antilles-Guyane, composée de l'ensemble des acteurs de la coopération, élus locaux et représentants de l'État.

Malgré l'amputation par le Conseil Constitutionnel de certaines mesures « plus offensives », cette nouvelle orientation de l'action publique outre-mer marque un véritable tournant, en encourageant une véritable logique de gouvernement local, en rupture avec une tradition séculaire de compétence exclusive de l'État, dans le domaine hautement symbolique de l'action internationale de la France. Cette transformation des modes opératoires de la politique extérieure de l'État est d'autant plus remarquable qu'elle rencontre désormais les aspirations unanimes des élites locales et nationales. Pour autant, il ne suffit pas de modifier les règles du jeu pour enclencher à coup sûr une dynamique de changement, et on assistera certainement à une concurrence ouverte entre les filières administratives (les préfets et les ambassadeurs de zone) et électives (exécutifs locaux) autour de l'enjeu de la mise en cohérence de l'action publique en matière de coopération régionale. Une fois encore, on retrouve l'affrontement de deux légitimités : l'une, proprement techno-bureaucratique, appuyée sur les ressources réglementaires et une expertise accumulée avec le temps ; l'autre, de type politique, ressourcée à la démocratie représentative ainsi qu'à une proximité supposée plus grande aux réalités locales. C'est donc à un apprentissage nouveau que les uns et les autres devront consentir au service du développement local, point de convergence de toutes les rhétoriques politiques locales, au-delà des réclamations idéologiques et des affiliations partisanes.

La promotion d'un développement durable et solidaire

Il s'agit là du troisième postulat gouvernant désormais les relations entre la métropole et les départements d'outre-mer : l'accroissement des responsabilités locales, rendu possible par l'approfondissement de la décentralisation, ainsi que par la possibilité d'une évolution institutionnelle différenciée, doit logiquement, dans l'esprit de ses promoteurs, déboucher sur l'amélioration de la situation économique et sociale locale. Cette rhétorique du développement local, devenue le patrimoine indivis des élus, est aujourd'hui la référence principale qui structure le débat politique insulaire et détermine la pratique des élites locales. Comme le montre l'évolution des interventions économiques des collectivités territoriales, c'est de plus en plus l'ensemble des politiques locales qui est mis au service de cette norme de développement, désormais substituée à la rhétorique traditionnelle de la dépendance par rapport à l'État. Cette norme du développement local tend dorénavant à supplanter, en pratique sinon dans les discours, celle de la solidarité nationale. Dans ce contexte, le regain du débat statutaire ainsi que l'accroissement des responsabilités locales apparaissent les vecteurs indiscutés du développement durable et solidaire poursuivi. Pour marquer cet engagement prioritaire, le Gouvernement a consacré le titre premier de la loi d'orientation pour l'outre-mer à l'ensemble des mesures d'ordre économique et de soutien aux entreprises, tandis que le titre deuxième rassemble l'ensemble des mesures d'ordre social et de lutte contre l'exclusion. Dans les deux cas, le dispositif envisagé frappe par son classicisme, malgré quelques innovations ponctuelles. Contrastant avec leur mise en scène idéologique, les mesures retenues traduisent imparfaitement le véritable tournant de l'action publique outre-mer, enregistré en matière institutionnelle et dans l'approche désormais individualisée des départements français d'Amérique.

Du développement économique et de l'emploi

La situation économique et sociale des départements d'outre-mer présente un bilan mitigé. Les économies locales sont pourtant très dynamiques et la croissance y a dépassé 4 % par an en moyenne, chiffre supérieur à celui de la métropole. Elles sont de surcroît créatrices d'emplois : une croissance moyenne de 30 % en dix ans, selon le rapport Fragonard (1999). Contrairement à des clichés tenaces, ce n'est donc pas l'atonie économique qui est la source du chômage endémique, mais bien plutôt le décalage structurel entre la croissance soutenue de l'économie et de l'emploi, d'une part, et l'accroissement de la population active, d'autre part. Ce décalage structurel résulte de la courbe démographique des populations concernées ainsi que de l'inversion des flux migratoires : la Martinique et la Guadeloupe attirent aujourd'hui, à l'instar de la Guyane, plus de nouveaux arrivants – originaires, métropolitains ou étrangers – qu'il n'y a de départs. Compte tenu des niveaux de chômage déjà atteints, en particulier pour les jeunes, qui sont deux à trois fois supérieurs à ceux de la métropole, il y a une urgence politique à apporter des réponses adaptées. Dans cette perspective, les pouvoirs publics parient sur les potentialités économiques locales, non seulement en matière touristique ou dans le domaine agro-alimentaire mais surtout dans les secteurs industriels ou des services où il s'agit de privilégier des activités à forte valeur ajoutée. L'ambition affichée est de faire de chacune des sociétés concernées « un pôle d'excellence » dans leur zone géographique respective sur l'ensemble des domaines porteurs, en particulier les nouvelles technologies de l'information et de communication ou les activités liées à l'environnement.

La loi d'orientation pour l'outre-mer consacre pas moins de cinq chapitres au développement économique et de l'emploi, pour un total de vingt articles. Bien entendu, il ne s'agit pas de les passer en revue mais, seulement, d'en dégager les grandes orientations. Trois axes prioritaires apparaissent nettement. D'abord, répondre aux difficultés que rencontrent les jeunes dont l'accès à l'emploi est une priorité absolue. Ensuite, mobiliser tous les gisements d'emplois privés, en sollicitant une gamme diversifiée de mesures incitatives. Enfin, modifier favorablement l'environnement économique des entreprises. Un premier ensemble de mesures concerne les spécificités du chômage dans les DOM, la nécessité de favoriser l'emploi des jeunes et le soutien corrélatif aux entreprises, en particulier les plus petites d'entre elles, au moyen d'une politique modulée d'exonérations de charges sociales. Pour la première fois, les entreprises les plus petites (moins de dix salariés), de loin les plus nombreuses (plus des deux tiers des entreprises outre-mer), ont fait l'objet d'une attention particulière. Dans certaines conditions, elles peuvent prétendre à des allégements ou exonérations intégrales des cotisations patronales (articles 2,4). Les travailleurs et employeurs indépendants peuvent également tirer parti des nouvelles dispositions en matière de cotisations d'allocations familiales, d'assurances maladie et d'assurance vieillesse (article 3). Les premières et les seconds peuvent obtenir des caisses de sécurité sociale et des services fiscaux des plans d'apurement de leurs dettes sociales et fiscales (5,6). Par ailleurs, une prime à la création d'emploi (article 7) est instituée pour favoriser l'embauche dans les secteurs susceptibles de contribuer à l'accroissement et à la diversification des débouchés commerciaux.

Ce nouveau dispositif prévoit des mesures propres à favoriser l'emploi des jeunes, en renouvelant ou adaptant les formules d'apprentissage, contrat d'accès à l'emploi, contrat d'adaptation, contrat d'orientation ou contrat de qualification (article 10). En outre, il est institué une aide financière (« projet initiative-jeune ») en vue de faciliter la réalisation d'un projet professionnel (article 11). Cet effort accru en faveur des jeunes ne répond pas uniquement à des exigences humaines et sociales. Il s'agit surtout d'une exigence économique : les jeunes, mieux formés que leurs aînés, sont un atout essentiel pour le dynamisme et la créativité économiques. Ces différentes mesures visent par conséquent à élargir le champ du possible en matière d'insertion économique alors que les « emplois-jeunes » mis en place en 1988 outre-mer sont, en nombre et en qualité, largement insuffisants pour satisfaire la très forte demande locale.

De l'égalité sociale et de la lutte contre l'exclusion

La situation sociale des départements français d'Amérique est étroitement liée à leur situation économique. Elle manifeste le jeu d'une solidarité considérable – en termes quantitatifs – quoique inachevée, dont les effets restent mal maîtrisés. Sous l'effet de la mécanique des lois et des aspirations égalitaristes, la politique sociale, pourtant mise en place progressivement outre-mer, y est apparue de fait comme un substitut à une politique de développement économique introuvable. Jusqu'aux années quatre-vingts environ, elle a été appliquée en court-circuit de la vie économique, malgré des effets pervers croissants. Présentée comme une finalité ultime, la politique sociale incarnait alors, aux yeux d'une population détachée de ses cadres économiques traditionnels sans être encore absorbée par le secteur moderne, le signe manifeste de la sortie de l'ère coloniale et le symbole majeur de l'égalité républicaine. Érigée en enjeu politique fondamental, l'égalité sociale faisait alors figure de sanctuaire : y porter atteinte, même au nom d'adaptations justifiées par les particularisme locaux, signifiait porter atteinte, de manière irrévocable, au pacte républicain. Ainsi, la politique sociale outre-mer a été d'emblée posée en termes de rattrapage du niveau atteint par la métropole, alors que les réalités locales, soumises aux pressions contradictoires du mimétisme et de la différence, échappaient toujours aux catégories importées de la métropole, sans pour autant satisfaire les couches les plus populaires de la société[20].

La mise en œuvre de la décentralisation a donné le signal de la recherche d'une nouvelle articulation entre politique sociale et développement économique, en tentant de faire de la première un vecteur de la dynamique du second. L'égalité sociale n'étant plus perçue comme une fin en soi, la politique sociale est désormais davantage mise au service du développement local. Cette orientation, étroitement liée à

---

20.   François Lubin « Les méandres de la politique sociale outre-mer », dans Fred Constant et Justin Daniel, (dir.), *(1946-1996) Cinquante ans de départementalisation outre-mer*, Paris, L'Harmattan, 1997, p.73-97.

l'évolution de la politique nationale en la matière, a ouvert de nouvelles perspectives d'actions. Promoteurs du développement local, les élus, désormais en charge des Conseils régionaux et généraux, manifestent, en pratique sinon dans les discours, la volonté de faire de la politique sociale un outil de lutte en faveur de l'emploi. Cette préoccupation d'une insertion par l'activité salariée devient rapidement un souci constant devant la montée continue du chômage et la dissolution du lien social qui l'accompagne. Dans cette perspective, l'application du revenu minimum d'insertion outre-mer n'a pas permis d'organiser, dans des proportions importantes, le retour vers l'emploi. Le nombre de ses bénéficiaires y est particulièrement élevé : 11 à 12 % aux Antilles et en Guyane, contre 3 % en métropole. Cette donnée statistique doit être pondérée, non seulement par le décalage structurel déjà évoqué entre la dynamique démographique et les créations d'emplois, mais aussi par les difficultés d'accès des ayants droit sur place aux dispositifs de revenu ou d'indemnisation alternatifs. Compte tenu de la sous-indemnisation du chômage outre-mer (39 % des chômeurs contre 72 % en métropole), le potentiel théorique d'allocataires du revenu minimum d'insertion est logiquement sans commune mesure avec celui de la métropole. Le nombre d'allocataires n'en reste pas moins élevé d'autant que le volet « insertion » du dispositif est loin d'avoir atteint son plein rendement, malgré les apports de la loi du 25 juillet 1994 tendant à favoriser l'emploi, l'insertion et les activités outre-mer.

Dans ce contexte, quel est l'apport de la loi d'orientation pour l'outre-mer ? Dans quelle mesure serait-elle porteuse d'innovations ? Contrairement à d'autres volets du texte, la loi s'inscrit pleinement dans la continuité de l'existant. Tout en rappelant l'objectif majeur : favoriser l'accès ou le retour à l'emploi, la dizaine d'articles concernés ne donne lieu à aucune innovation ou mesure originales. Elle se partage entre la volonté de gérer les spécificités du revenu minimum d'insertion outre-mer tout en renforçant l'objectif d'insertion. Plus précisément, l'intention du législateur est de maîtriser et adapter le RMI, en développant la mise ou le retour vers l'activité des allocataires. Dans ce cadre, le revenu minimum d'insertion sera désormais versé dans les mêmes conditions qu'en métropole (article 23). Il s'agit aussi d'assurer une solidarité active au service de l'emploi. La loi propose un dispositif spécifique de pré-retraites, contre l'embauche de jeunes, avec la création d'un « congé-solidarité » (article 27) visant à libérer le marché du travail des allocataires âgés d'au moins cinquante ans. Enfin, il est créé une aide à la réinsertion professionnelle, ouverte à l'ensemble des bénéficiaires de revenus de substitution, destinée à encourager le retour vers une activité.

Conclusion

De cette analyse du changement paradigmatique de la politique française dans les Caraïbes, qui demanderait, bien entendu, à être affinée et complétée, il ressort provisoirement au moins deux conclusions principales. La première concerne l'individualisation de l'approche de la question institutionnelle, désormais abordée sans préjugés ni tabous, selon des modalités suggérées par deux parlementaires d'outre-mer, garantissant à la fois la transparence de la procédure et la consultation démocratique des populations concernées. Il y a là un « saut qualitatif » important : vus de Paris, les départements français d'Amérique ne sont plus perçus comme interchangeables et les caractéristiques propres à chacun commencent enfin à être prises en compte[21]. La Guyane n'a rien à voir avec la Réunion, la Martinique n'est pas la réplique de la Guadeloupe. Le contenu des politiques publiques, sinon les modalités de leur mise en œuvre, doivent être différenciés pour accroître l'efficacité de l'action publique. À l'inverse, ces caractéristiques ne doivent pas conduire à revendiquer ou garder des avantages injustifiés, ou encore à ne pas respecter les règles de droit commun, comme le paiement des charges sociales, la législation du travail ou le dépôt de permis de construire.

Ce changement cognitif est lié, et c'est la deuxième conclusion, à l'apparition d'un nouvel espace de production d'images de référence et d'articulation des intérêts sociaux qui a rendu possible l'émergence de nouveaux modes opératoires, valorisant l'accroissement des responsabilités locales. La décentralisation, d'une part, et l'Union européenne, d'autre part, en ont favorisé la diffusion, en contribuant, par là-même, à autonomiser les marchés politiques locaux, à l'aide des ressources nouvelles ainsi offertes aux élus. Dans cette perspective, l'approfondissement de la décentralisation ainsi que le renforcement de la capacité internationale des collectivités d'outre-mer ont offert à la France l'occasion de renouveler les termes de sa politique à l'égard des pays des Caraïbes[22]. Pour autant que l'on puisse en juger, ce nouvel espace public,

---

21. Dans son allocution aux préfets du 22 septembre 2000, Christian Paul, secrétaire d'État à l'outre-mer s'exprimait dans ses termes : « [...] Le choix du gouvernement est sans ambiguïté : permettre à chacune des collectivités d'outre-mer, dès lors qu'elle y aspire, d'être dotée des institutions les plus adaptées à sa situation propre aux plans politique, culturel, économique ou social. [...] L'évolution ne peut se faire que de façon différenciée car, nonobstant les catégories juridiques de notre droit, ni les réalités, ni les aspirations ne sont semblables d'une collectivité à l'autre ».

22. La France entretient un réseau diplomatique important dans les Caraïbes : sept ambassades (Sainte-Lucie, Trinité et Tobago, Suriname, Jamaïque, Cuba, Haïti et République dominicaine) couvrent l'ensemble de l'arc des Caraïbes. Des agents consulaires, des conseillers commerciaux et financiers, des attachés de défense y sont rattachés. En 1999, le Premier ministre a annoncé le classement de la région en

en formation au plan d'intersection de la triple appartenance des départements à la République française, à l'Union européenne et aux Caraïbes, sera sans doute, demain encore plus qu'aujourd'hui, le terrain où se définira l'avenir de la France aux Antilles et en Guyane, et celui des Antilles et de la Guyane au sein de l'ensemble français.

« zone de solidarité prioritaire », ce qui se traduit concrètement par le doublement des crédits d'intervention. Par ailleurs, le fonds d'aide à la coopération (FAC) et l'Agence française de développement (AFD) contribuent au financement de nombreuses opérations bilatérales. À cela il convient d'ajouter les concours financiers de la France à la Banque de développement des Caraïbes(BDC) ainsi qu'à la Banque interaméricaine de développement (BID). Ce redéploiement de la politique française tire parti d'un contexte géo-politique favorable. Le désengagement des États-Unis depuis la fin de la guerre froide la position du Département d'État sur le dossier de la banane permettent à la France de bénéficier d'une image très positive auprès des États des Caraïbes qu'elle a toujours soutenus au sein de l'Union européenne. Sur le plan multilatéral, la convocation, à l'initiative de la France, du CARIFORUM en mars 2000, de même que son intérêt pour l'Association des États des Caraïbes (AEC) dont elle est membre, au titre des départements d'Amérique, ajoutent encore à son crédit dans la région d'autant que les élus de ces départements commencent à prendre part au concert régional.

Cuba entre Europe et Amériques : une transition sous influences

Janette HABEL

Depuis l'effondrement de l'URSS, le régime castriste est à la recherche d'une voie lui permettant, à la fois, de concilier sa réinsertion internationale dans une économie de marché mondialisée et de préserver le système politique de parti unique/parti d'État hérité de son appartenance à un « camp socialiste », aujourd'hui disparu. Consciente que l'île ne peut survivre par ses propres forces, confrontée à l'embargo américain et aux pressions exercées par la puissante communauté cubaine exilée, La Havane s'est tournée vers l'Union européenne et l'Amérique latine. La première afin de trouver les marchés, les crédits, la technologie nécessaires à son développement, la seconde afin de peser dans le sens d'une intégration politique latino-américaine, dont Fidel Castro a toujours dit qu'il était prêt à sacrifier à sa réalisation le système politique cubain. Ce dernier objectif reste lointain, mais il a néanmoins un partisan très actif, allié de Fidel Castro, en la personne de Hugo Chavez, artisan convaincu d'un projet bolivarien et porte-parole efficace des pays producteurs de pétrole. Le projet d'une zone de libre-échange sud-américaine (ALCSA) prévue pour 2002 lors de la réunion de Rio le 1er septembre 2000 et les déclarations du président brésilien F. H. Cardoso pourraient représenter pour Cuba une perspective positive, car les gouvernements latino-américains sont très largement favorables à sa réinsertion dans les structures continentales.

Deux ans après la visite de Jean-Paul II à La Havane, Fidel Castro peut se targuer d'avoir brisé son isolement et remporté d'importantes victoires diplomatiques. Le neuvième Sommet ibéro-américain qui s'est tenu le 16 novembre 1999 à La Havane en présence de 21 chefs d'État et de gouvernement latino-américains, du roi d'Espagne Juan Carlos et du Premier ministre portugais, a été un succès personnel pour le *lider máximo*. Huit ans après le premier Sommet ibéro-américain de Guadalajara en juillet 1991, alors que Cuba était l'éternelle exclue des réunions de l'hémisphère, la Déclaration de La Havane, adoptée par la neuvième « Cumbre », a condamné explicitement le caractère unilatéral et extraterritorial de la loi Helms-Burton. Elle a fermement invité le gouvernement nord-américain à y mettre un terme en respectant les résolutions adoptées par l'Assemblée Générale des Nations Unies.

La visite officielle de quatre jours du président vénézuélien Hugo Chavez, effectuée à cette occasion, a conforté l'influence régionale renforcée de La Havane, de même que la rencontre des délégations de l'ELN et du gouvernement colombien dans la capitale cubaine.

Après le premier Sommet bi-régional, qui a réuni à Rio de Janeiro les chefs d'État et de gouvernement latino-américains et européens en juin 1999 – en présence de Cuba, à la différence des Sommets hémisphériques où Washington impose l'exclusion de l'île –, la Communauté ibéro-américaine a évoqué « une association stratégique entre les deux régions », un objectif que la diplomatie cubaine soutient activement, les États-Unis n'en étant pas partie prenante.

Enfin un autre Sommet, celui des pays du sud (regroupant les pays non alignés membres du groupe des 77 et la Chine) s'est tenu à Cuba en avril 2000. Cette diplomatie tous azimuts englobe aussi bien les pays du « tiers-monde » (de l'Afrique au Proche-Orient sans oublier la Chine et le Vietnam) que les pays industrialisés (le Canada, l'Europe ou le Japon). Elle a permis à F. Castro de mettre en échec, sur le plan diplomatique, la mise en quarantaine organisée par Washington. Mais bien que ces succès permettent de desserrer l'étau, en facilitant les échanges économiques et commerciaux dont l'île a un besoin crucial, ils ne suffisent pas à assurer un développement durable et une croissance économique stable. À la différence de la Chine, Cuba ne bénéficie pas d'un taux de croissance suffisant lui permettant d'amortir le choc des réformes économiques engagées. Or, la longévité exceptionnelle du castrisme touche à sa fin, ne serait-ce que pour des raisons biologiques. Le problème de « l'après », donc de la transition quelle que soit sa nature, est d'ores et déjà posé.

Comment cette transition risquée est-elle préparée par les États-Unis et l'Europe ?

Les déterminants de la diplomatie américaine: les États-Unis et leur arrière-cour

Après l'effondrement de l'URSS, le conflit entre les États-Unis et le régime castriste pèse désormais sur les relations interaméricaines, mais aussi sur celles de Cuba avec l'Europe.

Les premières sanctions commerciales datent de 1960, et les relations diplomatiques ont été rompues en 1961. La loi Torricelli en 1992, puis la loi Helms-Burton, adoptée en 1996, ont renforcé les effets de l'embargo, relativisé pendant trois décennies grâce aux échanges avec l'Union soviétique. Les sanctions américaines ont aggravé la crise que connaît l'île depuis la disparition de l'URSS. Cette crise recèle un potentiel d'instabilité mais, bien que sa légitimité soit affaiblie, F. Castro garde encore le contrôle de la situation.

Le maintien de l'embargo a contribué à approfondir la crise financière et économique. « À court et moyen terme, l'embargo interdit au gouvernement cubain de bénéficier du tourisme américain et des investissements en dollars qui pourraient assurer sa survie. Bien qu'il ne suffise pas à isoler Cuba du reste de l'économie mondiale, l'embargo aggrave les problèmes économiques que le régime doit surmonter[1] ». Ce constat émane du rapport de la Fondation Rand préparé pour le Secrétariat à la Défense américain. Ses auteurs contestent l'idée répandue en Europe selon laquelle la levée de l'embargo entraînerait la fin du castrisme, car une telle décision serait d'après eux vécue à Cuba comme une victoire politique de F. Castro. Ce dernier a beau proclamer « la défaite de l'embargo », cette « défaite » diplomatique ne supprime pas l'efficacité économique des sanctions : c'est pourquoi Washington ne les abrogera pas sans de sérieuses contreparties, du moins tant que F. Castro est au pouvoir. Car l'objectif politique véritable de l'embargo est d'imposer une transition économique vers une économie de marché, accompagnée d'un changement du système politique qui, tout en assurant la stabilité de l'île, mette un terme au régime castriste.

Mais les contradictions de cette politique sont évidentes : toute crise ou toute situation d'instabilité prolongée dans l'île serait nuisible pour les intérêts américains. Elle pourrait provoquer des flux migratoires incontrôlables et accroître le trafic de drogue sans qu'un gouvernement solide puisse s'installer à La Havane, déclenchant ainsi une intervention américaine, inévitablement condamnée par l'Amérique latine. « La question est donc de savoir si les États-Unis sont à même de conduire une transition pacifique sans en même temps favoriser le maintien de Fidel Castro au pouvoir[2] ». Telle est la contradiction principale de la politique américaine.

Comme le remarque Jorge I. Dominguez, « l'axe de la politique américaine a toujours été de chercher à évincer le gouvernement de F. Castro. À Washington, on était mécontent car contrairement aux pronostics, le régime politique cubain ne s'est pas effondré. L'hostilité envers le gouvernement castriste s'est accrue alors même que la guerre froide s'achevait et que Cuba n'était plus une menace pour les intérêts

1.   Edward Gonzalez, *Cuba clearing perilous waters ?* Published by Rand National Defense Research Institute (Prepared for the Office of the Secretary of Defense), Santa Monica, États-Unis, 1996.
2.   *Ibid.*

américains[3] ». Pour cet historien, la volonté renouvelée des États-Unis de déployer des forces pour réorganiser la politique intérieure de leurs proches voisins, en l'absence de toute menace d'une autre superpuissance, ne fait aucun doute. La chute de l'URSS a donc été particulièrement pertinente pour les relations cubano-américaines : « Moscou ne pouvait plus empêcher les États-Unis de tenter de restructurer la politique intérieure cubaine. Libre finalement de redécouvrir son histoire, le Congrès américain promulgua la loi Pour la Liberté Cubaine et la Solidarité démocratique dite loi Helms-Burton en 1996[4] ».

On a coutume d'attribuer à la communauté cubaine exilée la responsabilité de l'acharnement de Washington contre le régime castriste. L'exil cubain a, en effet, des caractéristiques propres qui le différencient des diasporas chinoise et vietnamienne. La Révolution cubaine est plus récente et les générations qui ont été partie prenante du conflit révolutionnaire sont encore en vie. Jorge Más Canosa, le chef le plus agressif de Miami est mort, mais le *lider máximo*, lui, est bien vivant, suscitant les passions et les haines. La proximité géographique et le fait que l'exil vive dans sa majorité sur les terres de l'ennemi héréditaire lui ont donné pendant longtemps un statut « suspect », celui du traître à la patrie, le *gusano*.

C'est à partir de 1981 que la fraction la plus hostile au régime s'est organisée au sein de la Fondation nationale cubano-américaine (FNCA). En permettant l'élection de Cubano-américains au Congrès et à des postes-clés de l'administration, la Fondation a fait de la question cubaine un enjeu de politique intérieure, d'autant que la Floride est un État très important pour l'élection présidentielle. Les parlementaires et les candidats américains à la Présidence ont bénéficié des largesses financières de Jorge Más Canosa. On estime à 3,2 millions de dollars les sommes versées lors des élections entre 1979 et 1996. De son vivant, Más Canosa avait également influencé les diplomaties espagnole et nicaraguayenne en finançant les campagnes électorales de José Maria Aznar et Arnaldo Aleman.

Mais la dernière victoire de Más Canosa fut de faire adopter la loi Helms-Burton (inspirée par l'entreprise de rhum Bacardi, aujourd'hui en procès avec l'entreprise française Pernod-Ricard qui commercialise le rhum cubain) à la faveur de la crise des avionnettes en février 1996. Considérée au début comme inapplicable, cette loi a renforcé les effets de l'embargo. Mais elle est aussi un cadeau empoisonné car, en aiguisant les contradictions de Washington avec ses alliés, qui en refusent les dispositions extra-territoriales, elle a, par ses excès, facilité la tactique de La Havane pour rompre son isolement. À Cuba même, elle a accru la

---

3.   Jorge Dominguez, « U.S. Cuban relations: from the cold war to the colder war », *Journal of Interamerican studies and world affairs*, novembre 1997.
4.   Jorge Dominguez, *Ibid*. p. 57.

défiance ancestrale à l'égard de la volonté d'hégémonie du grand voisin du nord et suscité le rejet d'une loi interprétée comme la énième tentative de mise sous tutelle. Comme le remarque avec ironie l'essayiste René Vasquez Diaz, grâce à la loi Helms-Burton « la démocratie entrerait à Cuba comme une vache qui entre au Capitole national, un titre de propriété à l'oreille et officieusement guidée par l'ambassadeur américain[5] ».

« Grâce » à la loi Helms-Burton, Cuba a joué habilement sur les contradictions entre Washington et ses alliés en Europe et en Amérique latine. Dans une première phase, la loi a eu un effet boomerang en suscitant un contentieux commercial avec les Européens, qui ont critiqué les tentatives américaines d'imposer leurs priorités en matière de politique étrangère en décidant de sanctions commerciales unilatérales. Le caractère extraterritorial de cette législation a provoqué de fortes tensions. Sur le plan économique, la loi est efficace, car elle agit comme une épée de Damoclès. Ses effets dissuasifs sont incontestables auprès de certains investisseurs étrangers. On ne défie pas impunément Washington, et certaines entreprises mexicaines ou européennes ont accepté le diktat, soit en se retirant de Cuba (c'est le cas d'une entreprise mexicaine), soit en dédommageant les entreprises américaines (comme l'a fait l'entreprise de téléphonie italienne STET avec ITT), au mépris des directives européennes qui interdisent aux entreprises de l'UE de se plier aux exigences de la loi américaine. Sur le plan financier, elle interdit tout accès aux financements multilatéraux.

En Amérique latine, La Havane a mis à profit les difficultés de la Maison Blanche pour faire progresser la stratégie hémisphérique, définie lors du premier Sommet des Amériques en 1994, qui prévoit la mise en place d'une zone de libre-échange des Amériques (Z.L.E.A.) en 2005, regroupant tous les États américains, à l'exception de Cuba, écarté comme seul État non démocratique de la région. Cette stratégie d'intégration continentale s'est heurtée à une opposition intérieure aux États-Unis. Ainsi Bill Clinton n'a pas obtenu le *fast-track* (procédure de ratification rapide au Congrès) pour négocier de nouveaux accords. Or, la nécessité d'ouvrir les marchés étrangers est considérée comme décisive pour la prospérité nord-américaine. L'achèvement du processus multiforme d'intégration régionale, destiné à faire du sous-continent américain un partenaire économique intégré dans une grande alliance économique de l'Alaska à la Terre de feu, dont Cuba serait écarté, est une sérieuse menace pour le régime cubain, qui s'efforce de trouver une parade. La diplomatie castriste a habilement joué du mécontentement d'un certain nombre de gouvernements latino-américains, déçus du refus du Congrès, pour tenter de les dissocier de Washington. La Havane a su

---

5.   René Vasquez Diaz, « La extraña situación de Cuba », *Encuentro de la Cultura Cubana*, n° 6/7, Madrid, 1997.

utiliser les deux logiques d'intégration continentale – celle de l'ALENA et celle du MERCOSUR autour du Brésil – pour déjouer l'isolement que Washington veut lui imposer.

Les échecs diplomatiques américains sont visibles. Washington est de plus en plus critiqué pour sa politique à l'égard de Cuba. L'Assemblée Générale de l'ONU se prononce, chaque année, en faveur d'une proposition destinée « à mettre fin à l'embargo économique, commercial et financier imposé par les États-Unis à Cuba ». Cette condamnation s'amplifie depuis 1992.

Ces désaveux ont-ils une incidence sur les choix politiques de la Maison Blanche ? Les deux accords sur l'immigration, conclus en septembre 1994 et en mai 1995, ont permis d'instaurer un cadre très limité certes, mais permanent, d'échanges et de contacts. En mars 1998, Wayne Smith, ancien responsable de la Section des intérêts américains à La Havane, a accompagné une délégation nord-américaine composée de fonctionnaires et de chefs d'entreprises conduite par l'ancien chef de l'OTAN, le général John J. Sheehan, qui eut de nombreux contacts avec des responsables militaires cubains ; le maire de Baltimore Kurt Schmoke était également présent. En 1999, un accord de coopération dans la lutte contre le narcotrafic a été conclu entre les deux pays. Ces « *low-key confidence-building measures* » (des mesures discrètes destinées à créer un climat de confiance), selon l'expression de J. Dominguez, semblent commencer à porter leurs fruits.

Depuis un certain temps, deux éléments tendent à modifier graduellement la politique américaine. Le premier concerne l'évolution de plus en plus nette des milieux d'affaires américains, désireux de ne pas laisser un marché potentiellement dynamique leur échapper au profit des Européens. La visite du président de la Chambre de commerce américaine Tom Donohue à La Havane en 1999, les projets de loi déposés à la Chambre des Représentants ou au Sénat visant à assouplir l'embargo sur les aliments ou les médicaments, les contacts de plus en plus fréquents entre les grandes firmes céréalières ou pharmaceutiques et La Havane confirment que des négociations officieuses sont en cours. Elles portent également sur les indemnisations concernant les propriétés américaines expropriées. Autre indice non moins surprenant : lors du congrès américain des latino-américanistes (LASA), qui s'est tenu à Miami en mars 2000, des économistes cubains et cubano-américains ont débattu de la « complémentarité » de l'économie insulaire et de la Floride, au grand dam des secteurs les plus extrémistes de l'exil.

En second lieu, l'affaire du petit naufragé cubain Elian est un événement significatif qui a eu pour conséquence de discréditer les secteurs mêmes. C'est la première fois que la Fondation nationale cubano-américaine essuie une telle défaite. Le retour du petit *balsero* dans l'île avec son père a été une victoire pour Fidel Castro, qui a dissocié l'exil et la Maison Blanche. Il a fait la démonstration, grâce au père d'Elian, auquel furent faites des offres très avantageuses s'il demandait l'asile politique, que tous les Cubains ne cherchaient pas à fuir son régime, même si on le leur proposait à des conditions exceptionnelles. Plus important encore, la perception de l'exil cubain par la population nord-américaine a été modifiée dans un sens négatif. Les privilèges dont jouit la communauté cubaine ont souvent suscité l'hostilité de nombreux Latino-américains[6]. Or les tensions inter-ethniques ont été aggravées pendant l'affaire Elian. Alors que 92 % des Noirs et 76 % des Blancs non-hispaniques étaient favorables au retour d'Elian avec son père, 83 % des Cubano-américains voulaient qu'il reste aux États-Unis. La communauté cubaine s'est donc trouvée isolée, les appels à la désobéissance civile, les barricades dans les rues ont fait mauvais effet. L'idée selon laquelle les Cubano-américains ne sont pas fiables quand ils dirigent des institutions publiques a été renforcée. Un constat préoccupant pour le sociologue A. Portes[7], qui souhaite que le pouvoir économique des exilés favorise l'émergence d'une communauté transnationale opérant au cœur même de la nation cubaine.

Une majorité de fait existe, au Sénat et à la Chambre des Représentants, pour mettre fin aux sanctions sur les aliments et les médicaments, mais la direction du parti républicain s'est opposée au vote final[8] d'un amendement en ce sens, pour cause de campagne présidentielle à la fin de l'an 2000, compte tenu de l'importance électorale de la Floride. L'élection de G.W. Bush et les liens étroits qu'il entretient avec la FNCA ne laissent guère augurer de changements politiques significatifs à court terme.

En septembre 2000, quatre anciens membres du Congrès – deux démocrates et deux républicains – ont fait une visite, dite officieuse, dans l'île, où ils se sont prononcés pour une réduction graduée des sanctions, l'autorisation pour une banque américaine de s'installer à La Havane afin d'organiser le financement des ventes de médicaments et d'aliments, la levée du plafond imposé aux envois d'argent (*remesas*) en provenance des États-Unis, et le développement des échanges culturels et éducatifs entre les deux pays. La délégation américaine a rencontré le Nonce, des leaders religieux et des dissidents, provoquant une réaction agressive du ministre cubain des Affaires Étrangères.

On ne saurait sous-estimer la réaction des secteurs les plus extrémistes de l'exil, animés par une volonté de revanche, et qui n'envisagent pas d'autre alternative que le renversement du régime et la récupération de leurs biens, quitte à provoquer des affrontements internes voire une

---

6. Les exilés cubains ont en effet un statut particulier, qui leur permet d'acquérir rapidement le statut de résident. Ils bénéficient en outre du soutien de la puissante Fondation cubano-américaine, bien que cette dernière ait été affaiblie par la mort de son président, Jorge Más Canosa.
7. *Cuban Affairs*, vol. V, n° 1-2, Washington, 1999.
8. *Miami Herald*, 6 septembre 2000.

guerre civile, entraînant inévitablement l'intervention des Marines[9]. Une hypothèse qui ne saurait être écartée.

Tel n'est pas le choix de certains diplomates américains, qui n'excluent plus désormais de s'appuyer sur les fonctionnaires de l'appareil d'État castriste engagés dans le processus de réformes économiques et jugés « recyclables » dans une économie de marché. L'exemple de l'Europe de l'Est est à cet égard souvent mentionné[10]. Une « transition de velours » est de loin préférable, aux yeux de Washington, à une crise ouverte dans le golfe du Mexique. On voit ainsi se dessiner, pour la première fois, un schéma de l'après-castrisme dans lequel une direction collective issue du régime, appuyée par l'armée cubaine (largement impliquée dans l'ouverture économique et les *joint-ventures*) et bénéficiant de la neutralité bienveillante de l'Église, assurerait un *soft-landing* avec la collaboration de certains secteurs de la bourgeoisie cubaine de Miami, désormais ralliée à la perspective d'une communauté transnationale et d'une cubanité partagée.

Les rapports avec l'Union européenne

L'hypothèse d'un tel scénario – certes encore incertain – rend plus manifestes les incohérences et l'inefficacité de la politique européenne. La défense des droits de l'homme et des libertés politiques est conçue de telle sorte qu'elle apparaît comme l'expression d'une volonté d'hégémonie. Elle n'a de ce fait aucun écho, ni auprès de la population ni auprès des élites. Alors que l'on pourrait penser que Cuba représente un atout dans le bras de fer commercial qui oppose l'UE aux États-Unis sur le continent, la politique de l'UE apparaît comme alignée sur Washington. Même si les prémisses sont différentes, le conditionnement politique des accords est le même, bien que les intérêts économiques et géopolitiques de l'Europe diffèrent. L'exemple récent des accords ACP est éclairant à cet égard. La non-intégration de Cuba à l'accord Europe-ACP et l'absence d'un accord de coopération avec l'île pour non respect des clauses démocratiques, ne résistent pas à un examen attentif des relations de l'UE avec d'autres régimes, ceux des pays ACP entre autres. La fameuse « position commune » adoptée par les Quinze conditionne la signature d'un tel accord. Lors de ce compromis signé entre les États-Unis et l'Union européenne, le Président américain s'était engagé à se battre pour obtenir du Congrès la levée des sanctions qui pèsent sur les entreprises étrangères ayant déjà investi à Cuba dans des biens

---

9.   Joaquin Roy, *Miami Herald*, 8 septembre 2000.
10.   Bernard Aronson, William Rogers (ed.), *Castro's Report, Rapport US-Cuban relations in the 21st century*, New York, Council on Foreign Relations, 1999.

expropriés ; en contrepartie, les Quinze s'étaient engagés à respecter un « code de discipline » et à dissuader dans l'avenir de tels investissements, afin de limiter les marges de manœuvre du gouvernement cubain. Il n'en a rien été. Cet « armistice[11] » fut immédiatement condamné par Fidel Castro comme « déshonorant » pour l'Europe parce que réalisé « aux dépens de Cuba[12] ».

Or, le marché cubain est considéré comme ayant un fort potentiel de développement. La position stratégique de l'île dans les Caraïbes en fait une porte d'entrée sur le marché latino-américain. On ne compte plus les visites des délégations patronales européennes (française, britannique, allemande, italienne..). Après une crise prolongée, les échanges avec l'Espagne ont été rétablis avec la nomination d'un nouvel ambassadeur et le voyage d'une délégation patronale de la péninsule.

Face à la perspective de Zone de libre-échange des Amériques, l'Union européenne n'est pas indifférente à l'évolution du processus d'intégration sur le continent américain, car la région est une aire disputée du point de vue géopolitique, et l'UE estime qu'elle peut « influencer de façon significative la configuration finale du processus d'intégration en Amérique latine[13] ». Dans le cadre de la perspective d'une association stratégique entre les deux régions, on évoque également un ambitieux projet global entre l'Union européenne et la Communauté latino-américaine des Nations, dans lequel le Brésil – qui entretient des rapports économiques croissants avec Cuba – jouerait un rôle très important.

D'où vient l'erreur européenne ?

La conditionnalité politique et la question nationale

La spécificité de la transition (ou de la non-transition, selon certains observateurs) est peu étudiée. Lorsqu'ils sont évoqués, les problèmes posés par cette transition sont généralement assimilés à ceux de l'Europe de l'est ou rangés dans la catégorie des régimes totalitaires[14], sans que soit même analysée la validité du concept au regard de l'évolution des

---

11. *International Herald Tribune*, 19 mai 1998.
12. *Ibid.*, 20 mai 1998.
13. Parlamento Europeo, « Estudio comparativo y prospectivo entre la Unión europea, el TLC, el Mercosur y el ALCA », *Revista Mexicana de Política Exterior*, mars 1999.
14. G. O'Donnel, Ph. Schmitter et L. Whitehead (eds), *Transitions from Authoritarian Rule. Tentative Conclusions about Uncertain Democracies*, Baltimore et Londres, The Johns Hopkins University Press, 1986.

réformes économiques cubaines et de leur signification. Une telle analyse éviterait les contre-sens et les erreurs d'interprétation ; elle devrait partir, selon nous, de plusieurs considérants.

En premier lieu, on ne saurait traiter le castrisme comme un sous-produit du « socialisme réel » soviétique. Non seulement la Révolution cubaine ne doit rien à Moscou mais elle s'est toujours définie à partir d'une double appartenance : appartenance au tiers monde, appartenance au « camp socialiste ». Alors que le second n'existe plus, le premier reste un ressort essentiel pour la survie cubaine : il suffit de voir l'ampleur des efforts − et les résultats obtenus − par la diplomatie cubaine pour s'en convaincre. Au sein de ce tiers-monde, Cuba cherche à fédérer plus particulièrement l'Amérique latine, et les efforts déployés rencontrent un écho certain, comme nous l'indiquons plus loin. En s'adressant au gouvernement cubain, on ne s'adresse donc pas seulement à un petit État insulaire en difficulté, mais au porte-parole encore écouté d'une constellation tiers-mondiste fragilisée par la mondialisation. Il suffit pour s'en convaincre de voir la réaction des pays ACP après le retrait de sa candidature par La Havane en avril 2000, et l'annulation du voyage officiel de la troïka européenne. La visite du président du Conseil des ministres de l'ACP, M. Anicet Georges Dologuele, Premier ministre de la République centrafricaine, en août 2000, à La Havane a permis de poursuivre les conversations avec les dirigeants cubains en vue d'une éventuelle adhésion au nouvel accord ACP-UE. Les pays ACP ont alors décidé de maintenir Cuba, en qualité d'observateur permanent, au sein de cette organisation. Le conflit avec les États-Unis fut d'abord dans le passé un conflit nord/sud plus qu'un conflit est/ouest. Il le demeure a fortiori aujourd'hui que l'URSS a disparu.

Deuxièmement, contrairement aux processus soviétique et est-européen, La Havane a délibérément écarté la possibilité d'une simul-tanéité entre des changements économiques et politiques. Fidel Castro a jugé − et sur ce plan, la désintégration soviétique ne lui a pas donné tort − que la combinaison des deux processus était une source d'instabilité et de crise trop risquée dans une île aussi vulnérable. Un avis partagé par de nombreux observateurs. Ce choix n'est pas seulement un choix d'opportunité personnel de la part du *lider máximo*. La gravité de la crise, les réformes marchandes engagées, la dollarisation d'une partie de l'économie, l'existence d'un secteur informel de plus en plus important, ont des effets profondément déstabilisateurs sur la société, la distorsion monétaire entraînant, de surcroît, des inégalités considérables. De plus, même si le régime de parti unique/parti d'État est maintenu, aucune réforme politique n'ayant été engagée, la perte de légitimité et l'érosion des institutions est patente. Seul Fidel Castro peut encore préserver une certaine stabilité (grâce au maintien, voire au renforcement, des instruments répressifs traditionnels dont il dispose). Garantir la reproduction politique du système est au centre de ses préoccupations. La logique des réformes s'explique par la conscience aiguë que le problème essentiel est d'éviter la formation d'une bourgeoisie, née d'un secteur privé marchand, accumulant des ressources. Une telle force sociale servirait, tôt ou tard, de base sociale à la contre-révolution, commentent les idéologues du régime. L'ouverture économique est donc sous contrôle. S'agissant d'un enjeu aussi important pour le régime, il est vain de croire que les pressions européennes, dans leur forme actuelle, suffiront à imposer des changements. D'autant que le discours européen – celui de certains médias en particulier – apparaît souvent stéréotypé et témoigne d'une méconnaissance du pays.

Quelle est la nature de la répression politique à Cuba ? Peut-on la qualifier de « goulag tropical »? Cette répression n'est pas massive, elle est sélective, avant tout politique, et son premier objectif est d'interdire la formation et l'expression publique de tout groupement organisé autre que le PCC. Pour atteindre cet objectif, la répression use d'une surveillance constante des opposants et limite de façon drastique l'exercice des libertés démocratiques. Il ne s'agit pas de le minimiser mais il importe de comprendre le discours officiel. Celui-ci justifie les restrictions politiques par l'existence de l'embargo et des agressions économiques, par la menace d'un exil revanchard prêt à récupérer ses biens, et par la nécessité de contrôler les *macetas*, expression populaire qui désigne les nouveaux riches.

Ce discours a une crédibilité dans la population, car, avant d'être sensible à l'absence de droits démocratiques, le peuple cubain, qui supporte une crise terrible depuis 10 ans, aspire d'abord à retrouver un certain bien-être. L'enrichissement – estimé illicite – d'une minorité est impopulaire et le renforcement des mesures de contrôle policier, notamment à leur égard, est toléré.

En outre, un retour au capitalisme (à la faveur d'élections libres) signifierait aussi le retour de la bourgeoisie de Miami et la perte potentielle des biens (terres, appartements) donnés par la Révolution, compromettant en outre l'indépendance nationale. Ainsi, le lien entre préservation du système politique et sauvegarde de la souveraineté est-il encore accepté (parfois simplement toléré) par de larges secteurs de la population cubaine. L'histoire a laissé des traces : la défense de l'intégrité de l'État face au puissant voisin du nord apparaît comme justifiée pour sauver la nation. Le Parti révolutionnaire cubain (PRC) de José Marti n'est-il pas invoqué pour justifier le Parti unique ? À la différence de la Pologne, l'ennemi héréditaire est toujours, aujourd'hui comme hier, à Washington, et la chute du mur de Berlin n'a rien changé à cet état de choses. Facteur aggravant, « les riches », comme l'on dit à Cuba, qui vivent à Miami, sont majoritairement blancs. L'exceptionnalité de la transition cubaine apparaît ainsi comme résultant d'une combinaison historique particulière, dans laquelle un système autoritaire garde encore une légitimité nationale qui rejoint sa légitimité sociale et se confond même parfois avec une légitimité ethnique, celle des noirs descendants d'esclaves désormais majoritaires dans l'île.

Dans ce contexte, la volonté de l'UE d'exporter une démocratie pluripartiste a peu d'écho car elle est susceptible d'ouvrir la porte aux partis de l'exil identifiés comme les porte-parole déguisés de Washington. Tout observateur averti de la réalité cubaine sait que les critiques de la *vox populi* sont souvent très fortes mais elles ne portent guère sur cet aspect des choses, ce d'autant plus que Cuba a connu pendant un demi-siècle un régime parlementaire particulièrement corrompu et des élections régulièrement frauduleuses. Il est significatif que la revendication du pluripartisme politique, d'élections parlementaires sur le modèle occidental, n'apparaisse pas comme une aspiration massive alors que l'exigence de débats publics, de pluralisme dans les médias, de confrontations idéologiques est réclamée par les intellectuels et les milieux culturels.

C'est aussi parce que le sentiment national est un argument politique central au cœur du système que les dissidents ont si peu d'audience. Il n'y a ni Sakharov, ni Walesa, ni Vaclav Havel à Cuba, et Elizardo Sanchez Cruz, le président de la Commission des droits de l'homme, peut se promener au centre de La Havane sans même être reconnu. La répression politique y est pour quelque chose, mais elle n'est pas plus forte que dans l'URSS stalinienne ou en Tchécoslovaquie après le Printemps de Prague. Le problème pour ces dissidents intérieurs est qu'ils sont identifiés par le pouvoir à « l'ennemi » américain, dont ils utilisent souvent les ressources, faute de moyens matériels et faute d'emploi, une fois leur opposition connue. La dissidence interne est ainsi prise dans un cercle vicieux qu'elle n'a jamais su rompre : aucun programme, aucune déclaration politique n'a jamais disputé au castrisme le terrain national. Ses divisions et sa faiblesse, l'absence, jusqu'à ce jour, d'appui populaire, son incapacité à capter le mécontentement malgré la crise économique résultent aussi de ses choix politiques. Certains opposants veulent rompre avec la définition d'une nation cubaine réduite à ses limites insulaires, considérant qu'elle est déjà supplantée par une cubanité transnationale. Nombreux sont ceux qui pensent enterrer le nationalisme avec celui qui l'incarne depuis près d'un demi-siècle. La question est posée, mais l'histoire n'a pas encore tranché.

Dernière observation : l'approche des médias européens est en porte-à-faux et apparaît comme euro-centriste. Le « goulag tropical», le « totalitarisme castriste» ne rendent pas compte de la véritable nature du pouvoir tel qu'il est exercé par le *lider máximo*, « *de cuerpo presente* » comme tous les caudillos latino-américains. L'exercice du pouvoir par F. Castro ressortit autant, sinon plus, aux traditions latino-américaines qu'aux normes du parti unique de type soviétique, dont le Commandant en chef a souvent fait peu de cas. En assimilant les pratiques castristes à celles du PCUS, on ajuste mal le tir non seulement à Cuba mais en

Amérique latine, où le fonctionnement du groupe dirigeant du PCC empreint des traditions du caudillisme latino-américain choque modérément, ce dont témoigne la réinsertion aisée de La Havane.

De La Havane à Caracas : la « patria grande »

Contrastant avec le nord de l'Amérique latine, où une nouvelle alliance se noue autour des États-Unis, un autre espace économique se met en place au sud du continent, le Mercosur, auquel se sont associés la Bolivie et le Chili. Le Mercosur attire les pays andins et conforte le Brésil, soucieux de son autonomie, dans sa volonté de rassembler autour de lui les États sud-américains dans une zone de libre-échange commune. Certains États latino-américains semblent en effet être plus sensibles à la proposition brésilienne d'unifier le sous-continent avant toute négociation avec l'ALENA ou les États-Unis, et d'élargir le Mercosur pour créer une zone de libre-échange sud-américaine débouchant sur la création d'une véritable entité politique[15].

L'extension du Mercosur et le renforcement des liens avec l'Europe peuvent-ils permettre de constituer un bloc régional qui serait un contrepoids face au TLC et au projet nord-américain de ZLEA ? C'est en tout cas le souhait publiquement exprimé par Cuba mais aussi, en 1999, par le président Hugo Chavez, qui a proposé une association des états d'Amérique latine et des Caraïbes. Le mandataire vénézuélien est convaincu que l'Amérique latine doit accélérer son intégration avant d'adhérer à la ZLEA. « Avant de monter dans [ce] train... nous devons construire un processus endogène. Il faut faire un effort pour trouver notre équilibre propre au préalable », a t-il déclaré à des journalistes de l'Association latino-américaine d'intégration (ALADI). Pour lui, l'Amérique latine est confrontée à un défi. Elle doit aller au-delà de l'intégration économique et progresser sur la voie de l'intégration politique en reprenant les idéaux du libérateur vénézuélien Simon Bolivar. Une proposition qui bénéficie également d'un appui dans certains pays andins. Les crises que connaissent aujourd'hui la Colombie et l'Équateur favorisent la popularité du leader vénézuélien, notamment auprès de certains militaires progressistes équatoriens. « Nous sommes tous fils de Bolivar », rappellent-ils.

De son côté, La Havane fait également tout pour développer un processus d'intégration latino-américain. « L'unité qui, avant, pouvait être un rêve est aujourd'hui une nécessité vitale » a déclaré F. Castro à

---

15. Daniel van Eeuwen (dir.), *Les nouvelles intégrations latino-américaines et caraïbes. Régionalisme ouvert et mondialisation*, Annales du CREALC, n° 14-15, Aix-en-Provence, 1997.

Caracas. L'insertion de l'île au sein de blocs économiques régionaux ou inter-régionaux est désormais une priorité pour la diplomatie castriste, qui cherche à multiplier les rapprochements. Le leader cubain a toujours affirmé être prêt à subordonner le système cubain à l'unité continentale ; désormais, la communauté latino-américaine est à l'honneur. Les modifications apportées à la Constitution en 1992 après l'effondrement du bloc soviétique sont éclairantes à cet égard. Aux références soviétiques prépondérantes dans le texte constitutionnel adopté en 1976 ont succédé les hommages à José Marti. Dans les nouveaux manuels d'histoire scolaire, on trouve peu de mentions de la place centrale occupée par l'ex-URSS jusqu'en 1990.

Le véritable objectif de Fidel Castro est d'organiser la résistance au projet de ZLEA dont Cuba est exclu et qui pourrait faire de Miami la capitale des Amériques. Pour La Havane, le défi est de négocier, l'Amérique latine face à l'Amérique du nord, en s'appuyant éventuellement sur l'Union européenne. Il faut pour cela élargir les accords bilatéraux et sous-régionaux. En août 1999, Cuba a été admis dans l'ALADI et veut se rapprocher du Mercosur. Les négociations devaient commencer en l'an 2000. Comme l'a confirmé José Alvarez Portela, directeur des échanges commerciaux avec l'Amérique latine au ministère du Commerce Extérieur, le gouvernement cubain a donc décidé « de multiplier les accords partiels ou sectoriels », premier pas d'un processus d'intégration « afin d'avancer vers la construction d'une union économique, monétaire et finalement politique ».

D'où l'importance de la nouvelle République bolivarienne d'Hugo Chavez. L'alliance avec Caracas devrait garantir des livraisons de pétrole plus stables et permettre la modernisation de l'ancienne raffinerie soviétique de Cienfuegos.

Par ailleurs, les deux capitales cherchent à freiner le processus d'intégration panaméricaine impulsé par Washington et dont l'ALENA est le premier maillon. Une volonté néo-bolivarienne regroupant au sud le Mercosur, la Communauté andine et l'association des états de la Caraïbe, impulsée par Hugo Chavez et Fidel Castro, pourrait prendre corps si la crise régionale s'approfondissait, au cas où la volonté d'hégémonie du puissant voisin du nord deviendrait trop menaçante. Tel est le sens de l'appel du leader castriste à Caracas : « J'ai parlé de la nécessité de réaliser l'unité, non seulement de l'Amérique du sud, mais aussi de l'Amérique centrale et des Caraïbes, et c'est le moment de le réaffirmer ici au Vénézuéla. Ils ont voulu nous diviser. La grande puissance du nord veut réaliser une zone de libre-échange et rien d'autre, un accord de libre-échange avec le *fast-track*. La réponse latino-américaine au *fast-track* du nord doit être le *fast-track* du centre et du sud. Il faut appuyer le Brésil, l'encourager. Car nous savons très bien que même le Mercosur déplait aux États-Unis ; or, cette union peut être l'embryon d'une union plus large et peut se développer. Pour nous il s'agit d'une union sous-régionale, d'un premier pas vers une union régionale de l'Amérique latine d'abord, des Caraïbes et de l'Amérique centrale ensuite. Nous unir, nous renforcer, est inévitable dans les circonstances actuelles[16]».

Compte tenu des forces en présence, le projet ne fait pas l'unanimité, tant il est vrai que, dans l'immédiat, l'hétérogénéité de la région et sa dépendance rendent difficile son union. D'où le scepticisme que suscite chez certains dirigeants latino-américains l'idée de s'opposer au panaméricanisme de Washington. Certains chercheurs comme Alfredo Valladao estiment même « qu'une attitude de simple résistance pour la défense de sa propre diversité ne ferait qu'accroître le monopole de l'initiative dont bénéficient les États-Unis aujourd'hui[17] » car il n'y a selon lui aucune perspective d'échapper à la logique homogénéisatrice nord-américaine. Dans cette optique, la seule alternative serait la collaboration de l'Europe et de l'Amérique latine pour améliorer le rapport de forces, acquérir plus de poids dans la mondialisation et maintenir leurs spécificités réciproques. Mais les difficultés rencontrées dans les négociations avec le Mercosur, les indéfinitions et les ambiguïtés de la politique européenne augurent mal de cette perspective.

En cherchant à faire bloc avec le Mercosur élargi, en 2002, à la Communauté andine, F. Castro pourrait trouver une issue au dilemme séculaire qui le hante : échapper à la tutelle de Washington tout en réussissant une transition autochtone, légitimant ainsi un siècle d'histoire.

---

16. Fidel Castro, Discours prononcé à l'Universidad Central de Venezuela, 3 février 1999.
17. Alfredo Valladao, *Le triangle atlantique. L'émergence de l'Amérique latine dans les relations Europe-États-Unis*, Paris, IFRI, 1999.

Table des matières

ÉDITIONS KARTHALA

Collection *Méridiens*

Achevé d'imprimer en août 2002
sur les presses de la Nouvelle Imprimerie Laballery
58500 Clamecy
Dépôt légal : août 2002
Numéro d'impression : 207234

Imprimé en France